普通高等教育"十三五"规划教材
省级精品课程教材

物 流 学

（第 2 版）

主 编 张 亮 李彩凤

电子工业出版社

Publishing House of Electronics Industry

北京·BEIJING

内 容 简 介

本书紧密结合当前物流领域的前沿理论与实践，较好地体现了现代物流的最新实用知识与技术，并结合大量案例，以方便读者学习思考。

本书共 13 章，内容包括物流概论、运输管理、储存管理、包装管理、装卸搬运、配送管理、流通加工管理、物流信息系统、物流中心网络概述、物流系统分析方法、物流组织与管理、国际物流管理、现代物流发展动态。每章开始有学习目标、导入案例和讨论及思考，以引导课堂讨论；结尾有案例分析和复习思考题，以加深读者对该章内容的学习和理解。

本书是高等院校物流管理、市场营销、电子商务等管理类专业及相关专业的物流管理课程的教学用书，也可作为相关专业硕士研究生、MBA 和物流从业者学习物流知识、掌握物流技能的工具书和培训教材。

未经许可，不得以任何方式复制或抄袭本书之部分或全部内容。

版权所有，侵权必究。

图书在版编目（CIP）数据

物流学/张亮，李彩凤主编. —2 版. —北京：电子工业出版社，2018.11
ISBN 978-7-121-35800-5

Ⅰ. ①物… Ⅱ. ①张… ②李… Ⅲ. ①物流－高等学校－教材 Ⅳ. ①F252

中国版本图书馆 CIP 数据核字（2018）第 285919 号

策划编辑：王志宇
责任编辑：王志宇
印　　刷：北京虎彩文化传播有限公司
装　　订：北京虎彩文化传播有限公司
出版发行：电子工业出版社
　　　　　北京市海淀区万寿路 173 信箱　邮编　100036
开　　本：787×1 092　1/16　印张：20　字数：512 千字
版　　次：2015 年 1 月第 1 版
　　　　　2018 年 11 月第 2 版
印　　次：2024 年 9 月第 7 次印刷
定　　价：45.00 元

凡所购买电子工业出版社图书有缺损问题，请向购买书店调换。若书店售缺，请与本社发行部联系，联系及邮购电话：（010）88254888，88258888。

质量投诉请发邮件至 zlts@phei.com.cn，盗版侵权举报请发邮件至 dbqq@phei.com.cn。

本书咨询联系方式：（010）88254523，wangzy@phei.com.cn。

前　言

近 10 年来，伴随着国民经济的高速发展，我国物流产业也进入了大发展时期——物流企业不断涌现，物流服务不断完善，物流质量不断提高。与此同时，社会对物流人才的需求剧增，物流人才培养也加快了发展。高素质人才是现代物流发展的关键因素，随着我国物流业的飞速发展，现代物流人才匮乏的矛盾显得越来越突出，已成为制约我国物流业发展的瓶颈。各大高校围绕社会对物流人才的需求，积极规划物流人才培养方案，努力向社会输送优秀物流人才。

根据多年的教学体会，作者认为，物流学作为学习物流知识的一门基础课或入门课程，应当内容全面，浅显易懂，不应涉及过多深奥的理论，也不需要研究太多的物流技术。基于此，本书首先在系统介绍物流的发展沿革、基本概念、理论体系的基础上，以物流的各个功能环节和子系统为主线，分别介绍了运输、仓储、包装、装卸搬运、配送、流通加工、物流信息等环节的概念、技术和方法，特别强调了物流各系统的合理化运行；然后对物流管理的基础知识如物流中心、物流服务、物流质量、物流成本、物流标准化等进行了介绍；最后阐述了现代物流的发展趋势与最新动态。

本书是作者基于社会对物流人才的需求和物流教学改革和教材建设的需要，在多年物流教学实践并参考相关物流理论与研究成果的基础上编写而成的。本书坚持实用和适用的编写原则，由浅入深、循序渐进地展开，系统全面地阐述物流学的基本理论知识。在各章前均列出了本章的学习目标和导入案例，各章后附有案例分析和复习思考题，便于学生把握各章节主要内容、知识点，注重提高学生的实践技能。同时，为了给授课教师提供教学支持，本书还提供配套的电子课件，读者可登录华信教育资源网免费注册下载。

本书由从事物流教学和科研工作的专业教师撰写，由张亮、李彩凤主编，负责全书的构思准备、大纲拟定和最终定稿。全书共13章，其中，第1章由张亮撰写，第2、6章由史新峰撰写，第3、7章由武小平撰写，第4、5章由谢逢洁撰写，第8、10章由朱长征撰写，第9、11章由山红梅撰写，第12章由方静撰写，第13章由李彩凤撰写。

在写作过程中，我们阅读、借鉴和引用了同行在物流方面的相关著作、教材、案例及互联网上的大量资料，这些文献资料已尽可能在参考文献中列出，在此向相关作者表示衷心的感谢；也有可能由于种种原因有所遗漏，若有此种情况发生，在此表示歉意并衷心感谢这些作者。

最后，还要感谢出版社王志宇编辑及有关同志，是你们的辛勤工作使得本书减少了很多错误并得以顺利出版。

由于编者水平有限，书中难免存在错误和不妥之处，恳请广大读者批评指正。

编　者

目　　录

第1章

物流概论

学习目标

1. 理解现代物流的概念、特点，了解物流的产生与分类；
2. 掌握物流的地位与作用；
3. 了解物流学科的发展过程和中国物流发展的历程及现状；
4. 了解物流系统概念的内涵，掌握物流系统的要素构成、特点及目标；
5. 掌握第三方物流的概念及作用，了解第三方物流的发展现状与趋势。

导入案例

关于物流的争论

日前，在记者赴山东采访的旅途中，与几位邻座旅客朋友发生了关于"什么是物流"的争论。一位来自水电系统的张先生说，顾名思义，"物流"就是物资流通的简称；据我所知，"物流"这个词还是物资流通系统从国外引进的呢！来自铁路工程系统的方先生说，"物流"就是货物运输，公路、铁路、水路、航空、管道运输都包括在内，把货物从一地运到另一地，这就是物流。来自高等院校信息研究所的宁先生则说，"物流"是在正确信息指引下，物质材料有价值的空间位移。来自解放军某部的秦少校说，在军队，"物流"就是后勤，人员调动、武器装备运输、各种给养调配都属于物流……一路上，大家各执己见，各陈其理，角度不同，理解各异，"物流"被赋予了各不相同的内涵。

资料来源：物流沙龙（http://www.logclub.com）（有删改）

讨论及思考：

案例中每个人对物流的理解正确吗？你对物流的看法是什么？

1.1 物流基本概念

物流科学自产生以来已显示出它的强大生命力，成为当代最活跃、最有影响的新学科之一。物流科学是以物的动态流转过程为主要研究对象，揭示了物流活动（运输、储存、包装、装卸搬运、配送、流通加工、物流信息等）之间存在的相互关联、相互制约的内在联系，认定这些物流活动都是物流系统的组成部分，是物流系统的子系统。界定了物流系统的边界，使其在经济活动中从潜隐状态显现出来，成为独立的研究领域和科学范畴。物流科学是管理工程与技术工程相结合的综合学科，应用了系统工程的科学成果，提高了物流系统的效率，从而更好地实现了物流的时间效益和空间效益。物流科学的产生和应用给国民经济和企业的生产经营带来难以估量的经济效益，因此引起了人们的重视并给予高度评价，从而得到了迅速的发展和普及。

网络技术把人类社会经济发展带进了一个新的时代，由于电子商务浪潮的推动，中国物流业出现了前所未有的热潮。新的动向表明，物流现代化成为中国经济发展的杠杆，这一点已得到人们的普遍承认。

随着社会经济水平的提高，物流科学的内涵及其相关理论都在不断地发展和创新。

现代物流概念产生于 19 世纪末 20 世纪初的美国，国际物流学界对其产生的动因有两种观点：经济因素和军事因素。

物流概念是因经济而产生的观念，源于人们对协调经济活动中物流及其相关活动的追求。就物流本身而言，其由运输、储存、包装等许多相关活动组成，在物流概念产生之前，企业将这些活动单独管理；就物流与相关活动的关系而言，物流与企业生产、营销、销售等活动都有密切联系。1915 年，阿什·肖（Arch Show）在其《市场流通中的若干问题》一书中明确将企业流通活动分为创造需求的活动和物流活动，并指出"物流（Physical Distribution of Goods）是与创造需求不同的一个问题，流通活动的重大失误都是因为创造需求和物流之间缺乏协调而造成的"，从而阐明了物流在流通中的重要作用。由此产生的"物流"（Physical Distribution，PD）概念，译成汉语是"实物分配"或"货物配送"，是指为了计划、执行和控制原材料，在制品库存从起源地到消费地的有效率的流通而进行的两种或多种活动的集成。

"物流"（Logistics）一词首先用于军事领域，是因军事而产生的。军事上明确解释"物流"这一概念是在 1905 年，由美国少校琼西·贝克在其专著《军需与军需品运输》中提出"作战艺术的分支——关于军事调动和保障供给的工作称为后勤（Logistics）"。第二次世界大战中，围绕战争的供应，美国及其盟军在军事后勤活动中对人员、物资、装备等应用系统论方法进行统筹安排、全面管理，建立了"后勤"理论，并将其用于战争活动中，为人们对综合物流的认识和发展提供了实证依据。其所提的"后勤"是将战时物资生产、采购、运输、配给等活动作为一个整体进行统一布置，以求战略物资补给的费用更低、速度更快、服务更好。

20 世纪 50 年代，美国通用汽车公司将"Logistics"作为企业的一个新的管理思路、理念和技术引入企业物流管理中。这时的后勤包含了生产过程和流通过程的物流，因而是一个包含范围更广泛的物流概念。70 年代，"Logistics"大量出现在文献上。此时，"Logistics"不仅要考虑从生产者到消费者的货物配送问题，还要考虑从供应商到生产者对原材料的采购，以及生产者本身在产品制造过程中的运输、保管和信息等各个方面，以全面、综合地提高经济效益和效率问题。因"Logistics"的概念较"PD"概念宽广、连贯、有整体性，80 年代以后，"Logistics"逐渐替代了"PD"。目前，"Logistics"已成为世界公认的"物流"的标准术语。

1.1.1 物流的内涵

"物流"一词起源于第二次世界大战期间美国的军事应用（Physical Distribution，PD），直译为"实物分配"，日本将其定义为"物流"。战后，物流在企业界得到应用和发展，因此出现"物资管理"（Materials Management）、"配送工程"（Distribution Engineering）、"企业后勤"（Business Logistics）、"市场供应"（Market Supply）、"物流管理"（Logistics Management）等词来表述物流的内涵，现在多以"Logistics"表示。而物流在我国被重视和得到较大的发展是近 20 年的事。

"物流"泛指物资实体在进行社会再生产过程中，在空间（从供应地向接收地）有目的性的实体流动过程。它联结生产和消费，使货畅其流、物尽其用，促进生产不断发展，满足社会生产、消费的需求。也有文献表述为"高效、低成本地将原材料、在制品、产成品等由其始发地至消费地的流动和储存，以及与其有关的信息流进行计划、实施和控制的过程，以达到满足用户需求的目的"。"物流是物质资料从供给者到需求者的物理性运动（包括处在供给者内部的物理性运动），是创造时间价值和场所价值的活动（包括一定的加工附加值）。"

物流由"物"和"流"两个基本要素组成，物流中的"物"指一切可以进行物理性位置移动的物质资料，即"物"的一个重要特点是，必须可以发生物理性位移。

物流中的"流"，指的是物理性运动，这种运动也被称为"位移"。

对物流的定义，学者们出于不同的侧重点（企业、工程、管理）有各种不同的提法，一般归纳为狭义和广义两种。狭义的"物流"，仅指作为商品的物质资料的空间运动过程，属于流通领域的范畴。广义的"物流"，则还包括物质资料在生产过程中的运动过程，即物流既发生在流通领域，又包含在生产领域之内。我们研究的是广义的物流。

"物流"作为一个学科名词，它包含了物质资料在流通过程中的技术和管理活动。因此，"物流"的含义可以表述为：物质资料在生产过程中的各个生产阶段之间的流动和从生产场所到消费场所之间的全部运动过程，包括运动过程中的空间位移及与之相关联的一系列生产技术性活动。这个技术包括自然技术和管理技术。由于物流技术的提高，降低了物质资料、产成品在流转过程中的费用，提高了经济效益和社会效益，因此被誉为"第三利润源泉"。

世界上对物流的定义有多种表述，表述文字不一，内涵丰富，有很好的参考价值。

1963 年（美国）全国物流管理协会（National Council of Physical Distribution Management，NCPDM）对物流的定义是：物流是为了计划、执行和控制原材料、在制品及制成品从供应地到消费地的有效率的流动而进行的两种或多种活动的集成。这些活动可能包括：客户服务、需求预测、库存管理、物料搬运、订货处理、服务支持、工厂及仓库选址、采购、包装、退货处理、废弃物回收、运输、仓储管理。1985 年，美国物流管理协会（Council of Logistics Management，CLM）将物流定义更新为：物流是对货物、服务及相关信息从供应地到消费地的有效率、有效益的流动和储存进行计划、执行与控制，以满足客户需求的过程。该过程包括进向、去向、内部和外部的移动，以及以环境保护为目的的物料回收。这两个定义的区别是，前者强调了具体的物流活动，"有效率的流动"；后者突出了管理的效益，强调"有效率、有效益的流动"，物流管理的战略导向是客户需求。1998 年美国物流管理协会给出定义：物流是供应链流程的一部分，是为了满足客户需求而对商品、服务及相关信息从原产地到消费地的高效率、高效益的正向和反向流动及储存进行的计划、实施与控制的过程。这一定义标志着现代物流理论发展到更高阶段，物流成为供应链流程的一部分。

加拿大供应链与物流管理协会（Canadian Association of Supply Chain & Logistics Management，CASCLM）在 1985 年给出的物流定义是：物流是对原材料、在制品、产成品及相关信息从起运地到消费地的有效率、有效益的流动和储存进行计划、执行和控制，以满足客户需求的过程。该过程包括内向（inbound）、外向（outbound）和内部流动。到 2000 年基本上采用了美国物流管理协会 1998 年的定义，只是进一步做了综合。

欧洲物流协会（European Logistics Association，ELA）在 1994 年发表的《物流术语》（Terminology in Logistics）中定义物流为：物流是在一个系统内对人员或商品的运输、安排及与此相关的支持活动的计划、执行与控制，以达到特定的目的。

日本后勤系统协会（Japan Institute of Logistics Systems，JILS）在 1992 年 6 月将物流改为"后勤"，该协会的专务理事稻束原树于 1997 年对"后勤"下了如下定义：后勤是一种对原材料、半成品和产成品的有效率的流动进行规划、实施和管理的思路，它同时协调供应、生产和销售部门的利益，最终达到满足客户的需求。

我国在《中华人民共和国国家标准物流术语》（GB/T 18345—2001）中将物流定义为：物品从供应地向接收地的实体流动中，将运输、储存、装卸搬运、包装、流通加工、配送、信息处理等功能有机结合、优化管理来满足物主要求的过程。我国台湾则认为物流是一种物的实体流通活动的行为，在流通过程中，通过管理程序有效结合运输、仓储、装卸、包装、流通加工、咨询等相关物流机能性活动，以创造价值，满足客户及社会性需求。

1.1.2　物流的作用和意义

物流作为一种社会经济活动，对社会生产和生活活动的效用主要表现为创造时间效用和创造场所价值两个方面。

1．物流创造时间效用

时间价值是指"物"从供给者到需求者之间本来就存在一段时间差，由于改变这一时间差而创造的价值，称作"时间价值"。时间价值通过物流获得的形式有以下几种。

（1）缩短时间

缩短物流时间，可获得多方面的好处，如减少物流损失、降低物流消耗、加速物的周转、节约资金等。马克思从资本的角度早就指出过："流通时间约等于零或越接近于零，资本的职能越大，资本的生产效率就越高，它的自行增值就越大。"（《马克思恩格斯全集》第 24 卷，第 142 页）这里，马克思所讲的流通时间完全可以理解为物流时间，因为物流周期的结束是资本周转的前提条件。这个时间越短，资本周转越快，表现出资本的较高增值速度。从全社会物流的总成本来看，加快物流速度、缩短物流时间，是物流必须遵循的一条经济规律。

（2）弥补时间差

经济社会中，需求和供给普遍存在时间差，例如，粮食集中产出，但是人们的消费是一年 365 天，天天有需求，因而供给和需求之间就出现时间差。类似情况不胜枚举。

需求与供给之间存在时间差，可以说这是一种普遍的客观存在，正是有了这个时间差，商品才能取得自身最高的价值，才能获得十分理想的效益，才能起到调节"平丰欠"的作用。但是商品本身是不会自动弥补这个时间差的，如果没有有效的方法，集中产出的粮食除了当时的少量消耗外，就会损坏、腐烂，而在非产出时间，人们就会没有粮食吃。物流便是以科学、系统的方法弥补，有时是改变这种时间差，以实现其"时间价值"。

（3）延长时间差

总体物流和不少具体物流遵循"加速物流速度，缩短物流时间"这一规律，以尽量缩短时间间隔来创造价值。尤其是针对物流的总体，讲规律主要从这一总体地位出发。但是，在某些具体物流中也存在人为地、能动地延长物流时间来创造价值的。例如，秋季集中产出的粮食、棉花等农作物，通过物流的储存储备活动，有意识地延长物流时间，以均衡人们的需求；配合待机销售的囤积性营销活动的物流便是一种有意识地延长物流时间、有意识地增加时间差来创造价值的方法。

2．物流创造场所价值

"物"从供给者到需求者之间有一段空间差，供给者和需求者之间往往处于不同的场所，由于改变"物"的不同场所存在位置创造的价值称作"场所价值"。

物流创造场所价值是由现代社会产业结构、社会分工所决定的，主要原因是供给和需求之间的空间差，商品在不同地理位置有不同的价值，通过物流将商品从低价值区转到高价值区，便可以获得价值差，即"场所价值"，有以下几种具体形式。

（1）从集中生产场所流入分散需求场所创造价值

现代化大生产的特点之一，往往是通过集中的、大规模的生产以提高效率，降低成本。在一个小范围集中生产的产品可以覆盖大面积的需求地区，有时甚至可以覆盖一个国家乃至若干国家。通过物流将产品从集中生产的低价区转移到分散于各处的高价区有时可以获得很高的利益。物流的"场所价值"也依此决定。

（2）从分散生产场所流入集中需求场所创造价值

和上述第（1）点所述情况相反的情况在现代社会中也不少见。例如，粮食是在一亩地一亩地上分散生产出来的，而一个大城市的需求却相对大规模集中；一个大汽车上的零配件生产也分布得非常广，却集中在一个大厂中装配。这也形成了分散生产和集中需求，物流便取得了场所价值。

（3）从低价值的生产场所流入高价值的需求场所创造价值

现代社会中供应与需求的空间差比比皆是，十分普遍，除了大生产的决定性作用之外，有不少是自然地理和社会发展因素决定的。例如，农村生产粮食、蔬菜而移地于城市消费，南方生产荔枝而移地于各地消费，北方生产高粱而移地于各地消费，等等。现代人每日消费的物品几乎都是相距一定距离甚至十分遥远的地方生产的。这么复杂交错的供给与需求的空间差都是靠物流来弥合的，物流业从中取得了利益。

在经济全球化的浪潮中，国际分工和全球供应链的构筑，一个基本选择是在成本最低的地区进行生产，通过有效的物流系统和全球供应链，在价值最高的地区销售，信息技术和现代物流技术为此创造了条件，使物流得以创造价值、得以增值。

3．物流对国民经济的作用

（1）物流是国民经济的基础之一

我国在经济发展过程中经常提到交通运输的基础作用、先行作用和瓶颈问题，就是物流或者物流的主要部分。讲物流是国民经济的基础，是从物流是国民经济的动脉这一点而言的。物流通过不断输送各种物质产品，使生产者不断获得原材料、燃料以保证生产过程的正常，又不断将产品运送给不同需要者，以使这些需要者的生产、生活得以正常进行，这些互相依赖的存在，是靠物流来维系的，国民经济因此才得以成为一个有内在联系的整体。

讲物流是动脉而不讲它是器官，这是因为，假如人体一个器官坏了，也许还会生存下去，而动脉停止运输血液，人体就必然死亡。当然，从物流是国民经济的基础这一点讲，不仅是国民经济生与死的问题，而且是保证国民经济健康、促进其发展的问题。

讲物流是国民经济的基础，也是从物流对某种经济体制和实现这一经济体制的资源配置的作用这一点而言的。经济体制的核心问题是资源配置，资源配置不仅解决生产关系问题，而且必须解决资源的实际运达问题。有时候，并不是某种体制不成功，而是物流不能保证资源配置的最终实现，这在我国尤为突出。物流还以本身的宏观效益支持国民经济的运行，改善国民经济的运行方式和结构，促使其优化。

（2）特定条件下，物流是国民经济的支柱

物流对国民经济起支柱作用，或者物流与其他生产活动一同起支柱作用的国家，已有一定数量。这些国家处于特定的地理位置或特定的产业结构条件下，物流在国民经济和地区经济中能够发挥带动作用和支持整个国民经济的作用，能够成为国家或地区财政收入的主要来源，能成为主要就业领域，能成为科技进步的主要发源地和现代科技的应用领域。例如，欧洲的荷兰、亚洲的新加坡和中国香港地区、美洲的巴拿马等，特别是日本以流通立国，物流的支柱作用显而易见。

（3）物流现代化可改善我国的经济运行，实现质量的提升

我国经济虽然取得了持续、快速、健康的发展，但是经济运行质量不高，"粗放式"增长的问题还很严重，尤其作为支撑国民经济运行的"物流平台"，问题更为突出。各种物流方式分立、物流基础设施不足、物流技术落后等问题如果能够得到全面、系统的改善，就可以使我国国民经济的运行水平得到很大的提高。

（4）一个新的物流产业可以有效改善我国产业结构

由于我国国土面积大，经济发展和物流的关系就显得更为密切，物流产业对我国而言，相对重要得多。物流产业过去没有受到我国经济界应有的重视，发展迟缓，这个问题如果仍然得不到解决，对于我国未来的经济发展是极为不利的，尤其是现在通信技术和计算机技术支持的电子商务普遍运行之后，物流落后对社会和经济发展的制约会有强烈的表现。因此，重视建立新的物流产业，才可以使我国国民经济出现合理、协调的发展局面。

阅读案例

物流费用与GDP比率继续下降，经济运行质量得到进一步提高

中华人民共和国国家发展和改革委员会、中华人民共和国国家统计局和中国物流与采购联合会今日联合发布了2006年全国物流业运行情况。通报显示，2006年我国物流业发展成效显著，物流需求规模进一步扩大，物流投入加快增长，效益明显提高，物流业对国民经济发展的贡献率进一步提升，物流费用与GDP比例继续下降。

"我国每单位GDP产出需要2.8个单位的物流总额来支持。"中国物流与采购联合会常务副会长丁俊表示，现代物流业对社会经济发展的支撑力继续增大。2006年我国物流总额达59.6万亿元，按现价同比增长24%，无论现价还是可比价增长率都明显高出同期GDP增长，是我国2006年GDP较快增长的一个基本保障。尤其是对工业生产、固定资产投资、

进出口贸易三大需求快速增长的支撑作用更为明显。

我国物流业在保持高速增长的同时，社会物流总费用与 GDP 比率继续降低，经济运行质量得到进一步提高。据悉，2006 年我国社会物流总费用超过 3.8 万亿元，增加 0.4 万亿元，同比增长 13.5%，而我国社会物流总费用与 GDP 的比率为 18.3%，比 2005 年再下降 0.2 个百分点。另据统计调查资料显示，2006 年我国物流外包增加、专业化程度提高，第三方物流进一步发展。其中，运输与仓储外包的增长速度达到了 10%～15%，企业运输业务委托第三方的比例达到 67.1%，比 2005 年同期提高 2.5 个百分点。物流业固定资产投资继续较快增长，物流业基础条件进一步改善，物流行业可持续发展能力得到增强。

资料来源：中华工商报，2007-03-16。

4. 物流对企业的作用

（1）物流是企业生产的前提保证

从企业这一微观角度来看，物流对企业的作用如下。①物流为企业创造经营的外部环境。一个企业的正常运转，必须有这样一个外部条件：一方面要保证按企业生产计划和生产节奏提供和运达原材料、燃料、零部件；另一方面，要将产品和制成品不断运离企业，这个最基本的外部环境正是要依靠物流及有关的其他活动创造和提供保证的。②物流是企业生产运行的保证。企业生产过程的连续性和衔接性，靠生产工艺中不断的物流活动，有时候生产过程本身便和物流活动结合在一起，物流的支持保证作用是不可或缺的。③物流是发展企业的重要支撑力量。企业的发展要靠质量、产品和效益，物流作为全面质量管理的一环，是接近用户阶段的质量保证手段，更重要的是，根据"第三个利润源"的理论，物流通过降低成本、间接增加企业利润，通过改进物流直接取得效益，这些都会有效地促进企业的发展。

（2）物流的降低成本价值

物流合理化有大幅降低企业经营成本的作用，对改善我国经济运行的环境，降低和解决企业的困难有重要作用。我国当前许多企业困难的重要原因之一是成本过高。发展物流产业，能够有效降低社会流通成本，从而降低企业供应及销售成本，起到改善企业外部环境的作用；企业生产过程的物流合理化，又能降低生产成本，这对于解决企业当前的困难无疑是非常有利的。

（3）物流的利润价值

物流活动的合理化，可以通过降低生产的经营成本间接提高利润，这只是物流利润价值的一个表现。对于专门从事物流经营活动的企业而言，通过有效的经营，可以为生产企业创造"第三个利润源"，也就是说通过物流企业的有效服务，可以为生产企业创造利润。

许多物流企业，在为用户服务的同时，还可以起到自己的"利润中心"作用，可以成为企业和国民经济新的利润增长点。国民经济中过去把许多物流活动当作公益活动来办，投入没有回报，组织不合理，服务水平低，技术落后，这些领域采用现代物流的组织、管理和技术之后，可以成为国民经济新的利润源；企业许多物流活动，如连锁配送、流通加工等，都可以直接成为企业利润的来源。

（4）物流的服务价值

物流可以提供良好的服务，这种服务有利于参与市场竞争，有利于树立企业和品牌的形象，有利于和服务对象结成长期、稳定、战略性的合作伙伴关系，这对企业长远的、战略性的发展有非常重要的意义。物流的服务价值，实际上就是促进企业战略发展的价值。

1.2 **物流的分类**

为了便于研究，按照物流系统的作用、属性及作用范围，可以从不同角度对物流进行分类。

1.2.1 按照作用分类

按照物流系统的作用可以分为供应物流、销售物流、生产物流、回收物流和废弃物流。

1. 供应物流

生产企业、流通企业或消费者购入原材料、零部件或商品的物流过程称为供应物流，也就是从物资生产者、持有者到需求者、使用者之间的物流。对工厂而言，是指生产活动所需要的原材料、备品备件等物资的采购、供应活动所产生的物流；对流通领域而言，是指交易活动中，从买方立场出发的交易行为中所发生的物流。

企业的流动资金大部分被购入的物资材料及半成品等所占用，供应物流的严格管理及合理化对企业的成本有重要影响。

2. 销售物流

生产企业、流通企业售出产品或商品的物流过程称为销售物流，是指物资的生产者或持有者到用户或消费者之间的物流。对工厂而言是只售出产品，而对流通领域而言是指交易活动中，从卖方角度出发的交易行为中的物流。

通过销售物流，企业得以回收资金，并进行再生产活动。销售物流的效果关系到企业的存在价值是否被社会承认。销售物流的成本在产品及商品的最终价格中占有一定的比例。因此，在市场经济中为了增加企业的竞争力，销售物流的合理化是可以收到立竿见影的效果的。

3. 生产物流

从工厂的原材料购进入库起，直到工厂成品库的成品发送为止，这一全过程的物流活动称为生产物流。生产物流是制造产品的工厂企业所特有的，它和生产流程同步。原材料、半成品等按照工艺流程在各个加工点之间不停顿地移动、流转形成了生产物流，如生产物流中断，生产过程也将随之停顿。

生产物流合理化对工厂的生产秩序、生产成本有很大影响。生产物流均衡稳定，可以保证在制品的顺畅流转，缩短生产周期。在制品库存的压缩，设备负荷均衡化，也都和生产物流的管理和控制有关。

4. 回收物流

在生产及流通活动中有一些资料是要回收并加以利用的，如作为包装容器的纸箱、塑料筐、酒瓶等，建筑行业的脚手架也属于这一类物资。还有杂物的回收分类和再加工，例如，旧报纸、书籍通过回收、分类可以再制成纸浆加以利用，特别是金属的废弃物，由于金属具有良好的再生性，可以回收并重新熔炼成有用的原材料。目前我国冶金生产每年有 30 Mt 废钢铁作为炼钢原料使用，也就是说，我国钢产量中有 30%以上是由回收的废钢铁重熔冶炼而成的。

回收物资品种繁多，流通渠道也不规则，且多有变化，因此，管理和控制的难度大。

5. 废弃物流

生产和流通系统中所产生的无用的废弃物，如开采矿山时产生的土石、炼钢生产中的钢渣、工业废水，以及其他一些无机垃圾等，如果不妥善处理，不但没有再利用价值，还会造成环境污染，就地堆放会占用生产地以致妨碍生产。对这类物资的处理过程产生了废弃物流。废弃物流没有经济效益，但是具有不可忽视的社会效益。为了减少资金消耗，提高效率，更好地保障生活和生产的正常秩序，对废弃物流综合利用的研究很有必要。

1.2.2 按照物流活动的空间范围分类

按照物流活动的空间范围可以分为地区物流、国内物流和国际物流。

1. 地区物流

所谓地区物流，有不同的划分原则。首先，按行政区域划分，如西南地区、华北地区等；其次，按经济圈划分，如苏（州）（无）锡常（州）经济区、黑龙江边境贸易区；还有按地理位置划分的地区，如长江三角洲地区、环渤海地区等。

地区物流系统对于提高该地区企业物流活动的效率，以及保障当地居民的生活环境，具有不可缺少的作用。研究地区物流应根据地区特点，从本地区的利益出发组织好物流活动，如某城市建设一个大型物流中心，显然这对当地物流效率的提高、降低物流成本、稳定物价很有作用，但是也会引起由于供应点集中、货车来往频繁而产生废气噪声、交通事故等消极问题。因此，物流中心的建设不只是物流问题，还要从城市建设规划、地区开发计划出发，统一考虑，妥善安排。

2. 国内物流

国家或相当于国家的实体，是拥有自己的领土和领空的政治、经济实体。它所制定的各项计划、法令政策都应该是为其自身的整体利益服务的。物流作为国民经济的一个重要方面，也应该纳入国家总体规划。我国的物流也是社会主义现代化事业的重要组成部分，全国物流系统的发展必须从全局着眼，对部门分割、地区分割所造成的物流障碍应该清除。在物流系统的建设投资方面也要从全局考虑，使一些大型物流项目能尽早建成，为社会主义经济服务。

国家整体物流系统化地推进，必须发挥政府的行政作用，具体来说有以下几个方面。

（1）物流基础设施的建设，如公路、高速公路、港口、机场、铁道的建设，以及大型物流基地的配置等。

（2）制定各种交通政策法规，如铁道运输、卡车运输、海运、空运的价格规定，以及税收标准等。

（3）与物流活动有关的各种设施、装置、机械的标准化，这是提高全国物流系统运行效率的必经之路。

（4）物流新技术的开发、引进和物流技术专门人才的培养。

3. 国际物流

在当今的网络时代，世界的发展主流是经济全球化，国家与国家之间的经济交流越来越强化，任何国家不投身于国际经济大协作的交流之中，本国的经济技术就得不到良好的发展。工业、生产走向社会化和国际化，跨国公司在世界经济中的影响越来越大，一个企业的经济活动范畴可以遍布各大洲。国家之间、洲际之间的原材料与产品的流通越来越发达。因此，国际物流的研究已成为物流研究的一个重要分支。

1.2.3　按照物流系统的性质分类

按照物流系统的性质可以分为社会物流、行业物流和企业物流。

1. 社会物流

社会物流一般指流通领域所发生的物流，是全社会物流的整体，所以有人称为大物流或宏观物流。社会物流的一个标志是，它是伴随着商业活动（贸易）而发生的，也就是说，物流过程和所有权的更迭是相关的。

就物流科学的整体而言，可以认为主要研究对象是社会物流。社会物资流通网络是国民经济的命脉，流通网络分布的合理性、渠道的畅通至关重要。必须进行科学管理和有效控制，采用先进的技术手段，保证高效、低成本运行，这样做可以带来巨大的经济效益和社会效益。物流科学对宏观国民经济的重大影响是物流科学受到高度重视的主要原因。

2. 行业物流

同一行业中的企业是市场上的竞争对手，但是在物流领域中，物流企业常常互相协作，共同促进行业物流系统的合理化。

例如，日本的建筑机械行业，提出行业物流系统化的具体内容有：各种运输手段的有效利用；建设共同的零部件仓库，实行共同集装、配送；建立新旧设备及零部件的共同流通中心；建立技术中心，共同培训操作人员和维修人员；统一建筑机械的规格等。

又如在大量消费品方面采用统一传票、统一商品规格、统一托盘规格、陈列柜和包装模数化等。

行业物流系统化的结果使参与的各个企业都得到相应的利益。各个行业的协会或学会应该把行业物流作为重要的研究课题之一。

3. 企业物流

企业是为社会提供产品或某些服务的经济实体。一个工厂，要购进原材料，经过若干道工序的加工，形成产品销售出去。一个运输公司，要按客户要求将货物输送到指定地点。在企业经营范围内由生产或服务活动所形成的物流系统称为企业物流。

综上所述，对物流系统的分类是为了便于研究分析其活动规律，可以从不同角度进行分类。

1.3　物流学的产生及发展

1.3.1　物流学的产生

1. 物流科学的萌芽时期

物流活动具有悠久的历史，从人类社会开始有产品的交换行为时就存在物流活动，而物流科学的历史却很短，是一门新学科。物流学本来的意义可以从物流管理和物料搬运等学科方面去追溯它的历史渊源，但是以系统观点来研究物流活动是从第二次世界大战末期美国军方后勤部门的科学研究结果开始的。由于当时前方作战形势发展很快，战线经常变动，军需品供应方面产生很大困难，军需品的供应不足将影响战争的顺利进行，而供应到前线的军需品过量时又不能随部队转移，将造成巨大浪费。如何组织军需品的供给，即军需品的供应基地、中间基地、前线供给点的合理配置，各级供应基地合理库存量的确定，由后方向各级供应基地运输的路线和运输工具（飞机、轮船）的合理使用，形成了综合性的研究课题。美国军事部门运用运筹学与当时刚刚问世的电子计算机技术进行科学规划，较好地完成了研究任务。以系统的观念来解决军事后勤保障问题是物流科学的萌芽阶段。

2. 物流科学的产生

20 世纪 50 年代，由于生产机械化的发展，产品数量急剧上升，生产成本相对下降，从而刺激了消费，使得市场繁荣、商品丰富，在流通领域出现了超级市场、商业街等大规模的物资集散场所。在这种背景下，出现的问题是流通成本相对于生产成本而言有上升的趋势，也就是说，流通费用在商品总销售价格中的比重逐渐增加，影响了商品的竞争能力。因而人们不得不对各种物流活动的规律进行认真的研究，试图找出降低流通费用的途径。由于着眼点是流通费用的整体而不是其局部，这就必须确定考察对象的范围，并且对其结构做出分析。流通费用是在运输、保管、装卸搬运、包装等物流活动中产生的，这些活动具有共同的本质，都是为了实现物资的空间效果或时间效果，这与"加工活动"是改变"物"的形状与性质的功能有根本的区别。而且各个物流活动之间存在相互联系、相互制约的关系，可以看成一个大系统的子系统，这个大系统就是物流系统。在理论上可以用时间维和空间维的物态变化来揭示这个系统的本质。物流系统的界定使其原来在社会经济活动中处于潜隐的状态显现出来，结束了各种物流活动处于孤立、分散、从属地位的历史，形成了现代物流科学，并且日臻完善。

3. 物流的后进性

物流活动作为客观存在的实体具有久远的历史，在人类社会的生产活动和交易行为形成的同期就有物流活动的发生，但是物流科学的形成却只有几十年的历史。物流技术的发展落后于生产技术，物流科学的产生也比加工科学历史短暂。物流学家把这种现象称为物流的后进性，究其原因主要有两个方面。

第一方面，运输、仓储、搬运等是在生产活动和社会经济活动中产生的，其作为辅助环节完成特定的功能，彼此没有发生联系，它们只相互孤立地处于从属地位。在漫长的历史时期中，随着生产水平的提高和科学技术的发展，物流技术也在不断地提高，逐步地走向现代化，如运输技术由人力和畜力的运载工具演变成汽车、火车等，但上述的从属地位并没有根本的变化，这在很大程度上限制了物流技术的发展和经济潜力的发挥。只有到了生产高度发展、产品较为丰富的 20 世纪 50 年代，流通成本相对上升的矛盾突出以后，物资流通科学的重要性才被人们所认识，从而促进了物流科学的研究和产生。也就是说，物流科学是在生产发展到一定水平之后，适应社会经济的需要才产生的，这是形成物流后进性的根本原因。

第二方面，物流科学是在融合了许多相邻学科的成果以后逐渐形成的，如运筹学、技术经济学、系统工程学等都是物流科学形成的重要基础。现代物流科学对实践的指导作用、对社会经济和生产发展的价值体现，也必须依赖于电子计算机技术才能得以实现。因此，物流科学只能在这些科学与技术之后得以诞生和发展，了解了这一点，能使人们不会由于物流的新颖性望而却步，也使人们不会因为物流科学所研究的对象是久已熟悉的客观事物而不予重视。

1.3.2 物流科学的发展过程

1. 以"PD"命名物流科学的时代

"PD"是"Physical Distribution"的简称。物流的概念是在发展中形成的。如前所述，物流科学是在世界经济进入大量生产、大量销售时期后，为了解决流通成本上升，在第二次世界大战后期军事后勤保障研究的基础上形成的一门学科。新学科成立的标志是提出了物流系统概念，界定了物流系统范围。认为运输、仓储、装卸搬运的物流活动具有共同的特性，即为了改变物资的空间状态和时间状态，它们都属于一个大系统的子系统，存在相互制约、相互关联的关系。降低物流成本可以看作系统优化目标。要在降低成本方面取得最佳效果，必须从整体出发，引进系统工程科学的理论、方法进行系统优化。

由于新科学是在流通领域面世的，当时就以概念相近的"PD"作为新学科的名称。美国物流管理协会（NCPDM）1960年对"PD"的定义是："PD是把完成品从生产线的终点有效地移动到消费者手里的广范围活动，有时也包括从原材料的供给源到生产线的始点的移动。"这个定义清晰地表现，现在所说的"生产物流"是不包含在当时所定义的物流系统之内的。

物理科学的研究成果很快在经济领域取得显赫成就，物流科学被认为是最有生命力的新学科之一。

20世纪60年代，"PD"的概念引进日本并被译为"物的流通"，日本著名学者平原直提出用"物流"一词代替"物的流通"将更为简洁并且能够更深刻地表达其内涵。自此以后"物流"一词迅速地被广泛使用，平原直也因此在日本被称作"物流之父"。

日本当时对物流的定义有多种说法，以林周二的描述具有代表性："物流是包含物质资材的废弃与还原，联结供给主体与需求主体，克服空间与时间距离，并且创造一部分形质效果的物理性经济活动。具体包括运输、保管、包装、装卸搬运、流通加工等活动以及有关的信息活动。"

我国于1980年前后从日本引进物流概念并翻译了一些物流著作。日本汉字"物流"非常符合中国汉语的直观性描述习惯，便被直接引用为中国词语。因此，中国前期物流著作和文献中的"物流"都是按"PD"的概念来阐述的。

应该指出，"Physical Distribution"作为物流科学的代名词是有时间性的。在此之前"Physical Distribution"词语已经存在并且有自己的含义。1935年，美国市场营销协会阐述了"Physical Distribution"（分销或实物分配）的概念："PD是销售活动中所伴随的物质资料从产地到消费地的种种经济活动，包括服务过程。"这里只是若有若无地提及物流活动，而没有将物流看成独立系统的迹象。

2. 以"Logistics"命名物流科学的时代

20世纪80年代以后，物流科学逐步发展，企业通过加大物流投入和注重物流管理，不仅节省了成本、增加了利润、保证了服务质量、增强了企业竞争力，还发现物流在企业经营中的重要作用，必须作为企业经营战略的重要组成部分。物流系统研究的覆盖面应该从流通领域扩展到供应、生产和流通的全过程，才能取得更大的战略效果。

此外，用流通领域的词汇"PD"来表述物流，不论是范围还是内容都已不适应时代的发展。从 20 世纪 80 年代中期开始，"Logistics"逐渐取代"PD"成为物流科学的代名词。"Logistics"是军队的后勤保障系统用语，其含义是对军需物资的采购、运输、仓储、分发进行统筹安排和全面管理。

"Logistics"取代"PD"，成为物流科学的代名词，这是物流科学走向成熟的标志。

美国物流管理协会 1985 年对"Logistics"的定义已在前文介绍。

德国的 R.尤尼曼给出的定义是："物流（Logistics）是研究对系统（企业、地区、国家、国际）的物料流（Material Flow）及相关的信息流（Information Flow）进行规划与管理的科学理论。"

1985 年前后，各国物流行业团体为了适应现代的变化也纷纷更名。美国物流管理协会（NCPDM）、英国物流管理协会（IPDM）都将自己名称中的"PD"改为"Logistics"，其简称分别改为"CLM"和"ILDM"。

在日本，由于有汉字"物流"的存在，情况较为复杂。因为"物流"已等同于"PD"，"Logistics"则以音译的外来语（片假名）表示。但是部分学者在著述中也开始用"Logistics"的内涵来描述"物流"的概念。

中国物流界的处理方法和日本有所不同，开始也有人将"Logistics"译为"后勤"或"后勤学"以便和物流（PD）区别。但是 1989 年第八届国际"Logistics"大会在北京举行时，经专家讨论，会议名称定为"第八届国际物流大会"。此后，物流对应的英文词是"Logistics"，开始普遍为物流界所接受。2000 年，我国国际标准《物流术语》又明确地规定"物流"对应的英文词是"Logistics"。

3. 供应链管理时代

互联网技术为供应链管理取得成功提供了有力的支持。物流和资金流、信息流都是供应链的组成部分，但在供应链整合中，物流部分经常起着主导作用。人们进一步认识到，物流（Logistics）的作用在新经济环境中，还应该继续发展扩大，要把物流与供应链联系在一起。物流系统的覆盖面不仅贯穿一个企业的供应、生产和销售过程，而且要覆盖供应链的上下游企业。

为了反映物流内涵的新变化，1998 年美国物流管理协会又一次修改了"Logistics"的定义，如前文所述。

加拿大的物流行业组织——物流管理协会的名称一直追踪物流科学的发展变化，该协会从 1967 年起名称中一直使用"PD"，1992 年更名，把"PD"改为"Logistics"，2000 年又进而改称"加拿大供应链与物流管理协会"。

4. 物流科学诞生、发展及命名过程简表

由于物流的概念是随着时代的发展变化的，物流的英语对应词又由"PD"改变为"Logistics"，这往往成为物流概念描述产生混乱的原因。以下将物流、"PD"及"Logistics"与物流科学发展的关系列出简表（见表 1-1），以供对照参考。

表 1-1　物流发展沿革

	PD	Logistics	物　流
物流科学产生以前	1935 年有作为分销的定义，未明确提及物流活动，未涉及物流作为独立的系统概念	该单词已有很长历史，用于表述军事后勤活动，有兵站含义	未出现"物流"词汇，但是作为物流活动的运输、仓储、搬运等是存在的
物流科学萌芽期		第二次世界大战后期，解决美军后勤问题。应用运筹学、预测科学、计算技术，系统地研究	
物流科学形成期	大批量生产，物流成本相对上升，形成物流系统概念，物流科学诞生。因主要解决流通问题，以"PD"作为新学科的代名词，和"PD"原意已不相同		日本引进"PD"概念，译为"物的流通"，后来又简称为"物流"。1979 年，"物流"（PD）用语及概念被中国引进
物流科学发展期	根据本来意义，"PD"译为"分销"，和物流有所区别	进入个性化消费时代。物流系统范围不限于流通领域，包含生产和供应的全物流系统，重视服务水平。用"Logistics"代替"PD"作为物流科学的代名词	日本"物流"对应"PD"概念不变，"Logistics"另用音译的外来语表达。 中国于 1989 年决定将"物流"和"Logistics"对应
供应链管理时代		"Logistics"新定义引进供应链概念，指出"物流是供应链的一部分……"	中国在物流名词术语标准中，根据国情对"物流"进行了定义

1.3.3　我国物流发展概况

1. 我国物流的发展历程大致分为四个阶段

第一阶段，计划经济体制下的物流（1949—1977 年）。

这一阶段是中华人民共和国成立后工农业发展时期，国家长期对生产资料和主要消费品实行计划生产、计划分配和计划供应。商业、粮食、供销物资、外贸等流通部门自成系统，按计划储存和运输，分别建起了本部门的供销公司、批发零售网点和仓储、运输队伍；交通、铁路、航空等专业运输部门也各自拥有储运企业。由于生产、流通和消费完全在计划经济体制下管理和运行，部门经济和条块分割造成的物流不合理现象普遍存在。由于生产是经济发展的主体，所以流通结构不合理和物流效率低下的矛盾并不十分突出。当时还没有现代物流概念。

第二阶段，有计划的商品经济下的物流（1978—1992 年）。

这一阶段伊始，正值中国共产党第十一届中央委员会第三次全体会议胜利召开，改革随之不断深化。1979—1984 年，按照计划和市场调节相结合的原则，改革长期以来全面统一管理的旧体制，扩大了市场调节范围，重点调整了农副产品和日用工业品的计划管理体制，改变了商品统购统销制度，打破了国有商业"一统天下"的固有局面，发展了计划购销、市场购销等多种流通渠道和购销形式，初步形成了多种经济成分和多种经营形势的流通格局。1987—1992 年，根据国家建立和培育社会主义市场体系的要求，大力发展了多层次、多形式、多功能的商品批发交易市场。同时，对生产资料的经营管理体制进行了全面改革，计划管理的品种和数量大幅度减少。物资流通企业大踏步走向市场，积极开展了木材、平板玻璃、机电产品的配送试点。物流的重要性开始在物资、商业、外贸、交通、铁路、货代等各个领域引起关注；铁路、公路、港口、码头、机场、货运枢纽等物流基础设施投入加大。

在这一阶段"物流"概念开始进入中国。1979 年 5 月，中国物资经济学会代表团赴日本专门考察物流，参加国际物流会议；1984 年 8 月，成立了中国物流研究会；1989 年 4 月，中国物资经济学会在北京成功地承办了"第八届国际物流会议"；《物流手册》《物流管理入门》《物流学及其应用》等首批物流专业书籍出版发行；物流培训班、录像和电视物流讲座等形式的物流启蒙、宣传和普及活动在全国展开。1991 年 7 月，中国物资经济学会与中国物流研究会合并，成立了中国物资流通学会，1992 年 5 月，该学会在江苏召开首届年会和物流研讨会，物流理念和物流在国民经济发展中的重要意义开始在全国传播。这一阶段，是中国物流引进、启蒙和宣传普及的时期。

第三阶段，社会主义市场经济下的物流（1993—1998 年）。

1993 年，中国共产党第十四届中央委员会第三次全体会议通过了《中共中央关于建立社会主义市场经济体制若干问题的决定》，从此计划经济开始向市场经济转变，中国经济走向了一个崭新的发展阶段。国家为了加强对流通的管理，组建了国内贸易部，把生产资料流通与生活资料流通统为一体，依照建立社会主义市场经济体制的目标，进一步加大了流通领域改革开放的力度，使我国的流通体制朝着社会化、市场化、现代化和国际化方向迈进。

在这个阶段，我国掀起了改革开放后的又一个经济建设热潮，生产规模及产量迅猛扩大，导致生产与消费严重失衡，库存商品的积压浪费创下了空前纪录，流通问题（特别是物流发展滞后的矛盾）再度显露，经济的持续健康发展迫切期待物流水平的提高。

经济形势发展的要求推动了物流事业的发展。在物流学术领域，1994 年中国机械工程学会在上海召开"现代物流技术与装备国际学术会议"，1995 年中国物资流通协会成立并于 1997 年举办"亚太国际物流会议"；期间，《现代综合物流管理》《现代物流学》《物流学》《军事物流概念》等新一批重要物流书籍出版发行。这一阶段是中国物流发展成长时期。

第四阶段，新经济发展形势下的物流（1999 年至今）。

新经济的表现形式之一是网络经济。来去匆匆、大起大落的电子商务浪潮让人们几乎一夜之间转而聚焦物流这个"瓶颈"，意识到物流才是问题的症结所在。新经济的表现形式之二是信息经济。互联网信息平台、电子数据交换（EDI）、全球卫星定位系统（GPS）、条形码和射频标识等现代信息手段在物流管理和物流技术中的广泛应用，使物流现代化达到了新的水平，物流的功能和作用转眼间令世人刮目相看。新经济的表现形式之三是全球经济一体化。全球化生产、全球化流通、全球化消费格局的形成，促进了国际贸易和国际物流的大发展。加入世界贸易组织（WTO）以后，全球化商品饱和与全球化市场经济竞争，把我国的经济活动推向了国际化竞争的舞台，使我国企业面临前所未有的严峻考验，迫使其不得不在接受挑战中寻找出路。伴随着改革开放进程，我国现代物流业从探索起步到创新发展，取得了巨大成就。

① 物流业规模扩张，发展质量和效益明显提升。2017 年，我国社会物流总额 252.8 万亿元，相当于同期国内生产总值（GDP）总量的 3.27 倍；全社会货运量和货物周转量比改革开放初期分别增长 14 倍和 18 倍；全年快递业务件量超过 400 亿件；社会物流总费用与

GDP 的比率下降为 14.6%，比有记录的 1991 年下降近 10 个百分点。

② 物流企业群体趋于成熟。通过改革国有企业、引进外资企业、发展民营企业，我国物流市场出现了多种所有制企业参与竞争、繁荣发展的局面。目前，全国物流相关法人单位已近 40 万家，其中 A 级物流企业 5 355 家。各类物流企业坚持创新驱动、转换发展动能，服务能力和运行效率不断提升，基本符合市场需要的物流企业群体趋于成熟。

③ 物流人才队伍成长壮大。目前，我国物流业从业人员超过 5 000 万人，占全国就业总人数的 6%以上，成为服务业就业主渠道之一。全国已有 610 多所本科院校和近 2 000 所中、高职院校开设了物流专业，物流专业在校生规模达 50 万人；另有 60 万人参加了职业能力等级培训与认证，多层次、全系列、高素质的物流人才队伍正在成长壮大。

④ 物流基础设施跨越式发展。截至 2017 年年底，全国铁路营业里程达 12.7 万千米，其中高铁 2.5 万千米；公路总里程 477.15 万千米，其中高速公路 13.6 万千米；港口万吨级以上泊位达 2 317 个；民航运输机场发展到 229 个；规模以上物流园区超过 1 600 家，物流基础设施网络基本成型。

⑤ 行业基础工作体系日趋完善。由政府部门领导、行业协会牵头的物流行业标准、统计制度、企业评估、科技进步、教育培训、表彰奖励、理论研究、舆论宣传等行业基础性工作体系基本建立，逐步完善，为物流业产业地位的确立创造了条件。

2. 我国物流发展中存在的问题

（1）物流系统效率低，物流成本高

我国与发达国家在物流成本、周转速度以及产业化方面存在较大差距，服务水平和效率都比较低。我国目前每万元 GDP 产生的运输量为 4 972 吨千米，而美国和日本的这一指标分别为 870 吨千米和 700 吨千米。

我国物流系统各环节的衔接较差，运转效率不高，反映为货物在途时间、储存时间、基础设施劳动生产率等方面均有较大改善和提高的余地。仅以货运汽车的生产率水平为例，美国营运汽车的单车吨年产量约为 66 万吨千米，而中国这一指标仅为 3 万吨千米左右。另一个问题是速度慢。目前我国铁路货车的运营速度仅 46.4 千米/小时左右，散装、集装箱等高效运输方式比较低，装卸时间较长；公路货车的运营速度也不足 50 千米/小时；内河航运速度更低；原材料、半成品及产成品的在库周转时间平均为 3～6 个月。

（2）物流基础设施的配套性、兼容性差，物流技术装配水平低

总体来看，我国现有的物流基础设施虽然有了很大发展，但是还比较落后。按国土面积和人口数量计算的运输网络密度，我国仅为 1 344.48 千米/万平方千米，而美国为 6 869.3 千米/万平方千米，德国为 14 680.4 千米/万平方千米，印度为 5 403.9 千米/万平方千米。这方面，我们不仅落后于欧美发达国家，与印度等发展中国家相比也有较大差距，如果按人口计算则差距更大（国务院发展研究中心《调查研究报告》总 1417 期）。

在条块分割、多头管理的传统模式影响下，我国各种物流基础设施的规划和建设缺乏必要的协调，因而物流基础设施的配套性、兼容性差，导致系统功能不强。各种运输方式之间、不同地区运输系统之间相互衔接的枢纽设施建设方面缺乏投入，对物流产业发展有重要影响的各种综合性货运枢纽、物流基地、物流中心建设发展缓慢。

（3）物流信息化、标准化程度低

我国物流标准化滞后主要表现在以下几个方面。

一是各种运输方式之间装备标准不统一，海运与铁路集装箱存在差异，在一定程度上影响着我国海铁联运规模的扩展，对我国国际航运的扩展、港口作业效率的提高以及进出口贸易的发展都有一定程度的影响。

二是物流器具标准不配套，现有托盘标准列入了国际标准中所有 4 种规格，也没有推行的原则，这样等于没有标准。托盘标准和各种运输装备、装卸设备标准之间都有衔接关系，影响了托盘在整个物流过程中的有效使用。

三是产品包装标准与物流设施标准之间缺乏有效的衔接，虽然目前我国对商品包装已有初步的国家和行业标准，但在与托盘和各种运输工具的转载率、装卸设备的荷载率、仓储设施空间利用率等方面的影响较大。

四是信息系统之间缺乏接口标准，工商企业内部物流信息系统与第三方信息系统之间缺乏有效衔接，运输信息系统、仓储信息系统、物流作业管理信息系统之间互不沟通，由于没有公共物流信息交流平台，以 EDI、互联网等为基础的物流信息系统难以得到实际应用。

（4）我国物流业管理体制和机制方面的障碍

政府部门在物流业的管理方面，行业之间、部门之间管理体系分割现象严重。物流产业的发展涉及基础设施、物流技术设备、产业政策、投资融资、税收、海关、服务与运输标准等多个方面，而这些问题的管理分属于不同的政府部门，各职能部门对现代物流认识不足和缺乏统一协调的战略思想，成为物流产业发展的主要"瓶颈"之一。

3. 加快发展我国现代物流的措施

（1）加强统一领导，建立必要的政府部门间协调机制

现代物流的管理，涉及计划、经贸、财税、工商、内贸、外贸、铁道、交通、民航、邮政、信息、海关、质检等多个部门；现代物流的运作横跨不同的行业和地区，必须协调动作，形成合力。物流必然和政府多个部门有关，日本经济产业省设立专门机构（物流科）负责协调机构政策管理，我国如果在当前政府机构改革中明确设立物流部门，对物流现代化的推进必然具有重大意义。各级政府都应该加强对发展现代物流的统一领导，建立必要的政府部门间的综合协调机制，负责研究、制定发展现代物流的规划，并负责协调现代物流发展中的相关政策措施，为构建全国统一、高效的现代物流体系创造体制环境。

（2）实施有利于物流企业发展的相关政策

税收要鼓励物流业务的整合，提升物流企业的供给能力。现行税收政策的某些方面对物流行业发展有制约作用。应该利用先进的管理技术和信息系统对传统的物流资源进行整合。考虑到物流业具有社会效益同时也是微利企业的特点，在物流园区及仓库建设时，在政策方面也要给予优惠。

（3）大力发展第三方物流服务，培育社会化的物流市场

在全球化经济的发展形势下，企业为了增加竞争力要大力发展核心业务，企业分工趋势专门化，将促进第三方物流企业的发展。第三方物流的发展将有利于物流的专业化、规模化、合理化，从而提高物流系统的效率和降低物流成本。发展第三方物流的途径有：通过鼓励合资、合作、兼并等整合措施，扩大现有第三方物流企业的经济规模；通过建立现代物流行业规范，促使小于规模经济的物流企业转型；通过修订和完善各种法规和政府行为，打破现有各种市场条块分割的制约，促使第三方物流企业跨地区、跨行业发展；通过以提高服务质量、降低物流成本为核心，推动物流企业的管理和技术创新。要使第三方物流企业

能够提供用于第一方和第二方物流的服务，同时要鼓励生产企业和流通企业更多地使用第三方物流。

（4）抓好物流标准化体系建设

针对当前物流标准化中存在的问题和国际物流标准化的发展方向，应该加快标准化建设步伐。在做好物流用语、计量标准、数据传输标准、物流作业和服务等方面基础工作的同时，要加强标准化的组织协调工作。

（5）加强物流人才培养

应鼓励高等院校按照市场需求开办和设置现代物流专业及课程，为现代物流培养高级管理人才和专业人才；鼓励和引导企业、行业组织及民办教育机构参与现代物流人才的培训和教育工作；借鉴国际经验，由行业社团组织来执行现代物流产业从业人员执业资格制度，逐步建立我国物流行业从业人员职业教育、培训和从业资格认证制度及相应的认知体系。

1.4　物流系统

人类在漫长的实践活动中，基于对事物的整体性认识或全局性认识形成了系统论的概念。系统的整体具有其组成部分在孤立状态所没有的性质，如新的特性、功能、行为等。通常人们所说的"$1+1 \neq 2$"就是这个道理。系统的规模越大，结构越复杂，它所具有的超过个体性能之和的性能就越多。因而，人们注意到在分析和解决问题时，仅仅重视个体或局部的作用和功能是不够的，还必须从整体功能出发，把重点放在整体效应上。现代物流是一个系统，物流的运输、保管、搬运、包装、流通加工等各项功能之间广泛存在的"效益背反"现象，决定了物流科学的研究必须采用系统分析的方法。这是物流研究发展的必然，也是物流管理的首要问题。在分析、设计、运作一个物流系统时，要综合考虑各方面因素的影响，使整个物流系统达到最优。

1.4.1　系统的概念

所谓"系统"是相对于环境而言的，它要求把所研究的对象或过程理解为一个由各部分组成的相互联系和相互作用的有机整体。

"系统"一词最早出现在古希腊语中，来源于拉丁文的"System"，原意是指事物中共性部分和每一事物应占据的位置，也就是部分组成整体的意思。从字面看，"系"是指关系、联系，"统"是指有机统一，"系统"则是指有机联系和统一。但将"系统"作为一个重要的科学概念予以研究，则是由美籍奥地利理论生物学家冯·贝塔郎菲（Ludwing Von Bertalanffy）于 1937 年第一次提出来的，他认为系统是"相互作用的诸要素的综合体"。

系统的确切定义依照学科的不同、使用方法的不同和解决问题的不同而言有所区别。按照系统论的观点，"系统"是指由相互作用和相互依赖的若干组成部分（要素）结合而成的、具有特定功能的有机整体。这也是我国系统科学界对系统通用的定义。

任何事物都具有系统性，每一个系统既从属于自己的一些小系统，又从属于更大的系统。例如，在社会领域中，整个人类社会是由经济系统、政治系统、文化系统、军事系统等构成的大系统，而经济系统又是由农业、工业、商业、运输业的系统构成的。

1.4.2　物流系统的概念

所谓物流系统（Logistics System），是指在一定的时间和空间里，由所需位移的物资与包装设备、装卸搬运机械、运输工具、仓储设施、人员和通信联系等若干相互制约、相互依赖的动态要素所构成的具有特定功能的有机整体。

物流系统的目的是实现物资的空间和时间效益，在保证社会再生产顺利进行的前提条件下，实现各个物流环节的合理衔接，并取得最佳的经济效益。

关于物流系统，也有学者给出了这样一些定义。

物流系统是指为了实现系统的高效化和降低物流总成本而使多种相关要素（运输、保管、装卸搬运、包装以及信息等）相结合的复合体。

物流系统是指经济活动中包装、运输、储存、装卸搬运、流通加工、配送等诸多要素相互联系、相互制约、相互结合共同组成的一个有机整体。

物流系统是指按标准的时间，将准确的物料，以准确的质量要求，运送到准确的地点所组成的统一整体。

物流系统就是"为了有效达到物流目的的一种机制"，而物流的目的是"追求以最低的物流成本向客户提供优质的物流服务"。

1.4.3　物流系统的组成

物流系统由物流作业系统和支持物流系统的信息流动系统（物流信息系统）两个分系统组成。

物流作业系统包括包装系统、装卸搬运系统、运输系统、仓储系统、流通加工系统、配送系统等子系统。各个子系统又包括下一级的更小的子系统。例如，运输系统又可分成铁路运输系统、公路运输系统、空运系统、水路运输系统、管道运输系统，物流作业系统通过在运输、保管、搬运、包装、流通加工等作业中使用种种先进技能和技术，并使生产据点、物流据点、运输配送路线、运输手段等资源实现网络化，大幅度提高物流活动的效率。

物流信息系统包括情报系统、管理系统等子系统。物流信息系统在保证订货、进货、库存、配送等信息通畅的基础上，使通信据点、通信线路、通信手段实现网络化，也可以大大提高物流作业系统的效率。

1.4.4　物流系统的特点

物流系统是一个复杂而庞大的系统。它具有一般系统共有的性质，即目的性、整体性、层次性、相关性和适应性。同时，物流系统还具有一些自身的特点。

（1）物流系统是一个动态系统

物流系统与生产系统的一个重大区别在于：生产系统按固定的产品、固定的生产方式，连续或不连续地生产，很少发生变化，系统稳定时间较长；而物流系统是联结多个生产企业和用户的系统，是受到社会生产和社会需求的广泛制约的，需求、供应、价格、渠道的变动，都随时随地影响着物流。所以，物流系统是一个稳定性较差而动态性较强的系统。为使物流系统更好地运行以适应不断变化的社会环境，必须对其进行不断的修改和完善，有时甚至需要重新设计整个物流系统。

（2）物流系统是一个可分系统

在整个社会再生产中，物流系统是流通系统的一个子系统。而物流系统本身又可以再细分为若干个相互联系的子系统，系统与子系统之间存在总的目标、总的费用、总的效果以及时间空间、资源利用等方面的相互联系。对特定物流系统所分子系统的多少和层次的阶数，是随着人们对物流系统的认识和研究的深入而不断扩充的。

（3）物流系统是一个大跨度系统

物流系统是一个大跨度系统反映在两个方面：一个是地域跨度大，另一个是时间跨度大，即时空的跨度大。随着国际分工的不断发展，国际间企业的交往越来越频繁，提供大时空跨度的物流活动将会成为物流企业的主要任务，物流系统的大跨度使管理难度加大。

（4）物流系统是一个复杂系统

物流系统构成要素的复杂性带来了物流系统的复杂性。首先，物流系统的对象是物质产品，品种繁多，数量庞大，既包括生产资料、生活资料，又包括废旧、废弃物品，涵盖了全社会的物质资料。其次，物流系统的主体是人，就从事物流活动的人来看，需要数以百万计的庞大队伍。最后，物流系统各个子系统之间存在普遍的复杂联系，各要素关系也较为复杂，存在明显的"效益背反"现象。物流系统中许多要素在按新观念建立系统之前，早就是其他系统的组成部分，因此往往较多地受原系统的影响和制约，而不能完全按物流系统的要求运行，对要素的处理稍有不慎，就会出现系统总体恶化的结果。

（5）物流系统是一个多目标函数系统

物流系统的总目标是通过物资空间位置的转移，为整个社会经济的发展和国民经济的运行创造顺畅的、有效的、低成本的物流条件。然而，围绕这个总目标会出现各种矛盾：对于物流资源，人们希望最大；对于物流时间，人们希望最短；对于物流成本，人们希望最低；对于物流质量，人们希望最高。显然，上述的所有要求无法同时满足。这些相互矛盾的问题，在物流系统中广泛存在。物流系统要在诸方面满足人们的要求，显然要建立物流多目标函数，并在多目标中选择一个最佳方案，求得物流系统的最佳效果。

1.4.5 物流系统的模式

一般而言，物流系统具有输入、处理（转化）、输出、限制（制约）和反馈等功能，其具体内容因物流系统的性质不同而有所区别，如图 1-1 所示。

1. 输入

输入包括原材料、设备、劳动力、能源等，通过提供资源、能源、设备、劳动力等手段对某一系统发生作用，统称为外部环境对物流系统的输入。

2. 处理（转化）

处理（转化）是物流本身的转化过程。从输入到输出之间所进行的生产、供应、销售、服务等活动中的物流业务活动称为物流系统的处理或转化，具体内容有：物流设施设备建设；物流业务活动，如运输、储存、包装、装卸、搬运等；信息处理及管理工作。

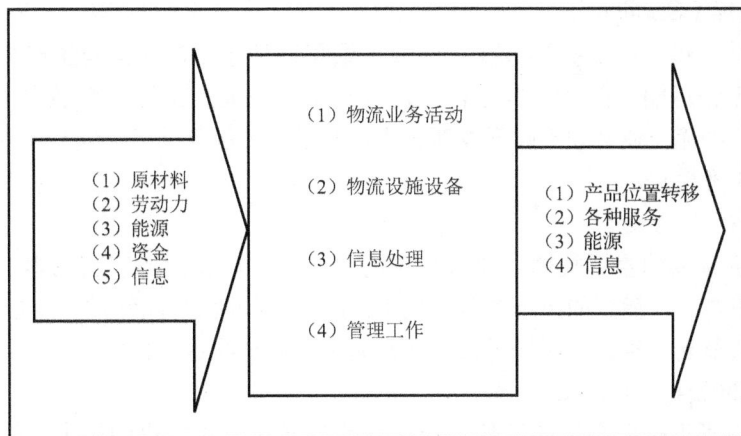

图 1-1　物流系统模式

3. 输出

物流系统的输出指物流系统与其本身所具有的各种手段和功能，对环境的输入进行各种处理后所提供的物流服务。具体内容有：产品位置与场所的转移；各种劳务，如合同的履行及其他服务等；信息收集、处理和传递。

4. 限制（制约）

外部环境对物流系统施加一定的约束称为外部环境对物流系统的限制和干扰。具体有：资源条件、能源限制、资金与生产力的限制、价格影响、需求变化、仓库容量、装卸与运输能力、政策变化，等等。

5. 反馈

物流系统在把输入转化为输出的过程中，由于受系统各种因素的限制，不能按原计划实现，需要把输出结果返回给输入，进行调整；既按原计划实现，也要把信息返回，以对工作做出评价，这称为信息反馈。信息反馈的活动包括各种物流活动分析报告、各种统计报告数据、典型调查、国内外市场信息与有关动态等。

1.4.6　物流系统的目标

物流系统可以被认为是"有效达成物流目的的一种机制"，而物流的目的是"追求以低物流成本向顾客提供优质物流服务"，即在恰当的时间，将恰当数量、恰当质量的恰当商品送到恰当的地点。密歇根大学的斯麦基教授认为物流系统的目的是：Right Quality（优良的质量）、Right Quantity（合适的数量）、Right Time（适当的时间）、Right Place（恰当的场所）、Right Impression（良好的印象）、Right Price（适宜的价格）、Right Commodity（适宜的商品）。

也有人认为，物流系统就是将运输、储存、包装、装卸搬运、流通加工、物流信息和配送等功能结合起来，以实现服务目标、节约目标、快速及时目标、规模适当化目标和库存调节目标的综合体。由于这些目标的英文单词首字母都为"S"，所以人们也将其简称为"5S"目标。在这五个目标中，服务和节约是主要目标。

1. 服务目标（Service）

物流是后勤、供应、服务性行业，起着桥梁和纽带作用，连接着生产与消费，有着很强的服务性。无论运输、储存还是包装、装卸/搬运、流通加工等，都必须以顾客满意为第一目标。因此，物流企业必须不断开发新技术，开发新的服务项目，随着顾客需求的不断升级而不断创新服务模式。

2. 节约目标（Save）

节约是经济领域的重要规律。物流系统的各个作业环节都要产生成本，其中主要是运输成本和仓储成本。在激烈的市场竞争环境下，所有的物流业务活动都必须注意节约费用。物流活动中采取节支、省力、降耗等措施都是为了实现节约这一目标。

3. 快速及时目标（Speed）

快速及时性不仅是服务性的延伸，也是商品流通对物流提出的要求。快速及时不仅是一个传统目标，更是一个现代目标。从社会再生产角度看，整个社会再生产循环的效率，取决于每一个环节，社会再生产循环的速度决定了社会经济发展的速度。因此，物流速度不仅是顾客需求，更是社会发展进步的要求。而且随着社会生产的不断发展，这种要求会更加强烈。物流领域采取的直达物流、联合一贯运输、高速公路运输等，就是这一目标的体现。现代信息技术在物流领域的广泛应用，为实现物流系统的快速及时目标起到了重要作用。

4. 规模适当化目标（Scale Optimization）

生产领域的规模化生产早已为社会所承认，在流通领域同样也要讲究规模效益。因此，在对物流系统进行设计时，首先要考虑其规模大小，对市场的物流量、服务对象等因素进行分析，使系统的规模与市场的需求相适应。因为物流系统的规模过小，不能满足市场需求；规模过大则会浪费资源，影响整个系统的经济效益。物流领域以分散或集中等方式建立物流系统，研究物流的集约化程度，就是追求规模化这一目标的体现。

5. 库存调节目标（Stock Control）

物流系统通过本身的库存来实现对各企业和消费者的需求保证，但如果库存过多，则需要更多的保管场所，且还会因库存积压而浪费资金。因此，在物流过程中，必须合理确定库存的方式、数量、结构及地区分布等。当然，这也是物流系统本身效益的要求。

在实践中，如果依照以上五个目标来建立物流系统，且全部达到了这五个目标，就可以说物流系统实现了合理化。

1.5 第三方物流与供应链管理

随着现代科学技术的迅猛发展和经济全球化的不断深入，物流理论的研究水平不断提高，物流的形式和物流管理水平也在不断地发展和提高，其中最为人们重视的有电子商务物流、区域物流、第三方物流和供应链管理等。这也是我国物流业发展多样化的趋势。这几者之间有着密切的不可分割的联系，在商业运行中，不同的交易方式会产生不同的物流模式，其中第三方物流模式起着重大作用，而供应链一体化管理是新型高效的管理模式。本部分着重从概念上对第三方物流和供应链管理做简单介绍。

1.5.1　第三方物流

1．第三方物流（Third Party Logistics，TPL 或 3PL）的含义和作用

第三方物流是基于运作主体不同而言的，通常将制造商和销售商自己运作的物流业务模式称为自营物流（也称第一方物流、第二方物流），而独立于两者之外的专业流通企业从事的物流业务模式称为第三方物流。

第三方物流也称合同物流，是第三方物流提供者在特定的时间段内按照特定的价格向使用者提供的个性化的系列物流服务。在现代电子信息技术的支持下，第三方物流正在逐步形成新的理论体系和运作方式，它可以看作物流发展到高级阶段的理论和实践。第三方物流在发达国家处于迅速扩张之中，通常包括外部采购合同物流等服务方式。

一些学者认为，美国的现代第三方物流是在 20 世纪 80 年代中期形成的。一些国家虽然没有很明确地提出或运用第三方物流的概念，但使用了营业性运输等包括大量第三方物流实践的范畴。例如，多种运输方式（铁路、公路、水运、远洋运输）、站场设施、集装箱多式联运、物流中心，大多数仓库经营者和其他物流经营者大都属于这一类。目前较为典型的观点或表述有以下几种。

（1）J. Bonney 在 1993 年提出，第三方物流是指利用外部企业为另一企业提供全部或部分的物料管理或产品配送服务。

（2）Lieb、Miller 等认为，第三方物流与外部采办和合同物流（后勤保障）相似。

（3）一些学者认为，企业物流功能的全部或部分的外部采办功能相当于基础服务，而合同物流包括提供更复杂、更广泛的服务功能作用，并以长期的、更多互惠关系作为其特征。

（4）也有学者（S.E.Leahy 等）认为，传统的外部采办倾向于特别的物流功能，如运输公司提供的运输服务、仓储公司提供的仓储服务等。第三方物流还应包括参与企业的长期承诺、提供物料供应链过程的多种功能管理，而合同物流包括这些内容。Leahy 等人还以 Ryder 专用物流公司（Ryder Dedicated Logistics，RDL）和 Whirlpool 公司签订的一份为期 5 年的合同为例，说明该合同物流包括为 Whirlpool 公司设计、管理和运营内部材料后勤系统的内容。并指出 RDL 公司和 Whirlpool 公司达成一致的潜在利益，包括在信息管理、物流活动及资金周转时间改善的同时使物流总成本减少。

归纳国外情况，结合中国货运业、仓储业等企业的物流实践，可以将第三方物流理解为：作为生产与销售企业的外部组织，利用现代技术手段，为用户企业或最终消费者提供全部或部分物流服务的业务模式，包括物料后勤保障系统的规划、设计、运营和管理体制等活动过程。运输业的货运集散一体化战略，以及基于上述物流理论的各种物流活动实践是典型的第三方物流。而第三方物流经营者与被服务方是现代经济关系，如经济合同关系、企业集团成员等。

我国国标对第三方物流的定义为：由供方与需方以外的物流企业提供物流服务的业务模式。

第三方物流的作用可归纳如下。

（1）促进区域经济、经济全球化的发展，加强了国际贸易和地区交流。

（2）促进物流业向更高、更深层次发展，减少货物周转环节，进一步降低物流费用，挖掘第三方利润源泉。

（3）消费者和企业可以得到更完备的物流服务。

在电子商务交易模式下，如果出现跨国、跨区域交易，流通费用将大大增加，最理想的解决方法是由第三方物流帮助卖方完成商品的送货。

2. 第三方物流经营的特点

与早期物流服务相比，第三方物流从组织结构、经营内容、拥有资产等方面都有较大且深刻的变化。主要特点有如下 5 个方面。

（1）从事第三方物流的经营者是一个庞大的群体。

（2）第三方物流经营者的资产所有关系和组织结构比较复杂。就资产而言，通常将其分为拥有经营资产和不拥有经营资产两大类。物流设施并非一定要物流经营者自己所有。要破除行业、部门界限，充分利用现有物流设施（包括跨行业、部门利用物流设施），在市场机制下进行物流系统化资产重组，组建物流中心。

（3）第三方物流经营的规模差别较大。以物流专家在美国所做的随机抽样调查为例，物流组织雇用员工人数从 2 人到 8 000 人不等。第三方物流组织员工人数少于 100 人的经营组织占调查回答者的 39%，处于 100～499 人之间的占 25%，处于 500～999 人之间的不到 3%，而在 999 人以上的占 33% 以上。

（4）经营者所提供的服务项目普遍较多。物流项目数平均为 18 个，说明细化物流服务项目是提高物流服务质量的基础。

第三方物流提供的服务项目很多，包括有形的实物流动和无形的物流方案规划、设计和信息流动技术等。主要有：运输，存储，配送，配送战略与物流系统的研制，运用 EDI 能力和物流运作绩效报告，取货拼装，选择服务提供者包括运输者、货运代理、通关经纪人，信息管理，运费支付服务，运费协商等。

（5）与用户的关系普遍认为在较高水平以上。据调查，第三方物流经营者与用户企业关系的满意程度平均为（百分制）82.5 分。

中国许多学者大都倾向于认同 Logistics（后期保障）和 Physical Distribution（实物配送）为物流。物流概念在货物运输企业应用于实践较晚。由于运输企业不掌握运输对象——货物，决定了在市场经济体制下建立与货主或用户之间业务联盟的必要性，因此，第三方物流理论对其从事经营活动具有特别重要的实践意义。

在世界范围内第三方物流市场具有潜力大、渐进性和高增长率的特征。目前第三方物流在欧洲物流市场所占的比例：英国为 34.48%，法国为 26.9%，荷兰为 25.05%，卢森堡为 25.16%。第三方物流这一运作模式还在不断扩张之中。

3. 企业物流方式

对企业物流来说，可以是自营物流、寻找物流伙伴或者寻求第三方物流服务。根据物流对企业成功的影响程度不同和企业对物流的管理能力不同，选择不同的企业物流方式。

（1）如果企业有很高的顾客服务需求标准，物流成本占总成本比重极大，自己物流管理能力强，则企业一般采用自营物流方式。

（2）如果物流在企业战略中起关键作用，但自身物流管理水平低，对这类企业来说，组建物流联盟将会在物流设施、运输能力及专业管理技巧上收益极大；并且寻找伙伴可共享物流资源，通过增大物流量获得规模效益，降低成本。

（3）对那些物流在其战略中地位并不是很重要，自身物流管理能力也比较欠缺的企业来说，采用寻求第三方物流服务是最佳选择，因为这样能大幅度降低物流成本，提高为顾客服务的水平。为了集中精力开发适销对路的产品，目前我国相当多的企业不把有限的资源投入到自建仓库上，而把外部物流任务委托给当地物流管理相对较好的储运企业来运作。

值得重视的是，一般企业更致力于企业产品的质量和市场竞争。与之相比，物流非一般企业所长，企业又搞生产，又搞物流，资金投入大且分散精力；于是，一批又一批生产企业开始把物流业务转给外部专门从事该项业务的第三方物流公司承担，由此降低了成本，提高了效率。据统计，1977—1981 年，美国国内生产总值中，物流成本高达 16.8%，到 1997 年，物流成本大幅度下降到 10.9%，这种物流成本的下降，显著地提高了产品的竞争力，也是美国经济再度繁荣的一个重要因素。因此，第三方物流有着广阔的潜在市场。

4. 企业对第三方物流公司的选择

当企业确定其物流业务采用第三方物流服务后，如何结合自身实际，对第三方物流提供者进行评价，选择合理而出色的合作者，是企业物流系统设计的又一个重要问题。

服务能力、信誉、合作关系稳定度、成本、信息共享、经济实力、利益与风险共享，是企业选择第三方物流提供者时的主要评价因素。

由于每个企业的具体情况不同，对各种因素应进行深入分析，针对企业独特的物流业务流程与要求，提出关于企业物流业务成败的具体影响因素和关键因素，当然最终确定的影响因素也可能同上述主要因素有所差异。第三方物流合作者选择问题就是根据前面的几个影响因素（以及本企业特有的影响因素），从若干个企业中选择出最好的合作伙伴。

综上所述，企业对第三方物流合作者的选择过程可以分为以下几个重要的步骤：

① 由专家组成评审小组，并确定影响伙伴选择的因素；
② 由各位专家对各因素进行评比，确定其判断矩阵；
③ 计算出反映每个因素相对重要性的权重向量；
④ 由专家对竞选企业进行评价，建立判断矩阵；
⑤ 计算出每个竞选企业在每个影响因素下的权重向量；
⑥ 计算出每个企业的最终分数，最高者为获胜的企业。

1.5.2 供应链管理

1. 供应链概念

复杂的社会系统是由众多相互关联的子系统构成的，其中由供应商、制造商、经销商和用户构成的系统，完成物质从原材料、产品到商品的转化功能。事实上，社会系统中已经存在一个由供应商到用户的供应链。早期的观点认为，供应链仅仅是制造企业中的一个内部过程，它是指将采购的原材料和零部件通过生产、销售，最终传递到用户的一个过程，即把供应链概念局限于企业内部操作，只注重企业的自身利益目标。后来企业为了适应飞速发展的社会和激烈竞争的环境，逐渐注意到了企业经营的外部环境和与本企业相关的供应者、销售者乃至用户，并开始与之建立起相互协作的战略伙伴关系。在这一过程中，总是有一个企业充当发起者，成为供应链的核心。因此可以说，供应链是围绕着核心企业建立起来的，核心企业与供应商、供应商的供应商及一切向前的关系，以及核心企业与用户、用户的用户及一切向后的关系所形成的网链结构。

供应链是公司制造和分销其产品与服务到最终用户的过程。它包括一些具体的元素，例如生产计划、原料采购、运输管理、仓库管理和需求管理等，这些功能紧密地集成在一起，使得公司能够高效、及时地把产品和服务送到最终消费者手中。除了公司内部的功能以外，供应链也涵盖公司外部的一些活动，包括与原料供应商、制造中心、经销商和运输商的合作。供应链不仅包括供应链成员之间的物流，而且还包括信息流和资金流（在很多情况下，还包括文件流的概念）。此外，由于电子商务的发展，从事企业对企业的电子商务业务和专营对消费者销售的网站也在供应链上有一席之地。

2. 供应链管理

我国国标对供应链管理（Supply Chain Management，SCM）的定义为：利用计算机网络技术全面规划供应链中的商流、物流、信息流、资金流等，并进行计划、组织、协调与控制。

一般认为，供应链管理是通过前馈的信息流（需方向供方流动的信息流，如订货合同、加工单、采购单等）和反馈的物流和信息流（供方向需方的物流及伴随的信息流，如提货单、入库单、完工报告单等），将供应商、制造商、分销商、零售商直到最终用户连成一个整体的模式。从供应链系统的观点出发，获得供应链的整体竞争力。以前的市场竞争是企业与企业之间的竞争，随着经济与科技的发展，以后的市场竞争将是供应链与供应链之间的竞争。供应链管理的优劣直接影响到市场的占领份额，因此供应链管理也就越来越重要。

随着物流业的快速发展，供应链管理思想日臻完善，又出现了敏捷化供应链管理（Agile SCM）。我国国标对敏捷化供应链管理的定义为：运用敏捷化管理思想对供应链中的物流、信息流、资金流、价值流以及工作流进行计划、组织、协调与控制。

3. 一体化的供应链管理

供应链管理的概念于 20 世纪 80 年代中期提出，它源于这样一种观点，即企业应该从总成本的角度考察企业的经营效果，而不是片面地追求诸如采购、生产和分销等功能的优化。供应链管理的目的是通过对供应链各个环节的活动的协调，实现最佳业务绩效，从而增强整个公司的业务表现。高效的供应链设计、供应链成员之间的信息分享、库存的可见性和生产的良好协调会使库存水平降低，运输作业更为有效，并改善订单实现率及其他一些关键的业务功能。当供应链的各个环节只是单独完善自己，而不是把它的目标和活动与其他部门整合在一起的时候，整个链条就会出现不尽如人意的表现。正如美国一位著名的管理学教授所言：供应链管理是一种基于协作的策略，它把跨企业的业务运作联合在一起，以期实现市场机会的一个共同远景。可见，供应链各个环节之间必须进行协调才能够实施供应链的最大优化。

供应链管理实际上是一种新的管理思想，强调核心企业与世界上最杰出的企业建立战略合作伙伴关系，委托这些企业完成部分业务工作，自己集中精力和各种资源通过技术程序重新设计，做好本企业能创造特殊价值的、必须长期控制的、比竞争对手更擅长的关键性业务工作，这样可以极大地提高企业的竞争力和经济效益。基于这一思想，供应链管理应当是围绕着核心企业，供应链中其他企业与核心企业共同合作并参与共同管理的一种模式。核心企业要把供应链作为一个不可分割的整体，打破存在于采购、生产、分销和销售之间的障碍，做到供应链的统一和协调。供应链管理的内容主要包括：供应链的组织结构设计，如供应商、制造商、经销商、用户的选择；信息网络的设计；协调管理与控制；需求预测、计划与管理；生产计划、生产作业计划和跟踪控制、库存管理；供应商与采购管理；制造管理；分销（渠道）管理；用户管理与服务；物流管理；资金流管理；信息流管理等。

供应链管理是集管理科学与信息技术为一体的边缘科学，是以信息技术为支撑的流通一体化的商业战略联盟管理策略与方法体系。为了适应经济全球化发展需求，自 20 世纪 80 年代开始，发达国家 80%的企业放弃了以单个企业为核心的有效利用企业内部资源的"纵向一体化"的传统管理模式，转向以供应链上的有效客户服务为核心的延伸资源利用的"横向一体化"管理模式。90 年代供应链管理在欧美等发达国家日趋成熟，在 2000 年中国香港地区进出口贸易中有 53%的美国零售商使用以电子数据交换技术及条码技术为支持的供应链管理方式。据不完全统计，仅有效沟通和产品流动两项的成本节省已达 92 亿港元，预计中国香港地区供应链管理订货方式今后还将成倍增长。

供应链一体化管理是提高企业自身竞争优势和获利能力的驱动力，其优势在于：利用外部资源整合供应链，提高企业生产能力；适应经济全球化的趋势；适应企业业务要求的不断变化；有效提高客服服务水平；适应电子商务的发展。

在物流业发展的今天，针对企业对物流管理社会化的需求，企业不仅停留在产业链的某个环节上，而且更加努力实现自己产品的多元化，同时为每个产品扩大市场。这样，一个企业可以为多个企业提供服务，同时企业也需要从多个企业取得原材料。从整体上看，众多企业组成了一个纵横交错的交易网。企业组成自己的供应链，管理大量产品的输入、输出。对单个企业来说，管理自己的供应链变得非常重要；对市场整体来说，建成实物产品高效流动的网络是社会运行机制的重要组成部分。全社会的物流观念逐步形成，为实现这些物流提供运输服务的运输中介行业也逐渐形成自己的行业体系，物流管理逐渐实现专业化、社会化，物流企业则通过业务电子化和网络化为更多企业的生产和销售活动提供服务。

案例分析

中邮一体化物流服务打造品牌形成特色

基于供应链服务的"一体化合同物流"是现代物流领域的制高点，是体现物流供应商物流服务水平的标志性业务。它是根据客户个性化需求，定制从订单处理、运输、仓储、配送，到库存管理、流通加工、信息服务、退货处理、代收货款等端到端的一体化物流解决方案，是以个性化解决方案为特征的综合性合同物流服务，具有业务规模大、个性化需求突出、涉及客户供应链多个环节、全程实施项目管理等特点。

中邮物流自成立以来就将发展高端"一体化合同物流"业务作为经营工作的重点，将国内一体化合同物流领域的领先企业作为自身奋斗的目标。中邮将一体化发展的重点放在了高科技、快速消费品、汽车零配件、医药等行业。这些行业的产品和物流需求体现了"一多、两高、三小"的特点，即多批次、高时效、高附加值、小批量、小体积、小重量，符合邮政现有资源、网络的特点，有利于其优势的充分发挥，既可以确保项目运作的成功，又有利于形成"技术壁垒"。

在业务开发上，中邮物流以世界 500 强企业和国内领先企业为重点客户，与国际跨国物流企业同台竞技，积极参与高端物流市场竞争。中邮物流结合邮政特点，积极建立"总部—省—地"三级团队联动的营销模式，并形成了一整套包括营销、方案策划、投标、试运行和全面运作等过程的业务开发和运营模式。以基础物流服务为突破口，逐步拓展业务范围和服务内容。中邮物流利用邮政网络覆盖城乡的优势，积极为客户提供具有比较优势的代收货款、网点投交、家居配送等服务，以此赢得客户信赖。除此之外，还充分利用中国邮政的综合计算机网和金融网络，逐步建立起完善的物流信息系统和电子商务系统，为企业提供订单处理、网上支付、库存管理、在途跟踪，以及运行绩效监测、管理报告等综合性的供应链管理与资金流相结合的一体化服务。

几年来，中邮物流通过不断摸索与实践，已初步形成了为客户提供基于实物流、信息流和资金流"三流合一"，具有邮政特色的供应链物流服务模式。其内容包括供应物流、销售物流、售后服务物流、逆向回收物流等一系列供应链服务，服务功能涵盖区域配送中心管理、供应商库存管理、运输配送、网点投交、代收货款、仓单质押、信息系统对接等多个环节。经过几年的努力，中邮物流与国际知名物流企业的"同台竞技"，邮政物流市场的开发、项目运作能力和水平有了较大的提升。在商务沟通、流程设计、指标提升信息化、财务结算等方面逐步与国际标准接轨。目前，中邮物流不仅拥有以世界500强企业和国内行业领先企业为主体的一大批核心客户群体，而且还将服务区域延伸到了境外。

资料来源：丁小龙.现代物流学[M].北京：北京大学出版社，2010.

根据以上提供的资料，试做以下分析：

1. 什么是中邮一体化物流解决方案？
2. 中邮一体化物流制定的理论依据是什么？
3. 一体化物流服务推出后为什么能得到客户和业内的广泛认可？

复习思考题

1. 现代物流的内涵是什么？
2. 试对物流管理在企业中的作用进行简述。
3. 简述物流的分类。
4. 什么是效益背反？试以实例说明物流活动中存在的效益背反现象。
5. 物流系统由哪些子系统构成？简述各子系统的主要功能。
6. 物流系统化与物流一体化理念是否相同？

第 2 章

运输管理

学习目标

1. 理解运输系统的概念;
2. 掌握运输系统的构成要素;
3. 理解运输在物流系统中的作用;
4. 掌握现代运输方式的技术经济特性,掌握多式联运的优点;
5. 理解运输方式选择的影响因素;
6. 理解不合理运输的方式,掌握运输合理化的措施;
7. 掌握集装箱运输的特点;
8. 掌握无车承运人的概念和典型模式。

导入案例

一体化是否遥远

面对 21 世纪,随着物流业在我国社会经济运行中作用的不断显现,各个领域都在规划自己在物流方面的发展,并逐步形成具有本领域特点的物流体系。但这些物流系统之间缺乏沟通和协调,因此很难使之系统化,一体化就更为遥远了。以铁路和公路两种主要的运输方式而言,在各自规划的节点中,大部分都是"分立"的,也就是说有铁路及铁路站点的地方没有规划相应的公路及公路站点,有公路及公路站点的地方没有规划相应的铁路及铁路站点。只有少数地区同时具备了铁路、公路及其站点的条件,但是也没有将两者"一体化"的规划,仍然是你干你的、我干我的。

讨论及思考:

案例中的情况可能出现的弊病及其产生的后果有哪些?解决这些问题的思路是什么?

2.1 运输系统概述

2.1.1 运输系统的概念及其构成要素

参考系统的定义,可认为运输系统是由运输诸要素组成的、各要素间相互联系并使运输功能合理化的整体。换句话说,运输系统就是在一定的时间和空间内,由运输过程所需的基础设施、运输工具和运输参与者等若干动态要素相互作用、相互依赖和相互制约所构成的具有特定运输功能的有机整体。构成运输系统的要素主要有基础设施、运输工具和运输参与者。

1. 基础设施

基础设施又分为运输线路与运输节点2个要素。

（1）运输线路。运输线路是供运输工具定向移动的通道，也是运输赖以运行的基础设施之一，是构成运输系统最重要的要素。在现代运输系统中，主要的运输线路有公路、铁路、航线和管道。其中，铁路和公路为陆上运输线路，除了引导运输工具定向行驶外，还需承受运输工具、货物或人的重量，航线有水运航线和空运航线，主要起引导运输工具定位定向行驶的作用，运输工具、货物或人的重量由水或空气的浮力支撑，管道是一种相对特殊的运输线路，由于其严密的封闭性，所以既充当了运输工具，又起到了引导货物流动的作用。

（2）运输节点。所谓运输节点，是指以联结不同运输方式为主要职能，处于运输线路上的承担货物集散、运输业务办理、运输工具保养和维修的基地与场所。运输节点是物流节点中的一种类型，属于转运型节点。公路运输线路上的停车场（库）、货运站，铁道运输线路上的中间站、编组站、区段站、货运站，水运线路上的港口、码头，空运线路上的空港，管道运输线路上的管道站等都属于运输节点范畴。一般而言，由于运输节点处于运输线路上，又以转运为主，所以货物在运输节点上停滞的时间较短。

2. 运输工具

运输工具是指在运输线路上用于载重货物并使其发生位移的各种设备和装置，它们是运输能够进行的基础设备，也是运输得以完成的主要手段。运输工具根据从事运送活动的独立程度可以分为3类：①仅提供动力，不具有装载货物容器的运输工具，如铁路机车、牵引车、拖船等。②没有动力，但具有装载货物容器的从动运输工具，如车皮、挂车、驳船、集装箱等。③既提供动力，又具有装载货物容器的独立运输工具，如轮船、汽车、飞机等。

管道运输是一种相对独特的运输方式，它的动力设备与载货容器的组合较为特殊，载货容器为干管，动力装置设备为泵（热）站，因此设备总是固定在特定的空间内，不像其他运输工具那样可以凭借自身的移动带动货物移动，故可将泵（热）站视为运输工具，甚至可以连同干管都视为运输工具。

3. 运输参与者

运输活动的主体是运输参与者，运输活动作用的对象（运输活动的客体）是货物。货物的所有者是物主或货主。运输必须由物主和其他运输参与者共同参与才能进行。

（1）物主。物主包括托运人（或称委托人）和收货人，有时托运人与收货人是同一主体，有时不是同一主体。不管托运人托运货物，还是收货人收到货物，他们均希望在规定的时间内，以最低的成本、最小的损耗和最方便的业务操作，将货物从起始地转移到指定的地点。

（2）承运人。承运人是指运输活动的承担者，他们可能是铁路货运公司、航运公司、民航货运公司、储运公司、物流公司或个体运输业者等。承运人是受托运人或收货人的委托，按委托人的意愿以最低的成本完成委托人委托的运输任务，同时获得运输收入。承运人根据委托人的要求或在不影响委托人要求的前提下合理地组织运输和配送，包括选择运输方式、确定运输线路、进行货物配载等。

（3）货运代理人。货运代理人是根据用户的指示，为获得代理费用而招揽货物、组织运输的人员，其本人不是承运人。他们负责把来自各用户的小批量货物合理组织起来，以大批量装载，然后交由承运人进行运输。待货物到达目的地后，货运代理人再把该大批量装载拆分成原先较小的装运量，送往收货人。货运代理人的主要优势在于大批量装载可以实现较低的费率，并从中获取利润。

（4）运输经纪人。运输经纪人是替托运人、收货人和承运人协调运输安排的中间商，其协调的内容包括装运装载、费率谈判、结账和货物跟踪管理等。经纪人也属于非作业中间商。

2.1.2 运输系统的功能及其在物流系统中的作用

1. 运输系统的功能

一般来说，物质产品的生产地与消费地是不一致的，即存在位置背离，只有消除这种位置背离，物质产品的使用价值才能实现。也就是说，物质产品只有通过运输，才可能进入消费领域，从而实现物质产品的使用价值，满足社会各种需求。从这个意义上说，运输有如下两大功能。

（1）产品转移。运输系统的主要功能就是使产品在价值链中移动，即通过改变产品的地点与位置，消除产品的生产与消费之间在空间位置上的背离，或将产品从效用价值低的地方转移到效用价值高的地方，创造出产品的"空间效用"。另外，因为运输的主要目的是以最少时间完成产品从原产地到规定地点的转移，所以运输能使产品在需要的时间内到达目的地，创造出产品的"时间效用"。

（2）产品储存。如果转移中的产品需要储存，且又将在短时间内重新转移，而卸货和装货的成本费用也许会超过储存在运输工具中的费用，这时可将运输工具作为暂时的储存场所。这样，运输也具有临时的储存功能。

通常以下几种情况需要将运输工具作为临时储存场所：一是货物处于转移中，运输的目的地发生改变，产品需要临时储存；二是起始地或目的地的仓库储存能力有限的情况下，将货物装在运输工具内临时储存起来。

当然，用运输工具储存货物可能是昂贵的，但如果综合考虑物流总成本，包括运输途中的装卸成本、储存能力的限制、装卸的损耗或延长的时间等，那么选择运输工具对货物进行短时储存往往是合理的，有时甚至是必要的。

2. 运输在物流系统中的作用

（1）运输是物流系统功能要素的核心。一般来说，运输功能创造了产品的空间效用，储存功能创造了物品的时间效用，流通加工功能则创造了物品的形态效用，而物流系统的其他功能都围绕这三大功能进行。但是，三者在物流系统中的地位是不同的。

在社会化大生产的条件下，产品生产和消费在位置空间上的背离矛盾不但不会消除，而且会呈现出扩大的趋势。这种趋势带来的直接影响就是对物流业（特别是对运输业务）越来越大的需求，这在客观上突出了运输功能的主导作用。与此同时，随着生产技术的发展和管理水平、信息化程度的提高，生产企业可以做到柔性化和定制化，以此缩短产品生产与消费在时间上的差距，同时，流通和消费企业可以做到计划采购或计划订货，以此缩短商品流通与消费在时间上的差距。企业可以根据流通和消费企业的订货计划和要求，将企业用户需要的原材料、零配件或商品按品种和数量，及时准确地运送到生产线或消费地，开始消耗或消费，使生产、流通和消费之间做到"无缝连接"。这些变化强化了运输和其他物流功能的作用，降低或消除了储存功能的作用，使得通过储存保管实现物品的时间效用呈现出弱化趋势。虽然流通加工可以更好地满足用户的要求，如蔬菜的洗切加工、玻璃的套裁加工等可以促进销售，但这些加工后的物品要借助于运输或配送的紧密配合才能使用户的消费得以最终实现。也就是说，流通加工只有借助运输或配送才能实现物品的形态效用。

综合上述分析，在物流系统的三大效用功能要素中，运输功能的主导地位和核心要素作用日益显著，从而成为物流系统最为核心的功能要素。

（2）运输是实现物流合理化的关键。物流的合理化是指在各物流子系统合理化基础上形成最优的物流系统整体功能，即系统以尽可能低的成本创造更大的空间效用、时间效用和形态效用，或者说以最低成本为用户提供更好的物流服务。物流系统由7个功能要素的子系统构成，其整体的合理化是在各物流子系统合理化的基础之上，通过物流各子系统之间的有机结合来实现的。不过物流各功能要素在物流整体功能合理化的过程中所发挥的作用有所不同，其中，运输是实现物流合理化的关键，这是因为：①在科学技术不断进步、生产的社会化和专业化程度不断提高的今天，一切物质产品的生产和消费均离不开运输，因此，运输作为物流系统中的动脉系统，是物流创造空间效用的主要功能要素，在物流系统整体功能合理化的过程中发挥着中心环节的作用；②运输与物流活动中的其他环节有着较为密切的关系，运输活动的合理与否能直接或间接影响到其他物流活动的合理化程度；③运输费用在全部物流费用中占有较大比重，是影响物流成本的一项重要因素。

（3）运输体系的完善是实现物流社会化的基础。目前，物流运输业正在不断发展与完善，大力发展公路、铁路、水运和航空的联合运输，鼓励货物运输的高速化与集装箱化，建立集约化的物流中心，实现物资的及时与共同配送正在成为交通运输业的主要发展方向。在运输体系不断完善的过程中，交通运输业的内部也形成了自己的专业化分工。行业的基础层是公路、铁路、水运和航空运输公司，他们主要实现运输线路的畅通并能及时进行运输工具的调度，以确保运输时间与运输质量满足客户的要求及行业的要求；另一层面是那些直接承接运输业务的综合性物流公司，他们根据客户的具体要求，为客户设计出完整的运输方案，并综合运用多种运输方式，及时完成物品在交易主体之间的转移。这样，一个立体的运输网络就形成了，每个企业都能够通过这个网络以较低的成本构建自己的供应链，实现自己的物流计划，从而为物流社会化的实现提供基础条件。

2.1.3　运输系统的特征

物流运输系统不仅具有一般系统所共有的特征，即整体性、目的性、相关性、层次性、动态性和环境适应性，而且还具有其自身显著的特征。

1. 运输服务可以通过多种运输方式实现

各种运输方式对应于各自的技术特性，有不同的运输单位、运输时间和运输成本，因而形成了各运输方式不同的服务质量。也就是说，运输服务的利用者，可以根据货物的性质、大小、所要求的运输时间、所能负担的运输成本等条件来选择适合的运输方式，或者合理运用多种运输方式，实行联合运输。

2. 运输服务可分成自用型和营业型两种形态

自用型运输多限于公路运输，部分水路运输中也有这种情况，但数量很少。而航空、铁路这种需要巨大投资的运输方式，自用型运输难以开展。营业型运输在公路、铁路、水路、航空等运输业者中广泛开展。对一般企业来讲，可以在自用型和营业型运输中进行选择。最新的趋势是逐渐从自用型向营业型运输方式转化。

3. 运输存在实际运输和利用运输两种形式

实际运输是实际利用运输手段进行运输，完成商品在空间上的移动。利用运输是运输业者自己不直接从事商品运输，而把运输服务再委托给实际运输商。这种利用运输的代表就是代理型运输业者。

4. 运输服务业竞争激烈

运输服务业者不仅在各自的行业内开展相互的竞争，而且还与运输方式相异的其他运输企业开展竞争。虽然各运输方式都存在一些与其特性相适应的不同的运输对象，但是，也存在多种运输方式都适合承运的货物，这类货物的运输就形成了不同运输手段、不同运输业者之间的相互竞争关系。

5. 运输系统的现代化趋势

所谓运输系统的现代化，就是采用当代先进适用的科学技术和运输设备，运用现代管理科学，协调运输系统各构成要素之间的关系，达到充分发挥运输功能的目的。运输系统的现代化也促使运输系统结构发生根本性的改变，表现在：①由单一的运输系统结构转向多种方式联合运输的系统结构，如汽车—船舶—汽车、汽车—火车—汽车、船舶（港口）—火车（站场）—汽车（集散场）等不同的联合运输系统；②建立了适用于矿石、石油、肥料、煤炭等大宗货物的专用运输系统；③集包装、装卸、运输一体化，使运输系统向托盘化与集装箱化方向发展；④顺应全球经济发展的需要，一些发达国家陆续开发了新的运输系统，如铁路传送带运输机械、筒状容器管道系统、城市中无人操纵收发货物系统等。

2.2　现代运输方式与多式联运

2.2.1　现代运输方式

现代运输方式包括铁路运输、水路运输、公路运输、航空运输和管道运输 5 种方式。

1. 铁路运输

铁路运输是使用在轨道上运行的列车载运旅客和货物的运输方式。它是一种现代陆地运输方式。它以机车或动车牵引车列，沿着两条平行的钢轨运送旅客和货物。在现代运输系统中铁路运输占有重要地位。

从技术性能上看，铁路运输的优点有：

（1）运行速度快，时速一般为每小时 80～120 千米；

（2）运输能力大，一般每列客车可载旅客 1 800 人左右，一列货车可装 2 000～3 500 吨货物，重载列车可装 20 000 多吨货物；单线单向年最大货物运输能力达 1 800 万吨，复线单向年最大货物运输能力达 5 500 万吨；运行组织较好的国家，单线单向年最大货物运输能力达 4 000 万吨，复线单向年最大货物运输能力超过 1 亿吨；

（3）铁路运输过程受自然条件限制较小，连续性强，能保证全年运行；

（4）通用性能好，既可运客又可运各类不同的货物；

（5）火车客货运输到达时间准确性较高；

（6）火车运行比较平稳，安全可靠；

（7）平均运距分别为公路运输的 25 倍，为管道运输的 1.15 倍，但不足水路运输的一半，不到民航运输的 1/3。

从经济指标上看，铁路运输的优点有：

（1）铁路运输成本较低，我国铁路运输成本分别是汽车运输成本的 1/17～1/11、民航运输成本的 1/267～1/97；

（2）能耗较低，每千吨千米消耗标准燃料为汽车运输的 1/15～1/11，为民航运输的 1/174，但是这两种指标都高于沿海和内河运输。

铁路运输的缺点有：

（1）投资太高，单线铁路每千米造价为 100 万～300 万元，复线造价为 400 万～500 万元；

（2）建设周期长，一条干线要建设 5～10 年，而且占地太多，随着人口的增长，将给社会增加更多的负担。

因此，综合考虑，铁路适于在内陆地区运送中长距离、大运量、时间性强、可靠性要求高的一般货物和特种货物；从投资效果看，在运输量比较大的地区之间建设铁路比较合理。

2. 水路运输

水路运输是以船舶、排筏等作为交通工具，在海洋、江河、湖泊、水库等水域沿航线载运旅客和货物的一种运输方式。

从技术性能看，水陆运输的优点有：

（1）运输能力大。在 5 种运输方式中，水路运输能力最大，在长江干线，一支拖驳或顶推驳船队的载运能力已超过万吨，国外最大的顶推驳船队的载运能力达 3 万～4 万吨，世界上最大的油船载运能力已超过 50 万吨；

（2）在运输条件良好的航道，通过能力几乎不受限制；

（3）水陆运输通用性能也不错，既可运客，也可运货，可以运送各种货物，尤其是大件货物。

从经济技术指标看，水陆运输的优点有：

（1）水运建设投资省，水路运输只需利用江河湖海等自然水利资源，除必须投资购造船舶、建设港口之外，沿海航道几乎无须投资，整治航道也只有铁路建设费用的 1/5～1/3；

（2）运输成本低，我国沿海运输成本只有铁路的 40%，美国沿海运输成本只有铁路运输的 1/8，长江干线运输成本为铁路运输的 84%，而美国密西西比河干流的运输成本只有铁路运输的 1/4～1/3；

（3）劳动生产率高，沿海运输劳动生产率是铁路运输的 6.4 倍，长江干线运输劳动生产率是铁路运输的 1.26 倍；

（4）平均运距长，水陆运输平均运距分别是铁路运输的 2.3 倍，公路运输的 59 倍，管道运输的 2.7 倍，民航运输的 68%；

（5）远洋运输在我国对外经济贸易方面占独特的重要地位，我国有超过 90% 的外贸货物采用远洋运输，是发展国际贸易的强大支柱，战时又可以增强国防能力，这是其他任何运输方式都无法代替的。

水路运输的主要缺点有：

（1）受自然条件影响较大，内河航道和某些港口受季节影响较大，冬季结冰，枯水期水位变低，难以保证全年通航；

（2）运送速度慢，在途的货物多，会增加货主的流动资金占有量。

总之，水路运输综合优势较为突出，适宜于运距长、运量大、时间性不太强的各种大宗物资运输。

3. 公路运输

公路运输是在公路上运送旅客和货物的运输方式。世界各国现代公路运输工具主要是汽车，公路运输一般指汽车运输。不过汽车运输既在城市间、城市和乡镇之间的公路上进行，也在城市内道路上进行，因此，汽车运输包括公路运输和城市内汽车运输。公路和城市道路的划分主要出于行政管理上的需要，两者在运输组织方式上没有本质的区别。

公路运输的优点有：

（1）机动灵活，货物损耗少，运送速度快，可以实现门到门运输；

（2）投资少，修建公路的材料和技术比较容易解决，易在全社会广泛发展，这可以说是公路运输的最大优点。

公路运输的主要缺点有：

（1）运输能力小，每辆普通载重汽车每次只能运送 5 吨货物，长途客车可运送 50 位旅客，仅相当于一列普通客车的 1/36～1/30；

（2）运输能耗很高，分别是铁路运输能耗的 10.6～15.1 倍、沿海运输能耗的 11.2～15.9 倍、内河运输的 19.1～113.5 倍、管道运输能耗的 4.8～6.9 倍，但比民航运输能耗低，只有民航运输的 6%～87%；

（3）运输成本高，分别是铁路运输的 11.1～17.5 倍、沿海运输的 27.7～43.6 倍、管道运输的 13.7～21.5 倍，但比民航运输成本低，只有民航运输的 6.1%～9.6%；

（4）劳动生产率低，只有铁路运输的 10.6%、沿海运输的 1.5%、内河运输的 7.5%，但比民航运输劳动生产率高，是民航运输的 3 倍。此外，由于汽车体积小，无法运送大件物资，不适宜运输大宗和长距离货物，公路建设占地多，随着人口的增长，占地多的矛盾将表现得更为突出。

因此，公路运输比较适宜在内陆地区运输短途旅客、货物，可以与铁路、水路联运，为铁路、港口集疏运送旅客和物资；可以深入山区及偏僻的农村进行旅客和货物运输，在远离铁路的区域从事干线运输。

4. 航空运输

航空运输是使用飞机、直升机及其他航空器运送人员、货物、邮件的一种运输方式。具有快速、机动的特点，是现代旅客运输（尤其是远程旅客运输）的重要方式，是国际贸易中的贵重物品、鲜活货物和精密仪器运输不可或缺的。

航空运输的优点是：

（1）运行速度快，一般为 800～900 千米/小时，大大缩短了两地之间的距离；

（2）机动性能好，几乎可以飞越各种天然障碍，可以到达其他运输方式难以到达的地方。

缺点是：飞机造价高、能耗大、运输能力小、成本很高、技术复杂。因此，只适宜长途旅客运输和体积小、价值高的物资、鲜活产品及邮件等货物运输。

5. 管道运输

管道运输是用管道作为运输工具的一种长距离输送液体和气体物资的运输方式，是一种专门由生产地向市场输送石油、煤和化学产品的运输方式，是统一运输网中干线运输的特殊组成部分。有时候，气动导管（Pneumatic Tube）也可以做到类似工作，以压缩气体输送固体舱。

管道运输的优点是：

（1）运输量大，国外一条直径为 720 毫米的输煤管道，一年即可输送煤炭 2 000 万吨，几乎相当于一条单线铁路的单方向的输送能力；

（2）运输工程量小，占地少，管道运输只需要铺设管线，修建泵站，土石方工程量比修建铁路小得多，而且在平原地区大多埋在地下，不占农田；

（3）能耗小，在各种运输方式中是最低的；

（4）安全可靠，无污染，成本低；

（5）不受气候影响，可以全天候运输，送达货物的可靠性高；

（6）管道可以走捷径，运输距离短；

（7）可以实现封闭运输，损耗少。

管道运输的缺点是：

（1）专用性强，只能运输石油、天然气及固体料浆（如煤炭等），但是，在它占据的领域内，具有固定可靠的市场；

（2）管道起输量与最高运输量间的幅度小，因此，在油田开发初期，采用管道运输困难时，还要以公路、铁路、水陆运输作为过渡。

2.2.2 多式联运

1. 多式联运的定义及其特征

多式联运是一种以实现货物整体运输的最优化效益为目标的运输组织形式。它通常是以集装箱为运输单元，将不同的运输方式有机地组合在一起，构成连续的、综合性的一体化货物运输。通过一次托运、一次计费、一份单证、一次保险，由各运输区段的承运人共同完成货物的全程运输，即将货物的全程运输作为一个完整的单一运输过程来安排。多式联运按照是否跨越国界分为国内多式联运和国际多式联运，一般不特别强调所说的多式联运是指国际多式联运，其必须具备以下特征或基本条件。

（1）必须具有一份多式联运合同

该运输合同是多式联运经营人与托运人之间权利、义务、责任与豁免的合同关系和运输性质的确定，也是区别多式联运与一般货物运输方式的主要依据。

（2）必须使用一份全程多式联运单证

该单证应满足不同运输方式的需要，并按单一运费率计收全程运费。

（3）必须是至少两种不同运输方式的连续运输。

（4）必须是国际间的货物运输

这不仅区别于国内货物运输，还涉及国际运输法规的适用问题。

（5）必须由一个多式联运经营人对货物运输的全程负责

该多式联运经营人不仅是订立多式联运合同的当事人，也是多式联运单证的签发人。当然，在多式联运经营人履行多式联运合同所规定的运输责任的同时，可将全部或部分运输委托他人（分承运人）完成，并订立分运合同。但分运合同的承运人与托运人之间不存在任何合同关系。

2. 多式联运的优越性

多式联运是一种比区段运输高级的运输组织形式，与区段运输方式相比，多式联运具备以下优势。

（1）责任统一，手续简便

在多式联运方式下，不论全程运输距离多么遥远，也不论需要使用多少种不同运输工具，更不论途中要经过多少次转换，一切运输事宜统一由多式联运经营人负责办理，而货主只要办理一次托运、签订一个合同、支付一笔全程单一运费、取得一份联运单据，就履行全部责任。由于责任统一，一旦发生问题，也只要找多式联运经营人便可解决问题。与单一运输方式的分段托运、多头负责相比，不仅手续简便，而且责任更加明确。

（2）减少中间环节，缩短货运时间，降低货损货差，提高货运质量

多式联运通常是以集装箱为媒介的直达连贯运输，货物从发货人仓库装箱验关铅封后直接运至收货人仓库交货，中途无须拆箱倒载，减少很多中间环节，即使经多次换装，也都是使用机械装卸，丝毫不触及箱内货物，货损货差和偷窃丢失事故就大为减少，从而较好地保证货物安全和货运质量。此外，由于是连贯运输，各个运输环节和各种运输工具之间，配合密切，衔接紧凑，货物所到之处，中转迅速及时，减少在途停留时间，故能较好地保证货物安全、迅速、准确、及时地运抵目的地。

（3）降低运输成本，节省运杂费用，有利贸易开展

多式联运是实现"门到门"运输的有效方法。对货方来说，货物装箱或装上第一程运输工具后就可取得联运单据进行结汇，结汇时间提早，有利于加速货物资金周转，减少利息支出。采用集装箱运输，还可以节省货物包装费用和保险费用。此外，多式联运全程使用的是一份联运单据和单一运费，这就大大简化了制单和结算手续，节省大量人力、物力，尤其是便于货方事先核算运输成本，选择合理运输路线，为开展贸易提供了有利条件。

（4）实现"门到门"运输的有效途径

多式联运综合了各种运输方式，扬长避短，组成直达连贯运输，不仅缩短运输里程、降低运输成本，而且加速货运周转、提高货运质量，是组织合理运输、取得最佳经济效果的有效途径。尤其是采用多式联运，可以把货物从发货人内地仓库直运至收货人内地仓库，为实现"门到门"的直达连贯运输奠定了有利基础，工业上自动化大生产是通过自动化生产线，那么多式联运可以说是运输大生产的多式联运生产线。

3. 多式联运的组织形式

多式联运是采用两种或两种以上不同运输方式进行联运的运输组织形式。这里所指的至少两种运输方式可以是海陆、陆空、海空等。

（1）海陆联运

海陆联运是多式联运的主要组织形式，也是远东/欧洲多式联运的主要组织形式之一。目前组织和经营远东/欧洲海陆联运业务的主要有班轮公会的三联集团、北荷、冠航和丹麦的马士基等国际航运公司，以及非班轮公会的中国远洋运输公司、中国台湾长荣航运公司和德国那亚航运公司等。这种组织形式以航运公司为主体，签发联运提单，与航线两端的内陆运输部门开展联运业务，与大陆桥运输展开竞争。

（2）陆桥运输

在多式联运中，陆桥运输（Land Bridge Service）起着非常重要的作用。它是远东/欧洲国际多式联运的主要形式。所谓陆桥运输是指采用集装箱专用列车或卡车，把横贯大陆的铁路或公路作为中间"桥梁"，使大陆两端的集装箱海运航线与专用列车或卡车连接起来的一种连贯运输方式。严格地讲，陆桥运输也是一种海陆联运形式。只是因为其在国际多式联运中的独特地位，故在此将其单独作为一种运输组织形式。目前，陆桥运输线路有亚欧大陆桥和北美陆桥系统。其中亚欧大陆桥包括西伯利亚大陆桥（或称第一亚欧大陆桥）和新亚欧大陆桥（或称第二亚欧大陆桥），而北美陆桥包括北美大陆桥和北美微陆桥。

（3）海空联运

海空联运又称为空桥运输（Air Bridge Service）。在运输组织方式上，空桥运输与陆桥运输有所不同：陆桥运输在整个货运过程中使用的是同一个集装箱，不用换装；而空桥运输的货物通常要在航空港换入航空集装箱。不过，两者的目标是一致的，即以低费率提供快捷、可靠的运输服务。

2.3　运输系统决策

运输系统决策包含的范围很广泛，其中主要的决策是：对运输方式的选择、运输提供商的选择、运输路线的选择等问题。

2.3.1　运输方式的选择

1. 运输方式选择的内容

在各种运输方式中，如何选择适当的运输方式是物流合理化的重要问题。可以选择一种运输方式也可以选择使用联运的方式。

（1）单一运输方式的选择

单一运输方式的选择，就是选择一种运输方式提供运输服务。公路、铁路、水路、航空和管道五种基本运输方式各有其自身的优点与不足，可以根据五种基本运输方式的优势、特点，结合运输需求进行恰当的选择。

（2）多式联运的选择

多式联运的选择，就是选择两种以上的运输方式联合起来提供运输服务。在实际运输中，一般只有铁路与公路联运、公路或铁路与水路联运、航空与公路联运得到较为广泛的应用。

2. 影响运输方式选择的因素

影响运输方式选择的因素包括：货物的特性、可选择的运输工具、运输总成本、运输时间、运输的安全性等，如表 2-1 所示。

表 2-1　影响运输方式选择的因素

影 响 因 素	详　　　述
货物的特性	货物的价值、形状，单件的重量、容积，危险性、变质性等都是影响运输方式选择的重要因素
可选择的运输工具	对于运输工具的选择，不仅要考虑运输费用，还要考虑仓储费用，以及营运特性等
运输总成本	为两个地理位置间的运输所支付的费用以及与运输管理、维持运输中存货有关的总费用
运输时间	从货源地发货到目的地接受货物之间的时间。运输时间的度量是货物如何快速地实现发货人和收货人之间"门到门"的时间，而不仅仅是运输工具如何快速移动、货物从运输起点到终点的时间
运输的安全性	包括运输货物的安全和运输人员的安全，以及公共安全。对运输人员和公共安全的考虑也会影响到货物的安全措施，进而影响到运输方式的选择
其他因素	经济环境或社会环境的变化也制约着托运人对运输方式的选择

综上所述，选择运输方式时，通常是在保证运输安全的前提下再衡量运输时间和运输费用，当到货时间得到满足时再考虑费用低的运输方式。当然，计算运输费用不能单凭运输单价的高低，而应对运输过程中发生的各种费用以及对其他环节费用的影响进行综合分析。

2.3.2　运输提供商的选择

1. 运营商选择的要素

现代服务理念的基本准则已不再是一味地提高服务质量，而是通过差异化服务来实现客户的满意。在选择承运商时，企业需要综合考虑以下四个方面的因素。

（1）与成本有关的因素

与成本有关的因素具体包括如下因素。

① 货物全程运费，包括长途运费以及货物的交付和提货费用。

② 承运人的价格弹性，即是否有讨价还价的余地。

（2）与时间有关的因素

与时间有关的因素具体包括如下因素。

① 货物运输之间，指"门到门"全程运输时间。

② 运输时间的稳定性。"门到门"运输时间不仅应该短，还应该具有一定的稳定性。因为到货时间越稳定，货主的作业计划性越强，安全库存水平也越低，成本也可以降低。

（3）与客户服务有关的因素

与客户服务有关的因素具体包括如下因素。

① 客户投诉处理。承运人是否有规范化的投诉处理程序和投诉处理的快速性与可接受性。

② 货损货差率。货损货差率的高低直接反映承运人的作业水平，也对货主的物流作业效果有很大影响。

③ 加急办理的能力。加急办理能力的高低反映承运人作业系统的弹性。弹性越高，对货主而言，选择余地越大，作业灵活性越高。

④ 提供在途服务的能力。有些特殊货物，如活动物，易损、易失窃物品，需要较多的在途服务。承运商的这项能力也是必不可缺的。

⑤ 在途货物跟踪能力。越来越多的货主需要随时知道他们的货物所处的位置和状态，在途跟踪能力也就越来越成为承运商之间竞争的一个重要因素。卫星全球定位系统（GPS）正在运输领域日益得到普及。

⑥ 作业人员的素质。作业人员的作业水平和所掌握的商品知识直接决定了他们能否按照货主和货物的要求正确地进行作业，也直接决定了货损货差率的高低。

（4）与设备可供性及服务灵活性有关的因素

与设备可供性及服务灵活性有关的因素具体包括如下因素。

① 设备能力。承运人是否掌握必要的作业设备。

② 特殊设备拥有情况。除一般设备外，承运人是否掌握特殊设备，如冷藏集装箱等。

③ 业务计划的灵活性。承运人是否可以根据货主的要求提供量身定制的服务。

2. 运营商选择的方法

（1）服务质量比较法

比较运输质量：

① 运输工具的情况；

② 装卸作业的服务质量；

③ 驾驶人员的经验及工作责任心；

④ 货物运输控制流程。

比较服务理念：

① 运输的准班率；

② 航班的时间间隔、船舶的发船密度、铁路运输的发车间隔等；

③ 单证的准确率；

④ 信息查询的方便程度；

⑤ 货运纠纷的处理，无论服务商如何提高运输质量、改进服务水平，但货运纠纷难免会发生，发生后如何及时圆满地处理是客户所关心的。

（2）运输价格比较法

各运输服务商为了稳定自己的市场份额，都会努力提高服务质量，而随着竞争的日趋激烈，对于某些货物来说不同的运输服务商所提供的服务质量已近乎相同，因此运价很容易成为各服务商的最后竞争手段。于是客户在选择时，如面对几乎相同的服务质量，或有些客户对服务质量要求不高时，运输价格便成为另一个重要的决策准则。

（3）综合因素法

客户在选择运输服务时会同时考虑多个因素，如服务质量、运输价格、服务商的品牌、服务商的经济实力和服务商的服务网点数量等。对以上因素请专家打分，得分最高的为优先选用的运输服务商。

（4）层次分析法

层次分析法的基本原理是根据具有递阶结构的目标、子目标（准则）、约束条件、部门等来评价方案，采用两两比较的方法确定判断矩阵，然后把判断矩阵的最大特征根对应的特征向量的分量作为相应的系数，最后综合给出各方案的权重（优先程度）。

2.3.3　运输路线的选择

尽管运输路线选择问题的种类繁多，但我们可以将其归纳为以下三种基本类型，下面分别介绍这三种类型的路径规划。

1. 起讫点不同的单一路径规划

这类运输路径规划问题可以通过特别设计的方法很好地加以解决。最简单、最直接的方法就是最短路径法（Shortest Route Method）。

2. 多个起讫点的路径规划

如果有多个货源地可以服务多个目的地，那首先要指定各目的地的供货地，同时又要找到供货地、目的地之间的最佳路径。该问题经常发生在多个供应商、工厂或仓库服务于多个客户的情况下。如果各供货地能够满足的需求数量有限，则问题会更复杂。

3. 起点和终点相同的路径规划

解决这类问题常常可以运用一类特殊的线性规划算法，就是所谓的运输方法。物流管理人员经常会遇到起讫点相同的路径规划问题。在企业自己拥有运输工具时，该问题是相当普遍的。我们熟悉的例子有：从某仓库送货到零售点然后返回的路线（从中央配送中心送货到食品店或药店）；从零售店到客户本地配送的路线设计（商店送货上门）；校车、送报车、垃圾收集车和送餐车等的路线设计。这类路径问题是起讫点不同的问题的扩展形式，但是由于要求车辆必须返回起点行程才结束，问题的难度提高了。我们的目标是找出途经点的顺序，使其满足必须经过所有点且总出行时间或总距离最短的要求。

起讫点重合的路径问题一般被称为"流动推销员"问题，人们已提出不少方法来解决这类问题。如果某个问题中包含很多个点，要找到最优路径是不切实际的，因为许多现实问题的规模太大，即使用最快的计算机进行计算，求最优解的时间也非常长。感知式和启发式求解法是解决这类问题的好办法。

2.4　运输合理化

2.4.1　合理运输与不合理运输

1. 合理运输的重要指标

广义来讲，合理运输应从三个层面衡量：一是运输子系统自身的合理性；二是运输对物流系统的合理性，即运输对其他物流环节影响呈现的合理性；三是运输对社会影响的合理性，如节约运力、降低能耗、减少污染等。

运输系统自身合理化的四个重要指标如下。

（1）运输成本

运输成本是指在两个地理位置间（"门到门"）运输货物所支付的费用以及行政管理费用、维护运输中存货的有关费用和提供额外服务的附加费。对于外包运输服务，运输成本包括在起讫点之间运输收取的运费和各种附加费，如起点的取货费、终点的送货费、保险费用等。如果是自有运输，运输成本包括燃油成本、人工成本、维修成本、设备折旧和管理成本等。一般来说，航空运输成本最高，公路运输次之，铁路运输再次，管道运输和水路运输成本最低。

（2）运输时间

运输时间也称运输周期，是指完成某起讫点之间特定运输任务所需耗费的时间，包括在途时间和两端点的装卸作业时间。五种基本运输方式中，有的运输方式能够提供"门到门"的直达运输服务，有的则不能。不能提供"门到门"直达运输的运输方式，需要由其他方式进行转运，转运时需要换乘转装，转运和换装所花的时间均应包含在运输时间内。例如，航空运输只能在机场之间进行，水路运输只能在港口之间进行，它们要实现"门到门"运输，都需要由公路运输方式进行转运，公路运输和转装汽车的时间都应计算在航空运输或水路运输时间内。因此，速度快的运输方式并不一定运输时间短。

（3）运输一致性

运输一致性是指在若干次相同运输中履行某一特定运次所耗费的时间与计划运输时间或前几次运输的平均运输时间相比较的差异性。运输一致性可用运输时间变化率来衡量，运输时间变化率是指起讫点之间一定运次的运输时间波动幅度与平均运输时间的比值。一致性是运输可靠性的反映，被看作高质量运输的重要特征。如果给定的一项运输服务第一次花费两天，而第二次花费了六天，这种意想不到的变化就会产生严重的物流作业混乱，增大物流成本。因为一致性差的运输，为了预防运输时间的波动，需要增加安全库存，还会影响买卖双方承担的存货义务和有关风险。

（4）运输安全

这里运输安全是指货物安全，即运输过程中货物的灭失与损坏。虽然承运人有义务审慎避免货物的灭失和损坏，但由于自然原因、设施设备或承运人无法控制的其他原因，仍可能造成一定的货物灭失与损失。不同运输方式的这种灭失与损失的可能程度是不一样的。对于这类灭失与损失，托运人除了承担灭失与损失的直接成本以外，还可能承担对客户服务的损失，因为托运人托运的货物可能是对自己客户的服务。因此，托运人或货主在选择运输方式时还会从货物安全的角度去考虑。

显然，从物流系统的角度看运输的合理性，仅用上述四个指标衡量是不够的。例如，大批量的运输方式具有规模效益，运输成本低，但如果满足小批量的需求，大批量运输会使收货地的库存增大，对存储成本的影响不利，从而影响整个物流系统的成本。因此，仅考虑运输活动或运输活动中的某个环节的合理是不够的，应从物流系统整体考虑。

2. 不合理运输的表现形式

不合理运输是针对合理运输而言的。不合理运输违反客观经济效果，违反商品合理流向和各种动力的合理分工，不充分利用运输工具的装载能力，环节过多的运输是导致运力紧张、流通不畅和运费增加的重要原因。不合理的运输，一般有以下几个方面。

（1）对流运输

对流运输是指同一种物资或两种能够相互代用的物资，在同一运输线或平行线上，做相对方向的运输，与相对方向路线的全部或一部分发生对流。对流运输又分两种情况：一是明显的对流运输，即在同一运输线上对流。如一方面把甲地的物资运往乙地，而另一方面又把乙地的同样物资运往甲地，产生这种情况大都是由于货主所属的地区不同、企业不同所造成的。二是隐蔽性的对流运输，即把同种物资采用不同的运输方式在平行的两条路线上，朝着相反的方向运输。

（2）倒流运输

倒流运输是指物资从产地运往销地，然后又从销地运回产地的一种回流运输现象。倒流运输有两种形式：一是同一物资由销地运回产地或转运地；二是由乙地将甲地能够生产且已消费的同种物资运往甲地，而甲地的同种物资又运往丙地。

（3）迂回运输

迂回运输是指物资运输舍近求远、绕道而行的现象。物流过程中的计划不同、组织不善或调运差错都容易出现迂回现象。

（4）过远运输

过远运输是指舍近求远的运输现象，即销地本可以由距离较近的产地供应物资，却从远地采购进来；产品不是就近供应消费地，却调给较远的其他消费地，违反了近产近销的原则。

（5）重复运输

重复运输是指某种物资本来可以从起运地一次直运到达目的地，但由于批发机构或商业仓库设置不当或计划不周，人为地运到中途地点（例如中转仓库）卸下后，又二次装运的不合理现象，重复运输增加了一道中间装卸环节，增加了装卸搬运费用，延长了商品在途时间。

（6）亏吨或超载运输

车船载货量不足载货量标准的运输称为亏吨运输，超过载货量标准的称为超载运输。无论亏吨运输还是超载运输，均属不合理运输。亏吨运输不仅运输效率低，而且浪费运力。超载运输一方面损坏运力设施设备，另一方面容易造成运输安全事故，给社会带来损失。

（7）无效运输

无效运输是指被运输的货物杂质较多，如煤炭中的矿石、原油中的水分等，直接运输这些含有较多杂质的物资，使运输能力浪费。我国每年有大批圆木进行远距离的调运，但圆木材的使用率一般只有 70%左右，致使有 30%的边角废料的运输基本上是无效的。原木锯割加工、煤炭除矸加工、钢材剪切加工等都有利于减少无效运输。通过流通加工，不仅能减少无效运输，还能提高物资的利用率。

（8）起程或返程空驶

组织运输活动中，因货源计划不周、调运不当或不恰当的自营运输等，造成只是单程有货，起程或返程空驶。空驶既增大了运输成本，也浪费了运力。

（9）运力选择不当

选择运输工具时，未能运用其优势，如弃水走陆（增加成本），铁路和大型船舶的过近运输，运输工具承载能力选择不当等。

（10）托运方式选择不当

如可以选择整车运输却选择了零担，应当直达却选择了中转运输，应当中转却选择了直达等，没有选择最佳托运方式。

2.4.2　运输合理化的有效措施

运输合理化是一个系统分析过程，常采用定性与定量相结合的方法，对运输的各个环节和总体进行分析研究，研究的内容和方法主要有以下几点。

1．合理选择运输方式

各种运输方式都有各自的使用范围和不同的技术经济特征，选择时应进行比较和综合分析，首先，要考虑运输成本的高低和运行速度的快慢，甚至还要考虑商品的性质、数量的大小、运距的远近、货主需要的缓急及风险程度。

2．合理选择运输工具

根据不同商品的性质、数量选择不同类型、额定吨位及对温度、湿度等有要求的运输车辆。

3．正确选择运输线路

运输线路的选择，一般应尽量安排直达、快速运输，尽可能缩短运输时间，否则可安排沿路和循环运输，以提高车辆的容积利用率和车辆的里程利用率，从而达到节省运输费用、节约运力的目的。

4．提高货物包装质量，并改进配送中的包装方法

货物运输线路的长短、装卸次数的多少都会影响到商品的完好，所以，应合理地选择包装物料，以提高包装质量。另外，有些商品的运输线路较短，且要采取特殊放置方法（如烫好的衣服应垂挂），则应改变相应的包装。货物包装的改进，对减少货物损失、降低运费支出、降低商品成本有明显的效果。

5．提高运输工具的实载率

实载率的含义有两个：一是单车实际载重与运距之乘积和标定载重与行驶里程之乘积的比率，在安排单车、单船运输时，它是判断装载合理与否的重要指标；二是车船的统计指标，即在一定时期内实际完成的货物周转量（吨千米）占载重吨位与行驶千米乘积的百分比。

提高实载率如进行配载运输等，可以充分利用运输工具的额定能力，减少空驶和不满载行驶的时间，减少浪费从而求得运输的合理化。

6．减少劳力投入，增加运输能力

运输的投入主要是能耗和基础设施的建设，在运输设施固定的情况下，尽量减少能源动力投入，从而大大节约运费，降低单位货物的运输成本，达到合理化的目的。如在铁路运输中，在机车能力允许的情况下，多加挂车皮；在内河运输中，将驳船编成队列，由机运船顶推前进；在公路运输中，实行汽车挂车运输，以增加运输能力等。

7．发展社会化的运输体系

运输社会化的含义是发展运输的大生产优势，实行专业化分工，打破物流企业自成运输体系的状况。单个物流公司车辆自有，运量需求有限，难于自我调剂，因而容易出现空缺、运力选择不当、不能满载等浪费现象，且配套的接/发货设施、装卸/搬运设施也很难有效地运行，所以浪费颇大。实行运输社会化，可以统一安排运输工具，避免迂回、倒流、空驶，运力选择不当等多种不合理形式，不但可以追求组织效益，而且可以追求规模效益，所以发展社会化的运输体系是运输合理化的非常重要的措施。

8. 充分应用公路运输

这种运输合理化的表现主要有两点：一是对于比较紧张的铁路运输，用公路分流后，可以得到一定程度的缓解，从而加大这一区段的运输通过能力；二是充分利用公路"从门到门"和在中途运输中速度快且灵活机动的优势，实现铁路运输难以达到的水平。目前在杂货、日用百货及煤炭等货物运输中较为普遍地运用公路运输，一般认为，目前的公路经济里程为 200～500 千米，随着高速公路的发展、高速公路网的形成、新型与特殊货车的出现，公路的经济里程有时可达 1 000 千米以上。

9. 尽量发展直达运输

直达运输就是在组织货物运输过程中，越过商业、物资仓库环节或交通中转环节，把货物从产地或起运地直接运到销地或用户，以减少中间环节。直达的优势，尤其是在一次运输批量产品和用户一次需求量达到一整车时表现最为突出。此外，在生产资料、生活资料运输中，通过直达，建立稳定的产销关系和运输系统，有利于提高运输的计划水平。

近年来，直达运输的比重逐步增加，它为减少物流中间环节创造了条件。特别需要一提的是，如同其他合理化运输一样，直达运输的合理性也是在一定条件下才会有所表现，如果从用户需求来看，批量大到一定程度时直达是合理的，批量较小时中转是合理的。

10. 配载运输

配载运输是充分利用运输工具载重量和容积，合理安排装载的货物及方法以求合理化的一种运输方式。配载运输往往是轻重商品的合理配载，在以重质货物运输为主的情况下，同时搭载一些轻泡货物，如海运矿石、黄沙等重质货物，在上面捎运木材、毛竹等，在基本不增加运力的情况下，在基本不减少重质货物运输的情况下，解决了轻泡货的搭运，因而效果显著。

11. 提高技术装载量

依靠科技进步是运输合理化的重要途径。它一方面是最大限度地利用运输工具的载重吨位，另一方面是充分使用车船装载容量。其主要做法有如下几种：专用散装及罐车，解决了粉状、液体物运输损耗大、安全性差等问题；袋鼠式车皮、大型拖挂车解决了大型设备整体运输问题；集装箱船比一般船能容纳更多的箱体，集装箱高速直达加快了运输速度等。

12. 进行必要的流通加工

有不少产品，由于产品本身形态及特性问题，很难实现运输的合理化，如果进行适当加工，针对货物本身的特性进行适当的加工，就能够有效解决合理运输的问题。例如，将造纸材料在产地先加工成干纸浆，然后压缩体积。

2.5 集装箱和集装化运输

2.5.1 集装箱运输

1. 集装箱

集装箱（Container）是指海、陆、空不同运输方式进行联运时用以装运货物的一种容器。在中国香港，称之为"货箱"；在中国台湾，称之为"货柜"。关于集装箱的定义，国际上不同国家、地区和组织的表述有所不同。现以国际标准化组织（ISO）对集装箱的定义做以下介绍。国际标准化组织将集装箱定义为一种运输设备，应满足以下要求：

① 具有耐久性，其坚固强度足以反复使用；

② 便于商品运送而专门设计的，在一种或多种运输方式运输时无须中途换装；

③ 设有便于装卸和搬运的装置，特别是便于从一种运输方式转移到另一种运输方式；

④ 设计时应注意到便于货物装满或卸空；

⑤ 内容积为 1 平方米或 1 平方米以上。

集装箱这一术语的含义不包括车辆的一般包装。

目前，中国、日本、美国、法国等世界有关国家，都全面地引进了国际标准化组织的定义。除 ISO 的定义外，还有《集装箱海关公约》（CCC）、《国际集装箱安全公约》（CSC）、英国国家标准和北美太平洋班轮公会等对集装箱下的定义，内容基本上大同小异。我国国家标准《集装箱名称术语》（GB 1992—85）中，引用了上述定义。

目前按集装主体材料将集装箱分为：钢制集装箱、铝制集装箱、不锈钢制集装箱、玻璃钢制集装箱；按结构分类包括：内柱式和外柱式集装箱、折叠式和固定式集装箱、预制骨架式集装箱和薄壳式集装箱；按用途分类包括：通用干货集装箱、保温集装箱、罐式集装箱、散货集装箱、台架式集装箱、平台集装箱、敞顶集装箱、汽车集装箱等。

为了有效地开展国际集装箱多式联运，必须强化集装箱标准化，应进一步做好集装箱标准化工作。集装箱标准按使用范围分，有国际标准、国家标准、地区标准和公司标准四种。

（1）国际标准集装箱

国际标准集装箱是指根据国际标准化组织第 104 技术委员会制定的国际标准来建造和使用的国际通用的标准集装箱。

集装箱标准化经历了一个发展过程。国际标准化组织 ISO/TC104 技术委员会自 1961 年成立以来，对集装箱国际标准做过多次补充、增减和修改，现行的国际标准为第 1 系列共 13 种，其宽度均一样（2 438mm），长度有 4 种（12 192mm、9 125mm、6 058mm、2 991mm），高度有 3 种（2 896mm、2 591mm、2 438mm），详见表 2-2。第 2 系列和第 3 系列均降格为技术报告。

表 2-2　国际集装箱标准 ISO668—1979 第 1 系列

箱　型	长　度		宽　度		高　度		总　重	
	mm	Ft/in	mm	Ft/in	mm	Ft/in	mm	Ft/in
1AA	12 192	40/	2 438	8/	2 591	8/6	30 480	67 200
1A	12 192	40/	2 438	8/	2 438	8	30 480	67 200
1AX	12 192	40/	2 438	8/	< 2 438	< 8	30 480	67 200
1BB	9 125	29/11.5	2 438	8/	2 591	8/6	25 400	56 000
1B	9 125	29/22.5	2 438	8/	2 438	8	25 400	56 000
1BX	9 125	29/11.25	2 438	8/	< 2 438	< 8	25 400	56 000
1CC	6 058	19/10.5	2 438	8/	2 591	8/6	24 000	52 920
1C	6 058	19/10.5	2 438	8/	2 438	8	24 000	52 920
1CX	6 058	19/10.5	2 438	8/	< 2 438	< 8	24 000	52 920
1D	2 991	9/9.75	2 438	8/	2 438	8	10 160	22 400
1DX	2 991	9/9.75	2 438	8/	< 2 438	< 8	10 160	22 400
1AAA	12 192	40	2 438	8/	2 896	9/6	30 480	67 200
1BBB	9 125	29/11.25	2 438	8/	2 896	9/6	25 400	56 000

国际集装箱标准的制定，为集装箱的标准化和集装箱运输设备提供了选型的依据，加快了集装箱运输的专业化，使国际贸易货物运输达到最大经济性、通用性和互换性。

目前在世界上流通使用的第 1 系列集装箱中，经常使用的是 20 Ft 和 40 Ft 集装箱，亦即第 1 系列中的 1C 和 1A 型集装箱。

为了便于统计集装箱的吞吐量、集装箱码头的通过能力以及机械的装卸效率，国际上通常以 20 Ft 集装箱作为一个当量箱（用 TEU 表示）来进行换算。因此，人们又把一个 20 Ft 的集装箱称为一个标准箱，其换算方法如下：

40 Ft 集装箱——2TEU

30 Ft 集装箱——1.5TEU

20 Ft 集装箱——1TEU

10 Ft 集装箱——0.5TEU

（2）国家标准集装箱

各国政府参照国际标准并考虑本国的具体情况，制定本国的集装箱标准。我国从 1978 年 10 月 1 日起，实施国家标准《货物集装箱外部尺寸和重量系列》（GB 1413—78）。标准中规定的集装箱重量系列为 5 t、10 t、20 t、30 t 四种，其相应的型号为 5D、10D、1CC 和 1AA。1985 年，该标准又修改为《集装箱外部尺寸和额定重量》（GBL 413—85），并增加了 1A、1AX 和 1C、1CX 四种箱型。我国实施的《集装箱外部尺寸和额定重量》（GB 1413—85）主要应用于铁路运输。表 2-3 为我国国内集装箱标准与规格。目前，为了使我国现行集装箱标准与国际接轨，有关部门正在修订相关的法规和标准，以满足我国内贸运输和外贸运输的需求。

表2-3　我国国内集装箱标准与规格（GB 1413—85）

型号	高度（H）mm		宽度（W）mm		长度（L）mm		额定重量（最大重量）kg
	尺寸	极限偏差	尺寸	极限偏差	尺寸	极限偏差	
1AA	2 591	0～5	2 438	0～5	12 192	0～10	30 480
1A	2 438	0～5	2 438	0～5	12 192	0～10	30 480
1AX	2 438		2 438	0～5	12 192	0～10	30 480
1CC	2 591	0～5	2 438	0～5	6 058	0～6	20 320
1C	2 438	0～5	2 438	0～5	6 058	0～6	20 320
1CX	2 438		2 438	0～5	6 058	0～6	20 320
10D	2 438	0～5	2 438	0～5	4 012	0～5	10 000
5D	2 438	0～5	2 438	0～5	1 968	0～5	5 000

注：1. 1AA、1A、1AX、1CC、1C、1CX 型箱用于国际间运输。

2. 10D、5D 型箱用于国内运输。

（3）地区标准集装箱

此类集装箱标准，是由地区组织根据该地区的特殊情况制定的，此类集装箱仅适用于该地区。如根据欧洲国际铁路联盟（VIC）所制定的集装箱标准而建造的集装箱。

（4）公司标准集装箱

某些大型集装箱船公司，根据本公司的具体情况和条件制定的集装箱船公司标准，这类箱主要在该公司运输范围内使用，如美国海陆公司的 35 Ft 集装箱。

此外，目前世界还有不少非标准集装箱，如非标准长度集装箱有美国海陆公司的 35 Ft 集装箱、总统轮船公司的 45 Ft 及 48 Ft 集装箱；非标准高度集装箱，主要有 9 Ft 和 9.5 Ft 两种高度集装箱；非标准宽度集装箱有 8.2 Ft 宽度集装箱等。由于经济效益的驱动，目前世界上 20 Ft 集装箱总重达 24 Ft 的越来越多，而且普遍受到欢迎。

2. 集装箱运输的特点

集装箱运输是以集装箱作为运输单位，通过一种或几种运输工具进行货物运输的现代化运输方式。它具有以下特点。

（1）高效益的运输方式

集装箱运输经济效益高主要体现在以下几方面。

① 简化包装，大量节约包装费用。为避免货物在运输途中受到损坏，必须有坚固的包装，而集装箱具有坚固、密封的特点，其本身就是一种极好的包装。使用集装箱可以简化包装，有的甚至无须包装，实现件杂货无包装运输，可大大节约包装费用。

② 减少货损、货差，提高货运质量。由于集装箱是一个坚固密封的箱体，其本身就是一个坚固的包装，货物装箱并铅封后，途中无须拆箱倒载，一票到底，即使经过长途运输或多次换装，不易损坏箱内货物。集装箱运输可减少被盗、潮湿、污损等引起的货损和货差，深受货主和船舶公司的欢迎，并且由于货损、货差率的降低，减少了社会财富的浪费，也具有很大的社会效益。

③ 减少营运费用，降低运输成本。由于集装箱的装卸基本上不受恶劣气候的影响，船

舶非生产性停泊时间缩短，又由于装卸效率高、装卸时间缩短，对船舶公司而言，可提高航行率、降低船舶运输成本；对港口而言，可以提高泊位通过能力，从而提高吞吐量，增加收入。

（2）高效率的运输方式

传统的运输方式具有装卸环节多、劳动强度大、装卸效率低、船舶周转慢等缺点。而集装箱运输完全改变了这种状况。

首先，普通货船装卸，一般每小时为 35 t 左右，而集装箱装卸，每小时可达 400 t 左右，装卸效率大幅度提高。同时，由于集装箱装卸机械化程度很高，因而每班组所需装卸工人数很少，平均每个工人的劳动生产率大大提高。

其次，由于集装箱装卸效率很高，受气候影响小，船舶在港停留时间大大缩短，因而船舶航次时间缩短，船舶周转加快，航行率大大提高，船舶生产效率随之提高，从而提高了船舶运输能力，在不增加船舶艘数的情况下，可完成更多的运量，增加船舶公司收入。这样，高效率实现了高效益。

（3）高投资的运输方式

集装箱运输虽然是一种高效率的运输方式，但是它同时又是一种资本高度密集的行业。

首先，船舶公司必须对船舶和集装箱进行巨额投资。根据有关资料表明，集装箱船每立方英尺的造价为普通货船的 3.7～4 倍。集装箱的投资相当大，开展集装箱运输所需的高额投资，使得船舶公司的总成本中固定成本占有相当大的比例，高达 2/3 以上。

其次，集装箱运输的港口投资也相当大。专用集装箱泊位的码头设施包括码头岸线和前沿、货场、货运站、维修车间、控制塔、门房，以及集装箱装卸机械等，耗资巨大。

最后，为开展集装箱多式联运，还需相应的内陆设施及内陆货运站等，为了配套建设，就需要兴建、扩建、改造、更新现有的公路、铁路、桥梁、涵洞等，这方面的投资更是惊人！可见，没有足够的资金开展集装箱运输，实现集装箱化是困难的，必须根据国力量力而行。

（4）高协作的运输方式

集装箱运输涉及面广、环节多、影响大，是一个复杂的运输系统工程。集装箱运输系统包括海运、陆运、空运、港口、货运站以及与集装箱运输有关的海关、商检、船舶代理公司、货运代理公司等单位和部门。如果互相配合不当，就会影响整个运输系统功能的发挥；如果某一环节失误，必将影响全局，甚至导致运输生产停顿和中断。因此，要求搞好整个运输系统各环节、各部门之间的高度协作。

（5）适于组织多式联运

由于集装箱运输在不同运输方式之间换装时，无须搬运箱内货物而只需换装集装箱，这就提高了换装作业效率，适于不同运输方式之间的联合运输。在换装转运时，海关及有关监管单位只需加封或验封转关放行，从而提高了运输效率。

此外，由于国际集装箱运输与多式联运是一个资金密集、技术密集及管理要求很高的行业，是一个复杂的运输系统工程，这就要求管理人员、技术人员、业务人员等具有较高的素质，才能胜任工作，才能充分发挥国际集装箱运输的优越性。

3. 集装箱运输系统的基本构成

（1）适箱货源

并不是所有的货物都适合集装箱运输。从是否适用集装箱运输的角度，货物可分成4类：

① 货物的物理与化学属性适合集装箱运输，且货物本身价值高，对运费的承受能力大；

② 货物的物理与化学属性适合集装箱运输，货物本身价值较高，对运费的承受能力较大；

③ 货物的物理与化学属性适合装箱，但货物本身价值较低，对运费的承受能力较差；

④ 货物的物理与化学属性不适合装箱，或者对运费的承受能力很差，从经济上看不适合集装箱运输的货物。

以上第一种货物称为"最佳装箱货"，第二种货物称为"适合装箱货"，第三种货物称为"可装箱但不经济的装箱货"，第四种货物称为"不适合装箱货"。

集装箱运输所指的适箱货源，主要是前两类货物。对于适箱货源，采用集装箱方式运输是有利的。

（2）标准集装箱

前面罗列了国际标准集装箱的含义。除国际标准集装箱外，各国还有一些国内和地区标准集装箱，如我国国家标准中，就有两种适合国内使用的标准集装箱（5D与10D）。

（3）集装箱船舶

集装箱船舶经历了一个由非专业到专业转化的过程。最早的集装箱船舶是件杂货与集装箱混装的，没有专门的装载集装箱的结构。发展到现在，在国际海上集装箱运输使用的集装箱船舶，均已专业化，而且船型越来越大。内河运输的集装箱船，大多是由原来的驳船改造的。

（4）集装箱码头

与集装箱水路运输密切相关的是集装箱港口码头。集装箱水路运输的两端必须有码头，以便装船与卸船。早期的集装箱码头也与件杂货码头交叉使用，是在件杂货码头的原有基础上配备少量用于装卸集装箱的机械，用于处理混装的件杂货船舶上的少量集装箱。这类码头目前在我国一些中、小型的沿海港口和内河港口还经常可以看到。现代化的集装箱码头已高度专业化，码头前沿岸机配置、场地机械配置、堆场结构与装卸工艺配置均完全与装卸集装箱配套。

（5）集装箱货运站

集装箱货运站在整个集装箱运输系统中发挥了"承上启下"的重要作用，是一个必不可少的基本要素。集装箱货运站按其所处的地理位置和不同的职能，可分为设在集装箱码头内的货运站、设在集装箱码头附近的货运站和内陆货运站三种。集装箱货运站的主要职能与任务是集装箱货物承运、验收、保管与交付；拼箱货的装箱和拆箱作业；整箱货的中转；实箱和空箱的堆存和保管；票据单证的处理；运费、堆存费的结算等。

（6）集装箱卡车

集装箱卡车主要用于集装箱公路长途运输、陆上各节点（如码头与码头之间、码头与集装箱货运站之间、码头与铁路办理站之间）之间的短驳以及集装箱的"末端运输"（将集装箱交至客户手中）。

（7）集装箱铁路专用车

集装箱铁路专用车主要用于铁路集装箱运输。铁路集装箱专用车主要用于集装箱的陆上中、长距离运输和所谓的"陆桥运输"。

2.5.2　集装化运输

1. 集装化运输的定义

集装化运输是指以各类集装器具和捆扎索夹具为载体，把成件包装货物和散裸装货物组合成集装单元进行运输的一种货物运输方式。集装化运输是一种现代的运输方式。它因"货"制宜地利用一些特制的用具，把货物集零为整、化繁为简，达到便于装卸、搬运、储存和计件，提高运输效率的目的。从广义上讲，集装箱也是集装化的一种形式，即集装化运输比集装箱运输具有更大的灵活性。在集装化运输中，组织货物集装件的方法可分为两种不同的基本形式：一种是借助集装器具形成货物运输集装件；另一种则是借助捆扎索夹具或捆扎材料形成货物运输集装件。集装化运输具有的优点如下。

（1）促使装卸合理化。主要体现在：①大大缩短装卸时间，这是由于多次装卸转为集装一次装卸而带来的效果。②使装卸作业劳动强度降低，将工人从繁重的体力劳动中解放出来。过去，中、小件大数量物料装卸，工人劳动强度极大，工作时极易出差错，造成货物损坏。采用单元化后不但减轻了装卸劳动强度，而且单元化货物的保护作用，可以更有效防止装卸时的碰撞损坏及散落丢失。

（2）使包装合理化。采用单元化后，物品的单体包装及小包装要求可降低甚至可以去掉小包装，从而在包装材料上有很大节约。由于集装的大型化和防护能力增强，有利于保护货物，包装强度增强。

（3）由于集装整体进行运输和保管，在设计上强调可堆垛性与合理的尺寸链，所以能充分利用运输工具和保管场地的空间。

（4）单元化系统的效果，是将原来分立的物流各环节有效地联合为一个整体，使整个物流系统实现合理化成为可能。可以说单元化是物流现代化的基础。

（5）现代单元化技术，使得单元集装器具成为物流和信息流的节点。在现代物料搬运系统中，单元器具不仅是物料的载体（比如一托盘有多少件物料），而且成为信息流的载体。在使用条码的系统中，通常箱子上的条码或看板就载有该物料的相关信息，该物料被取走后，则相应的信息就会更新。

（6）材质与结构上保证了可重复使用，从长期来说可以降低物流成本。

2. 集装器具基本类型

（1）托盘

托盘是指用于集装、堆放、搬运和运输的放置，作为单元负荷的货物和制品的水平平台装置。托盘既有搬运器具的作用又有集装容器的功能。

（2）集装笼

根据集装货物的不同，集装笼有矿建材料集装笼、杂货集装笼和鲜货集装笼等形式。

（3）集装架

集装架具有和托盘功能相类似的底座，并有向空间延伸的框架结构物，主要用于集装平板玻璃。

（4）集装袋

集装袋是使用坚韧材料制作的大口袋（一种使用韧性材料缝制或胶压而成的圆桶形、矩形或圆锥形软质袋形容器），主要用于集装易于流动的粒状、粉状和块状货物。

（5）集装网

集装网包括使用尼龙绳、涤纶绳、丙纶绳等合成纤维材料编织成的韧性集装网和使用钢丝绳等金属丝状材料编织成的刚性集装网。

（6）集装专用箱

集装专用箱是指除标准集装箱以外的各种箱型集装器具，一般为钢制封闭式结构，具有强度高，刚度大，经久耐用，可防雨、防潮、防撒漏、防丢失等优点，适于集装贵重、易碎、怕湿货物及粉状、颗粒状货物。

（7）集装夹

集装夹是一种用角钢框架、木制条板等制成的夹具，主要用来集装板材、片材类货物。钢制夹板、夹具还可用于集装气瓶类货物及钢板条、钢管等货物。

3. 集装化运输应注意的几个问题

为了有效地组织集装化运输，应注意以下几个问题。

（1）选择好集装器具

应根据待运货物形态、形状、体积、重量等特点，选用相应的集装器具。要求集装器具自重轻、强度高、易回送，所形成的集装单元有利于货物安全、便于堆码、能充分利用车船容积、便于机械化作业等。

（2）加强对集装单元的防护

由集装器具装载货物所形成的集装单元不同于集装箱，除集装袋外均无防护功能。因此，在运输和储存过程中，应采取有效的防护措施，以避免货物受损。

（3）集装单元应有适宜的尺寸

为了便于装卸和运输，集装单元应有适宜的尺寸。各种运输方式对集装单元的尺寸和重量要求不同。如铁路运输要求每个集装单元的体积不小于 0.5 m^3，或重量不小于 500 kg。棚车装运的集装货物，每件重量不得超过 1 t，长度不得超过 1.5 m，体积不得超过 2 m^3。

（4）加快集装器具的回送

大部分集装器具是周转使用的，收货人收到货物后应尽快将集装器具返回生产厂或物资部门。收货人应按运输部门的有关规定办理集装器具的回送。

2.6　无车承运人

2.6.1　无车承运人及其典型模式

1. 无车承运人的概念

无车承运人是源自美国货车经纪人（Truck Broker）这个名词，是海上业务中无船承运人概念在道路运输业务中的移植和演变，即指承运人没有实际运输车辆，但接受了货主运输事件的委托，同时向货主开具运输单据、收取运输费用等业务，同时无车承运人需要与实际的运输人或者单位进行合作，完成整个运输业务。在运输的过程中，无车承运人具有两个身份：一是相对于货主来说，无车承运人是承运人；二是相对于现实的承运方，无车承运人是托运人。

在无车承运人业务模式下，无车承运人负责接受托运人的委托，并组织实际承运人开展运输活动。无车承运人向托运人承担运输义务，并与实际承运人之间建立劳务合作关系。实际承运人受无车承运人委托完成运输任务，在法律关系上，实际承运人对无车承运人负责，实际承运人不直接与托运人建立关系，亦不向托运人承担责任。在货物交接方面，实际承运人系无车承运人的代理人代表，无车承运人与托运人发生接触由此产生的法律后果由无车承运人承担。

2. 无车承运人与货运代理人的相同点和不同点

（1）无车承运人与货运代理人的相同点

① 在本质上，二者都是中介组织。

② 其作用上，二者在运输过程中都扮演着组织者的角色；在运营模式上，二者均为小资产运营，无须购置运输车辆，没有购置车辆以及车队管理等负担。

③ 在盈利模式上，二者都是通过委托价格与实际价格之间的差额获取预期收益。

（2）无车承运人和货运代理人的不同点

① 双重角色与单一角色的不同

无车承运人兼具中介组织和实际承运人两个角色，是具有双重属性的一类商业组织形态，而货运代理人仅仅是中介组织的角色。对于货主来说，无车承运人是承运人；而对于实际的承运人，无车承运人同时也是货主。无车承运人在运输中可以自己拥有运输凭证，而货运代理人则没有。

② 收取费用的不同

在运输全过程中，无车承运人需要以承运人的身份向货主收取全额运输费用，然后委托实际的承运人进行运输，扣除向实际的承运人所支付的运输费用，无车承运人赚取的是两者之间的运费差价，或称之为管理费。而货运代理只收取服务中介费，不发生收全款、付运费的财务业务。

③ 法律责任的不同

由于无车承运人在运输中签发了运输凭证，所以在运输过程中要对货物的损坏、灭失、迟延交付承担第一责任人的法律责任。货运代理人在货物运输的过程中，承担的是相关责任人的法律责任，若出现货物损失，只要货运代理人能够证明自身没有过失行为，那么其对货主就不承担任何的赔偿责任。

④ 行业准入的标准不同

无车承运人的准入标准比货运代理人略高。在美国，无车承运人需要缴纳 7.5 万美元的履约保证金，用以约束无车承运人的赔付能力，而货运代理需要缴纳 5 万美元。可见，在准入政策上，无车承运人的准入门槛略高，旨在更有力地保护货运以及托运人的合法利益。

3. 无车承运人典型模式

（1）典型模式架构

无车承运人物流模式由美国货运经理人模式发展而来，在国外已形成成熟的模式。目前，美国罗宾逊全球物流有限公司（CH Robinson）是全球最大的无车承运人，其利用遍布全球的网点和信息网络以及客户资源，集约整合社会物流资源，为客户提供一体化的物流运输服务。如图 2-1 所示为罗宾逊物流模式架构。

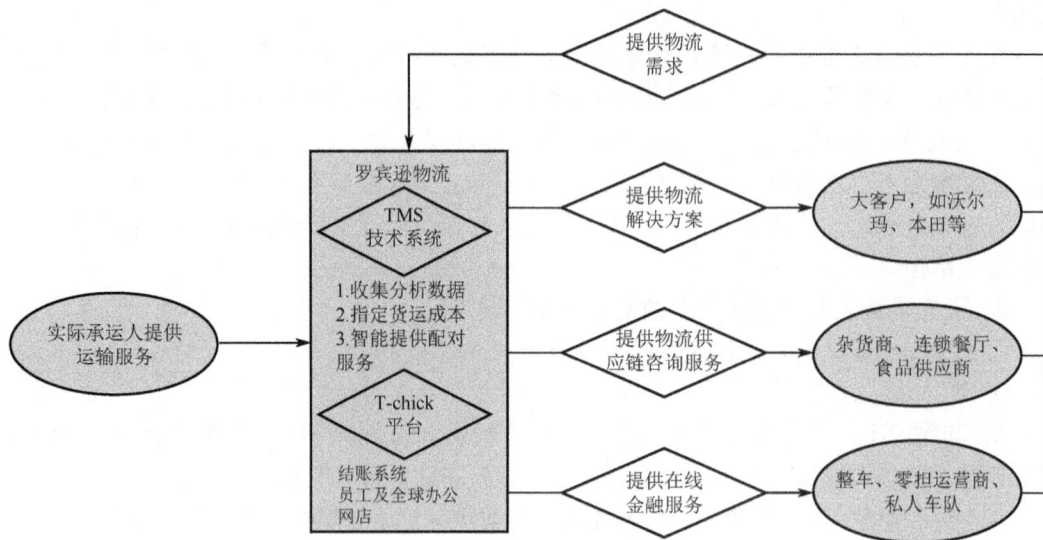

图 2-1　罗宾逊物流模式架构

（2）典型模式分析

① 降低自有车辆数，创建可视化信息平台

以"无车承运人"模式整合社会资源的罗宾逊，凭借其信息平台，与 6.6 万家经过评估的运输企业签订货运合同，作为其实际承运人。罗宾逊物流拥有两个信息平台，用来联系运输企业的 TMS 信息平台和联系货主的 Navisphere 信息平台。只要货主在 Navisphere 信息平台上注册账号、填写货运信息及目的地等，信息就会立刻传递给 TMS 信息平台，TMS 根据客户对服务价格、时间等的需要，提出可供选择的物流解决方案，并实时掌握货运的运输情况。

② 减少基础设施建设，增加信息技术领域资本投入

当传统物流企业将资金投入仓储、车辆等领域时，罗宾逊很少投资建设物流地产，而是投入信息技术领域，为保障其先进性，每年投入 7 000 多万美元，其中 TMS 平台维护费每年就达 5 000 万美元。罗宾逊在各地设立技术型分支网点，这些分支不需要车辆、库房等重资产，而只需技术性服务人员，以了解当地客户的需求，从而成为罗宾逊的区域信息中心。

③ 降低普通劳动者数量，增加高端人才比重

目前，罗宾逊仅有员工 1.15 万人，却于 2017 年创收 148.69 亿美元。而美国世能达物流公司（Schneider National）仅司机有 1.55 万人，此外，在全球 28 个国家和地区拥有员工 2.23 万人，营收却不及罗宾逊的一半。罗宾逊是人才密集型的巨头，它不断从市场引进人才从事实际业务并提高沟通效率，看重人才给企业发展提出的好建议，通过一些经验丰富的人才不断审视企业的流程并通过科技创新来支撑和优化流程。目前，罗宾逊拥有近千名 IT 工程师，这些工程师成为其获取竞争优势的关键。

2.6.2　我国无车承运人的发展分析

1. 无车承运人发展面临的政策机遇

自 2015 年，我国物流业内对于无车承运模式及营运问题的研究频繁出现。这是由于国内始终存在无车承运模式，然而此前一直没有得到合法营运资质，在所谓的灰色区域。目前我国多个政策的发布给予大力支持，从而使得无车承运人宣布得到合法营运身份，"互联网+无车承运"模式也迎来推广的机会。在众多政策中，有三条十分重要。

（1）财政部与国家税务总局于 2016 年 3 月 23 日发布的《关于全面推开营业税改征增值税试点的通知》中指出：无运输工具承运业务，按照交通运输服务缴税增值税。其为无车承运企业进行承运服务提供了税法依据。在我国是第一次对无承运设施的货运业务（无车承运）的合法性给予正式承认，非常有助于日后物流业的发展。

（2）国务院于 2015 年 7 月 4 日发布的《国务院关于积极推进"互联网+"行动的指导意见》中指出：对于依托互联网的无车承运人平台的发展给予支持。意味着在中国，无车企业进行运输的工作模式已取得相关政策承认和支撑。另外，在文件中可注意到，无车承运并非关键词，其对于依托互联网的无车承运人平台更有所侧重。

（3）国务院办公厅于 2016 年 4 月 21 日发布的《关于深入实施"互联网+流通"行动计划的意见》中表明：进行无车承运人货运试点工作，许可该范围中的无车承运人进行货运业务。2016 年 9 月 1 日，交通运输部办公厅发布《关于推进改革试点加快无车承运物流创新发展的意见》，决定在全国开展道路货运无车承运人试点工作。试点已是交通运输部的重点工作之一，大量无车承运企业和相关平台十分关注，并期待进入试点行列。

2. 无车承运人主体的来源与培育

（1）IT 公司。IT 公司的优势是技术，但是行业资源的积累可能不足。如果打算进入货运领域，成为无车承运人，则需要下大力气推广自己的品牌和服务。

（2）基于位置服务（LBS）的公司。如汇通天下、易流科技、维天运通、中交兴路等从事货车实时定位、运输过程监控的这类公司，其实是 IT 公司的一个细化分支，这类定位公司一直以来都专注于公路货运车辆的定位与管理，服务于各类大、中、小车队，已经积累了大量的车源，这使它们成为"无车承运人"的优势十分明显。

（3）卡车制造商。随着卡车逐渐进入国 VI 时代，CAN 总线通信技术让东风商用车、上汽依维柯红岩、陕西重汽等卡车公司也有了成为"无车承运人"的可能。TELEMATICS 技术将来可能广泛应用于卡车公司制造和销售的车辆，这就可能构成一个厂商引导下的、联网的、实时可调度的运力系统。当然，这只是无车承运人的必要条件，而不是充分条件。卡车制造商也很可能无意于加入这一市场，至多为车主提供一种增值服务。

（4）快运公司。零担快运公司如德邦、天地华宇、佳吉等具有成为无车承运人的可能，因为它们具有强大的门店网络实现货源的聚集。像德邦这样的标杆企业目前自建了大型车队，未来也完全可以尝试进行社会中小车队的整合，转型为无车承运人。

（5）物流园区或运营平台。传化公路港、林安物流园、天地汇公路港这类基于线下的场地服务和园区运营的公司，本身就汇聚了大量货源和车源等优势资源，O2O 模式如果在这类园区运营公司正式落地，那么，它们也非常有可能发展为无车承运人。目前，中国储运推出的中储智运平台也有希望在这个领域有所作为。

（6）3PL公司。大型第三方物流公司是成为无车承运人的最有力竞争者，美国罗宾逊的自我描述就是一家3PL公司。大型3PL公司注重客户开发和服务，因此掌握着巨大的货源优势，整合车源更为容易，也更加靠谱。要知道，罗宾逊在全球的一万多名员工里，销售和客服人员是主体，这才是成为无车承运人的"硬实力"。

作为一种新业态，行业管理部门的政策扶植至关重要。交通运输部、商务部、国家发改委正在对启动无车承运人试点工作的相关文件进行审定，进入试点名单的无车承运人将获得无运输工具承运人的"身份证"，并且可按11%缴纳增值税。希望这个试点工作能为公路货运的健康发展提供新的动力，给广大有志于成为无车承运人的物流企业树立好的标杆。

3. 无车承运人在我国发展的制约因素

（1）难以获取道路货物运输的经营资质

当前，我国道路运输经营许可证的办理条件为：①有与经营业务相适应并经检测合格的车辆；②有符合规定条件的驾驶人员；③有健全的安全生产管理制度；④法律法规规定的其他条件。由上述分析可知，企业若想获取道路运输许可证必须自备运营车辆。这就决定了无车承运人并不具备办理道路运输经营许可证的条件。而是否具有经营资质往往是货主考虑是否与企业合作的重要因素。由此可见，运输经营资质获取难将成为无车承运人发展的桎梏。

（2）难以取得"自开票纳税人"资质

自开发票纳税人认定条件比较严格，作为自开票纳税人应当同时具备以下条件：①证照齐全，即有工商部门核准的营业执照、税务机关的税务登记证、交通管理部门核发的经营许可证；②年营运额在20万元以上；③有固定的营业场所，如果经营场所是租入的，则租赁期应该在一年以上；④在银行开设营业账户，可以通过银行计算；⑤有一定数量的自备营运车辆或其他运输工具；⑥会计核算制度齐全，即账簿设置齐全，能正确进行会计核算和税金核算，按时缴纳各项税款，妥善使用和保管运输发票等。很显然，仅"自备运营车辆"一条的限制就在客观上制约了无车承运人自开票纳税人资格的获取，进而使得无车承运人在税率和开票额度上都受到很大限制，无形之间增加了企业的成本负担。

（3）缺乏运输担保机制

无车承运人所牵涉的问题中，最易引起争议、最让人们普遍关注的当属无车承运人的责任承担问题，这也是无车承运人所面临的诸多问题的根源。诚然，根据无车承运人的法律责任，其应对运输过程中发生的全部损失承担第一责任，但货主对其提出的索赔额度之高往往远远超出无车承运人的注册资本和缴纳的保证金。问题是承运人即便倾家荡产也难以补偿货主的损失，进而会引发承运人外逃现象，严重影响货运市场秩序。

4. 无车承运人在我国发展的建议

（1）突破政策瓶颈

突破政策瓶颈主要体现在：放宽道路运输经营资质的办理条件；逐步取消"自开票纳税人"资格的限制。

放宽自备运输工具的认定范围，对自有、承租的交通工具以及总机构或母公司拨入的交通工具，可以视同"自备交通工具"；对个人独资企业以业主个人名义注册，确属参与货物运输的营运车辆，视同自备车辆处理。

对达到一定规模、具备一定条件、没有自备运输工具的无车承运人给予道路运输经营资质及自开票纳税人资格，鼓励无车承运人发展，有效整合利用社会资源。此外，可以研究设立符合物流业务需要的专用发票，以适应"一票到底"的一体化物流运作需要，从根本上解决发票开具问题。

（2）建立责任保险制度

无车承运人可以经营所有类型的陆上运输、多式联运和物流服务，承担从发货地到目的地的全部责任，政府应对其有较高的资本要求，原有的保证金制度很难达到防范风险的效果，对于货主的损失，在大多数情况下也是无力偿还的。因此，推广建立责任保险制度比保证金制度应该更为有效，更易于为企业所接受。

目前我国的保险公司在无船/车承运人责任险方面尚属空白。建议出台相关规定，明确规定要求普通货物运输承运人、无车承运人必须购买承运人责任险，取代现行保证金和押金制度；明确承保范围、费率标准、责任风险分担等具体规定，解决目前保费高、责任范围窄、责任限额苛刻、承运人不愿意投保等问题。这样一来，从担保机制的层面改变"有车""有资产"才能承运的思路，资本金可以不用来购买车辆，进而转变为对委托人权利的保护，大力发展无车承运。

（3）调整既有的管理制度

调整既有的管理制度，从单纯注重运力管理，转向注重物流运输承运人的管理，促进"无车承运人"发展。修改《道路货物运输及站场管理规定》和《道路运输条例》，将"无车承运人"纳入政府行业管理的范畴；对货运代理、无车承运人实行分类管理，根据业务运作模式的差异，对各自的准入退出条件、服务规范及标准、承担的法律责任、市场诚信及保险制度进行详细规定；依法整顿物流中介市场，设定过渡期，使现有的各类中介组织成为合法的无车承运人或货运代理人，淘汰非法货运代理人和货运经纪人，规范物流中介市场。

案例分析

日本大和运输的宅急便

1. 宅急便的由来

日本的大和运输株式会社成立于 1919 年，是日本第二古老的货车运输公司。1973 年日本陷入第一次石油危机的大混乱中，企业委托的货物非常少，这对完全依赖于运送大宗货物的大和运输来说，无疑是一大打击。对此，当时大和运输的社长小仓提出了"小宗化"的经营方向，认为这是提高收益的关键。1976 年 2 月，大和运输开办了"宅急便"业务。当时有人提出大和包裹服务这一名词，简称 YPS，但是未能决定是使用英文好，还是使用日文为好。对于"宅急便"这个名词，起初也有人反对使用，认为当时已有了"急便"和"宅配"的用语，但最后小仓社长还是决定使用"宅急便"这个名词，如同"乒乓球"反而较为人们所接受，"宅急便"这个名词，只要大家熟悉了，应该就不会有什么问题。

1976 年，宅急便共受理了 170 万件货物，同年日本国铁受理包裹为 6 740 万件，邮局受理小包则达 17 880 万件。到 1988 年，宅急便受理货物的数量已达 34 877 万件，超过邮局小包的 23 500 万件。该年，在快递业界中，宅急便的市场占有率已达 40%，位居日本运输第一位的日本通运的信天翁便只占 28%。到 1995 年，宅急便的受理件数多达 57 000 万件，营业额为 6 000 亿日元。宅急便的员工人数由原先的 300 人增加到 57 797 人，拥有车辆由 2 000 辆增加到 25 000 辆。在日本，大和运输的宅急便已是无人不知、无人不晓，在马路上到处可见宅急便在来回穿梭。

2. 黑猫商标

大和运输的象征商标，是一个黑猫叼着小猫的图案。1957 年，大和运输受理美国军人、军队的杂物运送，开始与美国的亚莱德·莱斯运输公司一起合作输送。这家美国公司是以母猫叼小猫小心运送的图案作为标志。大和运输认为，图案中那种小心翼翼，不伤及小猫，轻衔住脖子运送的态度，仿佛是谨慎搬运顾客托运的货物，这种形象正和公司的宗旨相符合。于是经过亚莱德公司的同意，并对图案做了进一步的造型设计，改成现在的黑猫标志。大和运输又称为黑猫大队。

3. 通电话翌日送达

宅急便类似目前的快递业务，但其服务的内容更广。在运送货物时，在速度、安全、服务三方面，大和最优先考虑的是速度。因为有了速度，才能抢先顺应时代的需求，在激烈的竞争中取胜。而在速度中，宅急便又特别重视"发货"的速度。宅急便的配送，除去夜间配送以外，基本是一天 2 回，也即 2 交循环。凡是时间距离在 15 h 以内的货物，保证在翌日送达。1989 年开始一部分的一日 3 交循环，可以做到时间距离在 18 h 内的货物，翌日送达。也就是说，可以将截止接收货物的时间，延长到下午 3 点，从而使翌日的送达率达到 95%，展现了大和运输更周到的服务。

宅急便的受理店多达 20 万家（包括大和本身的近 2 000 家分店），是基于便利店、杂货店等地方上分布面广的重要的零售店设立的。1989 年后，由于与 Seven-Eleven 和罗森等大型便利店合作，已调整为 24 h 全天候受理货物。大和对这些受理店，每受理一件货物，支付 100 日元手续费。如果顾客亲自将货物送到受理店，这位顾客就可以从所应付的运费当中扣除 100 日元。

黑猫大队有一个保证翌日送达的输送系统。在受理店截止接收货物的时间之后，大和运输分区派出小型货车到区内各处将货集中运往称为"集货中心"的营业所，并迅速转送到称为"基地"的地点，进行寄往全国各地的货物分拣工作。然后将经过分拣的货物，以发往的地区和货物种类为单元，装入统一的长 110 cm、高 185 cm 的货箱内，一个货箱中大致可以放进 70~80 件货物。从基地往基地移动时是使用 10 t 级的大型车，可装载 16 个货箱；从集货中心往基地，或是从基地往集货中心移动时（称为平行运输），常使用可装 8 个货箱的 4 t 车；而专用来递送的 2 t 车，则可零堆约一个货箱容量的货物。宅急便由于采用了统一规格的小型货箱和不同吨级的货车，从而大大提高了运送效率，降低了物流成本。

利用夜间进行从出发地到目的地的运输，是宅急便得以在速度上取得优势的重要措施，从而做到了当日下午进行集货，夜间进行异地运输，翌日上午即可送货上门，得以保证在 15~18 h 内完成整个服务过程。宅急便还采取了车辆分离的办法，采用拖车运输。牵引车把拖车甲运到 B 点以后，把车摘下来放在 B 点，再挂上 B 点的拖车乙开向 A 点，这样，车辆的周转率是最高的。

此外，宅急便又采取了设立中转站的办法。这种中转方法不是货车和货物的中转，而是司机进行交换的开车方式。如从东京到大阪的长途运输，距离为 600 km，需要司机 2 个人，再从大阪返回时还需要这么长的时间，司机也非常累，这样一来一往就需要 4 人以上。如果在中间设置一个中转站，东京和大阪同时发车，从东京来的，在中转站开上大阪的车返回就不要2个人，只要1个人就可以了，总共只需要2个人，从而减少了2个人的费用。

4. 开拓业务强化服务

宅急便受理货物的内容种类繁多，包括地方特产、企业文件、各种零件、划拨商品等，凡是各式各样的小货物，都可通过宅急便来运送。旅客乘飞机可以委托将行李在登机前送到机场；居住在乡下的长者，可以寄送昆虫、金鱼等小动物给住在城市的儿孙辈。有一次长崎发生大水灾，影响水源问题，住在远地的亲朋好友就寄送饮用水给生活受困的受灾者。宅急便对礼品市场的扩展，也有相当的贡献。单是每年的情人节、母亲节，宅急便的需求量就呈巅峰状态，即使一盒巧克力，也可以利用宅急便来寄送。特别是在情人节的日子，没有勇气将巧克力亲手交给心中的女孩子时，宅急便就成为可爱的"恋爱之神"。宅急便也为企业活动带来了方便，有许多企业利用宅急便来传递紧急的文件，连百货公司也利用宅急便作为"送货到家"的运送通道。当今非常流行的邮购等通信销售，若不是宅急便的普及，也就没有如此快速的发展。从利用宅急便运送货物的客户来分析，法人占 60%，个人占 40%，法人利用的比率很高。

日本人现在去打高尔夫球时，已经很少有人亲自背着高尔夫球杆去球场，大多数是利用高尔夫宅急便，将球具送到高尔夫球场，自己则空手前往。在打完球回程时，也是由宅急便送回自己家中，做到能够身轻如燕地去游玩。1983 年 12 月，滑雪宅急便开始登场，日本长野是这一季节的滑雪胜地，每年都从其他外县涌入 1 100 万名滑雪客。只要运送滑雪橇和随身货物，如果平均每人 2 件的话，往返就会有 4 400 万件。滑雪宅急便保证做到在滑雪的前一天将货物送达，服务一推出就得到顾客的好评，特别是深受体力单薄的女性顾客的喜爱。

1987 年 8 月，大和运输又推出了冷藏宅急便。温度分为 5℃（冷藏）、0℃（冰温）和 -18℃（冷冻）3 种，货物以蔬菜、水果、鱼、肉等生鲜食品为主。在全体宅急便之中，生鲜食品占 40%。冷藏宅急便开发后，这一比例又急速升高。说明在日本生鲜食品的输送需求极其旺盛。此外，大和运输又开拓了书籍服务，读者直接向书籍服务公司订购后，可以利用宅急便的配送网络，尽早地把书籍送到读者手中。

宅急便还利用航空来运送货物，但由于在下午 3 点以前接受的货物若要翌日送达，飞机必须夜间飞行，困难较多，货运量不大，约占总运量的 1%。同时，宅急便对运距 100 km 以上的，采取铁路运输的办法。宅急便每天有 54 班车（往返）就是通过东京到北海道之间的直达车送货物的。

5. 黑猫大队的货物追踪系统

大和运输致力于计算机化的推进，成为运输界中最初采用条形码的公司，美国的大型运输公司 UPS 也仿效使用，现今已成为运输业界的世界标准码。大和运输将宅急便的信息系统，通称为"猫系统"。第一代猫系统始于1974年，以路线及货运为中心。在结构上，采用从设置在大和系统开发总公司的主计算机，以至各营业所的终端机，全部以专用电缆导引线路，以集中货物信息的方法进行处理。第二代猫系统始于1980年，此时初次登场的POS终端机，简化了资料输入动作，任何人都可以简单操作，信息的处理速度也加快。第三代猫系统始于1985年，重点在于开发了携带型POS机，让所有的货车司机都拥有一台。大和运输将所有附随货物的信息，包括发货店密码、日期、负责集货公司的司机密码、到店密码、货物规格、顾客密码、顾客送货或集货方式、运费、传标号码，以及滑雪宅急便、高尔夫宅急便中的顾客游玩日等，全都输入计算机进行管理。大和运输在全国 1 300 所的分店、营业所、基地设置终端机，网络站的终端机数约 2 000 台，携带型 POS 机突破 20 000 台，通过这个追踪货物系统，便能完全掌握所发生的各种信息。顾客如果询问邮局：托运的货物现今在何处？邮局必须花费 2 分钟才能做出回答，而宅急便却能在 40 秒内给出答复（计算机的应答为 3～5 秒）。由此可以查明：货物现在是在仓库，还是在分拣设施上，还是正在装车，还是已经送到顾客手中。这项优异的追踪系统的存在，进一步提高了顾客对宅急便的依赖度。

现在大和运输与美国 UPS 合作，建立了国际快递网络。UPS 拥有世界 175 个国家和地区的配送网，大和运输已将这些国家和地区全部列入自己的服务区域。

根据以上提供的资料，试做以下分析：

1. 宅急便是如何产生的？宅急便都拓展了哪些物流运输业务？
2. 宅急便采取什么措施提高效率、降低物流成本？
3. 结合现实情况谈谈如何促进我国物流运输企业快速发展？

复习思考题

1. 运输系统的构成要素包括哪些？
2. 简述运输在物流系统中的作用。
3. 简述公路运输的特点。
4. 多式联运的优越性表现在哪些方面？
5. 不合理运输的表现形式有哪些？
6. 简述运输合理化的措施。
7. 简述集装箱运输的特点。
8. 简述无车承运人的概念及运作模式。

第 3 章

储存管理

学习目标

1. 简要了解储存管理的概念、作用和任务;
2. 了解仓库发展的过程和布局,重点了解自动化仓库和自动化分拣系统;
3. 理解仓储合理化的内涵,掌握和学会应用 ABC 分类方法;
4. 重点能用定量的方法确定订货策略。

导入案例

戴尔计算机公司零储存策略

戴尔计算机公司从 1984 年创建至今,营业额每年以两位数的增长速度发展,近年来更是稳坐全球个人计算机销售额的头把交椅。截至 2005 年 10 月 29 日,戴尔公司营业额达到 125 亿美元,较 2004 年同期上升了 18%;毛利率为 18.5%,超过了 2004 年同期的 18.2%;净利润同比增长 25%,远远超过同行业的平均水平。戴尔之所以能取得如此骄人的业绩,其零库存管理模式似乎能告诉我们答案。

资料来源:http://wenku.baidu.com/view/4c6ad7333968011ca3009158.html

讨论及思考:

谈谈你对戴尔零库存管理模式的认识,你认为其区别于其他企业的优势所在。

3.1 储存概述

3.1.1 储存的概念

货物在离开生产过程但还未进入消费过程的间隔时间内的停滞,就是储存,称为储备。储存是社会扩大再生产的必要条件,是流通的重要环节。如果说运输是物流系统的核心,那么储存就是物流系统的支柱。储存的基本功能是创造时间效用。无论何种企业都离不开储存,储存是否合理对企业的生存与发展有重大影响。

同运输的概念相对应,储存是以改变"物"的时间状态为目的的活动,以克服产需之间的时间差异获得更好的效用。

3.1.2　储存的产生与发展

人类社会自从有了生产剩余以来，就出现了"储备"这个概念。这就是说，将多余的、暂不消费的物资储存起来，以备再用的活动，都可称为储备。在原始社会末期，当某个人或某个部落生产出现了暂时的自给有余时，储备便产生了。这时的储备完全是自发的行为，规模小、数量少，以储存自然采集物和猎物为主。

随着社会生产的进步和社会分工的发展，物资储备在社会生产中的作用也越来越引起人们的重视。特别是出现了商品交换以后，物资储备逐渐成为社会再生产中不可缺少的环节。

在社会化大生产和社会分工的条件下，社会生产和再生产过程中所消耗的生产资料，在时间上存在矛盾。例如，有些产品的生产是季节性的，而消费是常年性、连续性的；有些产品的生产是常年性、连续性的，而消费却是季节性、间断性的。这种生产与消费之间在时间上的背离，决定了物资在社会总生产过程中有一个间隔时间。物资停留在这个间隔时间中就形成了储备。

物资的储存必然依赖于物资储存的建筑物即物资仓库。在我国，大约5 000年前的母系氏族原始社会中就有了窑穴式仓库。我国古代把储藏粮食的场所叫作"仓廪"，把存放兵器的场所叫作"库房"，后来，人们逐渐把这两个概念合成一个意思，即只要是存放物资的场所，均称为"仓库"。由于我国长期受封建社会的束缚，生产力发展水平低下，因此服务于物资储存的一系列管理工作也十分落后。

工业革命后，由于资本主义生产关系的形成，物资储备在社会生产中的作用引起人们的重视。这是因为在资本主义生产方式形成之后，商品生产得到了极大的发展。商品生产又促进了商品储备的发展。为了把物资的仓储变成消费的有利因素，因此伴随而生的服务于物资仓储的一系列管理工作，也得到了相应的提高。

大规模的产品生产和大规模的商品交换，客观上要求商品的储备规模不断扩大。于是，商品储备又从附属于某部门、某企业的状况逐渐发展、分离成为一个独立的行业——仓储业。仓储业的形成，使储存物资的仓库不再是生产企业的附属部分，而成为一个独立的经济组织。由于它专门从事物资的储运业务，因此物资储存管理提高到了一个更高的水平。

随着现代科学与生产力的进步和发展，仓库已由旧概念，即"储存、保管物资的场所"发展为"物资配送服务中心"。储存概念由此发生了根本性的变化。物资配送服务中心已不是单纯地储存、保管物资，更重要的是需担负物资的分类、计量、入库、保管、出库及配送等，并配有现代电子计算机自动管理技术。它代表物流现代化的崭新水平。

3.1.3　储存的作用

现代生产由于生产的复杂性，决定了其在经济领域中客观存在的不均衡、不同步的现象，需要进行调整，即生产的产品要经过一定时间的储存保管才能和消费相协调。

此外，出于应付突发事件和自然灾害的要求，出于合理使用资源而防止产品一时过剩造成浪费的要求，出于延迟一段时间出售产品而获取较优价格的要求，都需要对生产的产品进行一定时间的储存。

储存的作用，在工业化时期称作蓄水池作用；在现代物流领域，它起到对整个物流过程进行调节的作用，称作调节阀作用。

1. 储存是物流的主要功能要素之一

在物流中，运输承担了改变空间状态的重任。物流的另一个重任，即改变"物"的时间状态，由储存来承担。所以，在物流系统中，运输和储存是并列的两大主要功能要素，被称作物流的两根支柱。

2. 储存是社会物质生产的必要条件之一

储存作为社会再生产各环节之间"物"的停滞，构成了完成上一步活动和下一步活动的必要条件。即使完全进入信息化社会，储存的作用也不会完全消失。储存作为社会物质生产的必要条件，依然会长期存在。

3. 储存可以创造时间效用

通过储存，使"物"在效用最高的时间发挥作用，即能充分发挥"物"的潜力，实现时间上的优化配置。从这个意义来讲，也相当于通过储存提高了物的使用价值，使被储存物增值。

4. 储存是第三利润源的重要源泉之一

第三利润源中，储存是其中的主要部分之一。储存作为一种停滞，时时有冲减利润的趋势，在"存"的过程中使用价值降低，各种储存成本支出又必然起到冲减利润的作用。那么，利润源又从何说起呢？这可以从以下几个方面得到回答。

（1）有了库存保证，就可减少加班赶工，节省增大成本的加班赶工费。

（2）有了储存保证，就无须紧急采购，不致加重成本。

（3）有了储存保证，就能在有利时机进行销售，或在有利时机购进，这当然会增加销售利润，或减少购进成本。

（4）储存是占用大量资金的环节，仓库建设、维护保养、进库/出库，要大量耗费人力、物力、财力，储存过程中的各种损失也是很大的消耗。因而，储存中节约的潜力也是巨大的。

3.1.4　储存的逆作用

物流系统中，储存是一种必要的活动，但因其特点，也经常存在冲减物流系统效益、恶化物流系统运行的趋势。所以，甚至有人明确提出，储存中的"库存"是企业的癌症，主要因为储存的代价太高。

（1）固定费用支出。库存会引起仓库建设、仓库管理、仓库工作人员工资、福利等费用增高。

（2）机会损失。储存物资占用资金所付之利息以及这部分资金如果用于另外项目会有更高的收益，所以，利息损失和机会损失都是很大的。

（3）陈旧损坏与跌价损失。物资在库存期间可能发生物理、化学、生物、机械等各种损失，严重者会失去全部价值及使用价值。随着储存时间的增加，存货逐渐陈旧变质，一旦错过有利的销售期，就不可避免地出现跌价损失。

（4）保险费支出。近年来为分担风险，我国已开始对储存物采取投保缴纳保险费的方法，保险费支出在有些国家、地区已达到相当大的比例，在网络经济时代，社会保障体系和安全体系日益完善，这个费用支出比例还会呈上升的趋势。

（5）进货、验收、保管、发货、搬运等可变工作费用。

上述各项费用支出都是降低企业效益的因素，再加上在企业运营中，储存对流动资金的占用高达 40%～70%，在非常时期，有的企业库存竟然占用了全部流动资金，使企业无法正常运转。所以，有些经济学家和企业家将其看成"洪水猛兽"，当然也就不足为怪了。

无论褒或是贬，都不能根本改变现代社会储存这一现实。相反，却证实了储存有利及有害的两重性。物流科学的研究，就是要在物流系统中充分发挥储存有利的一面而遏制其有害的一面。

3.1.5　储存的任务和要求

仓储的物资储藏的基本功能决定了仓储的基本任务是储存保管、储存控制、储存物品数量管理和储存物品质量维护，同时利用仓库设施开发和开展多种服务，提高仓储附加值，促进物资流通，提高社会资源的有效利用。归纳起来，仓储有八大任务与要求。

1. 物资储存

物资储存是仓储最基本的任务。正是因为有了产品的剩余，需要将剩余产品收存，所以形成了仓储。要稳妥地完成物资储存的任务，必须明确：储存的对象必须是有价值的产品；储存的目的是确保储存物的价值不受损害，保管人有绝对的义务妥善保管好储存物；储存物始终属于存货人所有，存货人有权在储存合同期内控制储存物。

2. 流通调控

商品流通的需要决定了商品是存储还是流通。或者反言之，由于仓储既可以长期进行也可以短期开展，对商品储存期的控制也就自然形成了对商品流通的控制，这就是仓储的"蓄水池"功能。流通调控的原则是商品存储服务于商品流通，也不排除当在流通交易不利时，将商品储存起来等待有利的交易时机出现的投机，但必须注意这种投机的合法性。流通调控的首要任务就是在对商品市场进行调研、预测的基础上，对物资是仓储还是流通做出合理安排，确保商品在市场上的供应。其次是确定储存时机，计划存放时间、储存地点等。

3. 数量管理

仓储的数量管理任务包括两个方面：一方面，存货人交付保管的仓储物的数量和提取的仓储物的数量必须一致，这就要求在出入库检验、堆垛、保管、养护、装卸、安全防范上慎之又慎；另一方面，保管人应该按照存货人的要求分批收货和分批出货，对储存的货物进行数量控制，以满足现代物流管理的需要，同时要求保管人向存货人提供存货数量及数量变动的信息服务，以便客户控制存货。

4. 质量管理

仓储质量管理的任务就是保证仓储物品的质量不发生异常变化。为了有效地完成这一任务，仓储保管人需要采取先进的技术、合理的保管措施，妥善和勤勉地保管仓储物，有针对性地采取储存容器装存、包装修补加固、清洁、擦拭、除锈、防霉、保持水分或干燥等保管养护措施。当仓储物预期将发生质量变化时，保管人不仅要及时通知存货人，还需要及时采取有效的措施以减小损失。

5. 交易中介

交易中介是仓储经营的重要内容。仓储的交易中介任务是：仓储经营人利用存放在仓库中的有形资产，利用与物资使用部门广泛的业务联系，使得开展现货交易具有较为便利的条件，同时还有利于加速仓储物的周转和吸引仓储。仓储经营人利用仓储物开展物资交易不仅会给仓储经营人带来收益，还能充分利用社会资源，加快社会资金周转，减少资金沉淀。为了高效率地实现仓储的交易中介任务，加快物流管理信息系统在仓储交易中的建设和应用步伐是当务之急。

6. 流通加工与包装

流通加工与包装本是生产环节之一，但是随着消费日趋多样化、个性化，产品变化越来越快。为了适应这种需要，也为了严格控制成本，众多生产企业将产品的定型、分装、组装、包装等工序留到最接近销售的仓储环节进行，使得仓储成为流通加工的重要环节。仓储的流通加工与包装的任务和要求是：根据客户的需要进行流通加工与包装；通过集中加工与包装，有效提高加工与包装质量，提高产品利用率；流通加工与包装应该考虑与合理运输方式有效结合。

7. 配送

对于设置在生产和消费集中地区附近的以原材料、零部件或商品为对象的仓储，向生产企业有关车间和销售点的配送是仓储活动的基本任务，要求仓储经营者根据企业生产的进度和商品销售的需要由仓库及时地将仓储物资送到生产车间和零售商店或收货人手上。仓储配送业务的发展，应加快步伐实现供应链管理环境下的配送。这有利于供应链管理环境下的合作企业降低存货，减少固定资金投入，实现准时化生产；有利于下游商店减少存货，降低流动资金使用量，而且能保证销售；有利于物流企业合理控制库存，合理组织配送。

8. 配载

所谓配载，通俗地说，就是将分散的货物运输到仓库或配送中心，按照运输的方向进行分类分区存储，当运输工具到达时，出库装运到指定的运输地点。仓储配送中心的任务就是合理地对运输车辆进行调度配载，确保配载的及时性和运输工具利用的充分性。

3.1.6　储存过程

储存的过程一般发生在物流中心的仓库中。企业的发展，需要拥有一个现代化程度较高的物流中心，这些物流中心的仓储作业应依靠机械化完成，从而达到以最低成本为顾客提供最满意服务的要求。物流中心的商品储存过程包括接收商品、存放商品、拣取商品和配送商品等环节。

在接收商品的过程中，物流中心一般要配备供铁路车辆和货运汽车停靠卸货的站台和场地及升降平台，并要配备托盘搬运车、叉车及各种吊车，以完成卸车的作业。在商品卸货完毕之后，仓储信息系统要根据货物的信息打印出标签或者条码，并将其贴在货物的包装上，以便在今后的储藏运输的过程中随时对货物进行跟踪和管理。

在存放商品的过程中，需要详细了解所储存的商品对外部环境的要求，并严格按照这些要求给商品提供适当的储位，并建立自动监控系统，负责监控储存环境的各项指标，如温度和湿度等，保证储存商品的安全。除了在露天场所建立正规适用的货位存放商品外，还要在库房内安装各种货架，如高层货架以及旋转货架等，存货作业通常由叉车或巷道堆垛机来完成。

在拣取商品这个环节中，一般是根据客户的需要，由信息系统确定配货方案。拣货员根据配货方案进行拣货、配货。拣取商品一般可分为整件取货和零星取货两种方式。整件取货一般都是通过机械化的手段自动完成的，由信息系统发出出库单或出库指令，由叉车或堆垛机到指定的储位进行取货。零星取货一般由拣货员手工完成，基本有两种方法：一种是拣货员在仓库内走动，或随着叉车和堆垛的移动，按拣货单到不同的储位取货；另一种是拣货员坐在固定的位置上，由机械设备将货箱或托盘运送到拣货员面前，拣货员根据取货单进行取货。

在配送商品这个环节中，物流中心会根据服务对象的不同，向单一用户或多个用户发货。当用户需要多种货物的时候，需要在发货前进行一系列的再加工。例如，可能会对商品进行重新包装等。在自动化程度较高的仓库里，一般来说，拣出的商品都是通过运输机械运送到发货区，信息系统通过阅读贴在货品上的条形码获知所运送商品的详细信息，然后判断该货品的货主是谁，进而通过控制运输机上的分岔机将货品送到相应的包装线上。包装人员按照装箱单核查商品的品种和数量后装箱封口，然后装车发运。

上述就是商品储存的整个过程，在商品储存的过程中，应该针对商品的不同特性，研究和探索各类商品在不同的环境条件下质量变化的规律，采取相应的措施和方法，控制不利的因素，保证商品的质量，减少商品的损耗。

3.2 仓　库

3.2.1 仓库的概念

仓库（Warehouse）是保管、存储物品的建筑物和场所的总称。仓库的概念可以理解为用来存放货物（包括商品、生产资料、工具或其他财产），并对其数量和状态进行保管的场所和建筑物等设施，还包括用于减少或防止货物损失而进行作业的土地或水面。仓库还应该包括设置在仓库内为仓储作业服务的设备和设施，如地坪、货架、衬垫、固定式提升设备、通风照明设备等。

3.2.2 仓库的布局

仓库的布局是指一个仓库的各个组成部分，如库房、货棚、货场、辅助建筑物、铁路专运线、库内道路、附属固定设备等。在规定的范围内，进行平面和立体的全面合理安排。

1. 仓库总平面布置的要求

要适应仓储企业生产流程，有利于仓储企业生产正常进行。

（1）单一的物流方向。仓库内商品的卸车、验收、存放地点之间的安排，必须适应仓储生产流程，按一个方向流动。

（2）最短的运距。应尽量减少迂回运输，专运线的布置应在库区中部，并根据作用方式、仓储商品品种、地理条件等，合理安排库房、专运线与主干道的相对位置。

（3）最少的装卸环节。减少在库商品的装卸搬运次数和环节，商品的卸车、验收、堆码作业最好一次完成。

（4）最大的利用空间。仓库总面积布置是立体设计，应有利于商品的合理储存和库容的充分利用。

2. 仓库的总体构成

一个仓库通常由生产作业区、辅助生产区和行政生活区三大部分组成。

（1）生产作业区

生产作业区是仓库的主体部分，是商品储运活动场所，主要包括储货区、铁路专运线、道路、装卸台等。储货区是储存保管的场所，具体分为库房、货棚和货场。货场不仅可存放商品，同时还起着货位的周转和调剂作业的作用。铁路专运线、道路是库内外商品的运输通道，商品的进出库、库内商品的搬运，都须通过这些运输线路。专运线与库内其他道路相通，保证通畅。装卸站台是供火车或汽车装卸商品的平台，有单独站台和库边站台两种，其高度和宽度应根据运输工具和作业方式而定。

（2）辅助生产区

辅助生产区是为商品储运保管工作服务的辅助车间和服务站，包括车库、变电室、油库、维修车间等。

（3）行政生活区

行政生活区是仓库行政管理机构的人员和员工休憩的生活区域，一般设在仓库入库附近，便于业务接洽和管理。行政生活区与生产作业区应分开，并保持一定的距离，以保证仓库的安全及行政办公和居民生活的安静。

3.2.3 仓库内部区域布局

仓库内部区域一般可划分为生产作业区和辅助作业区。生产作业区是仓库的主体，是用以储存、检验、装卸物资的场所，包括库房、货场、货棚、站台、磅房、检验室以及铁路、公路等。辅助作业区包括两部分：一是为物资的储存保管业务进行生产服务的设施，如车房、配电室、油库、材料库、维修车间、包装站等；二是仓库的生活服务区和业务管理设施，如宿舍、食堂、文化娱乐场所和办公室等。

仓库平面布置对仓库内的物流效率影响重大，在进行仓库内部区域布局时应注意以下几个方面的问题。

1. 根据储存任务配置相应的库房和货场

由于不同的物资所需要的保管条件不同，因此必须根据仓库的储存任务，即储存物资的品种和数量，设置相应的库房和货场。库房和货场的内部区域既可以根据物资的品种进行分区分类划分，也可以按照货主进行分单位、分部门的划分。

2. 制定合理的仓容定额

仓容定额是指在一定的条件下，单位仓库面积所允许存放的物资最大数量。影响仓容定额的因素较多，其中最主要的是物资本身的形状、重量特点和仓库的地坪负荷能力。此外，物资的堆码方法、仓库的结构状况和机械化程度都会不同程度地影响仓容定额。由于影响仓容定额的因素十分复杂，一一计算相当烦琐，所以常根据仓库的历史统计资料，采用统计分析的方法进行综合分析，最后确定一个相对合理的平均定额。

3. 合理设置专用线和装卸搬运机械

仓库内部的装卸搬运效率同库内专用线或装卸搬运机械的布局密切相关。一般情况下，专用线应该平行于仓库的长边，位于仓库宽度的中间或 1/3 处。而且，专用线与库内通道的交叉口尽量不要少于两个，以便于加快专用线与库内货位之间的搬运效率。

装卸机械一般要跨越专用线，其目的是方便专用线的装卸作业。固定的装卸机械还应尽可能地扩大作业可及范围。如果设置两种或两种以上的装卸机械，则还要充分考虑不同机械在装卸能力和作业速度方面的配套和衔接。

3.2.4　自动化仓库

自动化仓库是在生产力和科学水平不断提高的情况下出现的崭新的物流技术。自动化仓库一般是指用货架-托盘系统储存单元化的货物，采用电子计算机控制和人工控制的巷道式起重设备取送货物的一种新型仓库。这种仓库出现在 20 世纪 60 年代初期。自此以后，随着物流技术日益被人们重视，对自动化仓库的研制技术交流活动也在不断增多。

1. 自动化仓库的产生和发展

生产力的高度发展是自动化仓库产生和发展的根本原因。生产力的高度发展，进入再生产过程的原材料、辅助材料等的数量相应提高。仓库停留在单纯进行储存、保管的状态已经不能适应社会生产力发展的需要。仓库除了要完成保管任务外，还需完成物资的分类拣选、集中加工、配送等任务，以便加速物资流转速度。老式仓库由于建设和作业特点的限制，不能满足上述各方面的要求。为了能提高仓库的管理水平，实现货位管理的合理化，加快进/出库速度，便于物资的先进先出、推陈出新，加快物资流通，建设和发展自动化仓库已成为必然趋势。

生产力的发展，要求建造大量的仓库。建造仓库就必然要占用大面积的土地。就目前来看，世界上大多数国家和地区都或多或少地存在土地紧张的问题。近几年来，土地紧张的国家和地区，土地价格上涨的速度很快。要建造仓库，人们不得不花费大量的资金去购买土地。据国外资料统计，土地费用占整个建库费用的 15%左右，而建造普通仓库比建造自动化仓库多占用 3～5 倍土地。在这种情况下，人们提出了"向空间要货位""向空间要仓库"的口号，因而推动了仓库向高空发展。目前世界上最高的仓库高达近 40 米，普通的亦在 10～20 米之间。仓库的高度增加，使仓库储存面积相应增加，建库所需的土地费用相应下降。

巷道堆垛起重机的出现，解决了向高层货架送取货物的难题。在仓库作业中，物资的进/出库都必须通过装卸搬运来完成。仓库中的物资搬运量至少是物资自身重量的 2 倍。随着生产力的发展，投入社会再生产的物资越来越多，仓库的物资搬运量也越来越大。为了能缩短物资搬运时间，使物资能尽快地投入生产，人们只有在仓库的机械化和自动化上寻找出路。同时，仓储企业为了减少自身的物资搬运费用，都力求提高生产效率，节省费用，使用占用人力少的机械，代替那些效率低、费用多、占用人力多的机械。巷道堆垛起重机不仅具备上述优点，而且能够快速、准确地完成向高层货架送取货物的任务。它的出现为自动化仓库的建设提供了物资搬运条件。

电子计算机的出现，立即引起了人们的重视，它的应用范围越来越广泛。将电子计算机应用到仓储作业中，改变以往传统的人工管理方式，将为仓库的自动化开辟广阔的前景。

2. 国外自动化仓库发展概况

20 世纪 50 年代，在西方一些工业发达国家出现了一种具有高层立体货架，并配有成套机械设备和必要自动化装置的高层立体仓库。据记载，1950 年，美国杜邦公司在桥式起重机上安装一个堆垛机，在地面上操纵机械完成装卸货物，是最早的立体仓库形式。1959 年，国际纸张公司在美国的亚拉巴马州建设了采用堆垛高度约 8.5 米、通道宽度为 1.2 米的司机操纵的巷道堆垛起重机，实现了物资装卸作业的立体仓库。

1963 年，美国伊利诺伊州第阿费尔特的 Kitchens of Saro Lee 公司，首先在立体仓库中采用电子计算机控制，该仓库高 12.2 米，被认为是第一座自动化仓库。由此，立体仓库的概念逐渐被自动化仓库的概念所代替。到 90 年代，世界上自动化仓库的数量为 5 000 余座，其中大多数在日本、美国、德国等国家。

美国在 50 年代就开始采用高层货架存放货物，并用机械配合作业。1963 年建成了第一座由电子计算机控制的自动化仓库。到目前为止，美国投入使用的自动化仓库有 1 000 余座。其中有世界上最高的并能储存几万个托盘的大规模的自动化仓库。美国的自动化仓库主要分布在食品工业和一些运送大量统一包装货物的工业。近几年来经营小型货物系统的公司也比较多地建造自动化仓库。美国大多数自动化仓库高度均在 13～18 米。18 米以上的自动化仓库占 10%，而 30 米以上的仅有 2 座。

日本在 60 年代中期经济进入了高速发展阶段，劳动力的不足和土地价格的高涨，促进了自动化仓库的建设。1965 年，日本相继建设了 2 座自动化仓库。到 1970 年达到 437 座。目前有专门从事自动化仓库的制造厂十多家。至 1979 年日本已有自动化仓库 3 000 余座，数量居世界第一位。日本的自动化仓库高度大多数在 10～20 米，全国最高的为 31 米。日本自动化仓库分布比较广泛，主要在食品、一般机械、运输机械、化工、电器等行业中。近几年来，药品、化妆品等行业也都建立了自动化仓库。但是，专门经营储运业务的营业性自动化仓库却很少。

德国是世界上拥有自动化仓库最早的国家之一。现在，德国也是自动化仓库第三大国。英国自动化仓库发展并不早，但水平较高，最高的自动化仓库达 33 米，仅次于意大利菲亚特汽车厂高 37 米的自动化仓库。瑞士、意大利等国家自动化仓库建设，在世界上也具有一定的地位。

目前国外自动化仓库的发展趋势如下。

（1）自动化仓库向大型和简易两极发展

1972 年以来，在一些工业国家发展了简易的、小规模的自动化仓库。这种简易的自动化仓库有规模小、造价低、操作简单、工作可靠等优点，颇受生产企业的欢迎。在建设小型简易自动化仓库的同时，世界上也重视超大型的自动化仓库的研制工作。1978 年，日本汽车公司建成了一座可容 5 100 辆汽车的大型自动化仓库。无论建设小型简易的或超大型的自动化仓库，人们都十分注重它的实用性，在这个思想指导下还发展了不少具有特定用途的自动化仓库，如长型物品自动化仓库、冷藏自动化仓库等。

（2）自动化仓库由整体式向分离式发展

整体式自动化仓库是指库架合一的仓库结构形式。日本在 1965—1972 年期间建造的全部为整体式自动化仓库。分离式自动化仓库是指库架分离的仓库结构形式。1973年以后，分离式自动化仓库骤然增加。在1973年所建的自动化仓库中分离式是整体式的2.5倍。发生上述变化的原因主要有以下两点：①整体式自动化仓库由于建筑物与货架是固定的，因此仓库一经建成便很难更改。这样的仓库适应企业经营变化的能力差，这在经济动荡的资本主义国家对企业经营者是不利的。②整体式自动化仓库比分离式自动化仓库投资高，施工周期长，因而经济效果差。

3. 我国自动化仓库发展概况

我国自动化仓库的发展比北美、西欧和日本一些工业国家晚。20世纪70年代以后，我国对自动化仓库进行了尝试，取得了初步的经验。80年代以后，尤其进入90年代，随着我国的改革开放和社会主义市场经济的发展，自动化仓库在我国得到了进一步的发展和提高。

我国自动化仓库最早建于1974年2月，是郑州纺织机械厂为了解决模具管理混乱、占地面积大、搬运困难、工伤事故等多种问题，在原有锯齿形厂房的基础上改建而成。70年代末至80年代初，我国相继有十几座自动化仓库建成并投产。1977年，天津商业储运公司开始在旧仓库的基础上改建自动化仓库，并于1979年3月正式投产。此举为人们提供了一条投资少、用料省、施工容易的旧库改造新路。70年代末，国民经济进入调整时期，结合我国的现实情况，不宜大规模兴建自动化仓库，许多单位和部门放弃了原本想建库的想法。因此，自动化仓库的发展缓慢下来。

进入20世纪90年代以后，由于中国经济的飞速发展，又一次带动了中国自动化仓库的建设。中国的一些企业分别与德国、日本、韩国等国家自动化仓库生产厂家合作，或引进技术，或合资经营，形成了一支建设自动化仓库的专业厂家。有的科研单位以自己具备的高技术能力与生产企业相结合，形成了另一支自动化仓库建设队伍。中国国内近80座自动化仓库相继建成。上海虹桥国际机场自动化仓库，占地面积1 300（65×20）平方米，高13米，具有1 540（10×22×7）个货格。1991年竣工的上海机电设备供应公司梅陇自动化仓库，主库长72米、跨度15米、高21.5米，具有7 344（8×51×18）个货格，4台堆垛机，8台出入库输送机，是流通领域中最大的自动化仓库。目前，国内自动化仓库较大的有第二汽车制造厂，有8 008（14×52×11）个货格，上海宝钢总厂有9 000（10×90×10）个货格。

纵观我国自动化仓库建设以零配件仓库为主，其托盘重量大多数是0.5吨，超过1吨的仅有两三家。其中，托盘重量最大的是天水长城开关厂的板材仓库，为2.5吨。我国自动化仓库控制水平较高，尤其20世纪90年代以后修建的自动化仓库，90%以上都实现了电子计算机自动控制。

4. 自动化仓库的运行

（1）电子计算机控制巷道堆垛机的运行

在采用托盘货架的自动化仓库中，物资的入/出库作业主要依靠巷道堆垛起重机来完成，电子计算机对堆垛起重机的控制有两种方式，即直接控制方式和由电子计算机输出纸带或卡片的间接控制方式。前者能够实现完全的实时处理，因而控制水平较高。

电子计算机直接控制巷道堆垛起重机是通过卡片或键盘输入入/出库信息，经巷道堆垛机上的控制系统接收并控制其运行、升降及货叉机构的运行，以完成对托盘货物的存取，如图3-1所示。

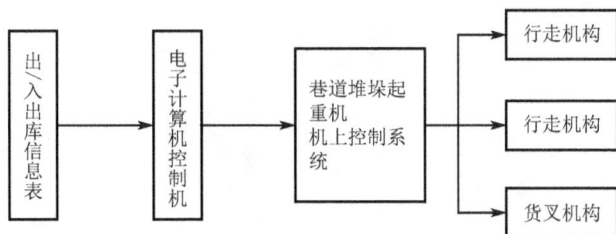

图 3-1　电子计算机直接控制巷道堆垛起重机

入/出库信息，包括确定"入库"和"出库"，以及入库货格或出库货格的地址码。货格地址码包括巷道序号，货架列数、层数，以及货格在巷道内左侧或右侧方位。货格地址码的输入可以采用键盘输入，也可以采用穿孔卡片在读卡器中输入。穿孔卡片是在卡片上按一定的编码方式用穿孔的数量和位置的不同来表示不同的货格地址，每个货格各有一张相应的穿孔卡片。此外，货格中有了托盘货物的称为满格，没有的称为空格。满格的货格卡片和空格的货格卡片分别在满格卡片盒和空格卡片盒中保管。在设定"入库"（或"出库"）的指令后，从盒中取出空格卡片（或满格卡片）插入读卡器内以便"读出"货格地址码，指令巷道堆垛起重机运行到指定货格处存入（或取出）托盘货物，并在巷道入（出）库口完成入（出）库动作。巷道堆垛起重机在运行过程中不断地向电子计算机反馈包括认址信息在内的各项执行信息，通过电子计算机运算、确认后，再不断发出新的指令，使巷道堆垛起重机顺序进行各项动作，并及时切换各种速度，直至最终完成作业要求。

（2）入库作业过程

① 码盘。物资运到仓库后，首先应在入库作业中验收、理货，按码盘工艺要求将成件货物集合码放在托盘上，使之成为托盘单元化货物。

② 将托盘货物置于入库货台上。其有两种手段：使用叉车或由输送机自动进行。输送机的控制方式又可分为两种：由单独设置的顺序控制器控制，或由电子计算机集中控制。由电子计算机集中控制者，向电子计算机输入"入库"指令，从空格卡片盒中抽出一张空格卡片插入读卡器内，输送机控制系统即根据货格地址的巷道序号顺序进入入库货台上。

③ 巷道堆垛起重机叉取托盘货物。输送机的上述动作完成后，经电子计算机对反馈信息的检查、确认，便顺序发出巷道堆垛起重机的各项动作指令。巷道堆垛起重机叉取置于入库货台上的托盘货物。货叉外伸，载货台起升，货叉缩回，于是托盘货物被移载到巷道堆垛机的载货台上。巷道堆垛起重机如图 3-2 所示。

④ 巷道堆垛起重机运行。巷道堆垛起重机沿巷道做纵向运行，同时，载货台沿立柱垂直起升。在运行和起升中，巷道堆垛起重机向电子计算机不断反馈认址信息，通过电子计算机运算、确认巷道堆垛起重机的运行机构和升降机构发出切换速度直至最终停止的指令，使巷道堆垛起重机的货叉部位停准在货架的预定位置。

⑤ 向货格存入托盘货物。货叉根据伸叉指令向左或向右伸出。当货叉接近货格时，货叉上的探测装置动作，探明该货格是否为"空格"，以避免满格重入货而导致发生事故。在确认"空格"无误后，货叉继续外伸到位，载货台略微下降，放下托盘货物后又缩回。于是，托盘货物便由载货台移载到指定货格中。

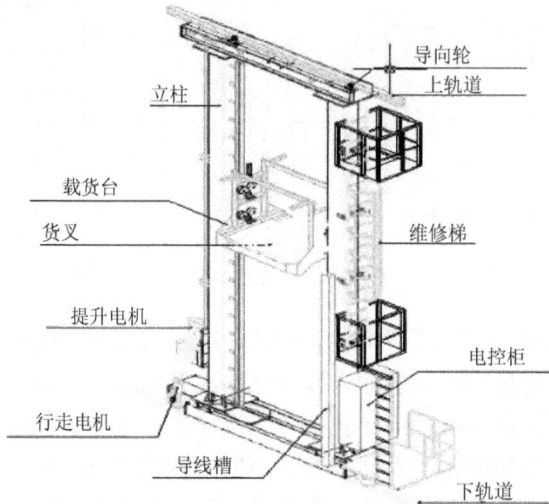

图 3-2　巷道堆垛起重机

⑥ 巷道堆垛起重机回到原位。为了继续进行出/入库作业，巷道堆垛起重机一般回到原位待命。这里所说的原位，通常为巷道的入库口。

根据仓库平面布置的不同，入库口与出库口有分在巷道两端的，也有合在一端共用的。如果入/出库口共用，则巷道堆垛起重机回到原位时可顺便把需要出库的托盘货物带出。电子计算机除了对机械作业进行自动控制外，还可以对温度、消防、报警等方面实行自动控制。

（3）出库作业过程

物资的出库作业与入库作业受同一套控制系统控制，但具体过程有所不同。简言之，操作人员根据出库通知单从满格卡片盒中找出储存所需物资的满格卡片，将此卡片插入读卡器内，发出"出库"指令。巷道堆垛起重机便按指令运行并停准在指定货格处，由货叉取出托盘货物，送到巷道出口处，将此托盘货物移载到出库货台上，然后由叉车或输送机运送出库。

5. 自动化仓库的优点和使用条件

（1）自动化仓库的分类

目前，自动化仓库有以下几种分类方法。

① 按仓库的建筑形式分，有整体式自动化仓库和分离式自动化仓库。

② 按仓库高度分，12 米以上的为高层自动化仓库，5～12 米之间的为中层自动化仓库，5 米以下的为低层自动化仓库。一般在 5 米以上，才称为"立体"仓库。

③ 按仓库库容分，托盘数量在 3 000 个以下的为小型自动化仓库，托盘数量在 2 000～5 000 个之间的为中型自动化仓库，托盘数量在 5 000 个以上的为大型自动化仓库。

④ 按控制方法分，有手动控制的自动化仓库、电子计算机控制的自动化仓库。

⑤ 按货架形式分，有固定货架式自动化仓库、重力货架式自动化仓库。重力货架式自动化仓库借助重力作用，使物资自动从一端进，从另一端出。

（2）自动化仓库的特点

① 自动化仓库可以节省劳动力，节约占地面积。由于自动化仓库采用了电子计算机等先进的控制手段，采用了高效率的巷道堆垛起重机，使生产效益得到了较大的提高。往往一

个很大的仓库只需要几个工作人员，节约了大量的劳动力。同时，仓库的劳动强度也大大减轻，劳动条件得到改善。自动化仓库的高层货架能合理地使用空间，使单位土地面积存放物资的数量得到提高。在相同的土地面积上，建设自动化仓库比建设普通仓库储存能力高几倍，甚至十几倍。这样，在相同储存量的情况下，自动化仓库节约了大量的土地。

②　自动化仓库出入库作业迅速、准确，缩短了作业时间。现代化生产要求物资能及时供应、流通迅速进行。自动化仓库由于采用了先进的控制手段和作业机械，采用更快的速度、更短的距离取送货物，使物资出入库的时间大大减少。同时，仓库作业准确程度高，仓库、供货单位和用户能够有机地协调，有利于缩短物资流通时间。

③　提高了仓库的管理水平。由于电子计算机控制的自动化仓库结束了普通仓库繁杂的台账手工管理办法，使仓库的账目管理以及大量资料数据通过电子计算机储存，随时需要，随时调出，既准确无误，又便于情报分析。从库存量上看，自动化仓库可以将库存量控制在最经济的水平上。在完成相同的物资周转量的情况下，自动化仓库的库存量可以达到最小。

④　自动化仓库有利于物资的保管。在自动化仓库中，存放的物资多、数量大、品种多样。由于采用了货架-托盘系统，物资在托盘或货箱中，使搬运作业安全可靠，避免了物资包装破损、散包等现象。自动化仓库有很好的密封性能，为调节库内温/湿度、做好物资的保管/保养，提供了良好的条件。在自动化仓库中配备报警装置和排水系统，可以预防火灾，在火灾发生时，可以自动、及时地扑灭火灾。

综上所述，自动化仓库的优点集中体现在经济合理上。它是采用现代科学技术方法和手段在仓库管理中的集中体现，有利于以最少的劳动消耗获取最大的经济效益。

3.2.5　自动化分拣系统

1. 自动化分拣系统作业

自动化分拣系统（Automatic Sorting System）是第二次世界大战后在美国、日本的物流中心中广泛采用的一种自动化作业系统，目前已经成为发达国家大中型物流中心不可缺少的一部分。该系统的作业过程可以简单描述如下：物流中心每天接收成百上千家供应商或货主通过各种运输工具送来的成千上万种物品，在最短的时间内将这些物品卸下并按物品品种、货主、储位或发送地点进行快速准确的分类，将这些物品运送到指定地点（如指定的货架、加工区域、出货站台等）；同时，当供应商或货主通知物流中心按配送指示发货时，自动化分拣系统在最短的时间内从庞大的高层货架存储系统中准确找到要出库的物品所在位置，并按所需数量出库，将从不同储位上取出的不同数量的物品按配送地点的不同运送到不同的理货区域或配送站台集中，以便装车配送。

2. 自动化分拣系统的主要特点

（1）能连续、大批量地分拣货物

由于采用大生产中使用的流水线自动作业方式，自动化分拣系统不受气候、时间、人的体力等的限制，可以连续运行，同时由于自动化分拣系统单位时间分拣件数多，因此自动化分拣系统的分拣能力是人工分拣系统无法比拟的。例如，目前一般的自动化分拣系统可以连续运行 100 小时以上，每小时可分拣 7 900 件包装物品，如用人工则每小时只能分拣 150 件左右，同时分拣人员也不可能在这种劳动强度下连续工作 8 小时。

（2）分拣误差率极低

自动化分拣系统的分拣误差率大小主要取决于所输入分拣信息的准确性高低。这又取决于分拣信息的输入机制，如果采用人工键盘或语音识别方式输入，则误差率在 3%以上；如果采用条形码扫描输入，除非条形码的印制本身有差错，否则不会出错。因此，目前自动化分拣系统主要采取条形码技术来识别货物。

（3）分拣作业基本实现无人化

国外建立自动化分拣系统的目的之一就是减少人员的使用、减轻人员的劳动强度、提高人员的使用效率，因此自动化分拣系统能最大限度地减少人员的使用，基本做到无人化。分拣作业本身并不需要使用人员，人员的使用仅局限于以下工作。

① 送货车辆抵达自动分拣线的进货端时，由人工接货。

② 由人工控制分拣系统的运行。

③ 分拣线末端由人工将分拣出来的货物进行集载、装车。

④ 自动化分拣系统的经营、管理与维护。

例如，美国某公司配送中心面积约 10 万平方米，每天可分拣近 10 万件物品，仅使用 400 名左右员工，其中大部分人员都在从事上述①、③、④项工作，自动化分拣系统做到了无人化作业。

3. 自动化分拣系统的组成

自动化分拣系统一般由控制装置、分类装置、输送装置及分拣道口组成。

（1）控制装置。其作用是识别、接收和处理分拣信号，根据分拣信号的要求指示分类装置、输送装置进行相应的作业。自动分拣系统可以按物品品种、物品送达地点或货主的类别对物品进行自动分类。这些分拣需求可以通过不同方式，如可通过条形码扫描、键盘输入、重量检测、语音识别、高度检测及形状识别等方式，输入分拣控制系统中，根据对这些分拣信号的判断，来决定某一种物品该进入哪一个分拣道口。

（2）分类装置。当具有相同分拣信号的物品经过分类装置时，该装置根据控制装置发出的分拣指示动作，使其改变在输送装置上的运行方向，进入其他输送机或进入分拣道口。分类装置的种类很多，一般有推出式、浮出式、倾斜式和分支式几种，不同的装置对分拣货物的包装材料、包装形状、包装重量、包装物底面的平滑程度等有不同的要求。

（3）输送装置。其主要组成部分是传送带或输送机，主要作用是使待分拣物品通过控制装置、分类装置，并沿固定路线运送物品。该装置是自动化分拣系统的主体，在输送装置的两侧，一般要连接若干分拣道口，使分好类的物品滑下主输送机（或主传送带）以便进行后续作业。

（4）分拣道口。它是已分拣物品脱离主输送机（或主传送带）进入集货区域的通道，一般由钢带、皮带、滚筒等组成滑道，使物品从主输送装置滑向集货站台，在那里由工作人员将该道口的所有物品集中后或是入库存储，或是组配装车并进行配送作业。

上述 4 种装置通过计算机网络联结在一起，配合人工控制及相应的人工处理环节，构成一个完整的自动化分拣系统。

4. 自动化分拣系统的适用条件

第二次世界大战以后，自动化分拣系统逐渐开始在西方发达国家投入使用，成为发达国家先进的物流中心、配送中心或流通中心所必需的设施条件之一。但因其要求使用者必须具备一定的技术经济条件，因此，在发达国家，物流中心、配送中心或流通中心中不用自动化分拣系统的情况也很普遍，在引进和建设自动化分拣系统时需要考虑以下条件。

（1）一次性投资巨大

自动化分拣系统本身需要建设短则 40～50 米、长则 150～200 米的机械传输线，还有配套的机电一体化控制系统、计算机网络及通信系统等，这一系统不仅占地面积大，动辄 2 万平方米以上，而且一般自动化分拣系统都建在自动化仓库中，这样就要建 3～4 层楼高的立体仓库，库内需要配备各种自动化的搬运设施，这丝毫不亚于建立一个现代化工厂所需要的硬件投资。这种巨额的先期投入要 10～20 年的时间才能收回，如果没有可靠的货源作保证，则有可能使投资回收期更加延长。因此，发达国家以前建设的自动化分拣系统大都由大型生产企业或大型专业物流公司投资，小企业无力进行此项投资。

（2）对物品外包装要求高

自动化分拣系统只适于分拣底部平坦且具有刚性包装规则的物品。袋装物品，包装底部柔软且凹凸不平，包装容易变形，易破损、超长、超薄、超重、超高、不能倾覆的物品不能使用普通的自动化分拣系统进行分拣。因此，为了使大部分物品都能用机器进行自动化分拣，可以采取两条措施：一是推行标准化包装，使大部分物品的包装符合国家标准（当然，国家标准应考虑物品机械分拣的需要），分拣机设备也符合这一标准；二是根据所分拣的大部分物品的统一包装特性定制特定的自动化分拣系统。但要让所有物品的供应商都执行国家包装标准是很困难的，定制特定的自动化分拣系统又会使硬件成本上升，并且越是特别的自动化分拣系统其通用性越差。因此，企业要根据经营物品的包装情况来确定是否建或建什么样的自动化分拣系统。

（3）业务量要大

自动化分拣系统的开机成本比较大，开机后的运行成本也比较大，因此需要有相应的业务量支持，需保证开机后货源不断，使系统连续带负荷运行，以保证系统的使用效率。以一个具有 70 个分拣道口、每小时分拣 8 000 件物品的大型自动化分拣系统为例，如果一天开机 8 小时，则可分拣 64 000 件物品，每件物品平均重量按 30 千克计算，合计 1 920 吨，比一列有 50 节车皮、每节载重 30 吨的货运列车的载重量还要多。如果每天都保持这么大的负荷，就要求自动化分拣系统使用者的物品配送业务达到这种规模。

此外，自动化分拣系统是能适应快速反应物流系统而出现的一种具体的物流作业体系，其前提条件是与自动化分拣系统相连接的其他系统也能做到快速反应，否则即使分拣环节做到了快速反应也毫无意义。

3.3 　**储存合理化**

3.3.1　储存合理化的内涵

1. 储存合理化的概念

（1）储存合理化的一般定义

用最经济的办法实现储存的功能，是合理化的前提或本质，如果不能保证储存功能的实现，其他问题便无从谈起了。

但是，储存的不合理又往往表现在对储存功能实现的过分强调因而过分投入储存力量和其他储存劳动。所以，合理储存的实质，是在保证储存功能实现的前提下尽量少投入，也是一个投入、产出的关系问题。

（2）网络经济时代的储存合理化概念

网络经济时代，在许多领域仍然需要依靠储存来保证正常生产节奏和充裕的市场。在某些领域，储存合理化的概念，就是没有储存的概念。网络经济时代可以利用有效的信息技术、现代物流技术、现代管理技术，通过配送方式、供应链方式来满足需要。当然，这种合理化的难度是非常大的，但它毕竟是一个新经济时代的新发展。

2. 不合理储存的主要表现

（1）储存时间过长

储存时间从两个方面影响储存这一功能要素的效果，两者彼此消涨，形成了储存的一个最佳时间区域。一方面经过一定的时间，被储物资可以获得时间效用；另一方面随着储存时间的增加，有形及无形损耗加大，是时间效用的一个逆反因素。从时间效用角度来考察，储存一定时间，效用可能增大；时间继续增加，效用可能降低。时间效用甚至可能出现周期性波动，因而储存的总效果是确定储存最优时间的依据。

虽然储存时间与储存总效益之间有着复杂的关系，各种物资不能一概而论。但是，对绝大多数物资而言，过长的储存时间都会影响总效益，因而都是不合理储存。

（2）储存数量过大

储存数量也主要从两方面影响储存这一功能要素的效果，这两方面利弊的消涨，也使储存数量有一个最佳的区域，超过这个数量区域的储存量，是不合理的储存。

储存数量对储存效果的影响分两方面。一方面储存以一定数量形成保证供应、保证生产、保证消费的能力。一般而言，单就保证的技术能力来看，数量大可以有效地提高这一能力，但是保证能力的提高不是与数量成比例，而是遵从边际效用的原理，每增加一单位储存数量，总能力虽然会随之增加，但是所增加的保证供应能力（边际效用）却逐渐减少。另一方面，储存的损失随着储存数量的增加而成比例地增加，储存量越大，损失量也越大；如果管理力量不能也按比例增加，甚至还可能出现储存量增加到一定程度，损失陡增的现象。

可以明显地看出，储存数量的增加会引起储存损失无限度地增加，而保证能力增加却是有限度的，因而可以肯定地说，超出一定限度的储存数量是无益的。

（3）储存数量过低

储存数量过低，会严重降低储存对供应、生产、消费的保证能力，储存数量越低，储存的各种损失也会越低。两者彼此消涨，结果是储存数量降低到一定程度，由于保证能力的大幅度削弱会引起巨大损失，其损失远远超过由于减少储存数量在防止库损、减少利息支出损失等方面带来的收益。所以，储存数量过低也是会大大损害总效果的。

当然，如果能够做到降低储存数量而不降低保证能力，那么数量的降低将是非常好的现象。在储存管理中，可以利用现代信息技术所提供的及时、准确的信息，建立有效的供应链和配送系统，在网络经济时代是完全可以做到这一点的，网络经济时代普遍追求的零库存就是出于这个道理。

所以，不合理储存所指的数量过低是有前提条件的，即在保证能力由储存数量决定而不是由其他因素决定时。

（4）储存条件不足或过剩

储存条件也从两个方面影响储存这一功能要素的效果，这两方面利弊消涨，也决定了储存条件只能在恰当范围内。条件不足或过剩，都会使储存的总效益下降，因而是不合理的。

储存条件不足，指的是由于储存条件不足不能为被储存物提供良好的储存环境及必要的储存管理措施，因此往往造成被储存物的损失。储存条件不足主要反映在储存场所简陋、储存设施不足，以及维护保养手段及措施不力，不足以保护被储存物。

储存条件过剩，指的是储存条件大大超过需要，从而使被储存物负担过高的储存成本，使被储存物的实际劳动投入大大高于社会平均必要劳动量，从而出现亏损。

（5）储备结构失衡

储备结构失衡包括以下几个方面。

① 储存物的品种、规格、花色失调。储存物总量正常，但不同品种、规格、花色存在此有彼无的现象。

② 储存物不同品种、规格、花色的储存期失调、储存量失调。存在此长彼短或此多彼少的失调现象。

③ 储存物储存地域的失调。在大范围地理位置上或局部的范围内储存多少、有无失调，这对地域辽阔的大国来讲，将是严重的问题。

3. 储存管理合理化的实施

（1）将静态储存变为动态储存

将静态储存变为动态储存有以下几方面含义。

① 加快储存的周转速度。周转速度一快，就会带来一系列的好处，即资金周转快、资本效益高、货损降低、仓库吞吐能力增加、成本下降等。在网络经济时代，信息技术和现代管理技术、现代科技手段可以有效地支持库存周转的加快。

② 视野从仓库储存放大到整个物流系统。在整个物流系统的运行中，许多物资动态地存在于运输车辆、搬运装卸的过程之中，也可以把它看成一种动态的储存。只要有有效的信息管理技术的支持，这些动态的储存完全可以起到一般储存的作用，从而取代静态库存。

③ 对静态的仓库实行动态的技术改造。

（2）实施重点管理

储存是一个相当繁杂的经济活动。对工业企业而言，总是要处理上万种供应品和销售品的物流问题，这么庞杂的体系，其对企业供应、企业经营和企业销售的影响是不同的，对企业经济效益的贡献也是不同的。任何一个企业，即使采取最先进的信息技术和计算机管理手段，出于管理成本的约束，管理的力量也是有限的。所以，采取重点管理的方法是使复杂物流管理系统实现合理化的手段之一。

（3）在形成了一定的社会总规模的前提下，追求经济规模，适度集中储存

适度集中储存是合理化的重要内容。所谓适度集中储存是利用储存规模优势，以适度集中储存代替分散的小规模储存来实现合理化。

集中储存是面对两个制约因素，在一定范围内取得优势的办法。两个制约因素为储存费、运输费过分分散，每一处的储存保证的对象有限，互相难以调度调剂，则需分别按其保证对象要求确定库存量。而集中库存易于调度调剂，集中储存总量可大大低于分散储存总

量。过分集中储存，储存点与用户之间的距离拉长，储存总量虽降低，但运输距离拉长，运费支出加大，在途时间长，又迫使周转储备增加。所以，适度集中的含义是要在这两方面取得最优集中。

（4）采用有效的先进先出方式，保证每个被储存物的储存期不至过长

先进先出是一种有效的方式，也成为储存管理的准则之一。有效的先进先出方式主要有如下方式。

① 贯通式货架系统。利用货架的每一层，形成贯通的通道，从一端存入物品，从另一端取出物品，物品在通道中自行按先后顺序排队，不会出现越位等现象。贯通式货架系统能非常有效地保证先进先出。

②"双仓法"储存。给每种被储存物都准备两个仓位或货位，轮换进行存取，再配以必须在一个货位中取尽才可补充的规定，则可以保证实现先进先出。

③ 计算机存取系统。采用计算机管理，在存货时向计算机输入时间记录，编入一个简单的按时间顺序输出的程序，取货时计算机就能按时间给予指示，以保证先进先出。这种计算机存取系统还能将先进先出、保证不做超长时间的储存和快进快出结合起来，即在保证一定的先进先出的前提下，将周转快的物资随机存放在便于存取之处，以加快周转，减少劳动消耗。

（5）提高储存密度，提高仓容利用率

主要目的是减少储存设施的投资，提高单位存储面积的利用率，以降低成本、减少土地占用。有以下三类方法。

① 采取高垛的方法，增加储存的高度。如采用高层货架仓库、采用集装箱等都可比一般堆存方法大大增加储存高度。

② 缩小库内通道宽度以增加储存有效面积，采用窄巷道式货架，配以轨道装卸机械，以减少机械运行宽度要求，采用侧叉车、推拉式叉车，以减少叉车转弯所需的宽度。

③ 减少库内通道数量以增加储存有效面积。具体方法有采用密集型货架，采用可进车的可卸式货架，采用各种贯通式货架，采用不依靠通道的桥式吊车装卸技术，等等。

（6）采用有效的储存定位系统

储存定位的含义是被储物位置的确定。如果定位系统有效，就能大大节约寻找、存放、取出的时间，节约不少物化劳动及活化劳动，而且能防止差错、减少空位的准备量、提高储存系统的利用率。

采取计算机储存定位系统，尤其对于存储品种多、数量大的大型仓库而言，已经成了必不可少的手段。

（7）采用有效的监测清点方式

对储存物资数量和质量的监测不但是掌握基本情况的必需，也是科学库存控制的必需。出现工作差错，就会使账务不符，所以，必须及时且准确地掌握实际储存情况，经常与账卡核对，这无论人工管理还是计算机管理都是必不可少的。此外，经常的监测也是掌握被储存物质量状况的重要工作。

监测清点的有效方式主要有如下方式。

①"五五化"堆码。这是我国手工管理中采用的一种科学方法。储存物堆垛时，以"五"为基本计数单位，堆成总量为"五"的倍数的垛形，堆码后，有经验者可过目成数，

大大加快了人工点数的速度，且少差错。即使在网络经济时代，也不可避免有一些临时的存储需求，如建筑工地的临时仓库、开发前期的用料准备仓库和出于各种原因暂时无法建立计算机管理系统的仓库，都需要对人工管理实行科学化。所以，在长期实践中，根据中国人的计数习惯所形成的"五五化"方式，仍是需要掌握的。

② 光电识别系统。在货位上设置光电识别装置，该装置对被存物扫描，并将准确数目自动显示出来。这种方式无须人工清点就能准确地掌握库存的实有数量。

③ 电子计算机监控系统。用电子计算机指示存取，可以防止人工存取容易出现的差错，如果在被存物上采用条形码认寻技术，使识别计数和计算机连接，每存/取一件物品时，识别装置自动将条形码识别并将其输入计算机，计算机会自动做出存取记录。这样只需向计算机查询，就可了解所存物品的准确情况，而无须再建立一套对实有数的监测系统。

（8）采用现代储存保养技术

现代技术是防止储存损失、实现储存合理化的重要方面。

（9）采用集装箱、集装袋、托盘等运储装备一体化的方式

这种方式通过物流活动的系统管理，实现了储存、运输、包装、装卸一体化。

（10）虚拟仓库和虚拟库存

采用虚拟库存方式，可以防止实际库存带来的一切弊端，同时，可以有效地实现储存的功能，实现储存对于社会生产、社会流通的保证作用。在网络经济时代，这是信息技术、网络技术、市场经济条件下与买方市场环境结合起来的一个创新，不仅对于解决储存问题，而且对于优化整个物流系统都有重大意义。

3.3.2 库存 ABC 分类法

1. 库存 ABC 分类法的概念

ABC 分类法是一种科学的管理方法。其原理在于，在任何复杂的经济工作中，都存在"关键的少数和一般的多数"这样一个规律。在一个系统中，关键的少数可对系统具有决定性的影响，而其余多数影响较小或者没有多大影响。这样如果将相当的工作重点主要用于解决这些具有决定性影响的少数重点，比不分轻重缓急、平均对待，其效果显然要好得多。ABC 分类法，就是根据这种思想，通过分析，找出重点（关键少数），并确定与之相适应的管理方法。

具体来讲，库存 ABC 分类法（ABC Classification）是将库存物品按设定的分类标准和要求分为特别重要的库存（A 类）、一般重要的库存（B 类）和不重要的库存（C 类）三个等级。然后针对不同等级分别进行控制的管理方法。ABC 分类管理是实施储存合理化的基础，在此基础上可以进一步解决各类结构关系、储存量、重点管理和技术措施等合理化问题。而且，通过在 ABC 分类的基础上实施重点管理，可以决定各种物资的合理库存储备数量及经济地保有合理储备，乃至实现零库存。

库存 ABC 分类法的基本原理是：由于各种库存品的需求量和单价各不相同，其年耗用金额也各不相同。那些年耗用金额大的库存品，由于其占压组织的资金较大，对组织经营的影响也较大，因此需要进行特别的重视和管理。库存 ABC 分类法就是根据库存品的年耗用金额的大小，把库存品划分为 A、B、C 三类。A 类库存品的年耗用金额占总库存金额的

75%～80%，其品种数却只占总库存品种数的 15%～20%；B 类库存品的年耗用金额占总库存金额的 10%～15%，其品种数占总库存品种数的 20%～25%；C 类库存品的年耗用金额占总库存金额的 5%～10%，其品种数却占总库存品种数的 60%～65%，如图 3-3 所示。

库存 ABC 分类法可分为数据收集、统计汇总、制作 ABC 分析表、绘制 ABC 分类管理图和确定管理方法等几个步骤。

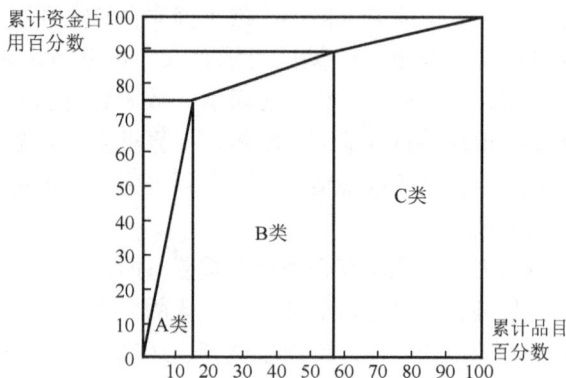

图 3-3　库存 ABC 分类法

2. 库存 ABC 分类法应用举例

现举例阐述库存 ABC 分类法的具体应用。

【例 3-1】　某企业全部库存商品共计 3 424 种，按每一品种年度销售额从大到小的顺序，排成如表 3-1 所示的 7 档，统计每档的品种数和销售金额如表中所示。用库存 ABC 分类法确定分类，并给出各类库存物资的管理方法。

表 3-1　产品销售明细表

每种商品年销售额 x	品种数（种）	销售额（元）
$x > 6$	260	5 800
$5 < x <= 6$	68	500
$4 < x <= 5$	55	250
$3 < x <= 4$	95	340
$2 < x <= 3$	170	420
$1 < x <= 2$	352	410
$x <= 1$	2 424	670

（1）确定分类

① 数据收集，引用该题给定数据。

② 统计汇总，根据该题给定数据，做出汇总表（见表 3-2）。

表3-2 汇总表

每种商品年销售额 x	品种数（种）	占全部品种的百分比（%）	品种累计（种）	累计占全部品种的百分比（%）	销售额（元）	占销售总额的百分比（%）	销售额累计（元）	占销售总额累计的百分比（%）
$x > 6$	260	7.6	260	7.6	5 800	69.1	5 800	69.1
$5 < x \le 6$	68	2.0	328	9.6	500	6.0	6 300	75.1
$4 < x \le 5$	55	1.6	383	11.2	250	3.0	6 550	78.1
$3 < x \le 4$	95	2.8	478	14.0	340	4.1	6 890	82.1
$2 < x \le 3$	170	5.0	648	18.9	420	5.0	7 310	87.1
$1 < x \le 2$	352	10.3	1 000	29.2	410	4.9	7 720	92.0
$x \le 1$	2 424	70.8	3 424	100.0	670	8.0	8 390	100.0

③ 根据 ABC 分类标准，制作 ABC 分类表（见表3-3）。

表3-3 ABC 分类表

分类	品种数（种）	占全部品种的百分比（%）	品种累计百分比（%）	销售额（元）	占销售总额的百分比（%）	占销售总额累计的百分比（%）
A	328	9.6	9.6	6 300	75.1	75.1
B	672	19.6	29.2	1 420	16.9	92
C	2 421	70.8	100.0	670	8.0	100.0

④ ABC 分类管理示意图如图3-4所示。

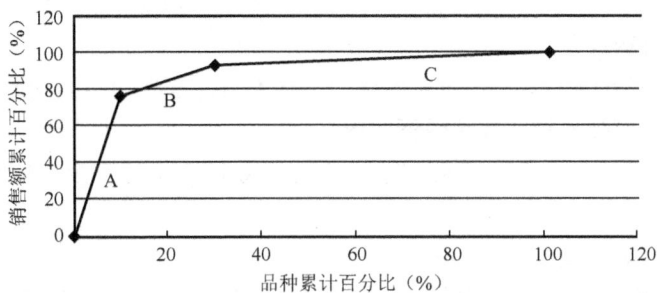

图3-4 ABC 分类管理

（2）确定管理方法

对 A 类商品的管理方法是：

① 每件商品皆做编号；

② 尽可能准确地预测需求量；

③ 少量采购，尽可能在不影响需求的情况下减少库存量；

④ 请供货单位配合，力求出货量平稳化，以降低需求变动，减少安全库存量协调，尽可能缩短前置时间；

⑤ 采用定期订货的方式，对其存货必须做定期检查；

⑥ 必须严格执行盘点，每天或每周盘点一次，以提高库存精确度；

⑦ 对交货期限加强控制，在制品及发货也须从严控制；

⑧ 货品放置于易于出入库的位置；

⑨ 实施货品包装外形标准化，增加出入库单位；

⑩ A 类商品的采购需经高层主管审核。

对 B 类商品的管理方法是：

① 采用定量订货的方式，但对前置时间较长或需求量有季节性变动趋势的货品采用定期订货方式；

② 每 2～3 周盘点一次；

③ 中量采购；

④ 采购需经中级主管核准。

对 C 类商品的管理方法是：

① 采用复合制或定量订货方式以求节省手续；

② 大量采购，以便在价格上获得优惠；

③ 简化库存管理手段；

④ 安全库存须较大，以免发生库存短缺；

⑤ 可交现场保管使用；

⑥ 每月盘点一次；

⑦ 采购仅需基础主管核准。

3.3.3　储存区域合理布局

1．面向通道进行保管

为使物品出入库方便，容易在仓库内移动，基本条件是将物品面向通道保管。

2．尽可能地向高处码放，提高保管效率

有效利用库内容积应尽量向高处码放，为防止破损，保证安全，应当尽可能使用棚架等保管设备。

3．根据出库频率选定位置

出货和进货频率高的物品应放在靠近出/入口等易于作业的地方；流动性差的物品放在距离出/入口稍远的地方；季节性物品则依其季节特性来选定放置的场所。

4．同一品种在同一地方保管

为提高作业效率和保管效率，同一物品或类似物品应放在同一地方保管，员工对库内物品放置位置的熟悉程度直接影响着出入库的时间，将类似的物品放在邻近的地方也是提高效率的重要方法。

5．根据物品重量安排保管的位置

安排放置场所时，当然要把重的东西放在货架的下面，把轻的东西放在货架的上面。需要人工搬运的大型物品则以腰部的高度为基准。这是提高效率、保证安全的一项重要原则。

储存策略

3.4.1　经济订货批量的概念

本节讨论最简单的存储模型，即需求不随时间变化的确定型存储模型，这类模型的相关参数如需求量、提前订货时间是已知确定的值，而且在相当长一段时间内稳定不变。显然这样的条件在现实经济生活中是很难找到的。实际上，只要我们所考虑的参数的波动性不大，就可以认为是确定型的存储问题。经过数学抽象概括的存储模型虽然不可能与现实完全等同，但对模型的探讨将加深我们对存储问题的认识，其模型的解也将对存储系统的决策提供帮助。

经济订货批量（Economic Order Quantity）是通过平衡采购进货成本和保管仓储成本核算，以实现总库存成本最低的最佳订货批量。经济订货批量模型又称整批间隔进货模型，该模型适用于整批间隔进货、不允许缺货的存储问题，即某种物资单位时间的需求量为常数 D，存储量以单位时间消耗数量 D 的速度逐渐下降，经过时间 T 后，存储量下降到零，此时开始订货并随即到货，库存量由零上升为最高库行量 Q，然后开始下一个存储周期，形成多周期存储模型。

由于需求量和提前订货时间是确定已知的，因此只要确定每次订货的数量是多少或进货间隔期为多长时间，就可以做出存储策略。由于存储策略是以使存储总费用最小的经济原则来确定订货批量，故称该订货批量为经济订货批量。

3.4.2　EOQ 模型

1. 模型假设

存储某种物资，不允许缺货，其存储参数如下。

T：存储周期或订货周期（年或月或日）；

D：单位时间需求量（件/年，或件/月，或件/日）；

Q：每次订货批量（件或个）；

C_1：存储单价物资单位时间的存储费（元/件年、元/件月、元/件日）；

C_2：每次订货的订货费（元或万元）；

t：提前订货时间为零，即订货后瞬间全部到货。

2. 建立模型

存储量变化状态如图 3-5 所示。

一个存储周期内需要该种物资 $Q = D \cdot T$，图中存储量斜线上的每一个点表示在该时刻的库存水平，每一个存储周期存储量的变化形成一个直角三角形，一个存储周期的平均存储量为 $\dfrac{1}{2}QT$，存储费为 $\dfrac{1}{2}C_1QT$，订货一次的订货费为 C_2。因此，在这个存储周期内存储总费用为 $\dfrac{1}{2}C_1QT + C_2$。

由于订货周期 T 是变量，所以只计算一个周期内的费用是没有意义的，需要计算单位

时间的存储总费用 C_z，即

$$C_z = \frac{1}{2}C_1Q + \frac{C_2}{T}$$

将 $T = Q/D$ 代入上式，得：

$$C_z = \frac{1}{2}C_1Q + \frac{C_2D}{Q}$$

显然，单位时间的订货费随着订货批量的增大而减小，而单位时间的存储费随着订货批量 Q 的增大而增大，存储量费用曲线如图 3-6 所示，可以直观看出，在订货费用线和存储费用线相交处，订货费和存储费相等，存储总费用曲线取得最小值。

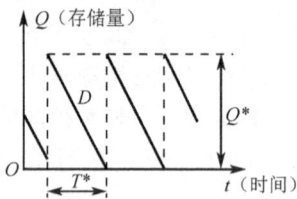

图 3-5　存储量变化状态　　　　图 3-6　存储量费用曲线

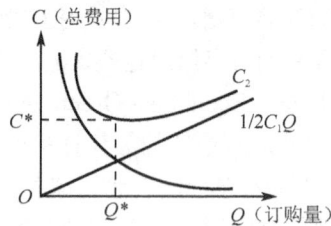

利用微分求极值的方法，令 $\dfrac{\mathrm{d}C_z}{\mathrm{d}Q} = \dfrac{1}{2}C_1 - \dfrac{C_2D}{Q^2} = 0$，即得到经济订货批量 Q^*：

$$Q^* = \sqrt{\frac{2C_2D}{C_1}}$$

由经济订货批量公式及 $Q^* = T^*D$，可得到经济订货间隔期：

$$T^* = \sqrt{\frac{2C_2}{DC_1}}$$

将 Q^* 的值代入式 $C_z = \dfrac{1}{2}C_1Q + \dfrac{C_2D}{Q}$，得到按经济订货批量进货时的最小存储总费用。

$$C^* = \sqrt{2DC_1C_2}$$

需要说明的是，前面在确定经济订货批量时，作了订货和进货同时发生的假设，实际上，订货和到货一般总有一段时间间隔，为保证供应的连续性，需要提前订货。设提前订货时间为 t，日需求量为 D，则订购点 $S = D \cdot t$，当库存下降到 s 时，即按经济订货批量 Q^* 订货，在提前订货时间内，以每天 D 的速度消耗库存，当库存 F 降到零时，恰好收到订货，开始一个新的存储周期。

另外，以实物计量单位如件、个表示物质数量时，Q^* 是每次应订购的物资数量，若不是整数，则四舍五入后取整。

对于以上确定型存储问题，最常使用的策略就是确定经济订货数量 Q^*，并每隔 T^* 时间即订货，使存储量由 s^*（往往以零计算）恢复到最高库存量 $S = Q^* + s$。这种存储策略可以认为是定量订购制，但因订购周期也固定，又可以认为是定期订购制。

【例 3-2】　某车间需要某种标准件，不允许缺货，按生产计划，年需要量 10 000 件，每件价格为 1 元，每采购一次的采购费为 25 元，年保管费率为 12.5%，该标准件可在市场上立即购得，问应如何组织进货？

解： 经济订货批量 $Q^* = \sqrt{\dfrac{2C_2D}{C_1}} = \sqrt{\dfrac{2 \times 25 \times 10\,000}{0.125}} = 2\,000$ （件）

经济订货周期 $T^* = \sqrt{\dfrac{2C_2}{DC_1}} = \sqrt{\dfrac{2 \times 25}{10\,000 \times 0.125}} = 0.2$ （年）$= 73$（天）

如以 D 表示某种物资的年需求量；V 表示该物资的单价；C_2 为一次订货费；r 表示存储费率，即存储每一元物资一年所需的存储费，则得到经济订货批量的另外一种常用形式：

$$Q^* = \sqrt{\dfrac{2DC_2}{rV}}$$

案例分析

某光电科技有限公司的仓储管理

某光电科技有限公司位于广东惠州金源工业区，它成立于 1998 年，是一家专业照明器材与电气装置产品制造商，它是行业的龙头企业。凭借优异的产品品质、卓越的服务精神，获得了客户的广泛认可与赞誉。为了适应新形势下的战略发展需要，公司对现有的客户关系网络进行了整合，在全国各地成立了 35 个运营中心，完善了公司供应链系统、物流仓储与配送系统以及客户服务系统。

该公司总部共有成品仓库 3 个，分别是成品一组仓库、成品二组仓库和成品三组仓库。它们是按产品的型号不同而将产品分放在不同的仓库。其中成品一组仓库位于一楼，目的是方便进/出货，所以那里存放的货物相对种类比较多一点，如筒灯、灯盘等，并且所有的外销品也存放在一组。成品二组仓库储存的主要是路轨灯、金卤灯、T4 灯、T5 灯及光源，公司的几大光源都存放在成品二组仓库。成品三组仓库主要存放特定的格栅灯、吸顶灯、导轨灯以及别的公司的一些产品。

资料来源：http://www.studa.net/guanliqita/100301/14310025-2.html

根据以上提供的资料，试做以下分析：

1．该公司仓库利用率如何？你有什么好的建议？
2．货位管理应遵循的原则有哪些？该公司是否遵循这些原则？
3．对于该公司的储存管理，你有什么好的产品储存管理方法？

复习思考题

1．简述储存的逆作用有哪些。
2．简述储存的任务和要求。
3．自动化仓库的优点和使用条件有哪些？
4．自动化分拣系统的特点和使用条件有哪些？
5．什么是储存管理合理化？要实现储存管理合理化，有哪些实施措施？

第4章

包装管理

学习目标

1. 了解包装的定义、各种功能;
2. 了解包装材料的特性、各种包装技术方法,了解包装机械的定义及作用;
3. 理解包装合理化的定义、主要表现,了解不合理包装的表现形式;
4. 掌握合理包装的基本要求,以及包装标准化的内容;
5. 掌握合理化包装的设计要点。

导入案例

包装材料重要吗

中药饮片的包装是药品储存、运输、流通中保证药品质量,使其不受污染的重要手段。药品管理法实施条例规定,生产中药饮片应当选用与药品性质相适应的包装材料和容器。国家药监局也重申,严禁选用与药品性质不相适应和对药品质量可能产生影响的包装材料。而实际市场上包装材料的选择,不是按照饮片的特性,采取不同包装材料和不同的包装形式,大部分饮片采用塑料薄膜袋包装,极易破损,而且标签粘贴不牢固,容易脱落。此外,大部分饮片是糖衣饮片,塑料薄膜根本不具备隔热效果,糖衣在夏季温度较高时易溶解,导致药性失效。

资料来源:《中医药临床杂志》,2009 年,21 卷第 1 期(有删改)

讨论及思考:

案例中谈到中药饮片的包装材料重要吗?你在现实生活中碰到了哪些类似的情况呢?

4.1 包装及包装功能

4.1.1 包装的定义

包装是物流系统中的一个子系统,是物流过程的起点,也是保证物流流动顺利进行的重要条件。合适的包装能够保护商品实体,便于集中、分割及重新组合,以适应多种装运条件及分货要求。包装材料的选用及包装技术的正确运用是包装合理化的基本条件。

我国在《包装通用术语》国家标准（GB 4122—83）中，给包装下的定义是：为在流通过程中保护产品，方便储运，促进销售，按一定技术方法而采用的容器、材料和辅助物等的总体名称。也指为了达到上述目的而采用容器、材料和辅助物的过程中施加一定技术方法等的操作活动。

美国包装学会对包装所下的定义是：符合产品的需求，符合最佳的成本，便于货物的运输、配销、储存与贩卖而实施的系统统筹准备工作。

因此，包装是指采用适当的材料，制成与物品相适应的容器，以便进行装卸、搬运、运输、保管和销售，使之不受外来因素的影响，顺利地实现商品的价值和使用价值。它在整个物流活动中具有重要的地位，其材料、形式、方法以及外形设计都对其他物流环节产生重要的影响。在社会再生产过程中，包装处于生产过程的最后和物流过程的开始，既是生产的终点，又是物流的始点。

4.1.2 包装的功能

包装是生产过程的最后一道工序，也是商品进入流通领域前必须采取的措施，与物流密切相关的主要包装功能包括兼具环保责任的保护功能、便利功能和促销功能。

1. 保护功能

从商品离开生产线到消费者手中，要经历包括消费者在内的不同的人搬运。包装的保护功能是包装功能中最基本也是最重要的功能，应使产品在此过程中不受各种外在因素的影响而损坏、变质。商品的流通必须符合法规规定的标准，包装必须起到其保护商品的作用，比如食品和鲜活商品，包装必须保证其化学成分稳定，以及其鲜活的生理特征；香水、高级糖果等，为了防止阳光照射导致的变质，必须做双层包装；易燃、易爆、易挥发、易腐蚀、易氧化的商品，应该进行特殊包装，并且打上危险标识和说明性文字，有利于储运、装卸、使用和保护环境。包装的保护功能主要实现以下目的。

（1）防止物资的破损变形。商品包装必须能承受在装卸、运输、保管等过程中的各种冲击、震动、颠簸、压缩、摩擦等外力的作用，形成对外力的防护，而且具有一定的强度。

（2）防止物资发生化学变化。商品包装必须能在一定程度上起到阻隔水分、潮气、光线以及空气中各种有害气体的作用，避免外界不良因素的影响，防止物资发生受潮、发霉、变质、生锈等化学变化。

（3）防止有害生物对物资的影响。物资包装应封闭严实，以防鼠、虫及其他有害生物对物资带来破坏，导致商品变质、腐败。

（4）防止异物混入、污物污染、丢失和散失。

2. 便利功能

包装的便利功能是指商品包装具有方便流通、方便消费的功能。在物流全程中，科学合理的包装会大大提高物流作业的效率和效果，具体体现在以下方面。

（1）便利运输。包装的规格、形状、重量与物品运输关系密切。包装尺寸与运输车辆、船、飞机等运输工具的作业箱、仓容积相吻合，可以方便运输，提高运输效率。

（2）便利装卸。包装的规格尺寸标准化后为集中包装提供了条件，可以极大地提高装载效率。商品出/入库时，包装的规格尺寸、重量、形态适合仓库内各种装卸、搬运机械的使用，有利于提高装卸、搬运效率。

（3）便利储存。从物品的验收角度看，商品包装上的各种标志，便于仓库管理者对商品进行识别、存放、盘点，有特殊要求的物品易于引起注意；易于开包、便于重新打包的包装方式为验收提供了方便性；定量包装的集合方法为节约验收时间、加快验收速度也会起到十分重要的作用。

（4）便于商家和消费者使用。尽管包装的基本功能是保护商品，但通过各种方式唤起消费者的购买欲望，满足消费者多方面需求，促进商品销售也日渐成为包装的一项重要功能。包装给消费者带来的对商品的好感和满足也是必要和不可或缺的。此外，合适的包装应当注意消费者在开启、使用、保管等方面的方便，如易拉罐、烟的硬盒包装、洗发水的开口等。

（5）方便处理，指部分包装应具有重复使用的功能。可以重复使用的包装不仅可以节约成本而且还可以减少对环境的污染。

3. 促销功能

包装是无声的推销员，精美、实用的包装是产品品牌和企业形象的有机组成部分。良好的包装以精巧的造型、合理的结构、醒目的商标、得体的文字及图案引发消费者的注意，激发消费者的购买欲望，并导致购买行为。此外，包装还可以表现商品的品质，是商家用于区分商品档次、区分价格的一个重要手段。通常可通过便携式、开窗式、喷雾式、成套式、易开式、透明式、分配盖式、压穿式等形式新颖、使用方便的包装来提高产品的档次和附加值，争取更大的市场份额。因此，包装的设计对于促进商品销售有重要的地位。

4.1.3 包装的分类

根据其功能、形态、用途、包装材料及内装物，可相应地对包装进行若干分类，目前，最常见的分类方式主要有以下几类。

1. 按包装功能分类

按包装功能分类主要有商业包装、工业包装和运输包装。商业包装是以促进商品销售为主要目的的包装，通过外包装的图案、文字、色彩等的美化，吸引消费者对产品产生兴趣，从而使其做出购买产品的行为。工业包装是生产企业对单件商品进行包装，主要目的是保护产品，防止产品变质、变形、污染、侵蚀，同时避免其在搬运、运输中受损等。运输包装是为了满足产品运输要求而实施的包装，它具有保障产品的安全，方便储运、装卸，加速交接、点验等作用。考虑运输包装时，必须综合考虑包装费用和损失成本，如玻璃等低价产品，允许有一定的损失率，没有必要为方便运输而投入过高的包装费用。

2. 按包装形态分类

按包装形态分类主要有逐个包装、内包装、外包装等。逐个包装指最终交到消费者手中的最小包装，这种包装一般突出包装的促销功能。内包装指包装货物的内部包装，主要是为了保护产品，防止产品受潮、受热或在运输中受损等。货物的外包装主要是为了便于运输、装卸和保管而对产品外部进行的装箱、捆绑等作业。

3. 按包装技术分类

按包装技术分类主要有防湿包装、防锈包装、缓冲包装、收缩包装、真空包装等，该分类同时体现了包装的不同目的。

4. 按包装材料分类

按包装材料分类主要有纸箱包装、木箱包装、玻璃瓶包装、塑料包装、金属包装等。

5. 按商品类别分类

按商品类别分类主要有食品包装、药品包装、蔬菜包装、机械包装、危险品包装等。

包装的分类方法有很多，了解各类包装的特点，选择不同的包装材料，以满足商品销售和运输的包装需求，是物流研究中很重要的内容。

4.2 物流包装技术

包装的优劣直接影响运输、装卸、仓储各环节效益的高低。选择合适的包装材料、设计合理的包装结构和采用正确的包装技术是实现物流优化的重要前提和坚实支撑，有利于物流系统的完善和发展。

4.2.1 包装材料

包装材料不仅影响包装的质量、被包装物的安全性，同时对物流成本也有很大的影响。因此，在考虑包装时，必须充分了解包装材料的性能、价格及被包装物的形态、流通方式、流通条件等，从而选定最适合的包装材料，使之既满足包装的要求，又不会造成不必要的浪费，进而降低物流成本。

一般的包装材料都有一定的吸湿、抗震、防光等性能，由于具有不同的物理、化学性能，不同的包装材料适用于不同用途的包装。目前，主要的包装材料有以下几种。

1. 纸及纸制品

纸及纸制品具有价格低廉、透气性好、化学性质稳定、无毒及本身重量较轻等特点，作为包装材料被广泛应用于各种货物的包装，但是由于纸及纸制品还存在抗压性差、防潮性差、防火性差等缺陷，所以它们常被用来与其他包装材料进行复合，以弥补其缺陷，制成性能良好的多功能包装材料。纸及纸制品一般包括以下几种。

（1）牛皮纸。具有一定的抗水性及韧性，主要用来包装书籍等。

（2）玻璃纸。一种半透明的纸制品，具有防油、防潮、防水等特性，主要用于油性物质的包装。

（3）植物羊皮纸。一种用硫酸处理过的纸制品，具有防潮、防湿、韧性强等特性。

（4）沥青纸、油纸、蜡纸。具有很强的抗油、防水、防潮等性能。

（5）瓦楞纸。具有抗震性、缓冲性，纸箱一般都是用瓦楞纸，以防止货物在运输中受到震动而损坏。

2. 塑料及塑料制品

作为包装材料，塑料的优势主要表现在：具有很好的抗拉、抗压等性能，可防潮，同时还具有良好的绝缘性和密封性，化学性质稳定，易于加工，价格低廉等。但是由于塑料的废弃物对环境会产生污染，所以通常被称为"白色垃圾"，而且有些塑料制品有毒，因此，在广泛使用塑料作为包装材料的同时也要考虑到废弃物的处理和有毒材料的应用范围。

目前，主要的塑料包装材料有以下几种。

（1）聚乙烯膜。一般的塑料薄膜，广泛用于各个领域的包装。

（2）聚丙烯编织袋。具有很好的抗拉性、韧性，且防水、防潮，主要用于石灰等建筑材料的包装。

（3）聚苯乙烯泡沫。具有很好的抗震性，一般用于货物的内包装，以防止货物在运输、搬运中受到震动而损坏。

（4）聚氯乙烯。一种有毒的塑料制品，但造价低廉，用于包装建筑材料等。

（5）钙塑材料。具有化学稳定性，耐高温，有良好的隔热性、耐水性，生活中放鸡蛋的盒子一般就是用钙塑材料制成的。

3. 木材及木制品

木材及木制品是长期以来最常用的包装材料，其优点是具有较强的抗冲击能力、易于加工、价格低廉、取材方便、不生锈、不易腐蚀、能够回收等，主要用于大型、重型商品的外包装和怕挤压的贵重物品的包装。木材及木制品由于资源消耗过多，容易造成资源浪费，同时易燃、易受虫蛀、干燥后易变形等，因此，近年来主要以人造板材等来取代纯木材和木制品作为包装材料，主要有胶合板、纤维板、密度板和复合木制板材等。

4. 金属材料

金属材料由于具有良好的机械强度和较强的抗冲击能力，可塑性和韧性都很好，因此，其作为包装材料可以保护货物不受损坏。另外，金属材料作为外包装材料，具有一定的光泽度，延伸均匀，所以外观也很漂亮，但是金属的加工工艺要求较高，又具有一定的导电和导热性，价格昂贵，因此，一般只有在特定情况下才被用作包装材料。如铝合金由于重量轻而被广泛用于航空货物的包装，航空集装箱也是由铝合金制成的；再如镀锡薄板（马口铁），由于其密封性较好、重量轻，所以被广泛用于饮料等食品的外包装。

5. 玻璃和陶瓷

玻璃和陶瓷的优点包括无毒无味、防渗透、防变味、防串味、绝缘性好、造价较低、易于加工等，因此它们被广泛用于调料、酒类、药类等食品的包装；陶瓷兼具很好的耐酸、耐碱性，因此它还被广泛用于化工原料、建筑材料的包装。但是由于两者都容易破碎，且体积较大、重量较重时，不便于装卸、搬运，因此在包装中也受到很大的局限，一般除特殊需要，应尽量避免采用这两种材料对体积大、批量大的货物进行包装。

6. 复合包装材料

复合包装材料由两种或两种以上不同特性的包装材料复合而成，取各自的优点，制成一种性能更好的新型包装材料。这样的包装材料由于充分考虑到节约资源、降低成本等问题，因此具有很好的发展前景。

4.2.2　包装操作业务

包装技术为商品包装服务，商品包装通常包括充填、封口、捆扎、裹包、加标和检重几项操作业务。

充填是将商品装入包装容器的操作。根据商品性质的不同，分为装放、填充与灌装三种形式。

封口是保证商品包装的密封性能。不同容器的密封性能要求不同，封口方法也不同，主要有黏合封口、胶带封口、插接封口、捆扎封口、铰接封口、装订封口、热熔封口、收缩封口、盖塞封口、焊接封口、卷边封口、压接封口、缝合封口、真空封口、胶泥封口、浸蜡封口等。

捆扎是将商品或包装件用适当材料扎紧、固定或增强的操作。捆扎的方法主要有直接捆扎、半包装捆扎、夹板捆扎、成件捆扎和密缠捆扎等。

裹包是用一层包装材料包覆商品或包装件。用于裹包的材料主要有纸张、纺织品、塑料薄膜等。裹包的方法主要有直接裹包、多件裹包、收缩包装、压缩捆包与卷绕裹包等形式。

加标就是将标签粘贴或拴挂在商品或包装件上。标签是包装装潢和标志。检重是检查包装内容物的重量，目前大多采用电子检重机进行检测。

4.2.3 包装的一般技术

在进行以上包装操作业务时，常常使用以下一般技术。

1. 对内装物合理放置、固定和加固

放置、固定和加固能达到缩小体积、节省材料、减少损失的目的。外形规则的产品要注意套装，薄弱的部分注意加固，包装内重力分布要均匀，产品与产品之间要隔离等。

2. 对松泡产品进行压缩

松泡产品占有包装的体积太大，导致运输、储存的费用增加。有效的方法是真空包装技术，可以大大缩小松泡产品的体积，便于运输和储存。

3. 合理选择外包装和内包装的形状和尺寸

当包装件需要集装箱运输，就存在包装件尺寸与集装箱尺寸之间的配合问题。在外包装的形状尺寸选择中，应该注意包装模数不要过大等。内包装属于销售包装，形状尺寸要和外包装尺寸配合。此外，内包装要有利于销售，包括有利于展示、装潢、购买和携带等。

4. 包装外的捆扎

捆扎的目的是将单个物件或多个物件捆紧，以有利于运输、储存和装卸。捆扎能压缩货物体积，从而减少保管费和运输费。对于体积不大的普通包装，捆扎一般在打包机上进行。对于托盘等集合包装，适合使用收缩薄膜包装技术和拉伸薄膜包装技术。

（1）收缩薄膜包装技术，是用收缩薄膜包裹物品，然后加热，使薄膜紧紧贴在物品上的技术。

（2）拉伸薄膜包装技术，是用机械装置在常温下将弹性薄膜围绕物品拉伸、裹紧，然后在末端进行封口的技术。

4.2.4 包装的特殊技术

除了包装的一般技术，根据包装物的性质和运输要求还需要采用一些特殊的包装技术，具体如下。

1. 防震包装技术

防震包装技术又称缓冲包装技术，可使被包装物在装卸、运输和仓储过程中，免遭冲

击和震动的损坏，在各种包装方法中占据十分重要的地位。

用于防震包装的材料是具有高度压缩和复原性的弹性材料，应具有弹性或黏弹性、良好的复原性、温湿度稳定性、吸湿性小等特性，也称缓冲材料。常用的防震材料有发泡聚合物类材料（聚乙烯泡沫塑料、聚氯乙烯泡沫塑料、聚苯乙烯泡沫塑料、聚氨酯泡沫塑料、聚丙烯泡沫塑料等），气泡塑料薄膜，橡胶类，木丝、藤丝、纸屑类以及纸浆模塑类缓冲材料等。

根据商品性质的不同，所需的防震水平也不尽相同。防震包装技术分为以下几种。

（1）全面缓冲包装技术。全面缓冲包装技术是将内装物的四周全部用缓冲材料包裹，而对内装物进行全面保护的一种包装方法。常采用充填、盆浆和现场发泡等技术措施。如图 4-1 所示为全面缓冲包装结构。

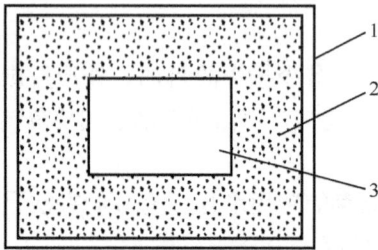

（2）部分缓冲包装技术。部分缓冲包装技术应用角衬垫、棱衬垫、侧衬垫对内装物进行保护。对于整体性好的产品和内包装容器的产品，可使用部分缓冲包装技术。部分缓冲包装的类型有面支承包装、角支承包装、棱支承包装、混合支承包装。如图 4-2 所示为角支承包装结构。

图 4-1　全面缓冲包装结构

1—外包装；2—缓冲材料；3—内装物

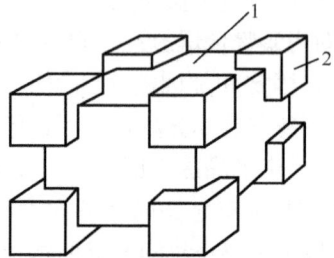

图 4-2　角支承包装结构

1—内装物；2—角衬垫缓冲材料

（3）悬吊式缓冲包装技术。悬吊式缓冲包装技术是用弹簧或橡皮带等把内装物和外包装箱连接起来，使得产品被吊装在坚固的包装容器内成浮动状态的技术。如图 4-3 所示为悬吊式缓冲包装结构。

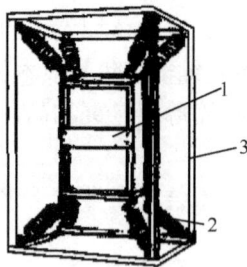

图 4-3　悬吊式缓冲包装结构

1—内装物；2—弹簧或橡皮带；3—外包装

2. 防潮包装技术

在商品流通过程中，不可避免地要受到环境潮湿程度的影响，严重者将会导致内装物变质和失效。防潮包装技术就是防止物品吸收环境湿气或排出自身水分造成质量下降的防护包装技术。根据商品本身包含的水分程度不同，防潮包装方法分为两大类。第一类是防止被包装物品增加水分而采用的包装方法，包括静态干燥方法和动态干燥方法两种；第二类是使内装物保持一定水分而采用的包装方法。具体如下。

（1）静态干燥方法是给包装内放入一定数量的干燥剂，吸去内部水分来防止内装物受潮的包装方法。其防潮能力取决于包装材料的透湿性、干燥剂的性质和数量，以及包装内空间的大小等。此方法常用于小型包装的防潮。

（2）动态干燥方法是采用降湿机，将干燥的空气输入包装内，同时将包装内的潮湿空气置换出来，从而使产品保持干燥状态。这种方法适合大型包装的防潮。

（3）使内装物保持一定水分的防潮包装方法一般多采用透湿率趋近于零的金属、玻璃、陶瓷或复合薄膜包装，并进行密封，保证内装物不会脱水变质。

3. 防锈包装技术

金属制品表面因大气锈蚀，会变色、生锈，降低使用性能，造成产品价值降低以致失效。防锈包装技术是为隔绝或减少大气中的水气、氧气和其他污染物对金属制品表面产生锈蚀而采用的包装方法。防锈包装技术与金属冶炼和制品加工的防锈技术不同，是用包装封存方法进行的暂时性防锈。在包装件内装物投入使用时，防锈包装材料还要求能顺利除去。防锈包装根据防锈等级要求的不同，一般有以下四种方式。

（1）制品本身采用防锈材料被覆或浸涂。

（2）制品本身采用防锈材料被覆或浸涂，并且对外包装采用防尘、防潮材料密封，允许透入微量水蒸气。此方法常用于钢铁、铜、铝合金、各种电镀件等产品，是使用最多的一种防锈包装方法。

（3）制品直接浸涂或包扎抗腐蚀的合成纤维织物等后，再浸涂可剥性塑料，在制品周围形成一层茧状塑料外壳，以达到防锈目的。此方法多用于小型金属制品。

（4）制品采用防锈材料被覆或浸涂，并且对外包装用防潮材料进行密封包装，在包装内放入干燥剂，也可在包装容器内充入氮气或干燥空气代替干燥剂，吸收透入的微量水分。

4. 防霉防腐包装技术

商品在流通各环节中都有被霉腐微生物污染的可能，如果周围有适合的环境条件，商品就会霉变或腐烂。常见的易发生霉变腐烂的商品有食品、干菜、干果、茶叶、卷烟、纺织品、针棉织品、塑料、橡胶制品、皮革制品、毛制品、纸及纸板等。防霉防腐包装技术就是为了防止或抑制商品发生霉腐变质，根据物品的性质和流通条件等要求采取的包装方法。

霉变或腐烂是由有机物构成的物品受霉腐微生物侵袭而导致变质的一种现象。霉腐微生物在物品上生长、繁殖、代谢的过程就是物品霉变腐烂的过程，一般经过受潮、发热、长霉、腐烂四个过程。针对这几个环节，目前防腐包装技术有以下几种方式。

（1）化学药剂防霉防腐。化学药剂防霉防腐主要是使用防霉防腐化学药剂将待包装产品、包装材料进行适当处理。通常可以将防腐剂直接加在某个生产程序，或者是将其喷洒或涂抹在商品表面，或者浸泡再包装。但是化学药剂难免会对商品质量带来不同程度的影响。

（2）气体防霉防腐。气体防霉防腐是使用具有挥发性的防霉防腐剂，利用其挥发产生的气体直接与霉腐微生物接触，杀死或抑制霉腐微生物的生长，以达到商品防腐的目的。由于气体防霉防腐是气体分子直接渗透到商品上，对其外观和质量不会产生太大影响，但使用这种技术要求包装材料和包装容器具有透气率小、密封性能好的特点。

（3）气调防霉防腐。气调防霉防腐是通过调节空气中氧的浓度，人为地造成一个低氧环境，从而抑制霉腐微生物生长的包装方法。

（4）低温防霉防腐。低温防霉防腐是通过控制商品的温度，使其低于霉腐微生物生长繁殖的最低界限，抑制酶的活性，从而抑制了微生物的呼吸、氧化过程，使其自身分解受阻。

5. 无菌包装技术

无菌包装技术是在被包装物、包装容器或材料、包装辅助材料的无菌情况下，在无菌环境中进行填充和封合的一种包装方法，常用于乳制品、果汁、饮料、食品及某些药品等，尤其是液态食品的包装。经过无菌包装的食品无须冷藏库储存、冷藏车运输、冷藏柜台销售，在常温下可以储存 12～18 个月不变质，从而能减少储运费用，延长产品的储存期。针对被包装物和包装容器或材料采取不同的灭菌技术。

（1）被包装物品灭菌技术包括超高温、短时间灭菌技术和巴氏灭菌技术两种。超高温、短时间灭菌技术是将食品填充并密封于复合薄膜制成的包装容器中，使其在短时间内保持135 ℃左右的高温，以杀灭细菌。巴氏灭菌技术是将食品填充并密封于包装容器后，在一定的时间内保持100 ℃左右的温度杀灭细菌。

（2）包装容器灭菌技术包括药物灭菌技术和紫外线灭菌技术两种。药物灭菌技术是使用杀菌力强、杀菌过程中不会生成或残留有害物质，并且对设备无腐蚀的药物进行灭菌。最常用的药物是过氧化氢，也称双氧水。紫外线灭菌技术是用紫外线照射微生物，使其新陈代谢发生障碍而失去繁殖能力，进而实现灭菌过程。

6. 危险品包装技术

交通运输及公安消防部门根据危险品的危险性质将其分为十大类，即爆炸性物品、氧化剂、压缩气体和液化气体、自燃物品、遇水燃烧物品、易燃液体、易燃固体、毒害品、腐蚀性物品、放射性物品等。对危险品的物流过程，要采用特殊包装技术方法予以防护。

（1）防毒包装技术

防毒包装的主要措施是包装严密不漏、不透气。比如，重铬酸钾（红矾钾）和重铬酸钠（红矾钠）有毒，其包装应采用坚固铁桶，桶口要严密不漏，制桶的铁板厚度不能小于1.2 mm；对有机农药类商品，应装入沥青麻袋，缝口严密不漏；用作杀鼠剂的磷化锌有剧毒，应采用塑料袋严封后再装入木箱中，箱内用油层牛皮纸、防潮纸或塑料薄膜衬垫，使其与外界隔绝。

（2）防蚀包装技术

对有腐蚀性的商品，要注意防止商品和包装容器之间发生化学变化。比如，包装合成脂肪酸的铁桶内壁要涂有耐酸保护层，防止铁桶被酸性物质腐蚀进而导致商品变质；包装氢氟酸不能用玻璃瓶容器，而应装入金属桶或塑料桶，然后再装入木箱。

（3）防燃、防爆包装技术

防燃、防爆包装用于易燃、易爆商品，如有强烈氧化性的，或遇有微量不纯物或受热即急剧分解引起爆炸的产品。防爆炸包装的有效方法是采用塑料桶包装，然后将塑料桶装入铁桶或木箱中，每件净重不超过 50 kg，并应有自动放气的安全阀，当桶内达到一定气体压力时，能自动放气。

7. 集合包装技术

集合包装又称组合包装，是将若干单个包装组合成一个大包装，可以简化内装物的安装、保证运输安全、降低劳动强度、提高储运效率、便于实现运输和装卸机械化。集合包装主要分为集装箱、托盘和集装袋包装。

（1）集装箱集合包装。集装箱能一次装入若干个内装物，具有安全、迅速、简便、节省人力和包装材料等优点，已成为集合包装的主要方式之一。大部分集装箱为密封式空箱，便于装运各种货物。用于特殊用途的集装箱，按需求不同设有通风、货架、空调等装置。

（2）托盘集合包装。托盘是方形或长方形扁平垫板，按用途可分为可重复用的托盘和一次性托盘；按材质可分为木制托盘、金属托盘、塑料托盘和瓦楞纸板托盘等。托盘集合包装就是将包装件或内装物通过捆扎、裹包或胶粘等方法固定在托盘上，形成组合包装单元，以便机械化作业的一种包装方式。

（3）集装袋集合包装。集装袋是一种大型的载重量在一吨以上的半散装货物的周转容器。其材料有涂胶布、树脂加工布和交织布等多种，要求结实耐用并柔软可叠。其形状为袋状，用来装粉状和颗粒物品，如淀粉、食盐、砂糖、化肥、饲料、水泥等。

8. 防伪包装技术

随着科学技术的不断发展，各种各样的防伪技术已在各种学科领域产生、发展并逐渐成熟，应用范围也日趋广泛。目前常用于包装行业的防伪技术主要有以下几种。

（1）条码技术。条码是通过国际或国家编码中心注册登记编发的原始条码胶片印制在商品包装上的标志，当经高检激光笔检测时，计算机会拒绝工作，其准确率达百万分之一到亿万分之一，防伪效果非常好，深受企业和用户欢迎，已在各种正规商品包装上采用。

（2）激光全息图像技术。激光全息图像技术是一种用激光进行全息照相的技术，在防伪包装上的应用主要是印刷防伪商标和标识。采用激光全息图像技术能使商标或标识的外观华丽精致，装饰性强，防复制性能强，识别时不用借助工具，只要在有光亮的地方就可看到二维或三维立体图形及彩虹效果。

（3）特种油墨印刷技术。油墨技术是印刷技术在防伪包装上的重要应用。它通过改变油墨的配方，或者在普通的油墨中添加一些特殊的敏感材料，如光敏材料、热敏材料、磁性材料等实现不同的防伪效果。特种油墨防伪技术很多，如可递变色油墨防伪技术、无色（隐形）荧光与磷光油墨防伪技术、有色荧光与磷光油墨防伪技术、热变（热敏）油墨防伪技术、金属油墨防伪技术、塑料凹印荧光油墨防伪技术等。

（4）金属隐形防伪技术。金属隐形防伪技术适用于金属或一切硬质包装防伪商标。在阳光或聚光照射下能将图文暗记反射出来。这一防伪技术脱离了传统印刷工艺，防伪性能极好并有装饰美化商品的效果，目前被广泛用于各种名酒的金属瓶盖上。

（5）激光光刻技术。激光光刻是利用高能量的激光在被印物表面聚焦将其烧灼刻印而成的，刻印的结果是被刻印的基材表面用激光刻出一个个凹下去的预定字符、图形等。

4.2.5　包装容器及标志

1. 包装容器

包装容器是指用于盛装物品的各种容器物。现代包装容器主要有包装袋、包装盒、包装箱、包装瓶和包装罐五大类。

（1）包装袋

按盛装重量分类，包装袋可分为以下三种。

① 集装袋。一般用纤维编织而成，顶部有金属吊架或吊环，便于起重机的吊装和搬运。集装袋的盛装重量多在 1 t 以上，卸货时可打开袋底的卸料孔，让货物直接从卸料孔流出，操作起来非常方便。

② 一般运输包装袋。大多是由植物纤维或合成树脂纤维编织而成，也有的是由几层挠性材料构成的多层包装袋，其盛装重量一般为 50～100 kg。

③ 小型包装袋。也称为普通包装袋，根据需要可用单层材料、多层同质材料或者多层不同材料复合而成，其盛装重量较小。

（2）包装盒

包装盒是一种刚性或半刚性容器，一般容积较小，呈规则的几何形状，有关闭装置。包装盒通常用纸板、金属、硬质塑料或者复合材料制成。包装盒可以是外形固定的，在使用过程中不能折叠变形；也可以是折叠式，在未盛装物品时，可折叠存放。

（3）包装箱

包装箱是刚性或半刚性容器，一般呈长方体箱形，内部容积较大，其材料通常为纸板、木材、金属、硬质塑料或复合材料等。常用包装箱的种类有如下几种。

① 瓦棱纸箱。采用具有空心结构的瓦棱纸板，经成型工序制成的包装容器。按外形结构分，瓦棱纸箱大体有折叠式、固定式和异类型三类。瓦棱纸箱的应用范围十分广泛，几乎包括所有的日用消费品，如水果、蔬菜、副食、针棉织品、玻璃陶瓷、化妆品、药品等，也包括自行车、家用电器、精美家具等中型器具。

② 木箱。作为传统的工业包装容器，虽在很多场合已逐渐被瓦棱纸箱取代，但木箱与瓦棱纸箱相比，仍具有一些不可替代的优越性。常见的木箱有木板箱、框板箱和框架箱三种。

③ 集装箱。一种密封性较好的大型包装箱，按载重量可以分为 5 t、10 t、20 t 和 30 t 等多种。集装箱属于大型集合包装。它既可以看作一种包装容器，也可以看作运输工具的一部分，被广泛应用于现代物流的各个环节之中。

④ 塑料箱。自重轻，耐蚀性好，可装载多种物品，并可反复使用，较适合短途运输。塑料箱特别适合于那些产销挂钩、快进快出的商品，例如，用作饮料、肉食、豆制品、牛奶、糕点、禽蛋等的周转箱。

（4）包装瓶

包装瓶主要盛装液体和粉状物品。包装瓶的包装量一般不大，适合于盛装需要美化装潢的商品，主要用作商业包装或内包装。包装瓶的制作材料要有较高的抗变能力，对刚性和韧性的要求也较高。包装瓶按其外形的不同可分为圆瓶、方瓶、高瓶、矮瓶、异形瓶等若干种；按瓶口与瓶盖的封盖方式分类，有螺纹式、凸耳式、齿冠式、包封式等。

（5）包装罐（筒）

包装罐（筒）是指各处横截面形状大致相同，且颈部较短或根本没有颈部的一种包装容器。包装罐是刚性包装的一种，对包装材料的强度要求较高，所以罐体的抗变形能力也较强，通常还带有可密封的罐盖。包装罐是典型的运输包装，适合于盛装液体、粉状及颗粒状物品，有时也可用作外包装、商业包装盒内包装。

包装罐（筒）按容量分有小型包装罐、中型包装罐和集装罐三种；按制造材料分有金属罐和非金属罐两大类。

2. 包装标记和包装标志

（1）包装标记

包装标记是根据物资本身的特征用文字和阿拉伯数字等在包装上标明规定的记号。

① 一般包装标记，已成为包装的基本标记。它是指在包装上写明物资的名称、规格、型号、计量单位、数量（毛重、净重、皮重）、长、宽、高、出厂时间等说明。对于使用时效性强的物资还要写明储存期或保质期限。

② 表示收发货地点和单位的标记。这是注明商品起运、到达地点和收/发货单位的文字记号，反映的内容是收/发货具体地点（收货人地点、发货人地点，收货到站、到港和发货站、发货港等），收/发货单位的全称。对于进口物资，中华人民共和国对外贸易经济合作部还统一编制了向国外订货的代号，称为收货人唛头。这种标记主要有三方面的作用：第一加强保密性，有利于物流中商品的安全；第二减少了签订合同和运输过程中的翻译工作；第三在运输中起导向作用，可减少错发、错运事故。

③ 标牌标记。在物资包装上钉打说明商品性质特征、规格、质量、产品批号、生产厂家等内容的标识牌。标牌一般用金属制成。

（2）包装标志

包装标志是用来指明被包装物资的性质和物流活动安全以及理货分运的需要进行的文字和图像的说明。

① 指示标志。用来指示运输、装卸、保管人员在作业时需注意的事项，以保证物资的安全。这种标志主要表示物资的性质，物资堆放、开启、吊运等方法。根据国家标准（GB 191—2008）规定，在有特殊要求的货物外包装上粘贴、涂打、钉附不同名称的标志，如向上、防潮、小心轻放、由此吊起、由此开启、重心点、防热、防冻等。

在国际物流中则要求在包装上正确绘制货物的运输标志和必要的指示标志。标志至少应包括下列内容：

● 目的地：收货人的最终地址、中转地点、订货单号；

● 装卸货指示标志，特别是对易碎商品，更应在包装上标记出装卸措施的方向以防商品损坏。

② 危险品标志。用来表示危险品的物理、化学性质，以及危险程度的标志。它可提醒人们在运输、储存、保管、搬运等活动中引起注意。

3. 包装标记和包装标志的要求

（1）必须按照国家有关部门的规定办理。我国对物资包装标记和标志所使用的文字、符号、图形以及使用方法等都有统一的规定。

（2）必须简明清晰、易于辨认。包装标记和标志要文字少、图案清楚、易于制作、一目了然、方便查对。标记和标志的文字、字母及数字号码的大小应和包装件的标记和标志的尺寸相称，笔画粗细要适当。

（3）涂刷、拴挂、粘贴标记和标志的部位要适当。所有的标记和标志，都应位于搬运、装卸作业时容易看得见的地方。为防止在物流过程中某些标志和标记被抹掉或不清楚而难以辨认，应尽可能地在同一包装物的不同部位制作两个相同的标记和标志。

（4）要选用明显的颜色做标记和标志。制作标记和标志的颜色应具备耐温、耐晒、耐摩擦等性能，以及不发生褪色、脱落等现象。

（5）标志的尺寸一般分为三种：用于拴挂的标志为 74 mm×52.5 mm；用于印刷和标打的标志为 105 mm×74 mm 和 148 mm×105 mm 两种。必须说明的是特大和特小的包装不受此尺寸限制。

4.3　包装机械

4.3.1　包装机械的定义

包装机械就是完成包装过程的机器，包装过程包括充填、裹包、封口等主要包装工序以及与其相关的前后工序，如清洗、堆码和拆卸等。此外还包括盖印、计量等附属设备。真空包装机、船体包装机、液体灌装包装机、粉末包装机等都属于包装机械。

4.3.2　包装机械的作用

1. 提高劳动生产率

用机械包装代替手工包装，能大大提高劳动生产率。

2. 确保包装质量

机械包装使产品不与人体直接接触，保证了诸如食品、药品的清洁卫生及金属制品的防锈。机械包装计量准确、包装紧密、外形整齐美观、包装质量稳定。

3. 降低劳动强度，改善劳动条件

机械包装使工人从繁重的体力劳动中解放出来，降低了劳动强度，改善了劳动条件。

4. 降低劳动成本，减少流通费用

包装规格化、标准化，能适合集装箱、托盘、火车、轮船等各种运输条件和装卸方法。有些松泡商品，例如棉花、羽毛和某些服装、针棉制品等，经采用压缩包装机预压包装可以大大缩小包装件的体积、节省包装材料、降低包装成本；在运输时缩小空间、节省运输费用；在储存时节省仓容、减少保管费用、增加仓库的储存量。

4.3.3　包装机械的分类

目前对包装机的分类方法很多，常用的分类方法是按包装工序来进行分类。包装工序有裹包、灌装、充填等，完成这些包装工序的包装机械称为包装主机。另外还有洗涤、烘干、检测、输送和堆垛工作的辅助包装机械。

1. 裹包包装机械

裹包包装机械用于包装块状产品，按照裹包的不同工艺可分为扭结式包装机、折叠式包装机、信封式包装机、拉伸式包装机等。

2. 充填包装机械

充填包装机械用于包装粉状、颗粒状的固态物品，包括直接充填包装机和制袋充填包装机两类。

3. 灌装包装机械

灌装包装机械用于包装流体和半流体物品，按照灌装产品的工艺可分为常压灌装机、真空灌装机、加压灌装机等。

4. 封口机械

封口机械用于各种包装容器的封口，按封口的不同工艺又可分为玻璃罐加盖机械（压盖、旋差等）、布袋口缝纫机械、封箱机械、塑料袋和纸袋的各种封口机械。

5. 贴标机械

贴标机械用于将商标纸或标签粘贴于包装件上。

6. 捆扎机械

捆扎机械有带状捆扎机、线状或绳状捆扎材料的结扎机等。

7. 热成型包装机械

热成型包装机械按加工工艺的不同分为袍罩包装机和贴体包装机。

8. 真空包装机械

真空包装机械按其抽真空后能否充入不活泼气体分为真空包装机和充气包装机两种。

9. 收缩包装机械

收缩包装机械除了有可作单件或多件产品销售包装的小型收缩包装机，还有用于将托盘包装在内的运输包装的大型收缩包装机。

10. 其他包装机械

除上述几类包装机械外，还有洗瓶机和烘干机、检验包装材料和规格的检测机、盖印机等，这些单机一般和其他包装机联合成包装机组。

4.3.4 包装机械的基本结构

1. 进给机构

包装机械的进给机构包括被包装产品的进给和包装材料或容器的进给。被包装物和进给材料需要整齐排列，是振动式装置送料。

2. 计量装置

为了保证包装工作不间断地进行，在物料供送前或供送过程中，计量装置是用来计量供给的。计量方法主要有容量（积）计量法、称重计量法、计数计量法和重量计量法。

3. 传动机构

传动机构起着动力传递的作用，直接驱动各执行机构运动，完成包装作业，在包装机械中占有重要地位。

4. 输送装置

输送装置是包装机械上的主要部件，其任务是将待包装物品和已包装好的产品，从一个工位运到另一个工位上或从外部结构上把自动线上的各台单机相连，最后把包装制品输送入库。

5. 动力部件

动力部件有电动机、液压泵、压缩机以及作原动力的气缸、液缸等，以电动机最为普遍。

6. 控制系统

按被控制对象的状态不同，控制系统分为流动自动化控制和机械自动化控制。流动自动化控制主要是以连续进行变化的液体或粉状物等为对象，对其温度、流量、压力、料位等参数进行长期的连续定量控制。机械自动化控制主要以固体作为控制对象，对它们的位置、尺寸、形状、姿势等因素进行定性的间断性控制。

4.3.5　几种常见的产品包装机械

1. 填充包装机械

（1）装箱机械。以纸箱为主。根据机械工作的程序不同，有的是已装订成型的平整纸箱，有的则是未装订接口的瓦楞平板，在包装过程中一边填装产品，一边黏合接口。

（2）灌装机械。灌装液体与半液体产品或液体与固体混合制品的机械，灌装所用容器主要有桶、罐、瓶、听、软管等。按照灌装产品的工艺可分为常压灌装机、真空灌装机、加压灌装机等。灌装机械通常与封口机、贴标志机等连接使用。

（3）填充机械。主要指填充干燥粉状、颗粒状商品于盒、瓶、罐中的机械。因被装产品不同，机械的结构也不相同。对于刚性或半刚性容器（瓶或罐），是由各种抬板、推板和链板的传送带自动送入填充装置。填充机包括直接填充机和制袋填充机两种。直接填充机是利用预先成型的纸袋或塑料袋进行填充，也可以直接填充于其他容器。制袋填充机则既要完成袋容器的成型，又要完成将产品填充入容器内。

2. 裹包和捆扎机械

裹包和捆扎机械以及加标机械不同于填充机械，它们是直接使用材料来包装产品的。

（1）裹包机械，又称挠性材料裹包机械。裹包机主要用于包装单件商品，也有用于包装多件商品的。常见的裹包机有扭结式包装机、枕式包装机、信封式包装机和拉伸式包装机等。

（2）捆扎机械。供纸箱、木箱或包封物品，利用纸、塑料、纺织纤维和金属的绳、带进行捆扎的机械。捆扎机的种类繁多，类型各异，大小也不相同。根据被捆扎产品的特点和捆扎要求不同分为带状捆扎机、线状或绳状捆扎机等。

（3）贴标机械。主要用于在容器上加标。加标机械由于标签有未上胶和上胶两种，措施方法也有所不同。

（4）封口机械。用于各种包装容器的封口。按封口的工艺分为玻璃加盖机械、布袋口缝纫机械、封箱机械、各种塑料袋和纸袋的各种封口机械。

3. 包装技术机械的种类

由于收缩、拉伸和热成型等包装机械与塑料包装材料和包装容器的工艺特性密切相关，因而统称为包装技术机械。

（1）收缩包装机械。经过拉伸的热收缩薄膜包装产品，对薄膜进行适当的加热处理，使薄膜收缩而紧裹物品的包装机械。这种包装机械的最大特点是通用性，适合各种形状产品的包装，特别是不规则的产品包装。它可以简化包装过程，并有紧贴透明、富于弹性、整洁卫生等良好的包装效果，同时还有包装体积小、成本低、可进行集合包装的优点。收缩包装机械的收缩膜由上、下两个卷筒张紧，产品由机械部件推向薄膜，薄膜包裹产品后，由封口部件将薄膜的三面封合，随后由输送带输送，通过加热装置，紧裹产品，冷却后收缩包装。

（2）热成型包装机械，又称吸塑包装机械。根据成型工艺的不同，可分为泡罩式包装机、贴体包装机、热压成型填充机和真空包装机等。热成型包装机可以连续或间歇地将聚氯乙烯等塑料薄膜（薄片）靠真空和压缩成型为泡罩或盘状，当包装产品自动装进泡罩或盘内，并热合于纸板或铝箔上后，再冲裁成一定形状的片状，形成这种特殊的包装形态。热成型包装具有透明美观，包装内的产品清晰可见，并有防潮、隔气和防渗透等方面的优点，因此热成型包装机械的应用范围十分广泛。

（3）拉伸包装机械。依靠机械装置在常温下将弹性塑料薄膜围绕着待包装产品件拉伸、裹紧，并在末端进行封合的一种包装机械。这种包装机械一般是为集装在托盘上成堆的包装而设计的，所用的塑料为聚乙烯薄膜。

4.4　包装合理化

包装是物流工程的一个重要环节，也是促进销售的一种手段。在满足消费者各项需求的基本原则和要求下，包装要符合商品物流和销售的合理化要求。

4.4.1　包装合理化的定义

从狭义来说，包装合理化是指在包装过程中使用适当的材料和适当的技术，制成与物品相适应的容器，节约包装费用，降低包装成本，既满足包装保护商品、方便储运、有利于销售的要求，又提高包装的经济效益的包装综合管理活动。从广义来说，包装合理化不仅包括狭义定义中所涉及的产品流通、销售范围内的有关问题，还包括更大范围内诸如国家社会法规、废弃物治理、资源利用等有关方面的问题。

4.4.2　包装合理化的主要表现

1. 包装的轻薄化

由于包装只是起保护作用，对产品使用价值没有任何意义，因此在强度、寿命、成本相同的条件下，更轻、更薄、更短、更小的包装，可以提高装卸、搬运的效率。

2. 包装的单纯化

为了提高包装作业的效率，包装材料及规格应力求单纯化，包装规格还应标准化，包装形状和种类也应单纯化。

3. 符合集装单元化和标准化的要求

包装的规格与托盘、集装箱关系密切，也应考虑到与运输车辆、搬运机械的匹配，从系统的观点制定包装的尺寸标准。

4. 包装的机械化与自动化

为了提高作业效率和包装现代化水平，各种包装机械的开发和应用是很重要的。

5. 与其他环节的协调配合

包装是物流系统组成的一部分，需要和装卸、搬运、运输、仓储等环节一起综合考虑、全面协调。

6. 有利于环保

包装是产生大量废弃物的环节，处理不好可能造成环境污染。包装材料最好可反复多次使用并能回收再生利用；在包装材料的选择上，还要考虑不对人体健康产生影响，对环境不造成污染，即所谓的"绿色包装"。

4.4.3 不合理包装的表现形式

1. 包装不足

包装不足可以造成在流通过程中的损失及降低物流效率。包装不足主要包括以下四个方面。

（1）包装强度不足，导致包装防护性不足，造成被包装物在堆码、装卸、搬运等物流过程中的损失。

（2）包装材料选择不当，材料不能很好地承担运输防护及促进销售的作用。

（3）包装容器的层次及容积不足，缺少必要层次与所需体积不足造成损失。

（4）包装成本过低，不能保证有效的包装。

2. 包装过剩

包装过剩是一种功能过剩的商品包装，其表现形式是耗用材料过多、分量过重、内部容积过大、体积过大、用料过当、装饰过华、成本过高等。具体如下。

（1）包装物强度设计过高，如包装材料截面过大等，从而使包装防护性过高，大大超过需要强度。

（2）包装材料选择不当，材料质量过高。例如，可以用纸板却采用镀锌、镀锡材料等，造成浪费。

（3）包装技术过高，包装层次过多，包装体积过大。

（4）包装成本过高，一方面可能使包装成本支出大大超过减少损失可能获得的效益；另一方面，包装成本在商品成本中比重过高，损害了消费者利益。

3. 包装污染

包装污染主要体现在如下两个方面。

（1）包装材料中大量使用的纸箱、木箱、塑料容器等，需要消耗大量的自然资源。

（2）使用一次性、豪华性包装材料，甚至采用不可降解的包装材料，严重污染环境。

4. 包装标准不一致

如果没有建立企业物流统一的包装和运作标准，就会使得各种物流包装各具特色，物流容器彼此不相容，无法做到单元化、标准化和通用化。另外，不同时期的包装标准如果缺乏衔接，不同物品、物料的包装标准不一，相同物品的不同供应商包装标准不一致，等等，都会增加包装在物流过程中的管理难度，降低物流系统的效益。

4.4.4 合理化包装的基本要求

合理化包装是一个系统工程，不仅要考虑包装设计本身，更重要的是应着眼于商品流通和销售的全局，兼顾物流系统的相互关系。这种合理化往往需要用整体物流效益与微观包装效益的统一来衡量，也包括对包装材料、包装技术、包装方式的合理组合及运用。其具体内容如下。

（1）根据物流过程的实际流通状况，发挥包装最基本的保护功能，妥善保护内装商品，使其能承受流通过程中的各种考验，质量不受损伤。

（2）实行包装标准化。包装标准化是以包装为对象开展标准化活动的全过程，是实现科学、合理化包装的技术基础，有利于提高包装质量，促进企业合理利用资源和原材料，提高包装制品的生产效率，促进包装技术和国外贸易的发展。

（3）协调与生产的关系。包装的生产要和商品的生产一致，防止包装的堆积，选用包装时要考虑包装材料和包装技术。

（4）注意装卸及搬运的方便性。包装的容量要适当，包装的标志要清楚，以便于装卸和搬运，减少运输过程中的损耗，提高效益。

（5）考虑消费者的人格因素，严格遵守国家标准《GB/T 17306—2008 包装 消费者的需求》规定的消费品包装为满足消费者的需求应遵循的基本原则和要求。

（6）注意绿色环保性。包装材料的选择要符合环保要求，不对人体健康产生影响，不对环境造成污染。

4.4.5 包装标准化的内容

包装标准化的主要内容包括以下六个方面。

（1）包装基础标准化，主要包括包装术语、包装尺寸、包装标志和包装管理标准化。

（2）包装材料标准化，主要包括各类包装材料，如纸、纸板、塑料薄膜、木材标准化等。

（3）包装容器标准化，主要包括各类包装容器，如桶、瓶、袋、纸箱和木箱等的标准化。

（4）包装技术标准化，主要包括包装专用技术、包装专用机械和各种包装防护技术的标准化。

（5）产品包装标准化，主要包括按商品行业划分的包装技术条件、检查验收、专用检查方法、储运要求和标识等。

（6）相关标准，包括和包装关系密切的标准，如集装箱技术条件和尺寸，还有托盘技术条件和尺寸等。

4.4.6 合理化包装的设计要点

1. 根据产品特性设计包装

包装设计要符合被包装产品的特性，主要包括它的物理属性、化学属性和生物学属性。根据其各方面的属性确定保护等级要求，选择包装材料、容器、技法和标识等。具体如下。

（1）了解产品的性质、尺寸、结构、重量和组合数，用来决定采用什么类型的包装或决定是否需要包装。

（2）根据产品的形状、脆性、表面光洁度和耐腐蚀性选择内衬件或缓冲件。

（3）根据产品的价值或贵重程度决定保护措施及水平。

（4）根据内装物材质合理选择包装材料和容器，以防发生相互作用。

（5）考察不同内装物放在一起，有无造成污染的可能性，以此来决定包装的方法。

（6）了解产品的膨胀特性、通风通气要求，看是否有必要提供空间或空隙。

2. 根据物流环境设计包装

包装在物流环境下发挥作用，合理化包装必须满足物流环境的要求。因此，包装设计时需认真考察物流环境，应该注意以下四方面的环境因素。

（1）根据整个路途的社会环境设计包装，例如，整个路程是否跨越国境线；沿途是途经车站还是港口，是城市还是村庄，等等。如对于途经村庄的路途，则应提高防震保护的级别，否则容易出现包装物损坏。

（2）针对不同的运输方式采用不同的包装策略，从材料选择、包装方式上加以区别。了解是公路、铁路、海运、江河还是人工或畜力运输，弄清楚运输工具的类型、震动、冲击等因素，了解道路路面情况是否适用集装箱运输等。

（3）根据装货、卸货的预计次数和特点，流通中转及目的地，装卸条件的机械化，搬运操作的文明程度，中途存放日期和条件等搬运、装卸及库存情况设计包装。

（4）根据整个路途的自然环境设计包装，弄清楚温度、相对湿度的可能范围，有无凝结水珠的可能性，是否有暴雨袭击，是否会受海水侵害，所经受大气压的范围，尘土、空气污染等情况。

3. 注意包装各种功能的平衡

包装合理化要在合理保护产品安全的基础上，尽量降低包装成本和减少物流费用。一方面，包装保护功能的提高将减少运输、储存费用，也将减少物流管理费用；另一方面，包装保护功能的提高将导致材料费、设备费、人工费、技术引进等费用的增加，结果是包装费用的增加。为了求得上述功能间的合理平衡，需要在设计时考虑技术和经济的综合效果，在使产品可靠地从生产厂家到达用户手中的基础上，尽量降低物流费用，保持技术和经济之间的平衡。

案例分析

肉类食品走向市场的最后一个环节就是包装

禽肉是亚洲地区饮食中主要的蛋白质来源，大多数超市中的零售包装只是简单的打钉塑料袋或者保鲜膜/托盘包装，一个更符合卫生、食品安全、贩售标准的禽肉包装——热封口真空收缩包装袋的出现，对于日渐重视生活品质和安全的亚洲零售食品市场来讲是非常重要的。

在鲜肉零售包装出现之前，生鲜禽肉通常给人湿黏、有异味、不易储藏保存的印象。使用了打钉 PE 袋全机包装和保鲜膜（PVC）托盘分切机包装后，可以大大减少在运送和零售贩卖时造成的二次污染，确实有效地改善了零售生鲜禽肉的卫生条件，包装生鲜禽肉在市场上备受欢迎。但是，简单的零售包装，如松垮的打钉 PE 袋全机包装和保鲜膜（PVC）托盘分切机包装，唯有在严格的全程温度控管和小心地运送过程下，才能勉强维持其外观和质量，并不能满足零售市场的需要，因为这种包装形式很容易由于一时控管不周而产生消费者以及零售商都无法接受的血水外漏现象，同时也不适合作为冷冻产品的包装，保存期限也相对较短。

真空收缩袋提供的真空包装，紧包在产品上犹如第二层皮肤，而且会使肉类产品拥有亮眼的外观，减少不收缩真空袋发生的诸如血水等问题，紧实的封口方式可防止血水的外漏，适合应用于冷冻产品。包装袋紧贴产品可以避免袋中结霜、脱水干燥等情况，大大改善了生鲜禽肉在货架上卖相的美观程度，使其外形更加诱人，自然也就更受消费者欢迎。但是，生鲜禽肉若以普通的真空袋进行包装，禽肉皮上的特殊细菌（Pseudomonas）会在低氧状态进行无氧呼吸，产生二氧化硫。如果储存温度超过 2 ℃，那么累积在袋中的二氧化硫就会快速增加，进而产生近似于腐败的异味。针对现在零售卖场展售柜温度常常会超过 4 ℃的情况，保鲜禽肉包装袋应特别设计以适度透氧材质制成的包装袋，能够在延长保存期限的同时避免异味产生。此外，真空收缩袋所提供的紧密包装能防止包装外的水渗入，也可以防止血水外漏，以这种形式包装的保鲜禽肉在冷却步骤上可以使用较有效率的冷盐水（Brine Chilling Water）或液态乙二醇（Liquid Glycol）浸泡的降温方式，达到快速降温的目的，将肉温快速地降至-2 ℃以下，防止细菌滋生，减少污染的机会，延长保存期限，保证食品的安全性。优质的保鲜禽肉包装袋还必须具有耐磨的特性，保障产品从装箱运送到上架零售的过程中包装保持完整无损，且光亮如新。鲜肉被真空包装后，进行收缩是重要的一环。收缩可以排除毛细血管吸水现象，减少渗水；可以使包装紧贴，明显改善产品外观，同时即使包装不慎破损，也能减少损失；可以增加包装强度，提高阻隔性和抗穿刺能力，并改善封口强度。适于鲜肉包装的高阻隔收缩包装膜是多层共挤加工而成的，主要具有高阻氧阻水汽性能、高热水收缩率以及抗穿刺能力，在封口处有较强的抗油脂能力，可以避免封口污染造成的漏气。

真空收缩包装所提供的长久保质期可以大大扩展肉类加工厂的销售空间，有实力的企业将能够占领中长距离以外地区的市场，无论是内销或者出口。对零售商来说，由于所有去骨、分割及包装都已经在生产线上完成，只需开袋、切片/段再放上货架，销售成本大大降低，周转速度大大加快。由于禽肉类商品具有易氧化、易串味、需冷藏等特点，使得针对这类商品的包装需采用特种包装技术，不仅是为了方便流通和销售，更是为了食品的安全和消费者的利益。

资料来源：物流包装和流通加工案例.百度文库，
http://wenku.baidu.com/view/668f03c59ec3d5bbfd0a748b.html（有删改）

根据以上提供的资料，试做以下分析：

1. 除收缩包装以及真空包装外，还有哪些属于特种包装技术？

2. 对禽肉商品采用真空收缩包装相比于打钉 PE 袋全机包装以及保鲜膜（PVC）托盘分切机包装有哪些优势？

3. 除禽肉商品外，在超市中你还发现哪些商品是采用真空收缩包装的？为什么它们需要采用这种包装技术？

复习思考题

1. 包装的定义是什么？

2. 简述包装的各种功能。

3. 试对各种包装材料的特性进行简述。

4. 什么是包装合理化？试以实例说明包装活动中存在的不合理现象。

5. 简述合理化包装的设计要点。

第5章

装卸搬运

1. 了解装卸搬运的基本内容，包括装卸搬运的概念、作业内容和要素、特点；
2. 了解装卸搬运的设备种类，了解装卸搬运作业的不同分类方式；
3. 掌握装卸搬运作业的基本原则和组织原则；
4. 掌握装卸搬运合理化的要求。

为什么装卸搬运会成为企业发展的瓶颈

云南双鹤医药有限公司是北京双鹤这艘医药航母部署在西南战区的一艘战舰，是一个以市场为核心、现代医药科技为先导、金融支持为框架的新型公司，是西南地区经营药品品种较多、较全的医药专业公司。

虽然云南双鹤已形成规模化的产品生产和网络化的市场销售，但其流通过程中物流管理严重滞后，搬运设备的现代化程度低，只有几个小型货架和手推车，大多数作业仍处于人工作业为主的原始状态，工作效率低。这严重阻碍了物流服务的开展，成为公司业务发展的瓶颈。此外，仓库设计得不合理，造成长距离的搬运，库内作业流程混乱，形成重复搬运，大约有 70% 的无效搬运。这种过多的搬运次数，损坏了商品，也浪费了时间。

资料来源：http://info.10000link.com/newsdetail.aspx? doc =2010052990010

讨论及思考：

你认为案例中云南双鹤医药有限公司在物流管理中存在哪些问题，这些问题会带来什么样的结果？

装卸搬运是物流活动中的重要环节，其基本功能是改变物品的存放状态和空间位置。在整个物流过程中，装卸搬运是不断出现和反复进行的活动，它出现的频率高于其他各种物流活动，同时每次装卸搬运都要占用很多的时间、消耗很多的劳动。无论在生产领域还是在流通领域，装卸搬运都是影响物流速度和物流费用的重要因素。为了应对现代社会的装卸搬运作业、提高物流的效率、降低物流的成本，必须对装卸搬运行业进行有效的组织，实现其作业合理化。

装卸搬运概述

5.1.1　装卸搬运的概念

　　装卸搬运是指在同一地域范围内进行的，以改变物品的存放状态和空间位置为主要内容和目的的活动。物品存放的状态和空间位置是密切相联、不可分割的。在物流活动中，如果强调存放状态改变，则一般用"装卸"一词反映，比如在保管货物时，从仓库或工厂出/入库的装卸作业等；如果强调空间位置改变，则常用"搬运"一词反映，比如工厂、配送中心、机场中以水平移动为主的搬运作业。在实际操作中，装卸和搬运密不可分，相伴而生。在很多情况下，单称"装卸"或"搬运"实际既包含装卸作业也包含搬运作业。因此，在物流科学中并不过分强调两者的差别，而是将它们作为一种活动来对待。

　　无论在生产领域还是在流通领域，装卸搬运都是影响物流速度和物流费用的重要因素。在生产领域中，装卸搬运作业是生产过程中不可缺少的组成部分，成为直接生产的保障系统。在流通领域，一方面，物流过程各环节之间的衔接，以及同一环节不同活动之间的联系，是通过装卸搬运作业有机地结合起来的；另一方面，各种不同的运输方式的联合运输，也是通过装卸搬运作业才得以实现的。在整个物流过程中，装卸搬运是不断出现并反复进行的，出现的频率高于其他各项物流活动，所消耗的人力也很多，其费用在物流成本中所占的比重也较高。此外，装卸搬运操作时往往需要接触货物，容易造成货物破损、散失、损耗等损失，是需要重点关注的物流环节。

5.1.2　装卸搬运作业的基本内容和要素

1. 装卸搬运作业的基本内容

（1）堆放拆垛

　　堆放是指把货物按要求状态装上、装入指定位置的作业；拆垛则是其逆向作业，是指卸下、卸出货物的作业。

（2）分拣配货

　　分拣是在堆垛作业后或配送作业前，将货物按品种、流向进行分类，再放到指定地点的作业；配货则是把货物从所在位置按品种、发货目的地进行分类的作业。

（3）搬运移动

　　搬运移动是为进行装卸、分拣、配送活动而发生的短距离移动货物的作业，包括水平、垂直、斜行移动以及几种组合的搬送。

2. 装卸搬运作业的五要素

　　任何一项装卸搬运作业都涉及以下五个要素。

（1）操作人

　　虽然目前在装卸搬运作业中已经大量使用装卸搬运机械和设备，但操纵它们的主体是人。在没有机器的时代，装卸搬运靠人工进行，这种装卸称为人工装卸。在使用货车、卡车和集装箱等运输时，仍然需要靠人工进行装卸搬运的指挥、操作和执行。

（2）装卸物

装卸物是需要进行装卸和搬运的对象，也称货物。根据货物种类、性质、形状、重量和大小不同，装卸搬运的方法也不同。对普通的件杂货物，既可以一件一件地进行单件装卸，也可以用托盘或集装箱进行集装化装卸搬运；对化肥、水泥、小麦等散装固体货物的装卸，称为散装固体装卸；对石油、化学品、液化气等的装卸搬运，称为散装液体货物装卸搬运。

（3）装卸搬运场所

装卸搬运场所是进行装卸搬运作业的地点和环境，如车站、码头、机场、车间、仓库、商场、露天货场等。

（4）装卸搬运时间

商品的装卸搬运有连续流动装卸搬运方式和间歇集中装卸搬运方式两种。前者是靠输送带或泵使物品进行连续流动；后者是将装在集装箱里的货物用机械进行装卸搬运。采用不同的方式所需的时间是不同的。装卸搬运时间包括装卸搬运过程的时间、装卸搬运个件的频率以及待运时间等内容。

（5）装卸搬运手段

装卸搬运手段是指装卸搬运用的设施和机械器具等。在装卸搬运时，若以机械为主，则称为机械装卸搬运；反之，则为人工装卸搬运。按照所用的机械，可分为输送带装卸搬运、叉式升降机装卸搬运、起重机装卸搬运等。

5.1.3　装卸搬运的特点

装卸搬运不仅是生产过程不可缺少的环节，也是流通过程物流活动的重要内容。在不同的作业领域，装卸搬运有着许多共同的特点，但也常常表现出不同的特点，具体如下。

1. 伴生性、衔接性、保障性

在生产领域，装卸搬运是伴随着生产任务而生的；在流通领域，装卸搬运是伴随着物流任务而生的。因此，装卸搬运具有伴生性的特点。此外，装卸搬运是生产和物流活动开始及结束时必然发生的活动，是生产和物流各个环节之间过渡和衔接的关键活动，是保障生产和物流活动顺利进行的重要环节，具有衔接性、保障性的特点。装卸搬运的伴生性、衔接性、保障性不能理解成被动性。实际上，装卸搬运对所支持的生产活动和物流活动具有一定的决定性作用，它会影响其质量和速度。例如，装卸出现问题，会引起货物在运输过程中的损失，还会引起货物转换到下一步运输的不便。

2. 作业量大，安全系数低

作为生产和流通领域的伴生性活动，装卸搬运操作在生产和物流活动中无处不在、无时不有。当涉及生产手段或运输方法的变更、存放地点的转移、货物的集散等时，装卸搬运作业量都会大幅度地提高。当作业工作量增大时，异常情况的出现频率将增高，作业的复杂性也随之增高，从而导致装卸搬运作业中存在大量不安全的因素和隐患。因此，与其他物流环节相比，装卸搬运的安全系数较低，在装卸搬运中发生机毁人亡的事故比比皆是。

3. 均衡性与波动性

装卸搬运的均衡性主要是针对生产领域而言的。生产过程的基本要求是保证生产的均衡，作为生产过程的装卸搬运活动必须与生产过程的节奏保持一致。从这个意义上讲，装卸搬运基本上是均衡的、连续的、平稳的，具有节奏性。而在流通领域，车船的到发和货物的出/入库作业通常是突击的、波动的、间歇的，因此装卸搬运作业必然随着物流量的波动而呈现出不均衡的特点。此外，各种运输方式由于运量上的差别、运速的不同，使得港口、码头、车站等不同物流节点都会出现集中到货或停滞、等待等的不均衡装卸搬运。

4. 稳定性和多变性

装卸搬运的稳定性主要是指生产领域的装卸搬运作业，这是与生产过程的相对稳定相联系的，特别是在大量生产的情况下更是如此，即使略有变化通常也具有一定的规律性。在流通领域，由于作业对象本身的品种、形状、尺寸、重量、包装、性质等各不相同，输送工具类型各异，再加上流通过程的随机性等，都决定了装卸搬运作业的多变性。因此，在流通领域，装卸搬运应具有适应多变作业的能力，这是它的又一特点。

5. 局部性与社会性

在生产领域，每个企业生产的产品各个生产单元相对固定，其装卸搬运作业所使用的设备、设施，以及其管理工艺等一般也就限于企业内部，具有局部性的特点。在流通领域，装卸搬运作业涉及的面和因素是整个社会。任何一个物流点的装货都有可能到任何一个物流点去卸货，任何一个货主都有可能向任何一个收货人发货，任何一个发货点都有可能成为收货点。所以，流通领域里装卸搬运作业的装备、设施、工艺、管理方式、作业标准都必须相互协调，具有社会性的特点。

6. 单纯性与复杂性

在生产领域中，装卸搬运是生产过程的一项活动，其主要作用是为衔接不同的生产单元而改变物料存放状态或改变空间位置。由于生产作业本身具有均衡性、稳定性、局部性的特点，为其服务的装卸搬运活动也就较为简单。而在流通领域中，装卸搬运与运输、存储紧密相关。为了安全性和经济性，通常需要进行堆码、满载、加固、计量、取样、检验、分拣等相关作业。因此，流通领域的装卸搬运作业相对更加复杂。

5.1.4 装卸搬运的分类

装卸搬运的作业范围广泛，作业对象复杂。在进行操作之前，应根据货物的种类、体积、重量、批量、装卸搬运设备状况来确定装卸搬运作业方式。装卸搬运作业按照不同的分类标准可进行以下几种分类。

1. 按照装卸搬运作业场所不同进行分类

（1）铁路装卸搬运

铁路装卸搬运是指在铁路车站进行装卸搬运作业，包括汽车在铁路车站旁的装卸作业，铁路仓库和理货场的堆码取拆、分拣、配货、中转作业，铁路车辆在货场及站台的装卸作业，装卸加固作业，以及清扫车辆、揭盖篷布、移动车辆、检测计量等辅助作业。

（2）港口装卸搬运

港口装卸搬运是指在港口进行的各种装卸搬运作业，包括码头前沿的装卸船作业，前沿与后方之间的搬运作业，港口仓库的堆码拆垛作业、分拣理货作业，港口理货场的中转作业，后方的铁路车辆和汽车的装卸作业，以及清舱、平舱、配料、计量、分装、取样等辅助作业。

（3）场库装卸搬运

场库装卸搬运是指在货主处进行的装卸搬运作业，即铁路车辆和汽车在厂矿或储运业的仓库、理货场、集散点等处所进行的装卸搬运作业。

2. 按照装卸搬运作业的基本内容进行分类

（1）堆垛拆垛作业

堆垛拆垛又称堆码取拆，它包括堆放作业、拆垛作业、高垛作业和高垛取货作业。如果按堆垛拆垛作业的场地不同，则又可分为车厢内、船舱内、仓库内和理货场的堆垛拆垛作业等。

（2）分拣配货作业

分拣配货作业是将货物按品种、到站、货主等不同特征进行分类，并且按去向、品类构成等一定的原则，将已分类的货场集合车辆、集装箱、托盘等装货单元。

（3）搬运移动作业

为了实现堆垛拆垛和分拣配货作业而发生的搬运移动作业，包括水平、垂直、斜行等几种作业方式，以及由这几种形式组成的改变空间位置的作业。

3. 按照装卸搬运的物品属性进行分类

（1）成件包装物品装卸搬运

有些物品虽然没有包装，但为了方便装卸搬运作业，需进行临时捆扎或装箱，形成装卸搬运单元。对这些装卸搬运单元进行的装卸搬运作业，称为成件包装物品装卸搬运。

（2）超大超重物品装卸搬运

单件物品的重量超过 50 kg 或单件物品体积超过 0.5 m^3，都归为超大超重物品。对这类物品进行的装卸搬运即为超大超重物品装卸搬运。

（3）散装物品装卸搬运

散装货物本身在物流过程中处于无固定的形态，如煤炭、水泥、粮食等。对这些物品的装卸搬运可以进行连续装卸搬运作业，也可用装卸搬运技术单元如托盘等进行装卸搬运。

（4）流体物品装卸搬运

流体物品是指气态或液态物品。对这些气体、液体物品需经过包装，盛装在一定的容器内形成成件包装物品，如瓶装、桶装。对这些物品采取罐装车形式，则需要采用相应的装卸搬运作业。

（5）危险品装卸搬运

危险品是指化工产品、压缩气体和易燃易爆物品。这些物品在装卸搬运过程中有特殊的安全要求和严格的操作程序，以确保装卸搬运作业的安全。如果装卸搬运不慎，则随时都有发生重大事故的危险。

4. 按照装卸搬运的机械作业方式分类

（1）"吊上吊下"式作业

"吊上吊下"式作业是利用各种起重机械从货物上部吊起，依靠起吊装置的垂直移动实现装卸，并在吊车运行的范围内或回转的范围内实现搬运。

（2）"滚上滚下"式作业

"滚上滚下"式作业主要是港口装卸的一种水平装卸方式，常用于船上装卸搬运货物。这种作业方式是用拖车将半挂车、平车拖拉至船上后，拖车开下离船，而载货车辆连同货物一起到达目的地，再原车开下或拖车上船拖拉半挂车、平车开下。

（3）"叉上叉下"式作业

"叉上叉下"式作业是用叉车从货物底部托起货物，并依靠叉车的运动进行货物的位移。位移完全靠叉车本身，货物可以不经过中途落地直接放置到目的地。

（4）"移上移下"式作业

"移上移下"式作业是在两车之间（如火车及汽车）进行靠接，把货物水平、上下移动，从一个车辆推移到另一个车辆上。

（5）"散装散卸"式作业

"散装散卸"式作业是针对散装物进行的装卸。一般从装点直到卸点，中间不再落地，这是集装卸与搬运于一体的装卸搬运方式。

5. 按货物的主要运动形式分类

（1）垂直装卸

采取提升或降落的方式进行装卸，这种装卸需要消耗较多的能源。垂直装卸是采用比较多的一种装卸形式，所用的机具通用性较广，如叉车等。

（2）水平装卸

对装卸货物采取水平移动的方式实现装卸目的，这种装卸方式不改变被装物的势能，比较节能，但是需要专门的设施。例如，与汽车水平接靠的高站台，汽车与火车车皮之间的平移工具等。

6. 按照作业的连续性分类

（1）连续作业

货物支撑状态和空间位置的改变以连贯、持续的流水式进行。主要使用连续输送机械等专用机械进行作业。

（2）间歇作业

货物支撑状态和空间位置的改变以断续、间歇、重复、循环的形式进行。主要使用起重机械、工业车辆、专用机械进行作业。

7. 按照装卸搬运的作业对象方式分类

按照装卸搬运的作业对象可分成单件货物装卸、单元（集装）货物装卸、散装货物装卸三种。下面具体介绍前两种方式。

（1）单件货物装卸

单件货物装卸，是指对货物进行单件逐件装卸操作的方法。单件作业对机械、装备、装卸条件要求不高，因而机动性较强，不受固定设施、设备的地域局限。

单件作业可采取人力、半机械化及机械装卸。由于逐件处理装卸速度慢，容易出现货损及货差的现象，作业对象主要是包装杂货、多品类、小批量货物及单件大型笨重货物。

（2）单元（集装）货物装卸

单元（集装）货物装卸，是指用集装化工具将小件或散装物品集成一定质量或体积的组合件，以便利用机械进行作业的装卸方式。

单元（集装）货物装卸的装卸速度快，装卸时不逐个接触货体，因而货损小，货差也小。集装作业的对象范围较广，一般除特大、重、长和粉、粒、液、气状货物外，都可进行集装作业。粉、粒、液、气状货物经一定包装后，也可集装作业；特大、重、长的货物，经适当分解处理后，也可采用集装作业。单元（集装）货物装卸作业有以下几种。

① 托盘装卸。

托盘类型繁多，代表性的有平托盘、箱式托盘、柱式托盘和轮式托盘。利用叉车对托盘货物进行装卸，属于"叉上叉下"方式。叉车本身有行车机构，在装卸的同时可以完成搬运，无须落地过渡。托盘装卸常需叉车与其他设备、工具配合，且能有效地完成全部装卸过程。例如，叉上车之后，由于叉的前伸距离有限，有时需要托盘搬运车或托盘移动器来短距离水平移动托盘。由于叉车叉的升高有限，有时又需与升降机、电梯、巷道起重机等设备配套，以解决托盘垂直位移问题。

② 集装箱装卸。

集装箱装卸主要用港口岸壁吊车、龙门吊车等各种垂直起吊设备进行"吊上吊下"式的装卸，同时完成小范围的搬运。如需有一定距离的搬运，则还需与搬运车相配合。小型集装箱也可以和托盘一样采用叉车进行装卸。

③ 货捆装卸。

主要采用起重机进行装卸，短尺寸货捆可采用一般叉车装卸，长尺寸货捆还可采用侧式叉车进行装卸。货捆装卸适于长尺寸、块条状、强度较高无须保护的货物。

④ 集装网、集装袋装卸。

主要采用吊车进行"吊上吊下"作业，也可与各种搬运车配合进行吊车所不能及的搬运。

货捆装卸与集装网、集装袋装卸有如下共同的优点：货捆的捆具与集装袋、集装网本身重量轻，又可折叠，因而无效装卸少，装卸作业效率高；货捆捆具与集装袋、集装网成本较低，装卸后易返运。

5.1.5　搬运方法

1. 人力搬运

人力搬运分为直接采用人力负重搬运和采用人力设备搬运。直接采用人力负重搬运只适用于堆码、拆码、上架、装拆箱、打码成组等作业，或者应急作业。人力负重能力小、人体容易受伤害、作业不稳定、计量不准、持续时间极短，因而效率低、容易产生货差货损的现象，正常的作业安排不应只依赖于人力负重搬运作业。

人力设备搬运则是较为常见的方法，如使用手推车、人力拖车、手动提升机等。采用人力设备搬运应当注意控制搬运距离，不能进行长距离搬运；每次搬运负荷控制在适当的范围，如手推车不得超过 500 kg；搬运线路的地面应平坦，避免在坡度大的场地进行搬运作业。

2. 叉车搬运

叉车搬运是仓库近距离搬运的主要方法，它直接利用叉车的水平移动能力进行搬运。叉车搬运可分为直接对大型货物搬运和利用货板、托盘打码搬运。由于叉车具有提升能力，所以能直接进行装卸车、搬运、堆垛、上架作业。不过叉车自身重量小，作业较不稳定，容易发生货物滑落，尤其是在地面不平坦及转弯作业时，更不稳定。

3. 拖车搬运

拖车搬运即利用机动拖车和平板车相结合的搬运，一般适用于较远距离、地面不平坦的场地搬运。拖车搬运量较大，可适用于任何货物，包括集装箱的搬运，但拖车搬运需要装卸车作业，只有在两端直接装卸作业时才有效率。

4. 输送带搬运

输送带搬运即利用输送带将货物从装卸场传输到仓库的搬运方法，可以实现不间断搬运，是效率较高的搬运方式，且搬运质量最佳。现今的散装货物库场搬运基本都使用输送带搬运。输送带是自动化仓库中最重要的设备。由于输送带固定安装，只能在特定的场合使用。并且输送带的一次载货量较小，不适合搬运重大件货物。

5.2 装卸搬运设备

5.2.1 装卸搬运设备的作用

装卸搬运设备是机械化生产的重要组成部分，是实现装卸搬运作业机械化的物质技术基础，是实现装卸搬运合理化、高效化、省力化的重要手段。在装卸搬运作业中，要不断反复进行装、搬、卸操作，这些都靠装卸搬运设备进行有效的衔接，因此，合理配置和应用装卸搬运设备，安全、迅速、优质地完成货物装卸、搬运、码垛等作业任务，在加快现代化物流发展、促进经济发展中，扮演着十分重要的作用。装卸搬运设备实现机械化带来的益处主要体现如下。

第一，提高装卸效率，节约劳动力，减轻装卸工人的劳动强度，改善劳动条件。

第二，缩短作业时间，加速车辆周转，加快货物的送达和发出。

第三，充分利用货位，加速货位周转，减少货物堆码的场地面积，提高车站、码头和仓库的利用率。运用装卸搬运设备进行装卸搬运作业，装卸搬运的速度很快，堆码高度高，因此可以及时腾出货位，减少场地面积。

第四，提高装卸质量，减少货损、货差等，保证货物的完整和运输安全。特别是对于长、大、笨重货物，依靠人力难以完成其装卸搬运作业，即使勉强完成，也难以保证装卸搬运作业的质量。

第五，降低装卸搬运作业成本，从而降低物流成本，提高经济效益。运用装卸搬运设备进行作业，可以极大地提高装卸搬运作业的效率，而效率的提高可使单位货物的作业费用相应地减少，使装卸搬运作业成本降低。因此，科学使用、管理装卸搬运设备，充分发挥装卸搬运设备的潜能，实现装卸搬运机械化作业，是取得良好装卸搬运效率的重要手段。

5.2.2 装卸搬运设备及其分类

流通过程中商流、物流的分离，是流通过程各环节专业化程度提高的必然结果，特别是物流过程中运输和存储的大型化、专业化，促进了装卸搬运业的发展。同时，装卸搬运业的发展，对装卸搬运合理化提出了新的要求，首先表现在装卸搬运工具的更新上。为了适应装卸搬运业发展的需要，我国生产领域的机械制造工业部门形成了一个门类齐全的装卸搬运设备制造业，即起重运输机械制造行业。这个行业的形成必将为我国装卸搬运机械化、自动化水平的提高起到重要的作用。为了对装卸搬运设备进行分类管理，装卸搬运设备可以按用途和结构特点进行分类。

1. 按装卸搬运设备的用途进行分类

按装卸搬运设备的用途可分为单件作业设备、集装作业设备、散装作业设备三大类，其具体分类如表 5-1 所示。装卸搬运设备示例如图 5-1～图 5-6 所示。

表 5-1　按装卸搬运设备的用途分类

类　　别	装卸搬运设备名称	特　　点
单件作业设备	桥式类型起重机（见图 5-1）	单件作业使用的各种装卸搬运设备也可用于各种集装单元的装卸搬运作业
	门式类型起重机	
	臂式类型起重机	
	梁式类型起重机	
	悬挂输送机	
	辊子输送机	
	带式输送机（见图 5-2）	
	板式提升机	
	电梯、升降台、升降机	
	大型叉车、侧叉、跨车	
	件货装（卸）船（车）机	
	各种类型分拣设备	
	盘式输送机	
	链式输送机（见图 5-3）	
集装作业设备	集装箱龙门起重机	
	岸臂集装箱起重机	
	集装箱叉车	
	集装箱跨车	
	侧面类型集装箱装卸车	
	水平类型集装箱装卸车	
	滚袋类型集装箱装卸车	
	挂车和底盘车	
	牵引车	
	堆垛机（见图 5-4）	
	托盘搬运车、移动器	
	叉车（见图 5-5）	

续表

类　别	装卸搬运设备名称	特　点
集装作业设备	码盘机、卸盘机	
	给盘机	
	汽车尾板装卸装置	
散装作业设备	斗式类型装卸机	
	斗轮类型装卸机	
	侧翻类型装卸机	
	抓斗类型装卸机	
	连续输送机	
	气力输送装置	

图 5-1　桥式类型起重机

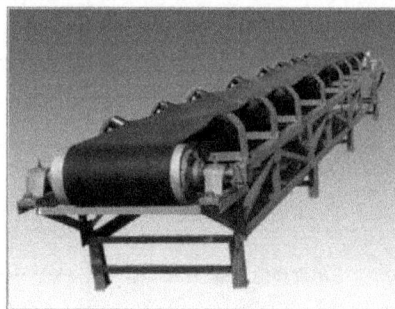

图 5-2　带式输送机

图 5-3　链式输送机

图 5-4　堆垛机

图 5-5　叉车

2. 按装卸搬运设备的结构特点进行分类

按装卸搬运设备的结构特点可分为起重机械、输送机械、工业车辆、专用机械四大类，其具体分类如表 5-2 所示。

表 5-2　按装卸搬运设备的结构特点分类

类　别	装卸搬运设备名称	特　点
起重机械	轻小起重设备	间歇动作 重复循环 短时载荷 升降活动
	葫芦	
	绞车	
	升降机	
	电梯、升降机	
	起重机械	
	起重机	
	桥式类型起重机	
	门式类型起重机	
	臂式类型起重机	
	梁式类型起重机	
输送机械	有牵引构件的输送机	连续动作 循环运动 持续载荷 路线一定
	带式输送机	
	板式输送机	
	悬挂输送机	
	斗式提升机	
	板式提升机	
	链式输送机	
	自动扶梯	
	无牵引构件的输送机	
	螺旋输送机	
	辊子输送机	
	振动输送机	
	气力输送装置	
	悬浮式气力输送装置	
	推送式气力输送装置	
工业车辆	叉车	轮式无轨底盘上装有起重、输送、牵引或承载装置，进行流动作业
	前移式叉车	
	插腿式叉车	

续表

类　　别	装卸搬运设备名称	特　　点
工业车辆	平衡重式叉车	
	跨车	
	侧叉	
	单斗装载机	
	牵引车（见图5-6）	
	挂车、底盘车	
专用机械	翻车机	专用取物装置的起重、输送机械或工业车辆的综合，一般进行专用作业
	堆取料机	
	堆垛机、拆剁机	
	分拣专用机械设备	
	集装箱专用装卸机械	
	托盘专用装卸机械	
	船航专用装卸机械	
	车辆专用装卸机械	

图 5-6　牵引车

5.2.3　装卸搬运设备的合理选择

　　选择不同类的货物、不同的装卸搬运场所，所需要的装卸搬运设备也不尽相同。装卸搬运设备的合理选择，无论在降低装卸搬运的费用上，还是在提高装卸搬运效率上，都有着重要的意义。

1. 选择装卸搬运设备的基本原则

装卸搬运设备的选择，应本着经济合理、提高效率、降低费用的总要求。在装卸搬运设备的选择上，具体应遵循以下几项基本原则。

应根据所需物品的装卸搬运特征和要求，合理选择具有相应技术特性的装卸搬运设备。各种货物的单件规格、包装情况、物理化学性能、装卸搬运的难易程度等，都影响装卸搬运设备的选择。因此，应从作业安全和效率出发，选择合适的装卸搬运设备。

应根据物流过程运输和储存作业的特点，选择合理的装卸搬运设备。货物在运输过程中，不同的运输方式具有不同的作业特点。因此，在选择装卸搬运设备时，应根据不同运输方式的作业特点选择与之相适应的装卸搬运机械设备。同样，货物在搬运中也有其相应的作业特点，诸如储存物品类型规格各异、作业类别较多、进出数量难以控制、装卸搬运次数较多和方向多变等。因此，为适应储存作业的特点，在选用机械作业时尽可能选择活动范围大、通用性强、机动灵活的装卸搬运设备。

根据运输和储存的具体条件和作业的需要，在正确估计和评价装卸搬运的使用效益的基础上，合理选择装卸搬运设备。也就是说，在选择机械设备时一定要坚持技术经济的可行性分析，使设备的选择建立在科学的基础上，以达到充分利用机械设备和提高作业效率的目的。

2. 装卸搬运设备的合理选择

根据装卸搬运设备选择的基本原则，在考虑货物重量、货物移动状态和移动距离的情况下，有关装卸搬运机械、器具的合理选择如表 5-3 所示。

表 5-3　装卸搬运机械、器具的合理选择

作业	物的运动	货物重量（kg）	移动距离（m）	手车	手推车	搬运车	电动搬运车	电动步行搬运叉车	叉车	侧面升降叉车	电动小型自动装卸货车	动力牵引车	运货汽车
搬运移送	水平（间歇）	50～100	5～15	√	√								
			15～50										
		100～250	5～50		√	√							
			50～200		√	√	√						
		250～500	5～50		√	√	√	√	√		√		
			50～200		√	√	√	√	√		√		
			200 以上					√					
		500～1 500	5～50					√	√	√		√	
			50～200				√		√		√		√
			200 以上					√	√	√		√	
		1 500～3 000	15～200					√	√	√			√
			200 以上					√	√	√			√

注：表中"√"表示备选的装卸搬运机械或器具。

而对输送机的选择，可参照表 5-4。

表5-4　输送机的选择

作业	物的运动	货物重量（kg）	移动距离（m）	输送机									
				重力			动力式						
							带移动轮		固定设备				
				自由辊轮式输送机	算盘式输送机	渡轮式输送机	传送带	板条式输送机	传送带	辊轮输送机	链式输送机	吊运式输送机	盘式输送机
搬运移送	水平（间歇）	1~10	0 15~50	√	√	√	√	√	√ √	√			√ √
		单个物品 10~30	3~10 10~50	√					√	√ √			√
		30~50 50~1 000	50~500							√ √	√	√	
		集装 300~1 500	50~500							√	√	√	

注：符号"√"意义同表5-3。

不同的输送方式，对装卸搬运设备的选择具有特殊要求。例如，铁路、船、飞机的货物装卸搬运多数是在特定的设施内，使用特殊的专用设备进行或采用集装方式进行，以求得高效率；对散装货物、流体货物、钢材等特殊货物进行大量的装卸时，分别采用各种专用装卸搬运设备。卡车的装卸作业有很多情况，如在物流设施内外、卡车终端站、配送中心等。所以，装卸搬运设备的选择不尽相同。

5.2.4　装卸搬运设备的运用组织

装卸搬运设备的运用组织是以提高设备效率为中心的管理。装卸搬运效率的高低，取决于设备本身的性能和装卸搬运设施的完善状况，这是从"硬"的技术的角度来看的。而装卸搬运设备的运用组织，是从"软"的技术的角度来考虑的，诸如设备的完好状况、利用程度等，即所谓的管理技术，这也是影响装卸搬运效率高低的重要因素。

装卸搬运设施是充分发挥装卸搬运设备效能的基本条件，是为装卸搬运作业提供场所的各种建筑物、构筑物的总称。例如，存仓、漏斗、装车隧洞、卸车栈桥、高路基、装卸线、站台、码头，前后方作业场、存料场、雨棚、中转仓库、运输仓库，各种机械行走路线和基础，各种渡桥渡板、调节站台、活动站台、照明、动力、维修、工休设施、防疫、计量检验、保洁设施等。显然，没有这些设施，装卸搬运作业是难以进行的，装卸搬运设备的效能也很难发挥。

装卸搬运设备的效率或称生产率是指在一定的技术组织条件下单位时间单机完成的装

卸搬运作业量,即吨数。装卸搬运设备生产率可分为技术生产率和运用生产率。前者是按设备的技术额定指标充分使用时所达到的生产能力;后者是在一定作业条件下或限制下所达到的生产作业能力。装卸搬运设备利用率是运用生产率与技术生产率之间的比例关系,它表明装卸搬运设备的利用程度和运用组织的好坏。

从装卸搬运作业过程的连续性上看,装卸搬运设备分为间歇式和连续式。它们在运用组织方面是不完全相同的,现分述如下。

1. 间歇式装卸搬运设备

间歇式装卸搬运设备是指在作业过程中存在空程和重程两个阶段的设备。例如,叉车在两次装卸搬运之间有一个无负荷的空程。

2. 连续式装卸搬运设备

连续式装卸搬运设备与间歇式恰恰相反,它在作业过程中不存在空程阶段,如输送带。对于连续式装卸搬运设备,如果是装卸搬运成件包装货物,则应注意在设备能力限制范围内,提高单件重量,缩短货物之间的间距,提高输送带的运行速度;如果是装卸搬运散装货物,则应注意提高断面利用系数和输送带的运行速度。

总之,在装卸搬运设备的运行组织中,应针对影响设备生产率的各种因素,采取相应措施提高设备的生产率,以提高装卸搬运设备的效率。

5.3 装卸搬运组织

5.3.1 装卸搬运的发展过程

从技术发展的角度看,企业物料装卸搬运的发展过程主要经历了以下几个阶段。

(1)手工物料搬运。

(2)机械化物料搬运。

(3)自动化物料搬运,如自动化仓库或自动存取系统、自动导向小车、电眼及条形码、机器人等的使用。

(4)集成化物料搬运系统,即通过计算机使若干自动化搬运设备协调运作,组成一个集成系统,并能与生产系统相匹配,取得更好的效益。

(5)智能型物料搬运系统,该系统能将计划自动分解成人员、物料需求计划并对物料搬运进行规划和实施。

以智能、集成、信息为基础的物料搬运系统将是今后发展的趋势。

5.3.2 装卸搬运工艺设计与组织

装卸搬运工艺设计是指对一次或者同一种类型的装卸作业过程中设备、人员、线路的计划安排,这种安排包括数量和操作方法的确定。装卸搬运组织则包括装卸搬运工艺设计和工艺实施的过程。良好的工艺设计是物流作业高效率,有秩序,充分利用人力、设备资源的保证,同时也是降低作业成本、防止作业事故的经营管理和安全管理的条件。

1. 设备确定

装卸工艺设计是在现有的条件下合理组织生产的过程，因而只能在现有设备的基础上精心组织，合理利用。当然这种现有条件包括对可利用的社会资源的使用。在工艺设计前首先要充分掌握装卸搬运作业可使用的设备情况，包括作业设备的数量、作业能力、工况、所处位置等，以便调度；同时还需要掌握作业对象如包装、规格、单重、作业位置等的情况。

（1）合理使用设备

各种作业设备都具有各自的作业特性和作业能力，合理使用能使设备发挥最佳的功用并且保证作业安全。作业设备间的合理配合也是设备使用的重要考虑因素，严密的配合才能保证作业的顺畅并且发挥每一台设备的作用。

设备的选用原则是：使用标准化的设备；设备功能与货物特性、搬运要求相匹配；搬运设备的载重量最接近被搬运货物的重量；使用适合场地作业的设备。

（2）合理安排设备数量

作业时应充分利用设备，但在一个作业现场，设备太多也会相互阻碍，反而降低效率。在设备不多的场地，同一设备同时进行多项作业（间隙作业），是一种充分利用设备、提高整体效率的较好安排。

确定装卸搬运设备台数的公式为：

$$Z = Q / M$$

式中：Z 为所需设备台数（单位为台）；Q 为装卸搬运作业量（单位为吨）；M 为所使用设备的生产定额（单位为台）。

2. 人员安排

人员的安排是装卸搬运工艺组织的重要方面。装卸搬运作业的人力工种有：设备操作、辅助设备作业、打码作业、人力装卸搬运作业。

（1）设备操作人员应与设备为一体，根据设备操作的需要确定人员。当然可以采用换班的停工不停机方式运行设备，这就需要相应的几套操作人员，且设备操作人员必须具有设备操作的资格。

（2）辅助设备作业则是根据设备作业的需要，对设备作业进行挂钩、脱钩、扶持、定位等人力作业，人数因不同设备有不同要求，要基本稳定地与设备配套。

（3）打码作业是为设备作业服务的人力作业，一般一个打码组由 3～5 名工人组成，一个作业点设一个打码组，作业效率很高的龙门吊等可以安排 2～3 个打码组。

（4）人力装卸搬运作业是需要较多工人的人力作业，作业效率极低。只有在特殊环境下，如偶尔的作业、设备损坏时的应急、冷库内的作业等，才使用这种方式，其余作业尽可能采用机械作业。

3. 作业线路安排

（1）作业线路应符合以下要求。

① 应该尽可能使作业线路最短。

② 选择的作业线路应能保证搬运设备的顺畅运行，道路平坦。

③ 作业线路尽可能没有大幅度、大角度转向。

④ 同时进行的不同作业的作业线路不交叉，都保持同一方向运行。

⑤ 作业线路不穿越其他正在进行的作业现场。

（2）搬运线路可分为直达型、渠道型和中心型。

① 直达型，是指物料经由最近路线到达目的地。在直达型线路上，各种物料从起点到终点经过的路线最短。当物流量大、距离短或距离中等时，一般采用这种形式是最经济的，尤其当物料有一定的特殊性而时间又较紧迫时则更为有利。

② 渠道型，是指一些物料在预定路线上移动，同来自不同地点的其他物料一起运送到同一个终点。当物流量为中等或少量，而距离为中等或较长时，采用这种形式是经济的，尤其当布局不合理时则更为有利。

③ 中心型，是指各种物料从起点移动到一个中心分拣处或分发地区，然后再运往终点。当物流量小而距离中等或较远时，这种形式是非常经济的，尤其当场地外形基本上是正方形的且管理水平较高时更为有利。

4. 装卸搬运作业的劳动组织

物料装卸搬运作业的劳动组织是指按照一定的原则，将有关的人员和设备以一定的方式组合起来形成的一个有机整体。装卸搬运作业的劳动组织大致可分为两种基本形式，即工序制劳动组织形式和包干制劳动组织形式。

（1）工序制劳动组织形式

工序制劳动组织形式，是指按作业内容或工序，将有关人员和设备分别组合成装卸、搬运、检验、堆垛、整理等作业班组，由这些班组共同组成一条作业线，共同完成各种装卸搬运作业。

工序制劳动组织按作业内容划分班组，每个作业班组的作业专业化、任务单一，有利于作业人员掌握作业技术，容易提高作业的熟练程度，因此对提高作业质量、确保作业安全、提高劳动生产率是有益的。同时，每个作业班组由于作业内容比较固定，可配备比较专用的设备，能提高设备的利用率，便于对设备进行管理。由于设备能得到充分利用，因此能提高作业效率和机械化水平。每个班组按作业内容配备人员和设备，人员与设备之间比例协调，更适应作业内容的要求。但是，由于工序制劳动组织的一条作业线由几个班组共同完成，工序间的衔接容易出现不紧密、不协调的现象，同时，当装卸搬运作业量不均衡或各工序作业进度不一致时，其综合作业能力容易被最薄弱的作业环节影响。

（2）包干制劳动组织形式

包干制劳动组织形式，是指将分工不同的各种人员和功能不同的设备共同组合成一个班组，对装卸搬运活动的全过程承包到底，全面负责。

包干制劳动组织形式由于是一个班组承担各种装卸作业内容，对整套作业线自始至终、一包到底，因而责任明确，便于对作业班组的业绩进行考核。同时，由于一条作业线由班组长统一指挥，各作业工序间能够实现较好的配合与协调，便于提高作业的连续性。当作业量出现不均衡时，包干制劳动组织适应性较强，可及时进行调整且可以集中人力作业，同时可对工序上的人力、物力、设备资源调配，确保关键工序顺利进行，有利于提高综合作业能力。但是，由于每个作业班组的人员和设备是固定配属，当作业内容不同时，人员与设备的比例关系不一定合适。同时，在一个作业班组配置几个工种的人员和多种机械设备，不利于实现专业化，对提高人员的技术熟练程度和劳动生产率不利。

上述两种劳动组织形式各有优缺点，究竟采用哪种形式，应根据装卸搬运作业的具体情况而定。一般来说，对规模比较大的装卸搬运作业部门，由于人员多、设备齐全、任务量大，可采用工序制劳动组织形式，否则应采取包干制劳动组织形式。

5.4　装卸搬运合理化

装卸搬运作为物流的一个非常重要的功能，既不能改变货物的性质，也不能创造新的价值，但是由于它伴随着物流活动的每一个环节，每一次装卸搬运活动都会有劳动力的消耗，同时还伴有设备的投入和货物的损耗、损坏等，因此，必须严格管理装卸搬运的次数及作业质量，科学地组织装卸搬运过程，更加合理地进行装卸搬运作业。以下是实现装卸搬运合理化的主要方法，可供我国物流企业参考学习。

1. 减少装卸搬运作业次数

装卸搬运作业次数是指在产品生产和流通过程中，发生装卸搬运作业的总次数。一般对企业物流而言，在产品生产过程中，从原材料进厂卸车到库，经生产流水线产品的生产到产成品入库待运，要发生很多次装卸搬运作业，产成品由生产领域到流通领域直至最终消费者也需要很多次的装卸搬运。如果不对装卸搬运次数进行严格管理和组织，物流作业的流程中就会出现不必要的装卸搬运，从而使装卸搬运费用增加，货物在搬运中的损耗增大。影响装卸搬运作业次数的因素很多，主要是物流作业的组织和调度，因此，必须合理设计物流作业流程，安排合理的物流作业方式，同时根据货物的特性改善物流仓库的设计和布局安排，从而从根本上减少装卸搬运作业次数。

2. 提高装卸搬运的活性

货物的存放状态对装卸搬运作用的方便（或难易）程度，称为货物的"活性"，也称为装卸搬运活性。活性可用活性指数来衡量。

根据物品码放的不同状态，可以确定它的活性指数，基本原则如表5-5所示。

表5-5　装卸搬运活性指数

序　号	货码堆放的状态	活性指数
1	零散堆放在地面上	0
2	放入箱子里（集装）	1
3	堆码在托盘或者搬运车上	2
4	装在台车或者无篷货车上	3
5	集装码放在传送带上	4

由表5-5可知，活性指数越大，物品越便于装卸搬运，因此，在物流装卸搬运作业中，应尽可能提高活性指数，使物品便于装卸搬运，从而提高装卸搬运效率，减少劳动消耗，降低装卸搬运成本。在实际物流活动中，往往每一个环节都会伴随着装卸搬运作业活动，一个环节上的物品装卸搬运后存储状态的活性指数必须高于上一个环节，例如，散装货物放到货架上必须考虑集装，集装货物搬运后最好一次放在托盘上或进行必要的支垫，以便于机械化搬运，依次放在搬运车或传送带上，这样就更能提高装卸搬运效率、降低装卸搬运费用。因此，在装卸搬

运作业活动中，要时刻考虑到下一步工序要比上一步的活性指数高，即"步步活化"。

3. 位移最小化

在装卸搬运活动中，应尽可能地缩短货物的位移，因为货物位移是劳动力消耗和设备能源消耗的主要原因，也是装卸搬运中时间的主要消耗源，因此，缩短位移就可以降低装卸搬运的成本、提高装卸搬运效率，使装卸搬运尽可能合理化。

4. 合理使用装卸搬运设备

在装卸搬运作业中，应尽可能地用机械作业替代人工作业，以提高装卸搬运效率、降低装卸搬运成本，这也是装卸搬运合理化的重要手段，主要表现如下。

（1）机械可以使人从繁重、费力、缓慢、低效的装卸搬运工作中解放出来，提高搬运速度，降低成本。

（2）合理使用装卸搬运设备，使设备和人力有效地进行组合，从而降低物流成本。

5. 实现省力化作业

目前，随着物流的发展、机械化水平的不断提高，装卸搬运设备在物流作业中得到广泛的使用，但是，大量的装卸搬运活动还是主要靠劳动力完成的，因此，在装卸搬运合理化的过程中要考虑到利用物理学中力的原理，尽可能使作业活动省力化，从而减少劳动和能源的消耗，降低装卸搬运成本。

在装卸搬运中省力化的方法很多，常用的有以下几种。

（1）利用货物本身的重力。它指的是借助货物本身的重力实现货物位移的作业，例如，卸车时为了省力，使用滑板或滑槽将货物滑下，就是运用货物在斜面上力的分解，将其分解成一个水平的力和一个垂直的力，货物在斜面发生位移，就是依靠货物本身的重力作为动力的一部分，从而减轻搬运中人力的消耗。

（2）减少货物的垂直位移。货物的垂直位移是装卸搬运中最主要的耗力作业，为了省力，要设法减少货物的垂直位移。例如，一般仓库、货栈的站台都和货车的货箱在同一水平位置，就是为了减少装车、卸车中的垂直位移。

（3）劳动动作的受力分析。通过对装卸搬运工作人员劳动动作的受力分析，尽可能减少不必要的装卸搬运动作，使装卸搬运过程中人力的疲劳度降低。

6. 采用系统化方法

系统化方法就是将各个装卸搬运活动作为一个有机的整体，实施系统化管理，主要是运用系统化方法，使整个物流活动中装卸搬运的协调性提高，从而提高装卸搬运效率，使装卸搬运的总费用最低。

案例分析

装卸搬运过程中的先进技术——自动识别系统技术

在传统的货物分拣系统中，一般是使用纸制书面文件来记录货物数据，包括货物名称、批号、存储位置等信息，等到货物提取时再根据书面的提货通知单查找记录的货物数据，然后利用人工检索、搬运货物来完成货物的提取。在这样的货物分拣系统中，制作书面文件、查找书面文件、人工搬运等浪费了巨大的人力、物力，而且严重影响了物流的流动速度。随着竞争的加剧，人们对物流的流动速度要求越来越高，传统的货物分拣系统已经远远不能满足现代化物流管理的需要。

顶峰电子公司是位于美国亨茨维尔市的一家现代化仓库，它采用自动识别系统技术改进货物分拣系统，从出货到装船实现了全部自动化操作，显著改善了该公司的物流管理。这个系统在基于 UNIX 的 HP9000 上运行美国 ORACLE 公司的数据库，服务器由 4 个 9 000 MHz 的 Norand RF 工作站组成，它连接各个基本区域，每个区域支持 20 个带有扫描器的手持式无线射频终端。订单从配送中心的商务系统（在另两个 HP9000 上运行）下载到仓储管理系统（WMS），管理系统的服务器再根据订单的大小、装船日期等信息对订单进行分类，实施根据订单分拣与零星分拣策略，并且指导分拣者选择最佳分拣路线。

根据订单分拣货物。如果订单订货数量比较大，可以根据订单一个人一次提取大量订货。货物分拣者从他或她的无线射频终端进入服务器，选择订单上的各种货物，系统会通过射频终端直接向货物分拣者发送货物位置信息，指导分拣者选择最佳路径。货物分拣者在分拣前扫描货柜箱上的条形码标签，如果与订单相符，则直接分拣，完成货物选择后，所有选择的货物经由传送设备运到打包地点。扫描货物条码，对分拣出来的货物进行包装前检查，然后打印包装清单，完成包装以后在包装箱外面打印订单号条码（使用 CODE-39 条码）。包装箱在 UPS 航运站称重、扫描条形码订单号，并且把它加入 UPS 的跟踪号和重量信息条码中，这些数据加上目的地数据，构成跟踪记录的一部分上报到 UPS。

零星分拣货物。小的订单（尤其是重量为 5 磅以下订货）的分拣或者单一路线货物分拣，则采用"零星分拣货物"的策略来处理。信号系统直接将订单分组分派给货物分拣者，每个分拣人负责 3～4 个通道之间的区域。货物分拣者在他或她负责的区域内，携带取货小车进行货物分拣，取货小车上旋转多个货箱，一个货箱盛放一个订单的货物。如果货架上的货物与订单相符，就把货物放进小车上的货箱，并且扫描货箱上条形码序列号。在货物包装站，打印的包装清单既包括货物条码也包括包装箱序列号。

这一系统方案为顶峰电子公司遍及全美的服务区域提供了电视、录像装备，实现了远程监控与订货，装船作业在接到订单 24～48 小时内完成，每日处理订单达到 2 000 份。同时，应用这一系统，顶峰公司绕过了美国国内 60 个、国外 90 个中间商，把产品直接输送到个人服务中心，缩短了产品供应链，大大降低了产品的销售成本，显著提高了顶峰公司的市场竞争能力。

资料来源：《物流管理》，清华大学出版社，2011 年（有删改）

根据以上提供的资料，试做以下分析：

1. 顶峰电子公司采用自动识别系统技术改进货物分拣系统，从哪些方面改进了货物分拣工作？

2. 除了自动识别系统技术之外，你还知道哪些应用于物流装卸搬运过程中的先进技术？它们起到了什么样的积极作用？

复习思考题

1. 简述装卸搬运在物流过程中的作用。

2. 装卸搬运的作业内容和要素、特点是什么？

3. 试对装卸搬运作业的不同分类方式进行简述。

4. 怎样合理选择装卸搬运设备？

5. 简述装卸搬运的基本原则和组织原则。

6. 简述装卸搬运的活性。

7. 如何实现装卸搬运合理化？

第6章

配送管理

学习目标

1. 理解配送与运输、配送与物流的概念关系；
2. 掌握配送的基本环节；
3. 了解配送的基本类型；
4. 理解配送中心与物流中心的区别；
5. 掌握配送中心的步骤；
6. 掌握配送路线确定的方法；
7. 熟悉末端配送新模式。

导入案例

决战最后一千米

城市交通的重重限行令已然成为城市配送的最大"路障"。大部分城市严格限制货车进城的区域和时间，货车禁行的标志随处可见，有人感叹"货车进城难，难于上蜀道"。无奈之下，"改装车辆、客车货运"等潜规则成为公开的秘密，这样的结果却是，改装车安全隐患丛生，企业用 6 辆客车代替 1 辆货车，更加剧了城市交通的拥堵。在城市物流配送难表象的背后，其实潜藏的根本问题是政策层面缺乏规范，缺失独立的主管部门，相关政府间又缺乏必要的协调机制和配套制度。值得欣喜的是，在物流振兴规划的提振作用下，某些地方政府已着手改善城市配送环境，城市配送难题正破冰待解。

讨论及思考：

相关政府发布城市限行令的最终目的是什么？能否达到政府想要的效果？

城市限行令对物流配送造成什么样的影响？应该如何解决？

6.1 配送概述

6.1.1 配送的含义

1. 配送的定义

日本 1991 年版《物流手册》的表述：生产厂到配送中心之间的物品空间移动叫"运输"，从配送中心到顾客之间的物品空间移动叫"配送"。 美国《物流管理供应链过程的一体化》表述：实物配送这一领域涉及特制成品交给顾客的运输。实物配送过程，可以使顾客服务的时间和空间的需求成为营销的一个整体组成部分。我国《物流术语》（GB/T 18354—2006）对配送定义为："在经济合理区域范围内，根据用户要求，对物品进行拣选、加工、包装、分割、组配等作业，并按时送达指定地点的物流活动。"对比分析国内外关于配送的界定，总结配送内涵如下。

（1）配送提供的是物流服务，因此满足顾客对物流服务的需求是配送的前提。

① 由于在买方市场条件下，顾客的需求是灵活多变的，消费特点是多品种、小批量的，因此从这个意义上说，配送活动绝不是简单的送货活动，而应该是建立在市场营销策划基础上的企业经营活动；单一的送货功能，无法较好地满足广大顾客对物流服务的需求，因此配送活动是多项物流活动的统一体。

（2）配送是"配"与"送"的有机结合。

所谓"合理分配"是指在送货活动之前必须依据顾客需求对其进行合理的组织与计划。只有"有组织有计划"地"配"才能实现现代物流管理中所谓的"低成本、快速度"地"送"，进而有效满足顾客的需求。

（3）配送是在积极合理区域范围内的送货。

配送不宜在大范围内实施，通常仅局限在一个城市或地区范围内进行。

2. 配送与运输

一般情况下，将运输和配送这两个词语经常放在一起使用，其原因是要完成整个物流活动，通过运输以及配送后才能将货物送到最终的消费者手里。要理解这一点，必须了解运输与配送的关系，简单地说，运输是两点之间货物的输送；而配送是指一点对多点的货物运输过程。可以这样来说，所有物品的移动都是运输，而配送则专指短距离、小批量的运输。因此，可以说运输是指整体，配送则是指其中的一部分，而且配送的侧重点在于一个"配"字，它的主要意义也体现在"配"字上；而"送"是为最终实现资源配置的"配"而服务的。

运输包括供应及销售物流中的车、船、飞机等方式的运输，生产物流中的管道、传送带等方式的运输。配送是物流进入最终阶段，以配货、送货形式最终完成社会物流并最终实现资源配置的活动。配送活动一直被看成运输活动中的一个组成部分，看成一种运输形式。所以，过去未将其作为物流系统实现的功能，未看成独立的功能要素，而是将其作为运输中的末端运输对待。但是，配送作为一种现代流通方式，集经营、服务、社会集中库存、分拣、装卸搬运于一身，已不是单单一种送货运输能包含的，所以配送被视为独立功能要素。运输和配送的区别如表6-1所示。

表6-1 运输和配送的区别

内容	运输	配送
运输性质	干线运输	支线运输、区域内运输、终端运输
运输特点	少品种、大批量	多品种、小批量
运输工具	大型货车或火车、船舶	小型货车
管理重点	效率优先	服务优先
附属功能	装卸、捆包	装卸、保管、包装、分拣、流通加工、订单处理等

3. 配送与送货

配送与送货有着明显的区别，送货只是供需双方的一种实物交接形式，而配送的含义要广泛得多，其主要区别体现在以下几方面。

（1）送货主要体现为生产企业和商品经营企业的一种推销手段，通过送货达到多销售产品的目的。而配送则是社会化大生产、高度专业化分工的产物，是商品流通社会化的发展趋势。

（2）送货方式对用户而言，只能满足其部分需求，这是因为送货人有什么送什么。而配送则将用户的要求作为目标，具体体现为用户要求什么送什么，希望什么时候送便什么时候送。

（3）送货通常是送货单位的附带性工作，也就是说送货单位的主要业务并非送货，而配送则表现为配送部门的专职，通常表现为专门进行配送服务的配送中心。

（4）送货在商品流通中只能是一种服务方式，而配送则不仅仅是一种物流手段，更重要的是一种物流体制，最终要发展为"配送制"。

（5）由配送企业进行集中库存，保证向企业内部的各生产单位进行物资供应，可以取代原来分散在各个企业为保证生产持续进行而设立的库存，这样，使企业实现零库存成为可能。这点在物流发达国家和我国一些地区实践中已得到证明。送货则不具有这种功能。我国开展物资配送的时间虽然不长，但配送的范围正不断扩大，配送物资的数量也在不断增加，配送的水平也逐步向规范化的高层次发展。

4. 配送与物流

配送与物流之间的关系如下。

（1）从物流的角度来看配送与物流的关系

从物流来讲，配送的距离较短，位于物流系统的最末端，处于支线运输、二次运输和末端运输的位置，即到最终消费者的物流。但是在配送过程中，也包含着其他的物流功能（如装卸、储存、包装等），是多种功能的组合，可以说配送是物流的一个缩影或在某小范围内物流全部活动的体现，也可以说是一个小范围的物流系统。一般的配送集装卸、包装、保管、运输于一身，通过这一系列活动完成将货物送达的目的。特殊的配送则还要以加工活动为支撑，所以包括的方面更广。但是，配送的主体活动与一般物流确有不同，一般物流是运输及保管，而配送则是运输及分拣配货，分拣配货是配送的独特要求，以送货为目的的运输则是最后实现配送的主要手段，从这一主要手段出发，常常将配送简化地看成运输中的一种。

（2）从商流的角度来看配送与物流的关系

从商流来讲，配送本身是一种商业形式。虽然作为物流系统环节之一的配送具体实施时，是应该以商物分离形式实现的，但从配送的发展趋势看，商流与物流越来越紧密的结合，是配送成功的重要保障。从前面提到的各种配送方式也可以说明这一点。

6.1.2 配送的意义和作用

1. 完善了输送及整个物流系统

第二次世界大战之后，由于大吨位、高效率运输力量的出现，使干线运输无论在铁路、海运还是在公路方面都达到了较高水平，长距离、大批量的运输实现了低成本化。但是，在所有的干线运输之后，往往都要辅以支线或小搬运，这种支线运输及小搬运成了物流过程的一个薄弱环节。这个环节有和干线运输不同的许多特点，如要求灵活性、适应性、服务性，致使运力往往利用不合理、成本过高等问题难以解决。采用配送方式，从范围来讲将支线运输及小搬运统一起来，加上上述的各种优点使输送过程得以优化和完善。

2. 提高了末端物流的效益

采用配送方式，通过增大经济批量来达到经济地进货；又通过将各种商品用户集中一起进行一次发货，代替分别向不同用户小批量发货来达到经济地发货，使末端物流经济效益提高。

3. 通过集中库存使企业实现低库存或零库存

实现了高水平的配送（尤其是采取准时配送方式）之后，生产企业可以完全依靠配送中心的准时配送而无须保持自己的库存。或者，生产企业只需保持少量保险储备而不必留有经常储备，就可以实现生产企业多年追求的"零库存"，将企业从库存的包袱中解脱出来，同时解放出大量储备资金，从而改善企业的财务状况。实行集中库存，其总量远低于不实行集中库存时各企业分散库存之总量。同时增加了调节能力，也提高了社会经济效益。此外，采用集中库存可利用规模经济的优势，使单位存货成本下降。

4. 简化事务，方便用户

采用配送方式，用户只需向一处订购，或和一个进货单位联系就可订购到以往需去许多地方才能订到的货物，只需组织对一个配送单位的接货便可代替现有的高频率接货，因而大大减轻了用户工作量和负担，也节省了事务开支。

5. 提高供应保证程度

由生产企业自己保持库存，维持生产，供应保证程度很难提高（受到库存费用的制约），采取配送方式，配送中心可以比任何单位企业的储备量更大，因而对每个企业而言，中断供应、影响生产的风险便相对缩小，使用户免去短缺之忧。

6.1.3　配送的基本环节

配送是由备货、储存、理货、配装和送货等基本环节组成的，而每个环节又包括若干项具体的作业活动。备货是配送的准备工作和基础环节，其目的在于把用户的分散需求集合成规模需求，通过大规模的采购，降低进货成本，在满足用户要求的同时也提高了配送的效益；储存是进货的延续，是维系配送活动连续运行的资源保证；理货是区别于一般送货的重要标志，是配送活动中必不可少的重要内容；配装是送货的前奏，是根据运载工具的运能，合理配载的作业活动；送货则是配送活动的核心，也是配送的最终环节，要求做到确保在恰当的时间，将恰当的货物、恰当的数量、以恰当的成本送达恰当的用户。

1. 备货

备货是配送的准备工作或者说是基础工作，备货包括筹集货源、订购以及相关的质量检查、结算、交接等子功能。第三方共同配送的优势之一，就是可以集中用户的需求进行一定规模的备货。备货是决定配送成败的基础工作，备货成本对整个配送系统的运作成本有极大的影响，过高的备货成本必然导致配送效率的降低。

2. 储存

配送中的储存有储备及暂存两种形态。配送储备是按一定时期的客户经营要求而存储，其主要是消费者对客户的商品资源需求，这种类型的储备数量大，储备结构也比较完善，视货源及到货情况，可以有计划地确定周转储备及保险储备的结构及数量。配送的储备保证更多可以选择在设定区域配送中心外另立仓库单独设置解决。暂存是暂时存放，是具体执行短期配送计划时，按配送要求在理货场地所做的少量储存准备。由于总体储存效益取决于储存总量，所以，这部分暂存数量仅对配送效率产生影响，而不会影响储存的总效益，因而在数量上不必过于严格控制。还有一种形式的暂存，即是在出库指令已经下达，而且经过分拣、配货之后，装车之前所形成的发送货载的暂存，其目的主要是调节配送与送货的时间节奏，暂存时间不长。

3. 分拣及配货

分拣及配货是配送有别于其他物流形式的独特的功能要素，也是配送成败的一项重要支持性工作。分拣及配货是完善送货、支持送货的准备性工作，是不同配送企业在送货时进行竞争和提高自身经济效益的必然趋势，所以，也可以说是送货向高级形式发展的必然要求。有了分拣及配送就会大大提高送货服务水平，尤其对于面对非单一客户且种类繁多的共同配送模式更是如此。所以，分拣及配货是决定整个配送系统水平的关键要素。

4. 配装

在单个用户配送数量不能达到车辆的有效载运负荷时，就存在如何集中不同用户的配送货物进行搭配装载以充分利用运能、运力的问题，这就需要配装。与一般送货不同之处在于，通过配装送货可以大大提高送货水平，更重要的是对于为多个客户提供配送服务的配送企业来说极大地降低了送货成本。所以，配装也是配送系统中有现代特色的功能要素，也是共同配送区别于一般配送、单一送货的具有现代物流特点的功能要素。

5. 配送运输

配送运输属于运输中的末端运输，是与干线运输完全不同的概念。配送与一般运输的区别就在于：配送是较短距离、较小规模、频率较高的运输形式，一般选择汽车作为运输工具。配送与干线运输的另外一个区别是配送运输的路线选择问题及时间窗口问题是一般干线运输所没有或无须重视的。干线运输的干线是唯一的运输线，而配送运输由配送用户多，一般城市交通路线又较复杂，而且由配送终端的资源配置问题所决定的时间窗口单一性，使得如何组合最佳配送路线，如何使配装和路线以及配送终端客户有效衔接等是运输的特点，也是配送中难度最大的工作，对配送效率及配送成本会产生直接影响。

6. 流通加工

流通加工是物流系统构成要素之一，但是流通加工区别于一般的生产活动，生产是使一件物品产生某种形态或具有某种使用功能的活动，但是流通阶段的加工即物流加工，处于不易区分生产还是物流的中间领域，而且目的在于提高物流系统效率，即"保存加工和同一物品的形态转换加工等，都是一种为提高物流运转率而进行的加工活动"。当然，流通加工环节功能并不是配送系统必须考虑的要素，但是，正如概念中所述，其目的是为了提高物流运转率而进行的活动，而且，消费市场的多样化需求决定了流通加工对增加服务内容、提高客户服务水平具有一定的推动作用。

6.1.4 配送的类型

在不同的市场环境下，为适应不同的生产和消费需要，配送表现出多种形式。这些配送形式各有优势，同时也有各自的适应条件。

1. 按配送服务的范围划分

（1）城市物流配送

城市物流配送即向城市范围内的众多用户提供服务的配送。其辐射距离较短，多使用载货汽车配送，机动性强、供应快、调度灵活，能实现小批量、多批次、多用户的"门到门"配送。

（2）区域物流配送

区域物流配送是一种辐射能力较强，活动范围较大，可以跨市、省的物流配送活动。它具有以下特征：经营规模较大，设施齐全，活动能力强；货物批量较大而批次较少；区域配送中心是配送网络或配送体系的支柱。

2. 按配送主体不同划分

（1）配送中心配送

配送中心配送是指配送的组织者是专职从事配送业务的配送中心。配送中心配送的数量大、品种多、半径大、能力强，可以承担企业生产用主要物资的配送及向商店补充性配送等。它是配送的主体形式，但由于需要大规模的配套设施，投资较大，且一旦建成机动性较差，因此也有一定的局限性。

（2）商店配送

商店配送是指配送的组织者是商业或物资经营网店。主要承担零售业务，规模一般不大，但经营品种齐全，容易组织配送。商店配送实力有限，但网点多、配送半径小，比较机动灵活，可承担生产企业非主要生产用物资的配送，是配送中心配送的辅助及补充形式。

（3）仓库配送

仓库配送是指以一般仓库为据点进行配送的形式，在仓库保持原有功能的前提下，增加配送功能。仓库配送规模较小，专业化程度低，但可以利用仓库的原有资源而无须大量投资，上马较快。

（4）生产企业配送

生产企业配送是指配送的组织者是生产企业，尤其是进行多品种生产的企业，可以直接由企业配送，而无须再将产品发运到配送中心进行中转配送。由于避免了一次物流的中转，因此具有一定的优势，但无法像配送中心那样依靠产品凑整运输取得优势。

3. 按配送时间及数量划分

（1）定时配送

定时配送是指按规定时间或时间间隔进行配送。每次配送的品种及数量可按计划进行，也可在配送前由供需双方商定。定时配送有以下几种具体形式。

① 小时配，即接到配送订货要求 1 小时内将货物送达。适用于一般消费者突发的个性化配送需求，也经常用作应急的配送方式。

② 日配，即接到订货要求 24 小时之内将货物送达。日配是定时配送中较为广泛采用

的方式，可使用户获得在实际需要的前半天得到送货服务的保障，基本上无须保持库存。

③ 准时配送方式，即按照双方协议时间，准时将货物配送到用户的一种方式。这种方式比日配方式更为精密，可实现零库存，适用于装配型，重复、大量生产的企业用户，往往是一对一的配送。

④ 快递方式，是一种在较短时间内实现货物的送达，但不明确送达的具体时间的快速配送方式。一般而言其覆盖地区较为广泛，服务承诺期限按不同地域会有所变化。快递配送面向整个社会企业型和个人型用户，如美国的联邦快递、我国邮政系统的 EMS 快递都是运作得非常成功的快递配送企业。

（2）定量配送

定量配送是指按事先协议规定的数量进行配送。这种方式货物数量固定，备货工作有较强的计划性，容易管理。

（3）定时定量配送

定时定量配送是指按规定的配送时间和配送数量进行配送，兼有定时、定量两种方式的优点，是一种精密的配送服务方式。

（4）定时定路线配送

定时定路线配送是指在规定的运行路线上，按配送车辆运行时间表进行配送，用户在指定时间到指定位置接货。

（5）即时配送

即时配送是指完全按用户突发的配送要求随即进行配送的应急方式，是对各种配送服务的补充和完善，灵活但配送成本很高。

4. 按配送品种和数量不同划分

（1）单（少）品种大批量配送

配送的商品品种少、批量大，无须与其他商品搭配即可使车辆满载。

（2）多品种小批量配送

按用户要求将所需各种物资配备齐全，凑整装车后由配送据点送达用户的一种配送方式。

（3）配套成套配送

按生产企业的需要，将生产每台产品所需的全部零部件配齐，按生产节奏定时送到生产线装配产品。

5. 按配送企业业务关系划分

（1）综合配送

综合配送是指配送商品种类较多，在一个配送网点中组织不同专业领域的产品向用户配送的配送方式。

（2）专业配送

专业配送是指按产品性质、形状的不同适当划分专业领域的配送方式。其重要优势在于可以根据专业的共同要求来优化配送设施，优选配送机械及配送车辆，制定适用性强的工艺流程等，从而提高配送各环节的工作效率。

（3）共同配送

共同配送是指为提高物流效率，由多个配送企业联合在一起共同进行的配送方式。共同配送有两种运作形式：①由一个配送企业对多家用户进行配送。由一个配送企业综合某一地区内多个用户的要求，统筹安排配送时间、次数、路线和货物数量，全面进行配送。②仅在送货环节上将多家用户待运送的货物混载于同一辆车上，然后按照用户的要求分别将货物运送到各个接货点，或者运到多家用户联合设立的配送货物接收点上。这种配送有利于节省运力和提高运输车辆的货物满载率。

6. 按加工程度划分

（1）加工配送

加工配送是指在配送据点中设置流通加工环节，当社会上现成的产品不能满足用户需要，或用户提出特殊的工艺要求时，可以经过加工后进行分拣、配货再送货到户。流通加工与配送的结合，使流通加工更有针对性，可取得加工增值收益。

（2）集疏配送

集疏配送是指只改变产品数量组成形态而不改变产品本身的物理、化学形态，与干线运输相配合的一种配送方式。比如大批量进货后小批量、多批次发货，零星集货后以一定批量送货等。

7. 按配送的方式划分

（1）直送

直送是指生产厂商或供应商根据订货要求，直接将商品运送到客户的配送方式。特点是需求量大，每次订货往往大于或接近一整车，且品种类型单一。

（2）集取配送

集取配送是指往复配送，与用户建立稳定的协作关系，在将用户所需的生产物资送到的同时，将该用户生产的产品用同一车运回。不仅充分利用了运力，也降低了生产企业的库存。

（3）交叉配送

交叉配送是指在配送据点将来自各个供应商的货物按客户订货的需求进行分拣装车，并按客户规定的数量与时间要求进行送货。有利于减少库存、缩短周期、节约成本。

6.1.5 配送的发展趋势

在信息化时代，随着网络技术、电子商务、交通运输和管理的现代化，现代商贸物流配送也将在运输网络合理化和销售网络系统化的基础上实现整个物流系统管理的现代化，配送各环节作业的自动化、智能化。其主要趋势如下。

1. 配送模式由生产者和销售商自己组织物流配送转变为第三方物流配送为主

随着物流的发展和分工的深化，专业物流企业，即第三方物流企业不断出现，以其专业化配送职能取代了原有的生产者和销售商的自营物流配送，简化了企业交易程序，使企业能够专心于自己所熟悉的业务，将资源配置在核心业务上，进而起到优化资源配置、降低成本、提高效率的作用。另外，随着城市社区服务体系的逐渐完善，由第三方物流企业把不同商品（如报纸、牛奶等）集中综合配送效率更高，可以提高配送网络的利用效率，大大节约交易费用。同时由于第三方物流的不断发展，第三方物流企业能够更好地了解顾客的要求，及时调整经营模式和服务内容，最大限度地缩短订货处理周期，提高物流配送系统的反应速度。

2. 配送呈现共同化和计划化，从无序走向有序

配送初期，主要是以单个企业为主体，存在车辆利用率低、不同配送企业之间交错运输、交通紧张等不合理问题，并且强调完全按顾客要求办事，配送企业缺乏合理计划，处于被动服务地位。现代配送的发展已上升到从大范围考虑合理化，致力于在整个城市和区域中推行，所有企业共同配送的高度。在此基础上制定全面周详的计划，从而促进配送的合理化、服务的高效化。

3. 配送运用现代技术和方法，与电子商务发展相融合

随着配送规模的扩大和计算机的微型化，配送普遍运用计算机管理。一是信息传递预处理逐渐采用 EDI 系统；二是计算机在进货、配货和选址等方面辅助决策逐渐成为趋势；三是计算机与其他自动化装置的操作相结合。同时，物流配送和电子商务发展相融合，充分利用国际互联网、电子商务安全等技术。在构筑物流信息系统、控制系统方面，电子数据交换（EDI）系统、全球定位系统（GPS）、移动通信、CD-ROM 电子地图将会大范围普及。

4. 物流供应链采用先进的系统模式

随着信息高速公路建设和电子信息技术的发展，车载计算机的体积会更小，功能会更强，成本会更低，在物流链管理方面使用高新技术设备将会更加方便，管理功能更加完善。同时，物流经营组织的交流和关系也将走向全球化发展，组织结构也将会从金字塔式的组织结构向网络化方向发展，形成更为科学合理的企业物流系统、区域物流系统、全国物流系统和国际物流系统。物流供应链先进系统模式的采用，全面优化了物流管理，降低了成本，提高了服务质量，增强了竞争能力。

6.2　配送中心

6.2.1　配送中心的概念

1. 配送中心的定义

配送中心起源于第二次世界大战后，零售业的多店铺化、连锁业的多业态化（百货、超级市场、专卖店等）对物流作业的效率化提出了更高要求。原来相互分割、缺乏协作的仓储、运输、批发等传统物流企业无法适应现代物流业发展，专业性的物流配送经营实体——配送中心便应运而生。配送中心是以组织配送性销售或供应，执行以实物配送为主要职能的流通型结点。《物流术语》（GB/T 18354—2006）说明从事配送业务且具有完善信息网络的场所或组织应符合下列要求：

（1）主要为特定客户或末端客户提供服务；

（2）配送功能健全；

（3）辐射范围小；

（4）提供高频率、小批量、多批次配送服务。

2. 配送中心与物流中心的区别

配送中心有自用型和社会化的两种主要类型，其中自用型配送中心有由制造商经营的、有由零售商经营的，主要服务于自己的产品销售或自有商店的供货。社会化的配送中

心，也称第三方物流，是由独立于生产商和零售商之外的其他经营者经营的。在现代信息技术手段的支撑下，适应现代物流业专业化、标准化、多功能化发展的要求，一些发达国家的社会化的配送中心近年来发展较快。

物流中心通常是指综合性的物流场所，它可以具备配送中心的功能，又可以具有货物运输中转功能。此外，从产权上讲，配送中心通常属于某一企业，即专为某一或几家企业服务。而物流中心则通常是独立的企业，其提供社会化的物流服务。

物流中心与配送中心的区别表现在以下五个方面：

（1）从功能上看：物流中心可单可全，而配送中心较为全面；

（2）从辐射范围看：物流中心辐射范围大，而配送中心辐射范围小；

（3）从在供应链的位置看：物流中心在配送中心的上游，而配送中心在物流中心的下游；

（4）从物流的特点看：物流中心的特点是少品种、大批量、少供应商，而配送中心是多品种、小批量、多供应商；

（5）从服务的对象看：物流中心通常提供第三方物流服务，而配送中心一般为公司内部服务。

6.2.2　配送中心的功能

配送中心是专门从事货物配送活动的经济组织。换个角度来说，它又是集加工、理货、送货等多种职能于一体的物流据点。具体说，配送中心有如下几种功能。

1. 采购功能

配送中心必须首先采购所要供应配送的商品，才能及时准确无误地为其用户即生产企业或商业企业供应物资。配送中心应根据市场的供求变化情况，制订并及时调整统一的、周全的采购计划，并由专门的人员与部门组织实施。

2. 存储功能

配送中心的服务对象是为数众多的生产企业和商业网点（比如连锁店和超级市场），配送中心需要按照用户的要求及时将各种配装好的货物送交到用户手中，满足生产和消费需要。为了顺利有序地完成向用户配送商品（货物）的任务，而且为了能够更好地发挥保障生产和消费需要的作用，配送中心通常要兴建现代化的仓库并配备一定数量的仓储设备，存储一定数量的商品。某些区域性的大型配送中心和开展"代理交货"配送业务的配送中心，不但要在配送货物的过程中存储货物，而且它所存储的货物数量更大、品种更多。

3. 配组功能

由于每个用户企业对商品的品种、规格、型号、数量、质量、送达时间和地点等的要求不同，配送中心必须按用户的要求对商品进行分拣和配组。配送中心的这一功能是其与传统仓储企业的明显区别之一，这也是配送中心的最重要的特征之一。可以说，没有配组功能，就无所谓配送中心。

4. 分拣功能

作为物流节点的配送中心，其服务对象（客户）是为数众多的企业（在国外，配送中心的服务对象少则几十家，多则数百家）。在这些为数众多的客户中，彼此之间差别很大：

不仅各自的性质不同，而且其经营规模也大相径庭。因此，在订货或进货时，不同的用户对货物的种类、规格、数量会提出不同的要求。针对这种情况，为了有效地进行配送，即为了同时向不同的用户配送多种货物，配送中心必须采取适当的方式对组织进来的货物进行拣选，并且在此基础上，按照配送计划分装和配装货物。

5. 分装功能

从配送中心的角度来看，它往往希望采用大批量的进货来降低进货价格和进货费用。但是用户企业为了降低库存、加快资金周转、减少资金占用，往往采用小批量进货的方法。为了满足用户的要求，即用户的小批量、多批次进货，配送中心必须进行分装。

6. 集散功能

在物流实践中，配送中心凭借其特殊的地位及其拥有的各种先进的设施和设备，能够将分散在各个生产企业的产品（货物）集中到一起，然后经过分拣、配装向多家用户发运。与此同时，配送中心也可以做到把各个用户所需的多种货物有效地组合（或配装）在一起，形成经济、合理的货载批量。配送中心在流通实践中所表现出来的这种功能即（货物）集散功能，也有人把它称为"配货、分散"功能。

集散功能是配送中心所具备的一项基本功能。实践证明，利用配送中心来集散货物，可以提高卡车的满载率，由此可以降低物流成本。

7. 加工功能

为了扩大经营范围和提高配送水平，目前，国内许多配送中心都配备了各种加工设备，由此形成了一定的加工（系初加工）能力。这些配送中心能够按照用户提出的要求和根据合理配送商品的原则，将组织进来的货物加工成一定的规格、尺寸和形状。这些加工功能是现代配送中心服务职能的具体体现。

加工货物是一些配送中心的重要活动。配送中心具备加工功能，积极开展加工业务，既方便了用户，省却了其烦琐的劳动，又有利于提高物质资源的利用率和配送效率。此外，对配送活动本身来说，客观上起着强化其整体功能的作用。

6.2.3 配送中心的分类

从理论上和配送中心的作用上来划分，可以把配送中心分成许多种类。下面仅就已在实际中运转的配送中心类别概述如下。

1. 按配送中心承担的流通职能分类

（1）供应配送中心

供应配送中心是专门为某个或某些用户（例如联营商店、联合公司）组织供应的配送中心。例如，为大型连锁超级市场组织供应的配送中心；代替零件加工厂送货的零件配送中心，使零件加工厂对装配厂的供应合理化；我国上海地区 6 家造船厂的配送钢板中心，也属于供应型配送中心。

（2）销售配送中心

销售配送中心是以销售经营为目的，以配送为手段的配送中心。建立销售配送中心大致有 3 种类型：第一种是生产企业为本身产品直接销售给消费者的配送中心，在国外，这种类型的配送中心很多；第二种是流通企业作为本身经营的一种方式，建立配送中心以扩大销售，我国目前拟建的配送中心大多属于这种类型，国外的例证也很多；第三种是流通企业和生产企业联合的协作性配送中心。比较来看，国外和我国的发展趋向，都向以销售配送中心为主的方向发展。

2. 按配送领域的广泛程度分类

（1）城市配送中心

城市配送中心是以城市范围为配送范围的配送中心。由于城市范围一般处于汽车运输的经济里程内，这种配送中心可直接配送到最终用户，且采用汽车进行配送，所以，这种配送中心往往和零售经营相结合。由于运距短、反应能力强，因而从事多品种、小批量、多用户的配送较有优势。例如，"北京市食品配送中心"就属于这种类型。

（2）区域配送中心

区域配送中心是以较强的辐射能力和库存准备，向省（州）际、全国乃至国际范围的用户配送的配送中心。这种配送中心配送规模较大，一般而言，用户规模也较大，配送批量也较大，而且，往往是既配送给下一级的城市配送中心，也配送给营业所、商店、批发商和企业用户，虽然也从事零星的配送，但不是主体形式。这种类型的配送中心在国外十分普遍，例如，美国马特公司的配送中心、蒙克斯帕配送中心等就属于这种类型。

3. 按配送中心的内部特性分类

（1）储存型配送中心

储存型配送中心是有很强储存功能的配送中心。一般来讲，在买方市场，企业成品销售需要有较大库存支持，其配送中心可能有较强的储存功能；在卖方市场，企业原材料、零部件供应需要有较大库存支持，这种供应配送中心也有较强的储存功能。大范围配送的配送中心，需要有较大库存，也可能是储存型配送中心。我国目前已建的配送中心，都采用集中库存形式，库存量较大，多为储存型。例如，瑞士 GIBA-GEIGY 公司的配送中心拥有世界上规模居于前列的储存库，可储存 4 万个托盘；美国赫马克配送中心拥有一个有 163 000 个货位的储存区，可见存储能力之大。

（2）流通型配送中心

流通型配送中心是基本上没有长期储存功能，仅以暂存或随进随出方式进行配货、送货的配送中心。这种配送中心的典型方式是，大量货物整进并按一定批量零出，采用大型分货机，进货时直接进入分货机传送带，分送到各用户货位或直接分送到配送汽车上，货物在配送中心仅做稍许停滞。例如，阪神配送中心，中心内只有暂存货物，大量储存则依靠一个大型补给仓库。

（3）加工型配送中心

加工型配送中心以加工产品为主，因此在其配送作业流程中，储存作业和加工作业居主导地位。

由于流通加工多为单品种、大批量产品的加工作业，并且是按照用户的要求安排的，因此，对于加工型的配送中心，虽然进货量比较大，但是分类、分拣工作量并不太大。此外，因为加工的产品品种较少（指在某一个加工中心内加工的产品品种），一般都不单独设立拣选、配货等环节。通常，加工好的产品（特别是生产资料产品）可直接运到按用户户头划定的货位区内，并且要进行包装、配货。

4. 按配送中心的专业化情况分类

（1）专业配送中心

专业配送中心大体上有两个含义：一个是配送对象、配送技术属于某一专业范畴，在某一专业范畴有一定的综合性，综合这一专业的多种物资进行配送，例如多数制造业的销售配送中心，我国目前在石家庄、上海等地建的配送中心大多采用这一形式；另一个是以配送为专业化职能，基本不从事经营的服务型配送中心，如蒙克斯帕配送中心。

（2）柔性配送中心

从某种程度上讲，柔性配送中心是与专业配送中心相辅相成的配送中心，这种配送中心不向固定化、专业化方向发展，而向能随时变化、对用户要求有很强的适应性、不固定供需关系、不断发展配送用户甚至改变配送用户的方向发展。

（3）特殊的配送中心

所谓特殊的配送中心是指某类配送中心进行配送作业时所经过的程序是特殊的，包括不设储存库（或储存工序）的配送中心和分货型配送中心。

① 不设储存库的配送中心。在流通实践中，主要从事配货和送货活动（或者说专职于配货和送货），其本身不设储存库和存货场地，而是利用设立在其他地方的"公共仓库"来补充货物的配送中心，称作不设储存库的配送中心。一般配送生鲜食品的配送中心属于此类。

② 分货型配送中心。这种配送中心是以中转货物为主要职能的配送中心。在一般情况下，这类配送中心在配送货物之前都先要按照要求把单品种、大批量的货物（比如不需要加工的煤炭、水泥等物资）分堆，然后再将分好的货物分别配送到用户指定的接货点。

6.2.4　配送中心的作业流程

不同类型的配送中心，其作业流程的长短不一，内容各异；但作为一个整体，其作业流程又是统一的、一致的。

1. 配送中心的一般作业流程

所谓配送中心的一般作业流程是指作为一个整体来看待，配送中心在进行货物配送作业时所展现的工艺流程。从一定意义上说，一般作业流程也就是配送中心的总体运动所显示的工艺流程。

配送中心的一般作业流程是以中、小件杂货配送为代表的配送中心流程，由于货种多，为保证配送，需要有一定储存量，属于有储存功能的配送中心。理货、分类、配货、配装的功能要求较强，一般来讲，很少有流通加工的功能。配送中心的一般作业流程如图 6-1 所示。

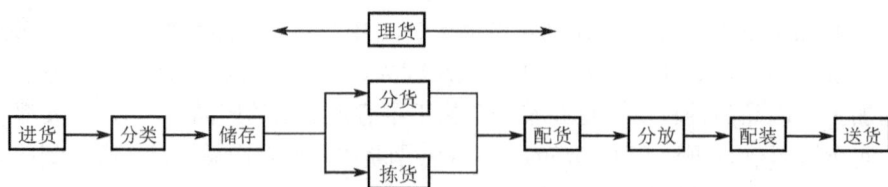

图 6-1　配送中心的一般作业流程

固体化工产品、小型机电产品、水暖卫生材料、百货及没有保质期要求的食品配送中心等也采取这种流程。

这种流程也可以说是配送中心的典型流程，其主要特点是有较大的储存场所，分货、拣选、配货场所及装备也较大。

2. 配送中心的特殊作业流程

所谓的特殊作业流程是指某一类配送中心（个别配送中心）进行配送作业时所经过的程序（或过程）。其中包括不带储存库（或储存工序）的配送中心作业流程、加工型配送中心的作业流程和分货型配送中心的作业流程。

（1）不带储存库的配送中心作业流程

有的配送中心专以配送为职能，而将储存场所尤其是大量储存场所转移到配送中心之外的其他地点，专门设置补货型的储存中心，配送中心中则只有为一时配送备货的暂存，而无大量储存。暂存设在配货场地中，在配送中心不单独设储存库。不带储存库的配送中心，作业流程如图 6-2 所示。

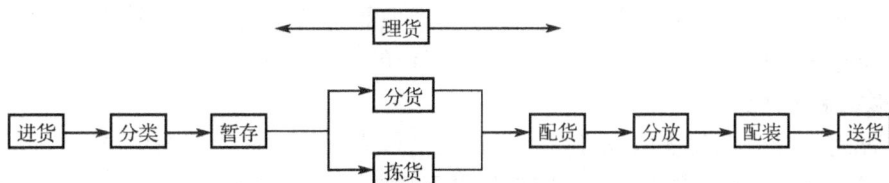

图 6-2　不带储存库的配送中心作业流程

这种流程和典型配送中心的流程大致相同，主要工序及主要场所都用于理货、配货，区别只在于大量的储存在配送中心外部而不在其中。

这种类型的配送中心由于没有集中储存的仓库，占地面积比较小，也可以省却仓库、现代货架的巨额投资。至于补货仓库，可以采取外包的形式，采取协作的方法解决，也可以自建补货中心，实际上可在若干配送中心基础上，又共同建设一个更大规模集中储存型补货中心。此外，还可以采用虚拟库存的办法来解决。

（2）加工型配送中心的作业流程

加工型配送中心也不是一个模式，随着加工方式的不同，配送中心的作业流程也有区别。

加工型配送中心的作业流程的特点是，以平板玻璃为例，进货是大批量、单（少）品种的产品，因而分类的工作不重或基本上无须分类存放。储存后进行加工，和生产企业按标准、系列加工不同，加工一般是按用户要求。因此，加工后产品便直接按用户分放、配货。所以，这种类型的配送中心有时不单设分货、配货或拣选环节。配送中心中加工部分及加工后分放部分占较多位置。加工型配送中心的作业流程如图 6-3 所示。

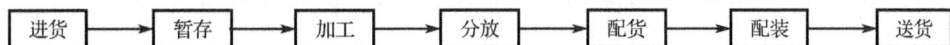

图 6-3　加工型配送中心的作业流程

（3）分货型配送中心的作业流程

分货型配送中心是将批量大、品种较单一的产品进货，转换成小批量发货式的配送中心，例如，不经配煤、成型煤加工的煤炭配送和不经加工的水泥、油料配送的配送中心大多属于这种类型。分货型配送中心的作业流程如图 6-4 所示。

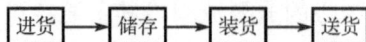

进货 → 储存 → 装货 → 送货

图 6-4　分货型配送中心的作业流程

这种配送中心的作业流程十分简单，基本不存在分类、拣选、分货、配货、配装等工序，但由于是大量进货，储存能力较强，储存工序及装货工序是主要工序。

6.3　配送管理

6.3.1　配送的工作步骤

配送的对象、品种、数量等较为复杂，为了做到有条不紊地组织配送活动，应当遵照一定的工作程序进行。一般情况下，配送组织工作的基本程序和内容如下。

1. 拟定配送计划

拟定配送计划供调度部门执行。若无计算机作为编制配送计划的主要手段，则可按手工操作方式完成，配送计划的主要内容包括以下几方面。

（1）拟定配送具体计划

订货合同副本、订货合同可以确定：用户订货的品种、规格、数量、送货时间、送达地点、接货人、接送货方式等；仓储配送合同，用户在配送中心仓储的货品情况，以及用户使用配送服务的要求，包括配货的品种、规格、配送服务要求和其他服务要求；电话预约合同，资信好的长期客户可以采用电话与计算机联合作业的固定程序，输入用户配送的品种、规格、其他配送方式及要求，随时存入电子计算机信息系统以供配送调度使用；配送车辆、装卸设备、相关专用工具等情况；运输条件，与道路运输有关的要求、运达地点、作业环境、气候等内容；各配送据点的货物品种、规格、数量及分布等情况。

（2）确定并落实计划的主要内容

充分掌握上述必要信息之后，可将物流配送计划送至总调度进行具体落实。按日排定各用户所需物资的品种、规格、数量、送货时间、送达地点、接货人等；按用户需要的时间，确定配送作业准备的提前期；确定每天从各配送点发运的物资品种、规格、数量；按计划的要求选择配送服务的具体组织方式；列出详细配送计划表供审批、执行和备案。

2. 下达配送计划

配送计划确定之后，就要向各配送据点下达配送任务，依此调度运输车辆、装卸及各相关作业班组与人员，并将货物送达时间、品种、规格、数量通知用户，使用户按计划准备好接货工作。

3. 做好配货和进货组织工作

按配送计划做好配送工作，并及时做好补充进货的组织工作。

4. 配送发运

理货部门按计划将各种所需的货物进行分类，标明到达地点、用户名称、配送时间、货物明细等，并按流向、距离将各类货物进行配载，并将发货明细表交给驾驶员或随车送货人。

5. 费用结算

车辆按指定的计划送到用户，由用户在回执上签字，完成配送工作后，即可通知财务部门结算。若采用计算机在线配送信息系统，则可使上述过程大大简化。

6.3.2　配货作业

1. 配货作业及基本要求

所谓配货作业，是指将配送中心存入的多种类产品，按多个用户的多种订货要求取出，并分放在指定货位，完成各用户配送之前的货物准备工作的一系列活动。

配货在配送中心的工作中占有十分重要的位置，因为配货工作的好坏直接影响分放、配装、送货等一系列后续工作的质量，在一定程度上代表了一个配送中心的实力和声誉，但配货又是一件复杂、工作量大的工作，尤其是在多用户、多品种的情况下更是如此。所以配货管理是十分重要的。

配货作业的基本要求有以下几点。

（1）准确程度

这是对配送中心的基本要求，但现实是需要配货的品种、规格复杂且变化很大，这就需要我们采取适当的管理方法，例如，选择有效的分货和拣选方式配货来提高配货的准确程度。

（2）配货的速度

随着准时物流概念的产生以及配送企业间竞争的加剧，配送的速度显得日益重要，已成为影响配送中心发展的关键因素。解决这个问题，主要是选择合适的设备、工艺以及运输路线。

（3）配送的成本

配送中心产生的原因之一就在于它能有效节约经营成本，因此在保证配货速度、准确程度的同时更要考虑配货成本，选择适当的配货方式，在此消彼长的均衡过程中实现物流企业效益的最大化。

2. 配货作业方式

（1）拣选式配货

拣选式配货又称拣选式工艺，是拣选人员或拣选工具巡回于各个储存点将所需的物品取出，完成货物配备的方式。拣选配货的基本过程是：储物货位相对固定，而拣选人员或工具相对运动，又称人到货前式配货。形象地说，又类似人们进入果园，在一棵树上摘下熟了的果子后，再转到另一棵树前去摘果，所以又称为摘果式或摘取式配货。该方式配货的特点是采取按单拣选、一单一拣方式，这和目前仓库出货方式是很类似的，因此，在工艺上现行方式可以不做太大改变就可以实施。由于采用按单拣选，所以这种配货工艺准确程度较高，不容易发生货差等错误。这种工艺还有机动灵活的特点，其表现在：①由于一单一拣，各用户的拣选互相没有牵制，可以根据用户要求调整配货先后次序；②对紧急需求可以采取集中力量快速拣选方式，有利于配送中心开展即时配送、增强对用户的保险能力；③拣选

143

完一个货单，货物便配齐，因此，货物可不再落地暂存而直接放到配送车辆上，有利于简化工序、提高效率；④其灵活性还表现在对机械化没有严格要求，无论配送中心设备多少、水平高低都可以采取这种工艺；⑤用户数量不受工艺的限制，可在很大范围内波动。

（2）分货式配货

分货式配货又称分货式工艺，是分货人员或分货工具从储存点集中取出各个用户共同需要的货物，然后巡回于各用户的货位之间，将这一种货物按用户需要量分放下，再集中取出共同需要的第二种，如此反复进行直至用户需要的所有货物都分放完毕，同时完成各个用户的配货工作。该方式配货的特点是采取集中取出共同需要的货物，再按货物货位分放，这就需要在收到若干个用户配送请求之后，在可以形成共同的批量之后，再对用户共同需求做出统计，同时要安排好各用户的分货货位，才开始陆续集中取出进行反复的分货操作。所以，这种工艺难度较高，计划性较强，也容易发生分货的错误。这种工艺计划性较强，若干个用户的需求集中后才开始分货，直至最后一种共同需要的货物分放完毕，各用户需求的配货工作才同时完成。之后，可同时开始对各用户的配送送达工作，这也有利于考虑车辆的合理调配、合理使用和规划配送路线。与拣选式工艺相比，可综合考虑、统筹安排、利用规模效益，这是分货式工艺的重要特点。

（3）直起式配货

直起式配货是人到货前，即拣选式配货的一种特殊形式。当用户所需种类很少，而每种数量又很大时，送货车辆可直接开抵储存场所装车，随时送货，而无须单设配货工艺。这种方式实际将配货与送货工艺合为一体，减少了几道工序。在我国，尤其是大宗生产资料配送，直起式配货也是一种很重要的方式。

6.3.3　配载和配装作业

配载和配装是物流配送过程中的主要环节。合理的配载、配装可以给配送中心带来更大的经济效益及社会效益。车辆配载要解决的主要问题是充分保证货物质量和数量完好的前提下，尽可能使车辆满载行驶，也就是尽量不要空驶。强调的是多客户情况下车辆的调配环节。配装主要解决的是有效利用车辆的容积和载重两个因素的问题，强调装车环节。从上述的两个概念来看，配装强调的是装车环节，即如何有效地利用车辆的装载空间，它的研究对象主要是货物装载过程；而配载则是强调装车前后直到货物送到整个过程某一辆车的有效载荷是否被有效利用，它的研究对象主要是车的配载过程。配装强调的是装，那么如何装好车就是配装要研究的问题；配载强调的是载，那么如何更好地调度车辆进行搭配就是配载要研究的问题。

1. 配载和配装的原则

配送中心在接到订单之后，在货物装车之前要对货物进行分类整理，在分类时应遵循以下原则。

（1）为了减少或避免差错，尽量把外观相近、容易混淆的货物分开装载。

（2）不将散发异味的货物与具有吸收性的食品混装。

（3）切勿将渗水货物与易受潮货物一同存放。

（4）包装不同的货物应分开装载，如板条箱货物不要与纸箱、袋装货物堆放在一起。

（5）具有尖角或其他突出物的货物应和其他货物分开装载或用木板隔离，以免损伤其他货物。

（6）尽量不将散发粉尘的货物与清洁货物混装。

（7）危险货物要单独装载，配装于同一车内的危险货物尽量做到不要隔离，如果由于货物本身、去向等原因非隔离不可时，首先要有能起到隔离作用的货物或材料，且一车内一般不要超过两组隔离，以免发生危险。

理货结束后，要进行具体的装车，在此环节一般要遵循如下原则。

（1）重不压轻，大不压小。轻货应放在重货上面，包装强度差的应放在包装强度好的上面。

（2）货物堆放要前后、左右、上下重心平衡，以免发生翻车事故。

（3）尽量做到"先送后装"，即同一车中有目的地不同的货物时，要把先到站的货物放在易于装卸的外面和上面，后到站的货物放在里面和下面。

（4）货与货之间、货与车辆之间应留有空隙并适当衬垫，防止货损。

（5）货物的标签朝外，以方便装卸。

（6）装货完毕，应在门端处采取适当的稳固措施，以防开门卸货时，货物倾倒造成货损或人员伤亡。

2. 多车型配载

配载的制约因素有很多，从货主、车主、社会三个不同角度所关心的因素进行分析。就某一个配送中心而言，货主就是他的客户，车主就是配送中心本身。

货主所关心的主要因素有运输价格、车辆类型、运输方向、运输时间、车主信誉度等。

车主所关心的主要因素有运输价格、货物类型、运输方向、运输时间、车辆利用率、车辆空驶率等。

对社会而言，为提高整体物流运作水平，希望有较高的车辆利用率和较低的车辆空驶率。

分析从不同角度所关心的因素如下。

（1）货主和车主所关心的因素具有相通性，体现在车辆（货物）类型、运输方向和运输时间三个方面。在实际配载过程中，该三个因素必须相互一致，才有配载的可能，从而可以认为该三个因素是配载系统中的基本约束因素，其他因素可以认为是优化目标因素。

（2）货主和车主所关心的因素具有对立性，即运输价格和车主信誉度两个因素。作为车主，希望运输价格越高越好；而作为货主，希望运输价格越低越好。由于当前货运市场是买方市场，车多货少，从而多车型优化配载应以车辆为研究对象，向货主提供优化配载服务，运输价格低和车主信誉度高的车辆具有竞争优势。

（3）社会关心的因素和车主关心的因素具有一致性。提高车辆利用率、降低车辆的空驶率，不仅为车主带来利益，还会提高我国社会物流的运作水平，因此，在优化配载指标中，车辆利用率和车辆空驶率是必须优化的指标。

对某一配送中心来讲，上述所列的各因素，总结起来无非就是车辆的安全性、经济性、快速性等问题。以此为准则，多车型配载主要考虑 7 个因素：其中车辆种类、运输路线和运到期限为基本约束因素，加上车辆的载重量、容积和车主的报价等，是配载进行的前提条件；车辆空驶率、车辆利用率、车主信誉度、运费为优化目标因素，是在配载时要优化的指标。

6.3.4　配送线路的确定

配送线路合理与否，对配送效率、成本、效益影响很大，采用科学的方法确定配送线路是配送活动中非常重要的一项工作。确定配送方案涉及车辆、货物、线路等多种因素，因而需要设计较合理的配送方案，首先要确定试图达到的目标，根据特定目标下的约束条件，利用数学模型或结合定性分析确定配送方案。

1. 配送方案目标的选择

配送方案目标的选择可从以下几个方面考虑。

（1）配送效率最高或配送成本最低

效益是企业追求的主要的综合性的目标，可以简化为用利润来表示，或以利润最大化作为目标值；成本对企业效益有直接的影响，选择成本最低化作为目标值，与前者有直接的联系；具体操作中内容有所简化，也可以作为设计方案的一种目标选择。

（2）配送里程最短

如果配送成本与配送里程相关性较强，而和其他因素相关性较弱时，配送里程最短的实质就是配送成本最低。所以，可考虑用配送里程最短作为目标值，这样可以大大简化线路选择方法。当配送成本不能通过里程来反映时，如道路收费、道路运行条件严重地影响成本，单以最短路程为目标就不适宜。

（3）配送服务水准最优

当服务水准（如准时配送要求）成为第一位时，或需要牺牲成本来确保服务水准，则应该在成本不失控的情况下，以服务水准为首选目标。这种成本的损失可能从其他方面弥补回来，如优质服务可采用较高的价格策略。

（4）配送劳动的消耗最少

配送劳动的消耗最少即以物化劳动和活劳动消耗最少为目标，在许多情况下，如劳动力紧张、燃料紧张、车辆及设备较为紧张的情况下，限制了配送作业的选择范围，就可以考虑以配送所需的劳力、车辆或其他有关资源作为目标值。

虽然配送方案目标实际上是多元的，但考虑到制订方案所选择的目标值应当是容易计算的。所以，要尽可能选择单一化的目标值，这样容易求解，实用性较强。

2. 配送方案的约束条件

配送目标的实现过程受很多条件的限制，即约束条件，因而必须在满足约束条件下取得成本最低，或路线最短，或消耗最少等目标。在一般的配送情况下，常见的约束条件如下。

（1）收货人对货物品种、规格和数量的要求。

（2）收货人对货物送达时间或时间范围的要求。

（3）道路运行条件对配送的要求，如城区的部分道路不允许货车或中型以上货车通行。

（4）配送车辆容量的限制。

（5）其他的制约条件。

3. 配送方案的形成

配送方案的形成可采用多种方法分析求得。常用的方法有线性规划、车辆运行计划法（节约里程法）等。下面主要介绍车辆运行计划法（节约里程法）。

（1）车辆运行计划法的原理

车辆运行计划法（Vehicles Scheduling Program，VSP），又称节约里程法，适用于实际工作中要求得较优解或最优的近似解，而不一定需要求得最优解的情况。它的基本原理是三角形的一边之长必定小于另外两边之和，如图 6-5 所示。

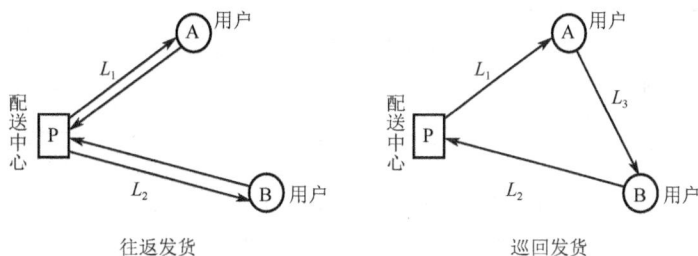

图 6-5　往返发货与巡回发货车辆行走距离

在汽车载重量允许的情况下，采用巡回发货比采用往返发货可节约的汽车行走里程为：$\Delta L = [2(L_1+L_2)] - (L_1+L_2+L_3) = L_1+L_2-L_3$

车辆运行计划法核心思想是依次将配送问题中的两个回路合并为一个回路，每次使合并后的总运输距离减小的幅度最大，直到达到一辆车的装载限制时，再进行下一辆车的优化。优化过程分为并行方式和串行方式两种。

（2）车辆运行计划法的步骤

【例 6-1】　设配送中心 P_0 向 7 个用户 P_j 配送货物，其配送线路网络如图 6-6 所示。配送中心与用户的距离及用户之间的距离标示如图，图 6-6 中括号内的数字表示客户的需求量（单位：t），线路上的数字表示两结点之间的距离（单位：km），现配送中心有 2 台 4 t 卡车和 2 台 6 t 卡车两种车辆可供使用。

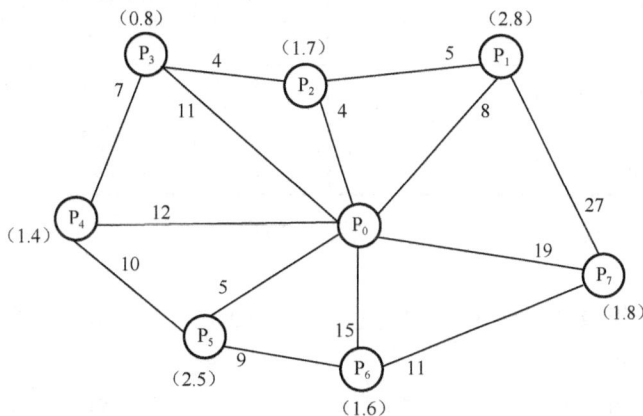

图 6-6　某配送中心配送线路网络

（1）用节约里程法制订最优的配送方案。

（2）配送中心在向用户配送货物过程中单位时间平均支出成本为 45 元，假定卡车行驶的平均速度为 25 km/h，试比较优化后的方案比单独向各用户分送可节约多少费用。

解：（1）第一步：做运输里程表，列出配送中心到用户及用户间的最短距离，如表 6-2 所示。

第二步：由运输里程表，按节约里程公式，求得相应的节约里程数，如表 6-2 所示。

表 6-2　最短距离

需要量	P_0						
2.8	8	P_1					
1.7	4	5（7）	P_2				
0.8	11	9（10）	4（11）	P_3			
1.4	12	16（4）	11（5）	7（16）	P_4		
2.5	5	13（0）	9（0）	13（3）	10（7）	P_5	
1.6	15	23（1）	19（1）	22（4）	19（8）	9（11）	P_6
1.8	19	27（0）	23（0）	30（0）	31（1）	20（4）	11（23）	P_7

第三步：将节约里程按从大到小顺序排列，如表 6-3 所示。

表 6-3　节约里程排序

序号	线路	节约里程	序号	线路	节约里程
1	P_6P_7	23	9	P_2P_4	5
2	P_3P_4	16	10	P_3P_6	4
3	P_2P_3	11	11	P_1P_4	4
4	P_5P_6	11	12	P_5P_7	4
5	P_1P_3	10	13	P_3P_5	3
6	P_4P_6	8	14	P_1P_6	1
7	P_4P_5	7	15	P_2P_6	1
8	P_1P_2	7	16	P_4P_7	1

第四步：确定单独送货的配送线路，如图 6-7 所示。

配送线路如下：

① P_5—P_6—P_7 组成共同配送，节约里程=（11+23）=34（km），配送重量=（2.5+1.6+1.8）=5.9（t），使用一辆 6 t 车。

② P_4—P_3—P_2 组成共同配送，节约里程=（16+11）=27（km），配送重量=（1.4+0.8+1.7）=3.9（t），使用一辆 4 t 车。

③ P_1 单独送货，配送重量为 2.8 t，使用一台 4 t 车配送。

优化后的配送线路，共节约里程 $\triangle S$ = 34+27 = 61（km）。

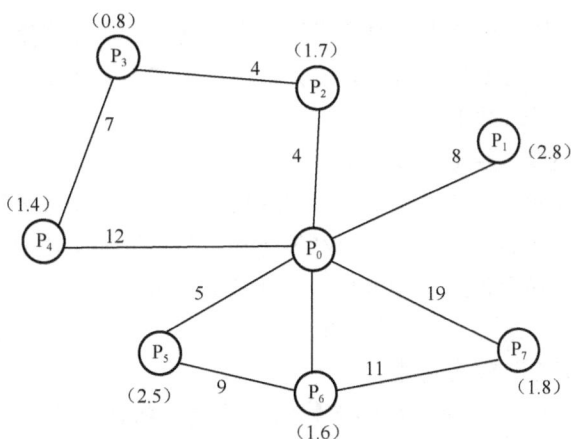

图 6-7 单独送货的配送线路

（2）根据题意，节省的配送时间为：

$$\triangle T = \frac{\triangle S}{\bar{V}} = \frac{61}{25} = 2.44 \text{（h）}$$

节省的费用为：

$$P = \triangle T \times F = 2.44 \times 45 = 109.8 \text{（元）}$$

6.4 末端配送模式

6.4.1 末端配送传统模式

从目前国内外的物流配送实践来看，主要发展了三种模式来解决末端配送问题。

（1）共同配送模式，即由若干个配送企业联合起来，对某一地区的用户进行集中配送服务的物流形式。

（2）便利店合作模式，即企业在便利店设置储物柜等，与便利店形成终端物流合作。比如，京东便民点的开设，顺丰早期与 Sever-Eleven 的战略合作，以及天猫社区服务站、菜鸟驿站等。

（3）设终端物流中心模式，即不依赖于其他机构，企业自身广泛建立终端物流中心。这种模式国外的典型代表就是亚马逊公司，国内则以京东物流为代表，通过在全国范围内大量自建仓库，同时运营多个大型智能化物流中心"亚洲一号"，目前京东物流 57%的订单可实现 12 小时送达，90%以上的订单可实现 24 小时送达。

6.4.2 末端配送新模式

1. 智能快递柜日益普及

凭借时间配置灵活、效率高、成本低以及安全性高等优点，智能快递柜近年受到市场的大力追捧。

目前，国内快递柜的"玩家"有菜鸟网络、京东物流、苏宁易购、丰巢、中集 e 栈、速递易、日日顺乐家等。据国家邮政局官方统计数字，至 2017 年上半年，全国城市地区各企业投入运营快件箱数量已超过 17 万组。

2．"末端+社区 O2O"多元发展

在各种末端服务探索中，深入社区的商业机构一直被认为是嫁接快递功能的最好载体之一。据不完全统计，仅 2017 年，"WOWO 便利"与百世集团达成全面战略合作；圆通在上海开设了国内首家"妈妈菁选"便利店；中国邮政也推出了"友邻居便利店"，在提供各种零售服务的同时承担"最后一千米"功能。

3．"物流+众包 O2O"模式萌芽

新经济环境下，众创、众包、第四方物流等协同经济新业态层出不穷，为电商物流末端配送发展提供了新的动力。2016 年 4 月，京东战略投资即时配送企业"达达"，打造众包物流平台+超市生鲜 O2O 平台的"最后一千米"的同时，也开始尝试将末端配送环节外包。2017 年"双十一"期间，达达就承担了京东 30%的"最后一千米"的配送。2016 年"双十一"，圆通也尝试将业务外包给即时配送平台蜂鸟；即时配送企业"点我达"自 2016年下半年开始也陆续承接菜鸟网络末端的派件和揽件业务。

4．无人机、机器人配送起步

（1）无人机

在顺丰、京东物流研发摸索的基础上，2017 无人机末端配送在全行业已呈"多点开花"之势。2017 年，不仅京东、顺丰的无人机应用获得重大进展，同时亮相的还包括苏宁、邮政、中通、菜鸟网络无人机。

以京东为例，在无人机物流体系的搭建方面，京东已规划了干线、支线、终端三级网络，在宿迁建成全球首个无人机调度中心，并于 2017 年获得覆盖陕西省全境的无人机空域书面批文，全球首个通航物流网络正在落地。2017 年 11 月，京东宿迁全球首个全流程智慧化无人机机场正式启用，意味着京东已经实现了无人机末端配送运营全流程的无人化与自动化。

（2）末端配送机器人/智能快递无人车

2016 年 9 月，京东物流、菜鸟同时公开了各自自主研发的末端配送机器人，希望未来能解决部分场景化配送，帮助快递员缓解末端配送压力；2017 年，唯品会、苏宁的智能快递无人车也相继亮相。

6.4.3　末端配送的难点

尽管行业升级、科技进步和配送新模式的推陈出新，都一定程度缓解了现有末端配送环节的部分压力，但末端配送仍有六大难题待解。

1．末端网点安家难、盈利难

（1）安家难。国家邮政局局长马军胜在 2017 年 3 月接受新华社采访时谈城市配送难，首先提到的就是网点安家难。以北京为例，北京三环内的快递网点越来越少，很多往外搬迁，快递员送件从原先的两三千米范围内，到十几千米甚至几十千米范围内派送。造成网点安家难的原因之一在于老百姓不喜欢网点安在自己家门口，觉得太嘈杂，很多快递网点被投

诉扰民，基本上半年搬一次。

（2）盈利难。基于成本压力，2017 年"双十一"前夕，中通、韵达接连宣布价格调整。近年来，持续的低价竞争和成本上涨，特别是用地、房屋、设施设备成本和人力成本持续上涨，使末端网点的盈利水平持续压缩甚至亏损，这对末端配送服务质量造成很大的消极影响。

2. 社区、校园、农村等场景化投递难

（1）社区投递难。大型居住区、商业区、校区、机关企事业单位综合办公区等不断涌现，对快递末端投递服务能力提出了新的要求。这些区域人员密集、交通繁忙、管理各异，快递使用需求旺盛、服务需求个性化突出；但同时，在部分居住区、校区、写字楼、机关办公区中，快递服务与用户使用需求、生活习惯不匹配，造成服务满意程度降低。

（2）校园投递难。有调查结果显示，可以收到上门快递的在校生仅占 6.74%，大多数学生只能去快递分发点或校外领取。如何打通校园快递流通的"最后一千米"，是高校学生群体和快递行业共同关心的问题。

（3）农村投递难。传统快递行业在农村区域的配送，多数以在镇级政府所在地开设驻点为主要形式，要求用户自行解决从村到驻点的交通，规避更下一级物流下沉的成本问题，但这就要求农村用户耗费额外的时间，在退换货时还需要再重复一次取件流程，严重影响着农村网购的体验。

对于能够覆盖村级别区域的物流企业，农村消费场景中诸如配送地址模糊化、人员流动性强、消费习惯和信任度低等痛点也影响着用户配送服务的体验。此外，农村网购用户习惯以现金形式作为货到付款结算，也需要与配送员面对面收货，诸如此类的新特点也要求物流展现出更多的灵活性。

3. 快递三轮车游走灰色地带、上路难

尽管对快递企业来说，电动三轮车是降低企业成本、提高末端配送运营效率最有效的交通工具之一，但由于国家目前没有统一规范管理标准，各地对电动车的管理办法并不一致，很多城市的快递三轮车游走在灰色地带。尤其近几年，多个地方"禁摩限电"的整治，一度导致当地快递业面临瘫痪，成为困扰快递"最后一千米"的老大难问题。

4. 末端快递员流动大、雇用难

2016 年发布的《全国社会化电商物流从业人员研究报告》数据显示，近一半站点人员的工作年限在 1 年以下，说明站点人员的流动性较强。究其原因，从行业整体看，低工资、高强度、第三方物流快递员等一线员工工作不稳定，造成行业"用人荒"难题。尤其每年春节后，快递员返岗率仅为 70%左右，造成很大程度的员工短缺，给末端配送时效和服务品质造成影响。

5. 消费者体验满意度不高、规范管理难

第三方物流加盟模式管理，造成丢失、损毁、延误较高，投诉频频。根据中国消费者协会于 2017 年 6 月 8 日在官网公布的《快递服务体验式调查报告》，就投诉反馈情况看，快递物破损投诉占比近六成。此外，包装破损、延误、未联系发件人便直接退件、未通知取件等也都是投诉的原因。

6. 末端快递垃圾围城、环保难

中国已经成为网络购物最发达的国家，同时也成为包装物流资源消耗最大的国家。2016 年中国快递超过 300 亿件，使用了 120 亿个塑料袋、144 亿个包装箱和 247 亿米封箱胶带，海量的快递垃圾正成为困扰。其中，胶带部分主要材质是聚氯乙烯，需要经过近百年才能降解。而快递行业每年使用不可自然降解的塑料袋、胶带，排放的二氧化碳可达 2 000万～3 000 万吨。

案例分析

共同配送

美国得克萨斯州的沃斯堡孟买家具及配件公司，近来想要成立一家服务于成千上万家零售店和网上商店的批发分公司，原计划利用其原有的物流网络来组织新的商业物流，但是孟买公司的物流副总裁很快就意识到：孟买批发分公司要想成功，就必须采用全新的物流方式。因为孟买公司的配送中心的设计是专门符合家具的存储和分拣配送的，而新成立的批发分公司所销售产品的性质和零售渠道与家具是完全不同的，他们必须要有能力履行位于不同地方的成千上万个客户的订单。由于服务的集约化以及运量的不同，其几乎需要使用所有的运输方式，很多客户同时还要求采用特殊的条码和标签。

由于孟买配送中心初期并不具有灵活处理订单的能力，因此，他们打算寻求物流业务外包，但是新的批发分公司刚刚起步，未来发展如何还不能确定，因此与第三方物流公司签订长期的个体租用合同对其来说是一种冒险，因此孟买公司的总裁说："在我们不知道业务会做到多大时，我们需要更多的柔性。"于是综合各方面的因素，共同配送成为孟买批发分公司的首选。孟买批发分公司选择了 USCO 物流公司作为其物流服务商，共享其物流设施。他们之间的协议是一月一签约，并且采用按件计费的收费方式。这样使得孟买批发分公司避免了支付人工、设备和设施等高额的管理费用，这同样给孟买公司更大的发展空间，并为他们的服务能力带来了更大的柔性。

随着客户订单的快速增长，对不同客户订单的自动处理能力对孟买公司的成功至关重要。而该能力恰恰是孟买公司的物流系统所不具备的，因此孟买批发分公司依靠 USCO 物流公司来帮助公司实现订单履行程序的自动化，并提供帮助该公司建立为顾客定制的条形码和标签的技术支持。孟买批发分公司同样也把公司所有的外向运输交给了 USCO 物流公司，这在一定程度上要比孟买公司自己与运输公司谈判签约所付的运费要低。

孟买公司的物流经理相信：共同配送与高的交付率和订单履行能力将一起帮助孟买公司为客户提供优于其竞争对手的服务，更重要的是，这种更具竞争力的优势将帮助孟买批发分公司树立良好的服务品牌。

根据以上提供的资料，试做以下分析：

1. 说明孟买公司初期的决策形成的原因。
2. 孟买公司所做的决策的好处包括哪些？

复习思考题

1. 简述配送与运输。

2. 简述配送与物流的概念关系。

3. 配送的基本环节包括哪些？

4. 简述配送中心与物流中心的区别。

5. 简述配送中心的步骤。

6. 简述配送方案的约束条件。

7. 简述末端配送的新模式。

第7章

流通加工管理

学习目标

1. 简要了解流通加工的概念以及产生流通加工的原因；
2. 掌握多样化的流通加工形式和方法；
3. 了解流通加工合理化的定义以及不合理流通加工的形式。

导入案例

流通加工的作用

阿迪达斯公司在美国有一家超级市场，设立了组合式鞋店，摆放的不是做好了的鞋，而是做鞋用的半成品鞋，款式花样有多种，有6种鞋跟、8种鞋底，均用塑料做成，鞋面的颜色主要有黑白两种，搭配的颜色有80多种，款式有百余种，顾客进来可以自由挑选自己喜欢的部位，交给职员当场组合，不出10分钟，自己中意的鞋就到手了。这家店日夜营业，职员技术熟练，价格和直接生产的成品差不多，因此销售额比邻近的店好很多。

资料来源：http://wenku.baidu.com/view/5d49557f31b765ce0508145b.html

讨论及思考：

在这个案例中，该超级市场的做法发挥了流通加工的哪些作用？

7.1 流通加工概述

流通加工是物流中具有一定的特殊意义的物流形式。一般来说，生产是通过改变物的形式和性质创造产品的价值和使用价值，而流通则是保持物资的原有形式和性质，以完成其所有权的转移和空间形式的位移。为了提高物流速度和物资的利用率，在物资进入流通领域后，还需按用户的要求进行一定的加工，即在物品从生产者向消费者流动的过程中，为促进销售、维护产品质量、实现物流的高效率所采取的使物品发生物理和化学变化的功能，这就是流通加工。

7.1.1 流通加工产生的原因

目前在世界上许多国家和地区的物流中心或仓库经营中大量存在物资流通加工业务，这一活动在日本、美国等一些物流发达的国家则更为普遍。例如，在日本的东京、大阪、名古屋等地区的 90 家物流公司中有一半以上有流通加工业务，其规模也很大。

随着我国经济体制改革的不断深入发展，工业企业都面临着如何提高自我、改造自我、发展自我、积累能力的艰巨任务，物资流通企业也面临着这场深刻的革命。改变以往那种单一经营业务为多种经营业务已成为必然。流通加工活动就是一项具有广阔前景的经营形式，它必将为流通领域带来巨大的社会效益。

1．流通加工弥补生产加工的不足

生产环节的各种加工活动往往不能完全满足消费者的要求。例如，某个生产企业需要钢铁厂的铺材，除了钢号、规格型号的要求外，往往希望能够在长度、宽度等方面满足需要，但是生产企业面对成千上万个用户，很难做到这一要求。由于社会生产的高度社会化、专业化，生产环节的加工活动往往不能恰如其分地满足消费者的需要。形成这一现象的原因可从以下三个方面考察。

（1）生产资料产品的品种成千上万，型号极其复杂，要完全做到产品统一标准化亦是一个极为困难的问题。

（2）产品的生产企业多、分布面广，同时，生产企业技术水平的高低又千差万别。这无疑给产品的供给与消费之间留下一个是否能适应的问题。

（3）社会需求的复杂，不可能使产品的生产部门完全满足用户在规格、品种、型号上的需要，在从批发到零售的环节中，更常碰到这个问题。

由于上述原因，要弥补生产环节加工活动的不足，流通加工是一种理想的方式。作为流通部门，往往对生产领域的物资供应情况和消费领域的物资需求情况最为了解，这为其从事流通加工创造了条件。

2．流通加工方便了用户

在流通加工未产生之前，物资满足生产或消费需要的加工活动一般由使用单位承担，这给使用部门带来不便。因为使用者不得不安排一定的人力、设备、场所等来完成这些加工活动，由此不仅会延长下一个生产过程的时间，而且会因设备的利用率低、设备投资大、加工质量低等因素而影响企业的经济效益，把这种加工活动从生产和使用环节中独立出来，由流通环节来完成，为物资的使用单位提供了极大的方便。流通部门可以根据使用部门的要求，将物资加工成可直接投入消费者使用的形式，这不仅缩短了使用部门与物资之间的距离，而且由流通部门统一进行，正好符合消费者的心理。流通加工费用省、经济效益好。

3．流通加工为流通部门增加了收益

从事流通活动的部门所获得的利润，一般只能从生产部门的利润中转移过来，它自身不可能创造出高于物资生产部门所创造的价值总和的任何价值。流通加工是一项极为理想的创造价值的劳动，不仅能够获得从生产领域转移过来的一部分价值，而且能够创造新的价值，从而获得更大的利润，这也是流通加工得以产生和发展的刺激因素。

4．流通加工为配送创造了条件

物资配送是流通加工、整理、拣选、分类、配货、末端运输等一系列活动的集合。物资配送活动的开展，依赖于流通加工，流通加工表现为配送的前沿。从配送中心看，它们把加工设备的种类、加工能力看作对物资配送影响最大的因素。随着我国物资配送工作的广泛开展，流通加工也必然会得到深入的发展。

7.1.2 流通加工的经济效益

1. 流通加工的内容

流通阶段的加工，即物流加工，处于不易区分生产还是物流的中间环节，尽管它可以创造性质和形态的使用效能，但还是应该从物流机能拓展的角度将其看作物流的构成要素为宜。流通加工的内容概括起来有以下几个方面。

（1）食品的流通加工

流通加工最多的是食品行业，因为食品行业的产品大都具有易变质、易腐败、时效性强的特点，同时，食品的加工程度还会影响食品卫生安全。因此，食品的流通加工是不可缺少的，如鱼和肉类的冷冻、蛋品加工、生鲜食品的原包装、大米的自动包装、上市牛奶的灭菌等。

（2）消费资料的流通加工

消费资料的流通加工以服务顾客、促进销售为目的。为便于保存、提高流通效率，消费资料的流通加工是不可缺少的。流通加工最多的是食品。另外，纺织品的标志和印记商标、粘贴标价，安装做广告用的幕墙，家具的组装，地毯剪接等也属于消费资料加工的范畴。这种流通加工一方面可以提高客户服务水平，另一方面也可以提高物流效率。

（3）生产资料的流通加工

生产资料的流通加工是进行社会再生产的必要环节，能够实现社会再生产的连续性和高效性。生产资料的流通加工中最具代表性的是钢材、水泥、木材的流通加工。例如，钢材的流通加工是对薄板的剪裁、切断，型钢的熔断，厚钢板的切割，线材切断等集中下料，线材冷拉加工等，在国外有专门进行钢材流通加工的钢材流通中心；水泥的流通加工是利用水泥加工机械和水泥搅拌运输车进行的，水泥搅拌车作业可避开繁华闹市区，节省现场作业空间，具有灵活机动的特点；木材的流通加工是在流通加工点将原木锯裁成各种规格的木材，同时将碎木、碎屑集中加工成各种规格板，甚至还可以进行打眼、凿孔等初级加工。除此之外，平板玻璃、铝材等同样可以在流通阶段进行像钢材那样的剪裁、切断、弯曲、打眼等各种流通加工。这种流通加工以适应顾客需求的变化、服务顾客为目的，不仅能够提高物流系统效率，而且可以促进生产的标准化和计划化，提高商品的价值和销售效率。

2. 流通加工的直接和间接经济效益

流通加工的经济效益可以表述为流通加工的劳动投入与效益产出的对比关系。在具体的加工部门可表现为流通加工的数量和实现的价值与劳动消耗和劳动占用的对比关系。

（1）直接经济效益

① 流通加工的劳动生产率高。流通加工是集中加工，其加工效率比分散加工要高得多。对于用量少和临时需要的使用单位，如果没有流通加工就只能依靠自行加工，那么从加工的水平和加工的熟练程度看，都无法与流通加工相比。即使是由大量的、有相当规模的企业进行的加工活动，与流通加工相比，其劳动生产率也相对较低。例如，建筑企业完成的安装玻璃的开片加工，往往在施工场地针对某一工程进行，而流通企业的流通加工的开片，可满足若干个建筑工地的需求，其加工效率更高，劳动生产率也更高。

② 流通加工可提高原材料的利用率。流通加工集中下料可以优材优用、小材大用、合理剪裁，具有明显的提高原材料利用率的效果。例如，钢材的集中下料，可以减少边角余料，从而达到加工效率高、加工费用低的目的。

③ 流通加工可提高加工设备的利用率。在分散加工的情况下，由于生产周期和生产节奏的限制，设备利用时松时紧，从而导致设备的加工能力不能得到充分发挥。而在流通加工的情况下，加工设备的利用率得到充分提高。

④ 流通加工可提高被加工产品的质量。流通加工是专业化很强的加工。专业化加工单纯，有利于加工人员掌握作业技术、提高作业的熟练程度，从而提高加工质量。从流通加工中心加工设备的水平来看，它们往往要高于分散加工的设备水平，因此，产品的加工质量也会高于分散加工的产品加工质量。同样的产品，质量高的经济效益显然要高于质量低的经济效益。

（2）间接经济效益

① 流通加工能为许多生产者缩短生产时间，使他们可以腾出更多的时间来进行创造性的生产，为社会提供更多的物质财富。

② 流通加工部门可以表现为用一定数量货币的加工设备为更多的生产或消费部门服务，这样可以相对减少全社会的加工费用支出。

③ 流通加工能对生产的分工和专业化起中介作用，可以使生产部门按更大的规模进行生产，有助于生产部门劳动生产率的提高。

④ 流通加工可以在加工活动中更为集中、有效地使用人力、物力，比生产企业加工更能提高加工的经济效益。

⑤ 流通加工为流通企业增加了收益，体现了物流的"第三利润源泉"。流通部门为了获得更多的利润，进行流通加工是一项创造价值的理想选择。对加工企业而言，采用相对简单、投入相对较少的流通加工，可以获得较为理想的经济效益；对社会而言，流通企业获利的同时，社会效益也会提高。

7.2　流通加工的类型与方法

7.2.1　流通加工的类型

流通加工的形式很多，按照加工的目的可将其分为以下几种类型。

1. 为弥补生产领域加工不足的流通加工

许多产品在生产领域的加工只能达到一定程度，这是由于存在许多因素限制了生产领域不能完全实现终极的加工，因此，只能将未完成的加工放在流通领域来完成。例如，木材如果在产地制成木制品，就会造成极大的运输困难，所以原生产领域只能加工到圆木、板方材这个程度，进一步的下料、切裁、处理等则由流通加工完成。这种流通加工实际是生产的延续，是生产加工的深化，对弥补生产领域加工不足有重要意义。

2. 为满足需求多样化进行的流通加工

为满足这种需求，在没有流通加工前，用户经常是自己设置加工环节，这是生产企业和消费者极不情愿的。为满足用户对产品多样化的需求，同时又保证社会高效率的大生产，将生产出来的单调产品进行多样化的改制加工是在流通加工中占有重要地位的一种加工形式。例如，对钢材卷板的伸展、剪切加工，平板玻璃按需要规格的开片加工，木材改制成枕木、方材、板材等的加工，商品混凝土和商品水泥制品的加工等。对生产型用户而言，这种加工形式可以缩短企业的生产流程，使生产技术密集程度提高、生产周期缩短。同时，这种流通加工作业可以使一般消费者省去烦琐的预处置工作，而集中精力从事较高级、能直接满足需求的劳动。

3. 以保存产品为目的的流通加工

这种流通加工形式的目的是使产品的使用价值得到妥善保存，延长产品在生产与使用间的时间距离。根据加工的对象不同，这种加工形式可表现为生活消费品的流通加工和生产资料的流通加工。生活消费品的流通加工是为了使消费者对消费对象在质量上保持满意，如水产品、蛋产品、肉产品等要求保鲜、保质的保鲜加工、冷冰加工、防腐加工等，丝、麻、棉织品的防虫、防霉加工等。生产资料的流通加工是为了使生产资料的使用价值下降幅度最小，如为防止金属材料的锈蚀而进行的喷漆、涂防锈油等措施和手段，木材的防腐朽、防干裂加工，水泥的防潮、防湿加工等。一般来说，以保存产品为主要目的的流通加工并不改变物资和产品的外形和性质，加工的水平和深度与被加工物的性质和特点关系较大。

4. 为提高物流效率的流通加工

有一些产品，由于其自身的特殊形状或性质，在运输、装卸作业中效率较低，极易发生损失，则需要进行适当的流通加工以弥补这些产品的物流缺陷。例如，自行车在消费地区的装配加工可防止整车运输的低效率和高损失；造纸用木材磨成木屑的流通加工，可极大提高运输工具的装载效率；集中燃烧熟料、分散磨制水泥的流通加工，可有效防止水泥的运输损失，提高运输效率；石油气的液化加工，使很难输送的气态物转变为容易输送的液态物，亦可提高物流效率。这种加工往往改变"物"的物理状态，但并不改变其化学特性，并最终仍能恢复原物理状态。

5. 为方便消费、促进销售的流通加工

这种流通加工形式在加工的深度上更接近于消费者的需求，使消费者感到更加省力省时、更加方便，从而起到促进销售的作用。例如，将定尺、定型的钢材按要求下料；将木材制成可直接投入使用的各种型材，以方便生产的需要；将过大包装或散装物分装成适合次销售的小包装的分装加工；将以保护产品为主的运输包装改换成以促进销售为主的装潢性包装，起到吸引消费者、指导消费的作用；将零配件组装成用具以便于直接销售；将蔬菜、肉类洗净切块以方便消费者消费，等等。此外，副食行业推出的盘菜、半成品加工、商场推出的首饰加工、服装加工等，都不同程度地满足了消费者的方便、省力的要求。

6. 为提高原材料利用率和加工效率的流通加工

流通加工利用其综合性强、用户多的特点，可以实行合理规划、合理套裁、集中下料的办法，这就能有效提高原材料利用率，减少损失浪费。利用在流通领域的集中加工代替分散在各使用部门的分别加工，可以大大提高物资的利用率，有明显的经济效益。

许多生产企业的初级加工往往有数量有限、加工效率不高、科技含量低的缺陷。流通加工以集中加工形式，以一家流通加工企业代替了若干生产企业的初级加工工序，可以克服物流企业进行流通加工费用高的缺点，实现集中加工、规模经营。例如，钢材的集中下料，可充分进行合理下料，搭配套裁，减少边角余料，从而达到加工效率高、加工费用低的目的。

7. 以实现配送为目的的流通加工

为实现配送活动，满足用户对物资供应的数量及供应构成的要求，配送中心对物资进行各种加工活动，如拆整化零、定量备货、定尺供应等。随着物流技术水平的不断提高，流通加工活动有时在配送过程中实施，例如，流通中心可根据用户的要求，把沙子、水泥、石子、水等各种不同材料按比例要求装入混凝土搅拌车可旋转的罐中，在配送路途中，汽车边行驶边搅拌，到达施工现场后，混凝土已经均匀搅拌好，可直接投入使用。

8. 为衔接不同运输方式、使物流合理化的流通加工

由于现代社会生产的相对集中和消费的相对分散，流通过程中衔接生产的大批量、高效率的输送和衔接消费的多品种、小批量、多户头的输送之间，存在很大的矛盾，某些流通加工形式可以较为有效地解决这个矛盾。以流通加工点为分界点，从生产部门至流通加工点可以形成大量的、高效率的定点输送；从流通加工点至用户则可形成多品种、多批量、多户头的灵活输送。例如，散装水泥的中转仓库担负起散装水泥装袋的流通加工及将大规模散装转化为小规模散装的任务，就属于这种流通加工形式。

9. 以提高经济效益、追求企业利润为目的的流通加工

流通加工的一系列优点，可以形成一种"利润中心"的经营形态。这种类型的流通加工是经营的一环，在满足生产和消费要求的基础上取得利润，同时在市场和利润的引导下使流通加工在各个领域能有效地发展。

10. 生产流通一体化的流通加工

依靠生产企业与流通企业的联合，或者生产企业涉足流通，或者流通企业涉足生产，形成的对生产与流通加工进行合理分工、合理规划、合理组织，统筹进行生产与流通加工的安排，这就是生产流通一体化的流通加工形式。这种形式可以促成产品结构及产业结构的调整，充分发挥企业集团的经济技术优势，是目前流通加工领域的新形式。

7.2.2　流通加工的方法

1. 钢板剪板及下料的流通加工

热连轧钢板和钢带、热轧厚钢板等板材最大交货长度常可达 7～12 m，有的是成卷交货，对使用钢板的用户来说，大中型企业由于消耗量大，可设专门的剪板及下料加工设备，按生产需要剪板、下料。但对使用量不大的企业和多数中小型企业来讲，单独设置剪板及下料的加工设备，设备闲置时间长、人员浪费大、不容易采用先进方法。剪板加工是在固定地点设置剪板机，下料加工是设置各种切割设备，将大规模钢板裁小，或切裁成毛坯，方便用户。

钢板裁剪及下料的流通加工有以下几项优点。

（1）由于可以选择加工方式，加工后钢材的晶相组织较少发生变化，可以保证原来的

交货状态，因而有利于进行高质量再加工，又有利于减少消耗。

（2）加工精度高，可减少废料、边角料，也可减少再进行精加工的切削量，既可提高再加工效率，又利于减少消耗。

（3）由于集中加工可保证批量及生产的连续性，又可以专门研究此项技术并采用先进设备，从而大幅度提高效率和降低成本。

（4）使用户简化生产环节，提高生产水平。

2. 水泥熟料的流通加工

在需要长途调入水泥的地区，变调入成品水泥为调进熟料这种半成品，在该地区的流通加工据点（粉碎工厂）粉碎，并根据当地资源和需要的情况掺入混合材料及外加剂，制成不同品种及标号的水泥，供应给当地用户，这是水泥流通加工的重要形式之一。

在需要经过长距离输送供应的情况下，以熟料形态代替传统的粉状水泥，有很多优点。

（1）大大降低运费、节省运力。调运普通水泥和矿渣水泥约有 30%以上的运力消耗在运输矿渣及其他各种加入物上。在我国，水泥需求量较大的地区，工业基础大都较好，当地又有大量工业废渣，如果在使用地区对熟料进行粉碎，可以根据当地的资源条件选择混合材料的种类，这样就节约了消耗在混合材料上的运力和运费。同时，水泥输送的吨位也大大减少，有利于缓和铁路运输的紧张状态。

（2）发展低标号水泥品种。我国大、中型水泥厂生产的水泥，平均标号逐年提高，但是目前我国使用水泥的部门，大量需要较低标号的水泥。然而，大部分施工部门没有在现场加入混合材料来降低水泥标号的技术力量和设备，因此，不得已而使用标号较高的水泥，这是很大程度的浪费。如果以熟料为长距离输送的形态，在使用地区加工粉碎，就可按照当地的实际需要，大量掺加混合材料，生产廉价的低标号水泥，发展低标号水泥的品种，在现有生产能力的基础上，更大限度地满足需要。

（3）以较低的成本实现大批量、高效率的输送。采用输送熟料的流通加工形式，可以充分利用站、场、仓库现有的装卸设备，又可以利用普通车皮装运，比散装水泥输送方式具有更好的技术经济效果。

（4）大大降低水泥的输送损失。水泥的水硬性是在充分磨细之后才表现出来的，而未磨细的熟料，抗潮湿的稳定性很强。所以，输送熟料，也可以基本防止由于受潮而造成的损失，此外，颗粒状的熟料不像粉状水泥那样易于散失。

（5）更好地衔接产需，方便用户。采用长途输送熟料的方式，水泥厂就可以和有限的熟料粉碎厂之间形成固定的直达渠道，能实现经济效果较好的物流。水泥的用户也可以不出本地区，直接向当地的熟料粉碎厂订货，因而可以更好地沟通产需关系，方便用户的需求。

3. 商品混凝土的流通加工

水泥的运输与使用，以往习惯上以粉状水泥供给用户，由用户在建筑工地现制现拌混凝土使用。现在将粉状水泥输送到使用地区的流通加工据点（集中搅拌混凝土工厂或称生混凝土工厂），在那里搅拌成生混凝土，然后供给各个工地或小型构件厂使用。这是水泥流通加工的另一种重要方式。在许多发达国家，因直接采用混凝土加工形式在技术经济效果上优于直接供应工地并现场制作混凝土的方法，故被广泛采用。这种流通加工的形式具有以下优点。

（1）把水泥的使用从小规模的分散形态变为大规模的集中加工形态，可充分应用现代化的科学技术，组织现代化的大生产；可以发挥现代设备和现代管理方法的优势，大幅度提高生产效率和混凝土质量。

商品混凝土的集中搅拌，可以采取准确的计量手段和最佳的工艺，可以综合考虑添加剂、混合材料的影响，根据不同需要，大量使用混合材料，拌制不同性能的混凝土，能够有效控制骨料质量和混凝土的离散程度，可以在提高混凝土质量、节约水泥、提高生产率等方面获益，具有大生产的一切优点。

（2）商品混凝土流通加工与分散加工相比较，在相等的生产能力下，集中搅拌的设备在吨位、设备投资、管理费用、人力及电力消耗等方面都能大幅度降低。由于生产量大，可以采取措施回收废水，防止各分散搅拌点排放洗机废水造成的污染，有利于环境保护。由于设备固定不动，还可以避免因经常拆建所造成的设备损坏，延长设备的寿命。

（3）采用商品混凝土集中搅拌的流通加工方式，可以使水泥的物流更加合理。在集中搅拌站（厂）与水泥厂（或水泥库）之间，可以形成固定的供应渠道，这些渠道的数目大大少于分散使用水泥的渠道数目，在这些有限的供应渠道之间，就容易采用高效率、大批量的输送形态，有利于提高水泥的散装率。在集中搅拌场所内，还可以附设熟料粉碎设备，直接使用熟料，实现熟料粉碎及拌制生混凝土两种流通加工形式的结合。

此外，采用商品混凝土流通加工方式，还有利于新技术推广应用，简化工地管理手续，节约施工用地，减少加工费用。

4. 木材的流通加工

（1）磨制木屑压缩运输。木材是密度小的物资，在运输时占有相当大的容积，往往使车辆满装但不能满载，同时，装车、捆扎也比较困难。为此，在林木生产地就地将原木磨成木屑，然后采取压缩方法，使之成为密度较大、容易装运的形状，再运至靠近消费地的造纸厂。

（2）集中开木下料。在流通加工点将原木锯裁成各种规格锯材，同时将碎木、碎屑集中加工成各种规格板，甚至还可以进行打眼、凿孔等初级加工。过去用户直接使用原木不但加工复杂、加工场地大、加工设备多，而且资源浪费大，木材平均利用率低、出材率低。实行集中下料按用户要求供应规格料，可以提高原木利用率、出材率，取得相当好的经济效果。

5. 煤炭及其他燃料的流通加工

（1）除矸加工

除矸加工是以提高煤炭纯度为目的的加工形式。矸石有一定的发热量，煤炭混入一些矸石是允许的，也是较经济的。但在运力十分紧张的地区，要求充分利用运力，多运"纯物质"，少运矸石，在这种情况下，可以采用除矸的流通加工排除矸石。

（2）为管道输送煤浆进行的加工

煤炭的运输方法主要采用容器载运方法，运输中损失浪费较大，又容易发生火灾。采用管道运输，是近代兴起的一种先进技术，目前，某些发达国家已开始投入运行。有些企业内部也采用这一方法进行燃料输送。在流通的起始环节将煤炭磨成细粉，再用水调和成浆状，使之具备了流动性，可以像其他液体一样进行管道输送。这种方式输送连续、稳定而且快速，是一种经济的运输方法。

（3）配煤加工

在使用地区设置集中加工点，将各种煤及一些其他发热物质，按不同配方进行掺配加工，生产出各种不同发热量的燃料，称作配煤加工。这种加工方式可以按需要发热量生产和供应燃料，防止热能浪费或者发热量过小的情况出现。工业用煤经过配煤加工，还可以起到便于计量控制、稳定生产过程的作用，在经济及技术上都有价值。

（4）天然气、石油气的液化加工

由于气体输送、保存都比较困难，天然气及石油气往往只好就地使用，如果有过剩往往就地燃烧掉，造成浪费和污染。天然气、石油气的输送可以采用管道，但因投资大、输送距离有限，也受到制约。在产出地将天然气或石油气压缩到临界压力之上，使之由气体变成液体，可以用容器装运，使用时机动性也较强。这是目前采用较多的形式。

6. 平板玻璃的流通加工

平板玻璃的"集中套裁，开片供应"是重要的流通加工方式。这种方式是在城镇中设立若干个玻璃套裁中心，按用户提供的图纸，统一开片，供应用户成品。在此基础上，可以逐渐形成从工厂到套裁中心的稳定、高效率、大规模的平板玻璃"干线输送"，以及从套裁中心到用户的小批量、多户头的"二次输送"的现代物流模式。这种方式的好处如下。

（1）平板玻璃的利用率可由不实行套裁时的62%~65%提高到90%以上。

（2）可以促进平板玻璃包装方式的改革。从工厂向套裁中心运输平板玻璃，如果形成固定渠道，就可以大规模集装，这样，节约了大量包装用木材，同时减小了流通中的大量破损。

（3）套裁中心按需要裁制，有利于玻璃生产厂简化规格，进行单品种大批量生产。这不但能提高工厂生产率，而且简化了工厂切裁、包装等工序，使工厂集中力量解决生产问题。此外，现场切裁玻璃劳动强度大、废料也难于处理，进行集中套裁，可以广泛采用专用设备进行裁制，废玻璃相对减少，并且易于集中处理。

7. 机械产品及零配件的流通加工

（1）组装加工

自行车及机电设备储运难度较大，不易进行包装，如进行防护包装，则包装成本过高，并且运输装载困难，装载效率低，流通损失严重。而其装配较简单，装配技术要求不高，主要功能已在生产中形成，装配后无须进行复杂检测及调试。所以，为解决储运问题，降低储运费用，以半成品（部件）高容量包装出厂，在消费地拆箱组装。组装一般由流通部门进行，组装之后随即进行销售。这种流通加工方式近年来已在我国广泛采用。

（2）石棉橡胶板的开张成型加工

石棉橡胶板是机械装备、热力装备、化工装备中经常使用的一种密封材料，单张厚度为3毫米左右，单张尺寸有的达4米，在储运过程中极易发生折角等损失。此外，许多用户所需的垫塞圈，规格比较单一，不可能安排不同尺寸垫圈的套裁，利用率也很低。石棉橡胶板开张成型加工，是按用户所需垫塞物体尺寸裁制，不但方便用户使用及储运，而且可以安排套裁，提高利用率，减少边角余料损失，降低成本。这种流通加工套裁的地区，一般设在使用地区，由供应部门组织。

8. 生鲜食品的流通加工

食品流通加工的类型繁多，既有为了保鲜而进行的流通加工，如保鲜包装，也有为了提高物流效率而进行的对蔬菜和水果的加工，如去除多余的根叶等，鸡蛋去壳后加工成蛋液装入容器，鱼类和肉类食品去皮、去骨等。此外，半成品加工、快餐食品加工也成为食品流通加工的组成部分。

（1）冷冻加工。这是为解决鲜肉、鲜鱼在流通中保鲜及搬运装卸的问题，采取低温冻结方式的加工。这种方式也用于某些流体商品、药品等。

（2）分选加工。农副产品离散情况较大，为获得一定规格的产品，采取人工或机械分选的方式加工。这种方式广泛用于果类、瓜类、棉毛原料等。

（3）精致加工。这是对农、牧、副、渔产品，在产地或销售地设置加工点，去除产品无用部分，进行切分、洗净、分装等加工。这种加工不但大大方便了购买者，而且可对加工的淘汰物进行综合利用。例如，鱼类的精制加工所剔除的内脏可以制成某些药物或饲料，鱼鳞可以制成高级黏合剂，头尾可以制成鱼粉等；蔬菜的加工剩余物可以制成饲料、肥料等。

（4）分装加工。为便于销售，将大包装改小包装、散装改小包装、运输包装改销售包装，以满足消费者对不同包装规格的需求。

7.3　流通加工合理化

7.3.1　不合理流通加工的形式

流通加工是在流通领域中对生产的辅助性加工，从某种意义上来讲它不仅是生产过程的延续，而且是生产本身或生产工艺在流通领域的延续。这个延续可能有正、反两方面的作用，即一方面可能有效地起到补充完善的作用，但是也必须估计到另一个可能性，即对整个过程的负效应，各种不合理的流通加工都会产生抵消效益的负效应。

几种不合理的流通加工形式如下。

1. 流通加工地点设置不合理

流通加工地点设置即布局状况是决定整个流通加工是否有效的重要因素。一般而言，为衔接单品种大批量生产与多样化需求的流通加工，加工地设置在需求地区才能实现大批量的干线运输与多品种末端配送的物流优势。

为方便物流的流通，加工环节应设在产出地，设置在进入社会物流之前。如果将其设置在物流之后，即设置在消费地，则不但不能解决物流问题，反而在流通中增加了一个中转环节，因而也是不合理的。

即使在产地或需求地设置流通加工的选择是正确的，还有流通加工在小地域范围的正确选址问题，如果处理不善，仍然会出现不合理。这种不合理主要表现在交通不便，流通加工与生产企业或用户之间距离较远，流通加工点的投资过高，加工点周围社会、环境条件不良等。

2. 流通加工方式选择不当

流通加工方式包括流通加工对象、流通加工工艺、流通加工技术、流通加工程度等。流通加工方式实际上是与生产加工的合理分工分不开的。分工不合理，本来应由生产加工完成的，却错误地由流通加工完成；本来应由流通加工完成的，却错误地由生产过程完成。这些都会造成不合理的加工方式。

流通加工不是对生产加工的代替，而是一种补充和完善。所以，一般而言，如果工艺复杂、技术装备要求较高，或加工可以由生产过程延续，或可以轻易解决，都不宜再设置流通加工，尤其不宜与生产过程争夺技术要求较高、效益较高的最终生产环节，更不宜利用一个时期市场的压迫使生产者变成初级加工或前期加工，而流通企业完成装配或最终形成产品的加工制造。如果流通加工方式选择不当，就会出现与生产夺利的恶果。

3. 流通加工作用不大，形成多余环节

有的流通加工过于简单，或对生产及消费者作用都不大，甚至有时由于流通加工的盲目性，不但未能解决品种、规格、质量、包装等问题，相反却增加了流通环节，这也是流通加工不合理的重要形式。

4. 流通加工成本过高，效益不好

流通加工之所以有生命力，重要优势之一是有较大的产出投入比，因而有效地起着补充完善的作用。如果流通加工成本过高，则不能实现以较低投入获得更高使用价值的目的。

7.3.2　流通加工合理化的实现措施

流通加工合理化的含义是实现流通加工的最优配置，不仅要做到避免各种不合理，使流通加工有存在的价值，而且要做到最优的选择。

为避免各种不合理现象，对是否设置流通加工环节，采用什么样的技术装备等，需要做出正确的抉择。

实现流通加工合理化主要考虑以下几方面。

1. 加工和配送相结合

这是将流通加工设置在配送点中，一方面按配送的需要进行加工，另一方面加工又是配送业务流程中分货、拣货、配货中的一环，加工后的产品直接投入配货作业，这就无须单独设置一个加工的中间环节，使流通加工有别于独立的生产，而使流通加工与中转流通巧妙地结合在一起。同时，由于配送之前有加工，可使配送服务水平大大提高，这是当前对流通加工做合理选择的重要形式，并在煤炭、水泥等产品的流通中已表现出较大的优势。

2. 加工和配套相结合

在对配套要求较高的流通中，配套的主体来自各个生产单位，但是，完全配套有时无法全部依靠现有的生产单位，进行适当的流通加工，可以有效地促成配套，大大提高流通的桥梁与纽带功能。

3. 加工和合理运输相结合

流通加工能有效衔接干线运输与支线运输，促进两种运输形式的合理化。利用流通加工，在支线运输转干线运输或干线运输转支线运输这一本来就必须停顿的环节，不进行一般的支转干或干转支，而是按干线或支线运输合理的要求进行适当加工，从而大大提高运输及运输转载水平。

4. 加工和合理商流相结合

通过加工有效促进销售，使商流合理化，也是流通加工合理化的考虑方向之一。通过加工，提高了配送水平，强化了销售，是加工与合理商流相结合的一个成功的例证。

此外，通过简单地改变包装加工，形成方便的购买量，通过组装加工，解除用户使用前进行组装、调试的难处，都是有效促进商流的例子。

5. 加工和节约相结合

节约能源、节约设备、节约人力、减少耗费是流通加工合理化的重要考虑因素，也是目前我国设置流通加工时，考虑其合理化的较普遍形式。

案例分析

迪安食品公司鲜牛奶配送

迪安食品公司打算在墨西哥市场投放牛奶制品和冷冻蔬菜。对于这家有 23 亿美元资产、总部设在芝加哥、仅在美国从事销售活动的公司来说，这是一项重大的举措。由于北美自由贸易协定允许开放墨西哥市场，迪安食品公司正在利用机会将其产品介绍给九千万新的消费者。

牛奶是一种特别吸引人的产品，因为墨西哥新鲜牛奶短缺，而人口中有一半年龄在 18 岁以下（主要的喝牛奶者），并且因为政府的限价，还没有什么动力驱使批发商和零售商推销该产品。在投入这项冒险事业之前，迪安指派了两名经理去研究墨西哥市场营销和物流需求，迪安还寻求专业厂商 Tetra Pak 公司的合作，这是他的包装供应商之一，经营着一家大型的墨西哥公司。迪安首先通过建立一家合资企业把目标对准墨西哥奶制品市场，该合资企业期望配送商有经验处理迪安的牛奶和奶制品，将其装运到边界城镇。墨西哥现在消费迪安的 EI Paso 奶制品公司的 1/3 的产品，迪安食品的合资企业仍然需要解决几个问题。第一个问题是冷藏问题。因为绝大部分的产品是在小型的"夫妻"店里出售的，这类店里几乎没有什么冷藏设备，因为产品的堆放空间缩小了，在货架上的保存期也缩短了，迪安就把加仑壶包装改成小纸箱包装。第二个问题与超市有关。这些超市常常通宵停电，造成冰激凌产品反复地融化和冻结，以致损害了产品的质量。迪安正在考虑的一个解决办法就是自己购买冰箱并对店里 24 小时维持供电进行补贴。第三个问题是墨西哥缺少奶牛场。这一短缺正在迫使迪安考虑发展与原奶生产商的关系，而不是实际经营这些奶牛场。第四个是低质量牛奶的问题。因为墨西哥几乎没有有关产品质量控制的法律规章，所出售的全部牛奶中有 40% 未经巴氏法灭菌就直接输送到消费者手中。

资料来源：http://wenku.baidu.com/view/ff303b1efc4ffe473368ab58.html

根据以上提供的资料，试做以下分析：

1. 牛奶在物流配送中有什么特殊要求？
2. 结合本案例，迪安食品公司鲜牛奶是如何实现流通加工的？
3. 中国的牛奶企业是如何流通加工的？用一个企业来加以说明。

复习思考题

1. 什么是流通加工？产生流通加工的主要原因有哪些？
2. 简述流通加工有哪些形式和方法？
3. 什么是流通加工合理化？如何做到流通加工的合理化？

第 8 章

物流信息系统

学习目标

1. 理解物流信息的概念、作用，了解物流信息管理的发展；
2. 了解物流信息技术的概念；
3. 掌握条码技术、无线射频技术、电子数据交换技术、GIS 与 GPS 技术的异同；
4. 了解电子订货系统 EOS；
5. 掌握物流信息系统的特征和结构。

导入案例

安吉汽车物流成功运用物流信息系统

安吉天地汽车物流有限公司是由上海汽车工业销售有限公司（SAISC）和国际著名跨国集团——Apollo 管理公司下属的 CEVA（原 TNT）物流各出资 50%组建而成的国内首家汽车物流合资企业，注册资本为 3 000 万美元。公司主要从事汽车、零部件物流以及相关物流策划、物流技术咨询、规划、管理、培训等服务。是一家专业化运作，能为客户提供一体化、技术化、网络化、可靠的、独特解决方案的第三方物流供应商。

随着整车销售利润逐渐摊薄，整车物流的利润空间也越来越小，而由于汽车零部件物流领域几乎没有成气候的竞争对手，其利润空间较大。于是，从 2003 年下半年开始，安吉天地决定逐渐将业务拓展到汽车零配件物流领域，转型为一体化的汽车物流服务商。在安吉天地从汽车的整车物流商拓展到包含整车物流、入厂零配件物流、售后零配件物流、生产间接物流等汽车业一体化物流服务商的过程中，安吉天地对信息技术（IT）系统支持力度的要求更高了。安吉天地物流信息部经理曾经这样说，"零配件物流比整车物流复杂得多，因为它涉及供应链的整合，我们必须为此建设更为精密的 IT 系统"。同年，安吉天地提出了一整套针对上海大众业务的供应链管理理念，并希望结合信息化手段来解决上海大众入厂物流的管理，但是入厂物流信息化的道路并不容易走，在选用了多家国际知名物流软件公司的仓库管理系统后，由于本土化和操作便捷性等原因，这些仓库管理系统均未成功上线及使用。

随着零部件信息系统的成功上线，如今上海大众通过安吉天地的 IT 系统可以监控物流运作的全过程，包括某种零配件在哪个仓库以及实时查询到其数量。通过 IT 系统的数据支持，安吉天地根据实际需要还优化了上海大众的零配件仓库布局，精简了人员。目前，上海大众以前采用的全手工管理零配件的模式逐步被可实时监控所有零配件状态的 IT 系统所替代。通过入厂物流信息系统的实施，也实现了安吉天地和上海大众的"双赢"局面，为企业的未来发展提供了更有利的基础。

资料来源：物流沙龙（http://www.logclub.com）

讨论及思考：

案例中为什么安吉汽车物流要使用物流信息系统？物流信息系统到底帮助安吉物流改变了哪些？

8.1　物流信息概述

8.1.1　物流信息的定义

物流信息是反映物流各种活动内容的知识、数据、情报、图像、数据、文件的总称。它随着物流活动的产生而产生，与物流过程活动如运输、仓储、装卸、包装以及配送等紧密地结合在一起，是物流活动进行所不可缺少的必要条件。另外，物流信息还包含与其他流通活动有关的信息，如商品交易信息和市场信息等。这些信息在物流供应链中流动，使得供应链能够做到协调控制、快速反应。

现代物流的重要特征是物流的信息化，现代物流也可以看作货物实体流通与信息流通的结合。在现代物流运作过程中，通过使用计算机、通信、网络等技术手段，大大加快了物流信息的处理和传递速度，从而使物流活动的效率和快速反应能力得到提高。

8.1.2　物流信息的特点及作用

物流信息不仅具有信息具有的一般属性，也具有自己的特点。

（1）广泛性。由于物流是一个大范围内的活动，物流信息源也分布于一个大范围内，信息源点多、信息量大，涉及从生产到消费、从国民经济到财政信贷各个方面。物流信息来源的广泛性决定了它的影响也是广泛的，涉及国民经济各个部门、物流活动各个环节等。

（2）联系性。物流活动是多环节、多因素、多角色共同参与的活动，目的就是实现产品从产地到消费地的顺利移动，因此在该活动中所产生的各种物流信息必然存在十分密切的联系，如生产信息、运输信息、储存信息、装卸信息间都是相互关联、相互影响的。这种相互联系的特性是保证物流各子系统、供应链各环节以及物流内部系统与物流外部系统相互协调运作的重要因素。

（3）多样性。物流信息种类繁多，从其作用的范围来看，本系统内部各个环节有不同种类的信息，如流转信息、作业信息、控制信息、管理信息等；物流系统外部也存在各种不同种类的信息，如市场信息、政策信息、区域信息等；从其稳定程度来看，又有固定信息、流动信息与偶然信息等；从其加工程度看，又有原始信息与加工信息等；从其发生时间来看，又有滞后信息、实时信息和预测信息等。在进行物流系统的研究时，应根据不同种类的信息进行分类收集和整理。

（4）动态性。多品种、小批量、多频度的配送技术与销售终端（POS）、区块链（EOS）、电子数据交换（EDI）数据收集技术的不断应用使得各种物流作业频繁发生，加快了物流信息的价值衰减速度，要求物流信息不断更新。物流信息的及时收集、快速响应、动态处理已成为主宰现代物流经营活动成败的关键。

（5）复杂性。物流信息的广泛性、多样性和动态性带来了物流信息的复杂性。在物流活动中，必须对不同来源、不同种类、不同时间和相互联系的物流信息进行反复研究和处理，才能得到有实际应用价值的信息，去指导物流活动，这是一个非常复杂的过程。

通过对物流信息的收集、传递、存储、处理、输出等，获取的信息可成为决策依据，对整个物流活动起指挥、协调、支持和保障作用，其主要作用有以下几点。

（1）沟通联系的作用。物流活动通过各种指令、计划、文件、数据、报表、凭证、广告、商情等物流信息，建立起各种纵向和横向的联系，沟通生产厂、批发商、零售商、物流服务商和消费者，满足各方的需要。因此，物流信息是沟通物流活动各环节之间的桥梁。

（2）引导和协调的作用。物流信息以物资、货币及物流当事人的行为等作为信息载体进入物流供应链中，同时反馈的信息也随着信息载体反馈给供应链上的各个环节，依靠物流信息及其反馈可以引导供应链结构的变动和物流布局的优化，协调物资结构，使供需之间平衡；协调人、财、物等物流资源的配置，促进物流资源的整合和合理使用等。

（3）管理控制的作用。通过移动通信、计算机信息网、电子数据交换（EDI）、全球定位系统（GPS）等技术实现物流活动的电子化，如货物实时跟踪、车辆实时跟踪、库存自动补货等，用信息化代替传统的手工作业，实现物流运行、服务质量和成本等的管理控制。

（4）辅助决策分析的作用。物流信息是制定决策方案的重要基础和关键依据。物流信息可以协助物流管理者鉴别、评估经比较物流战略和策略后的可选方案，在物流信息的帮助下，能够对车辆调度、库存管理、设施选址、资源选择、流程设计以及有关作业比较和收益分析等做出科学决策。

8.1.3 物流信息管理

物流信息管理是对物流信息资源进行统一规划与组织，并对物流信息的收集、加工、存储、检索、传递和应用的一系列的过程进行协调控制，使物流供应链每一个环节协调一致，从而实现信息的共享以及减少信息错误的概率，辅助决策与支持，从而提高物流供应链的竞争力，实现物流、信息流、商流及资金流的协调统一。主要包括以下几个方面。

1. 信息政策制定

为了实现不同区域、不同国家与不同部门之间物流信息的相互识别和利用，实现物流供应链信息的通畅传递和共享，必须确定一些共同遵守和认可的物流信息的规则或规范，比如信息的格式和精度、信息传递的协议、信息共享的原则、信息安全的标准、信息存储的要求等，是物流信息管理的基础。

2. 信息的规划

信息的规划是从企业的战略角度出发，对信息资源的管理、开发、利用进行长远发展的计划，确定信息管理工作的目标和方向，制订出不同阶段的任务，指导数据库系统的建立和信息系统的开发，保证信息管理工作的顺利进行。

3. 信息收集

信息收集是根据各种手段、通过各种管道所进行的采集，用来反映物流信息系统及其所处的环境情况，为物流信息系统提供原材料。其在物流信息管理中是一项工作任务量大、耗费人力及时间的环节，应注意以下几点。

第一，要进行信息的需求分析，准确了解企业各级管理人员在进行管理决策和日常管理活动过程中何时、何处以及如何应用信息等问题，在信息收集之前，确定需要信息的需求层次、目的、范围等要求，实现按需收集，避免信息量过大，造成对资源的浪费。

第二，收集过程中，所收集到的信息一定要做到系统性和连续性，才能够在一定时间阶段，对经济活动的变化进行记录，预测之后的发展趋势。

第三，对信息源进行合理选择。信息源一般比较多，应该对其进行比较，选择合适的信息源，建立固定的信息源和相关管道。

第四，信息的收集过程的管理工作是一个有计划、有组织、有目的的活动。

4. 信息处理

信息处理是信息的使用者对信息进行筛选、整理得到有用的信息。处理过程主要包括以下几个方面。

（1）信息分类及有关信息的汇总

根据一定的信息筛选的标准或规则，对不同类别的信息进行汇总，方便信息能够更好地应用。

（2）信息的条目编写

信息的条目编写即使用不同的符号对不同信息项目进行表示，主要目的是将信息系统化、条理化。

（3）信息处理

建立相关的数据库，对信息进行有效的存储，既可以使用外部设备，也可以使用计算机来作为存储设备。

（4）信息更新

由于信息所具有的特点，失效的信息应该进行及时的变更、补充等，才能满足使用者的需求。

（5）数据挖掘

数据挖掘（Data Mining，DM）是一种通过分析每个数据，从大量数据中寻找其规律的搜索技术，主要有数据准备、数据挖掘、模式模型的评估与解释、信息巩固与应用等几个处理过程。首先对数据库所积累的数据进行处理，包括选择、净化、推测、转换、缩减等操作，然后进入数据挖掘阶段，根据有关目标，选取相应的算法对数据进行分析，最后对数据进行一致性检查，消除其内部存在的一些矛盾与冲突，经过二次处理形成专业化的、可视化的数据表现形式。

（6）信息传递

信息传递是指信息从信息源出发，经过适当的媒介把信息传输给接受者的过程。信息传递方式有许多种，一般可从不同的传递角度来划分信息传递方式：从信息传递方向来看，有单向信息传递方式和双向信息传递方式；从信息传递层次来看，有直接传递方式和间接传递方式；从信息传递时空来看，有时间传递方式和空间传递方式；从信息传递媒介来看，有人工传递方式和非人工的其他媒体传递方式。

（7）信息服务与应用

服务与应用是物流信息数据重要的特性，信息工作的目的就是将信息提供给有关方面使用。物流信息的服务工作主要内容又包括信息发布和传播服务、信息交换服务、信息技术服务、信息咨询服务。

8.1.4　物流信息管理的发展趋势

随着知识经济的形成、发展和电子商务的兴起，人工智能、知识发现技术的出现，人类的信息分析、信息处理水平获得了明显的提高，物流经营模式、运行机制、组织结构等发生了深刻的变化，物流信息管理产生了一些新的特点，其主要发展趋势如下。

1. 大数据时代

随着互联网的发展，资料的来源变得更为广泛，人工智能技术的发展也使得大数据（Big Data）的处理变为可能，大数据的应用领域也得到了快速的推广，企业的疆界变得模糊；资料成为核心的资产，并将深刻影响企业的业务模式，甚至重构其文化和组织。而物流信息是大数据信息的三个主要来源之一。只有利用大数据，才能更加贴近消费者、深刻理解需求、高效分析信息并做出预判，但是其信息量远超越了现有企业 IT 架构和基础设施的承载能力，其实时性要求则大大超越现有的计算能力。

2. 与资金流的融合

在物流信息管理过程中，开展金融服务，对中小企业、银行和第三方物流企业本身都具有重要的意义，大力推广物流过程中的金融服务，不仅能有效地提高企业的资金利用效率，使资金流和物流信息管理结合得更加紧密，物流环节更加畅通，而且有利于物流业的健康发展，使合作方都达到"共赢"的效果。第三方物流企业开展金融服务可以结合自身的条件进一步创新，选择适合本企业和服务企业的金融服务模式（当然，物流金融中也存在风险），才能更好地发挥物流金融在整个经济社会中的作用。

3. 电子商务融合时代

随着新经济时代来临，作为一种崭新的商务交易活动，使贸易洽谈可以足不出户在网上解决，给传统经济带来翻天覆地的变化。然而交易的最终实现还有赖于后台的物流管理产业，传统的运输仓储方式在新经济的模式下，正在发生着质的变化，现代物流信息管理与电子商务发展已经是大势所趋。传统运输仓储手段与现代信息技术重新整合的大势已经来临。电子商务的兴起对物流业提出了更高的要求，包括快捷的物流速度、广阔的配送范围、较强的反应能力和更高的服务水平。目前我国物流业处于一个有利的发展时期，我国将采用先进的物流信息管理技术和装备，加快建立全国、区域、企业等多层次的、符合市场经济规律的和社会化、专业化的现代物流服务体系。

8.2　物流信息技术

物流信息技术是物流技术中发展最迅猛的领域，从数据采集技术到物流信息系统都发生了日新月异的变化，计算机、网络技术的飞速发展，进一步促进了物流产业的信息化进程，从而从真正意义上提高了现代物流技术和管理水平。

物流信息技术是指现代信息技术在物流各作业环节中的应用，包括条形码（Bar Code）、地理信息系统（GIS）、全球卫星定位系统（GPS）、电子数据交换（EDI）、智能交通系统（ITS）等，是物流现代化的重要标志。

8.2.1　条码技术

在流通和物流活动中，为了能迅速、准确地识别商品，自动读取有关商品信息，条形码技术被广泛应用，已成为商品独有的世界通用的"身份证"。由于在活动发生时点能即时自动读取信息，因此企业可方便及时地捕捉到消费者的需要，提高商品销售效果，也促进物流系统提高效率。同时，条形码技术对提高库存管理效率的作用也是非常明显的，是实现库存管理电子化的重要手段。它对库存控制可以延伸到销售商的 POS 系统，实现库存的供应链网络化控制。

1. 条形码技术概述

（1）条形码技术

条形码技术是在计算机应用实践中产生和发展起来的一种自动识别技术。它是实现快速、准确采集数据的有效手段。条形码技术的应用解决了数据录入和数据采集的"瓶颈"问题，为企业物流管理提供了有力的技术支持。

条形码是由宽度不同、反射率不同的条和空，按照一定的编码规则（码制）编制而成的，用以表达一组数字或字母符号信息的图形标识符，即条形码是一组粗细不同，按照一定的规则安排间距的并行线条图形。常见的条形码是由反射率相差很大的黑条（简称条）和白条（简称空）组成的，这种用条、空组成的数据编码可以供机器识读，而且很容易译成二进制数和十进制数。这些条和空可以有各种不同的组合方法，构成不同的图形符号，适用于不同的场合。因而，条形码的研究和应用已成为目前国际包装业的一个重要课题。

由于不同颜色的物体，其反射的可见光的波长不同，白色物体能反射各种波长的可见光，黑色物体则吸收各种波长的可见光，所以当条形码扫描仪光源发出的光照射到黑白相间的条形码上时，反射光聚焦后，照射到条形码扫描仪的光电转换器上，于是光电转换器接收到与白条和黑条相应的强弱不同的反射光信号，并转换成相应的电信号输出到条形码扫描仪的放大整形电路。白条、黑条的宽度不同，相应的电信号持续时间长短也不同。

（2）条形码技术的优点

条形码是迄今为止最经济、最实用的一种自动识别技术。条形码技术具有以下几个方面的优点：

① 输入速度快。与键盘输入相比，条形码输入的速度是键盘输入的 5 倍，并且能实现"实时数据登录"。

② 可靠性高。键盘输入数据出错率为三百分之一，利用光学字符识别技术出错率为万分之一，而采用条形码技术误码率低于百万分之一。

③ 采集信息量大。利用传统的一维条形码一次可采集几十位字符的信息，二维条形码更可以携带数千个字符的信息，并有一定的自动纠错能力。

④ 灵活实用。条形码标识既可以作为一种识别手段单独使用，也可以和有关识别设备组成一个系统实现自动化识别，还可以和其他控制设备连接起来实现自动化管理。条形码标

签易于制作，对设备和材料没有特殊要求，识别设备操作容易，不需要特殊培训，且设备也相对便宜。

（3）码制种类

① 一维条形码（1D Barcode）。

条形码可分为一维条形码（One-Dimensional Barcode，1D）和二维条形码（Two-Dimensional Barcode，2D）两大类，目前在商品上的应用仍以一维条形码为主，故一维条形码又被称为商品条形码。一维条形码只是在一个方向（一般是水平方向）表达信息，而在垂直方向则不表达任何信息，其一定的高度通常是为了便于阅读器对准。一般较流行的一维条形码有 EAN 码、UPC 码、39 码、128 码等。

② 几种常见的一维条形码。

a．EAN 条形码。EAN 码是国际物品编码协会（International Article Numbering Association）在全球推广应用的商品条形码，是定长的纯数字型条形码，它表示的字符集为数字 0～9。在实际应用中，EAN 码有两种版本，标准版和缩短版。标准版是由 13 位数字组成的，称为 EAN-13 码或长码，其结构如图 8-1 所示；缩短版 EAN 码是由 8 位数字组成的，称为 EAN-8 码或者短码。

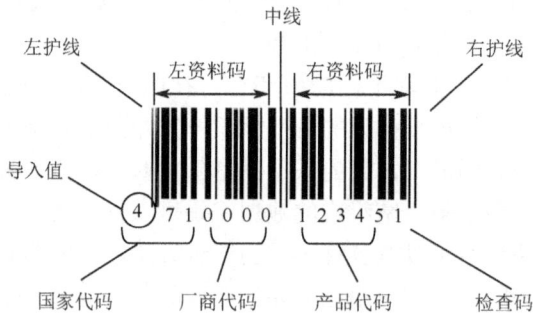

图 8-1　EAN-13 码结构

EAN-13 码是按照"模块组合法"进行编码的。它的符号结构由八部分组成：符号结构、左侧空白区、起始符、左侧数据符、中间分隔符、右侧数据符、校验符、终止符、右侧空白区、模块数。EAN-13 码由 13 位数字组成。根据 EAN 规范，这 13 位数字分别被赋予了不同的含义。厂商识别代码由 7～9 位数字组成，用于对厂商的唯一标识。厂商代码是各国的 EAN 编码组织在 EAN 分配的成员前缀码（X13，X12，X11）的基础上分配给厂商的代码。前缀码是标识 EAN 所属成员的代码，由 EAN 统一管理和分配，以确保前缀码在国际范围内的唯一性。商品项目代码由 3～5 位数字组成，用以标识商品的代码。商品项目代码由厂商自行编码。在编制商品项目代码时，厂商必须遵守商品编码的基本原则：对同一商品项目的商品必须编制相同的商品项目代码；对不同商品项目的商品必须编制不同的商品项目代码；保证商品项目与其标识代码——对应，即一个商品项目只有一个代码，一个代码只标识一个商品项目。校验码用以校验代码的正误，由一位数字组成。校验码是根据条形码字符的数值按一定的数学算法计算得出的。中国于 1991 年加入了国际物品编码协会，EAN 分配给中国的前缀码是 690～692。以 690、691 为前缀码的 EAN-13 码只能分别对 10 000 个制造厂商进行编码。每一个制造厂商可以对自己生产的 10 万种商品进行编码。在这种结构的代码中，厂商识别代码由 7 位调整为 8 位，相应的制造厂商识别代码的容量就由 1 万家扩大到 10 万家；商品项目的识别代码由 5 位调整为 4 位。

EAN-8 码是 EAN-13 码的压缩版，其结构如图 8-2 所示，由 8 位数字组成，用于包装面积较小的商品。与 EAN-13 码相比，EAN-8 码没有制造厂商代码，仅有前缀码、商品项目代码和校验码。在中国，凡需使用 EAN-8 码的商品生产厂家，需将本企业欲使用 EAN-8 码的商品目录极其外包装（或设计稿）报至中国物品编码中心或其分支机构，由中国物品编码中心统一赋码。

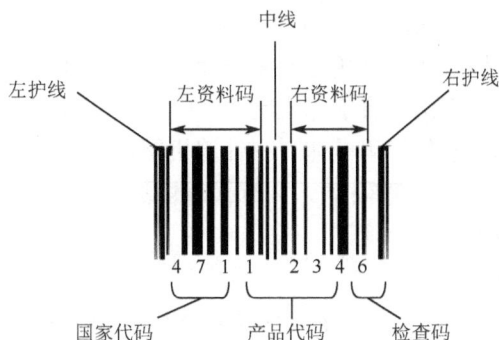

图 8-2　EAN-8 码结构

b．UPC 条形码。UPC 码是美国统一代码委员会 UCC 制定的商品条形码，它是世界上最早出现并投入应用的商品条形码，在北美地区得到广泛应用。UPC 码在技术上与 EAN 码完全一致，它的编码方法也是模块组合法，也是定长、纯数字型条形码。

c．39 码。39 码是 1974 年发展出来的条形码系统，是一种可供使用者双向扫描的分布式条形码，也就是说相邻两数据码之间，必须包含一个不具任何意义的空白，可表示数字、字母等信息，故应用较一般一维条形码广泛，目前主要用于工业产品、商业数据及医院用的保健资料。

③　二维条形码。

二维条形码是用某种特定的几何图形按一定规律在平面（二维方向上）分布的黑白相间的图形记录数据符号信息的；在代码编制上巧妙地利用构成计算机内部逻辑基础的"0""1"比特流的概念，使用若干个与二进制相对应的几何形体来表示文字数值信息，通过图像输入设备或光电扫描设备自动识读以实现信息自动处理。它具有条形码技术的一些共性：每种码制有其特定的字符集；每个字符占有一定的宽度；具有一定的校验功能等。同时还具有对不同行的信息自动识别功能、处理图形旋转变化等特点。二维条形码能够在横向和纵向两个方位同时表达信息，因此能在很小的面积内表达大量的信息。一维、二维条形码示例如图 8-3 所示。

图 8-3　一维、二维条形码

二维条形码的分类与一维条形码一样，二维条形码也有许多不同的编码方法，或称码制。就这些码制的编码原理而言，通常可分为以下两种类型：行排式二维条形码和矩阵式二维条形码。行排式二维条形码（又称堆积式二维条形码或层排式二维条形码），其编码原理是建立在一维条形码基础之上的，按需要堆积成两行或多行。它在编码设计、校验原理、识读方式等方面继承了一维条形码的一些特点，识读设备与条形码印刷与一维条形码技术兼容。但由于行数的增加，需要对行进行判定，其译码算法与软件也不完全同于一维条形码。有代表性的行排式二维条形码有 Code 16K、Code 49、PDF417 等。

矩阵式二维条形码（又称棋盘式二维条形码）是在一个矩形空间内通过黑、白像素在矩阵中的不同分布进行编码。在矩阵相应元素位置上，用点（方点、圆点或其他形状）的出现表示二进制的"1"，点的不出现表示二进制的"0"，点的排列组合确定了矩阵式二维条形码所代表的意义。矩阵式二维条形码是建立在计算机图像处理技术、组合编码原理等基础上的一种新型图形符号自动识读处理码制。具有代表性的矩阵式二维条形码有：Code One、Maxi Code、QR Code、Data Matrix 等。

④ 二维条形码的特点

a. 高密度编码，信息容量大。可容纳多达 1 850 个大写字母或 2 710 个数字或 1 108 个字节或 500 多个汉字，比普通条形码信息容量高几十倍。

b. 编码范围广。可以把图片、声音、文字、签字、指纹等可以数字化的信息进行编码，用条形码表示出来；可表示多种语言文字；可表示图像数据。

c. 容错能力强，具有纠错功能。二维条形码因穿孔、污损等引起局部损坏时，照样可以正确得到识读，损毁面积达 50%仍可恢复信息。

d. 解码可靠性高。二维条形码比普通条形码译码错误率百万分之一要低得多，误码率不超过千万分之一。

e. 可引入加密措施，保密性、防伪性好。

f. 成本低，易制作，持久耐用。

g. 条形码符号形状、尺寸大小比例可变。

二维条形码已经在迅速发展，并在许多领域得到了应用。由于二维条形码的数据量大、安全性强，被广泛应用于识别领域，包括护照、身份证、行车证、军人证、注册会计师证等。

2. 条形码在物流中的应用

从物流的概念中知道，物流首先要在满足客户的需求的同时，以提高物品流动的效率和效益为目的。条形码在物流的应用中可以有效地提高物品的识别效率，提高物流的速度和准确性，从而减少库存、缩短物品流动时间、提高物流效益、满足现代物流高速高效的要求、更好地服务于客户。客户满意度的提高为物流企业提高了客户规模效益，创造了相应的企业收益。物流与信息流配合并不完全取决于企业内部的管理系统。企业资源计划（ERP）系统强调对供应链的整体管理，是一个整合企业资源的信息平台；物流管理是货物在流动过程中的管理，要保证货物实时准确的流动，必须实现实时记录数据，真实反映货物的流通过程。而物流行业特性要求物流中心必须在短时间内完成货物数据收集、勾核、分拣等作业，数据的准确性和工作效率的要求都非常高。如何高效、快速地采集物质流中的信息，ERP等是无能为力的，这就需要更能渗透到业务环节末梢的手段的加入，条形码在物流管理中的引入，有效地提高了物质流中的信息采集，使实时数据采集和处理达到了业务边界，ERP 发挥其效力，解决了物流与信息流的配合问题。

（1）条形码在仓储、运输、配送中的应用

在物品到达物流企业的同时，物流企业可以在物品上粘贴特定的唯一条形码标识用以跟踪该物品在物流中的位置，从而进行实时监控。在发货时，通过扫描该物品上的条形码标识，将解释出的信息与物品的配送单据进行比对，实现货物的分拣和装箱，并同时打印出装箱单条形码标识，方便在运输中实现货物监控。装车时，通过扫描装箱单上的条形码标识，并记录装车的车号。货物在运输途中，在每一个关键的监控点，扫描装箱单的条形码标识，记录该货物的相应状况，就可以在管理系统中获得该货物的运输路径和流通速度，从而为物流管理提供具体细节，方便提高物流效率，降低物流成本。货物抵达目的地后，扫描装箱单条形码，将解释出的信息与物品的配送单据进行比对，确认该货物的目的地是否正确，并记录该货物的入库状态。随后，进行开箱操作，扫描箱内货物的条形码标识，根据解释出的配送信息将货物放置在相应的送货区。此操作信息返回给管理系统，此时货物的状态就是“抵达”目的仓库了。在物流中，物品完成了从源客户到目的客户的一个流转过程。从中可以看出，物流效率的提高应着重在物流管理效率的提高、物流准确性的提高。而条形码这种手段，帮助物流企业在准确性和操作效率上提高，从而提高了整个物流的效率。高效准确的物流，带给客户更好服务的同时，也为企业赢得了利润。当条形码帮助物流在各个环节上实现高效准确地监控货物时，物流管理的透明度也提高了，物流企业也实现了从单据到实物的有效管理。

（2）条形码在生产过程中的应用

为了在激烈的市场竞争中进一步以质量取胜，可以将条形码应用于生产质量管理跟踪系统。通过这一技术的应用，企业可以实时动态跟踪生产状况，随时从计算机中得知实际生产的情况及生产的质量情况，如可以跟踪整机、部件的型号、生产场地、生产日期、班组生产线、版本号、批量和序号等信息。例如，美国福特汽车公司的工厂把条形码刻在车体底部的金属件上，通过装配在线扫描装置可以对车辆自总装开始到发货出厂的全过程进行跟踪。在通用汽车公司，用条形码来区分动力机（发动机）各主要部件，如阀门、汽化器等。这些部件可组成 1 550 万种不同型号的动力机，但通用公司只需其中的 438 种，通过向计算机输入条形码，可以避免出现那些无用的机型结构。

综上所述，在一个完整的物流过程中，条形码可以在各个关键环节采集相应的物品信息，以实现实时监控和跟踪的目的。

8.2.2　射频识别技术

射频识别技术（Radio Frequency Identification，RFID）是 20 世纪 90 年代开始兴起的一种自动识别技术。该技术在世界范围内正被广泛地应用。

1. RFID 的概述

射频识别技术是一项利用射频信号通过空间耦合（交变磁场或电磁场）实现无接触信息传递并通过所传递的信息达到识别目的的技术。1948 年哈里斯托克曼发表的《利用反射功率的通信》奠定了射频识别技术的理论基础。2000 年后，标准化问题日趋为人们所重视，射频识别产品种类更加丰富，有源电子卷标、无源电子卷标及半无源电子卷标均得到发展，电子卷标成本不断降低，规模应用行业扩大。至今，射频识别技术的理论得到丰富和完善。单芯片电子卷标、多电子卷标识读、无线可读可写、无源电子卷标的远距离识别、适应高速移动物体的射频识别技术与产品正在成为现实并走向应用。与目前广泛使用的自动识别技术例如摄像、条形码、磁卡、IC 卡等相比，射频识别技术具有很多突出的优点。

第一，非接触操作，长距离识别（几厘米至几十米），因此完成识别工作时无须人工干预，应用便利。

第二，无机械磨损，寿命长，并可工作于各种油渍、灰尘污染等恶劣的环境。

第三，可识别高速运动物体并可同时识别多个电子卷标。

第四，读写器具有不直接对最终用户开放的物理接口，保证其自身的安全性。

第五，数据安全方面除电子卷标的密码保护外，数据部分可用一些算法实现安全管理。

第六，读写器与标签之间存在相互认证的过程，实现安全通信和存储。

目前，RFID 技术在工业自动化、物体跟踪、交通运输控制管理、防伪和军事方面已经有着广泛的应用。

2. RFID 的组成与原理

RFID 系统在具体的应用过程中，根据不同的应用目的和应用环境，系统的组成会有所不同，但从 RFID 系统的工作原理来看，系统一般都由信号发射机、信号接收机、编程器、天线几部分组成。

（1）信号发射机

在 RFID 系统中，信号发射机为了不同的应用目的，会以不同的形式存在，典型的形式是标签（TAG）。卷标相当于条形码技术中的条形码符号，用来存储需要识别传输的信息，另外，与条形码不同的是，标签必须能够自动或在外力的作用下，把存储的信息主动发射出去。卷标一般是带有线圈、天线、内存与控制系统的低电集成电路。按照不同的分类标准，标签有许多不同的分类。

（2）信号接收机

在 RFID 系统中，信号接收机一般叫作阅读器。根据支持的卷标类型不同与完成的功能不同，阅读器的复杂程度是显著不同的。阅读器基本的功能就是提供与卷标进行数据传输的途径。另外，阅读器还提供相当复杂的信号状态控制、奇偶错误校验与更正功能等。

卷标中除了存储需要传输的信息外，还必须含有一定的附加信息，如错误校验信息等。识别数据信息和附加信息按照一定的结构编制在一起，并按照特定的顺序向外发送。阅读器通过接收到的附加信息来控制数据流的发送。一旦到达阅读器的信息被正确的接收和译解后，阅读器通过特定的算法决定是否需要发射机对发送的信号重发一次，或者指导发射器停止发信号，这就是"命令响应协议"。使用这种协议，即便在很短的时间、很小的空间阅读多个标签，也可以有效地防止"欺骗问题"的产生。

（3）编程器

只有可读可写卷标系统才需要编程器。编程器是向卷标写入数据的装置。编程器写入数据一般来说是离线（Off-Line）完成的，也就是预先在卷标中写入数据，等到开始应用时直接把标签黏附在被标识项目上。也有一些 RFID 应用系统，写入数据是在线（On-Line）完成的，尤其是在生产环境中作为交互式便携数据文件来处理时。

（4）天线

天线是卷标与阅读器之间传输数据的发射、接收装置。在实际应用中，除了系统功率，天线的形状和相对位置也会影响数据的发射和接收，需要专业人员对系统的天线进行设计、安装。当装有电子卷标的物体在距离 0～10 米范围内接近阅读器时，阅读器受控发出微波查询信号，安装在物体表面的电子卷标收到阅读器的查询信号后，将此信号与卷标中的数据信息合成一体反射回电子卷标读出装置。反射回的微波合成信号，已携带有电子卷标数据信息。阅读器接收到电子卷标反射回的微波合成信号后，经阅读器内部微处理器处理后即可将电子卷标储存的识别代码等信息分离读取出来。

RFID 的工作原理如图 8-4 所示。

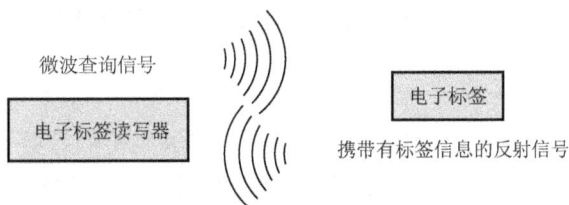

微波查询信号

电子标签读写器

电子标签

携带有标签信息的反射信号

图 8-4　RFID 的工作原理

3. RFID 的类型

根据 RFID 系统完成的功能不同，可以粗略地把 RFID 系统分成四种类型：电子商品防窃（EAS）系统、便携式数据采集系统、物流控制系统、定位系统。

（1）EAS 系统

电子商品防窃（Electronic Article Surveillance，EAS）技术是一种设置在需要控制物品出入的门口的 RFID 技术。这种技术的典型应用场合是商店、图书馆、数据中心等地方，当未被授权的人从这些地方非法取走物品时，EAS 系统会发出警告。在应用 EAS 技术时，首先在物品上黏附 EAS 标签，当物品被正常购买或者合法移出时，在结算处通过一定的装置使 EAS 卷标失活，物品就可以被取走。物品经过装有 EAS 系统的门口时，EAS 装置能自动检测卷标的活动性，发现活动性卷标时 EAS 系统会发出警告。EAS 技术的应用可以有效防止物品的被盗，不管是大件的商品，还是很小的物品。应用 EAS 技术，物品不用再锁在玻璃橱柜里，可以让顾客自由地观看、检查商品，这在自选日益流行的今天有着非常重要的现实意义。典型的 EAS 系统一般由三部分组成：附着在商品上的电子卷标，电子传感器；电子卷标灭活装置，以便授权商品能正常出入；监视器，在出口造成一定区域的监视空间。

EAS 系统的工作原理是：在监视区，发射器以一定的频率向接收器发射信号，发射器与接收器一般安装在零售店、图书馆等的出入口，形成一定的监视空间，当具有特殊特征的卷标进入该区域时，会对发射器发出的信号产生干扰，这种干扰信号也会被接收器接收，再经过微处理器的分析判断，就会控制警报器的鸣响。根据发射器所发出的信号不同以及卷标对信号干扰的原理不同，EAS 可以分成许多种类型。关于 EAS 技术最新的研究方向是标签的制作，人们正在讨论 EAS 标签能不能像条形码一样，在产品的制作或包装过程中加进产品，成为产品的一部分。

（2）便携式数据采集系统

便携式数据采集系统是使用带有 RFID 阅读器的掌上型数据采集器采集 RFID 卷标上的数据。这种系统具有比较大的灵活性，适用于不宜安装固定式 RFID 系统的应用环境。掌上型阅读器（数据输入终端）可以在读取资料的同时，通过无线电波数据传输方式（RFDC）实时地向主计算机系统传输数据，也可以暂时将数据存储在阅读器中，再分批向主计算机系统传输。

（3）物流控制系统

在物流控制系统中，固定布置的 RFID 阅读器分散布置在给定的区域，并且阅读器直接与数据管理信息系统相连，信号发射机是移动的，一般安装在移动的物体上面。当物体途经阅读器时，阅读器会自动扫描卷标上的信息并把数据信息输入数据管理信息系统存储、分析、处理，达到控制物流的目的。

（4）定位系统

定位系统用于自动化加工系统中的定位以及对车辆、轮船等运行定位支持。阅读器放置在移动的车辆、轮船上或者自动化流水线中移动的物料、半成品、成品上，信号发射机嵌入到操作环境的地表下面。信号发射机上存储有位置识别信息，阅读器可通过无线的方式或者有线的方式连接到主信息管理系统。

4. RFID 在物流中的应用

从采购、存储、生产制造、包装、装卸、运输、流通加工、配送、销售到服务，是供应链上环环相扣的业务环节和流程。在供应链运作时，企业必须实时地、精确地掌握整个供应链上的商流、物流、信息流和资金流的流向和变化，使这四种流以及各个环节、各个流程都协调一致、相互配合，才能发挥其最大的经济效益和社会效益。然而，由于实际物体的移动过程中各个环节都是处于运动和松散的状态，信息和方向常常随实际活动在空间和时间上变化，影响了信息的可获性和共享性。而 RFID 正是有效解决供应链上各项业务运作数据的输入/输出、业务过程的控制与跟踪，以及减少出错率等难题的一种新技术。由于 RFID 标签具有可擦写能力，对于需要频繁改变数据内容的场合尤为适用，它发挥的作用是数据采集和系统指令的传达，广泛用于供应链上的仓库管理、运输管理、生产管理、物料跟踪、运载工具和货架识别、商店特别是超市中商品防盗等场合。RFID 在物流的诸多环节上发挥了重大的作用。其具体应用价值，主要体现在以下几个环节。

（1）零售环节

RFID 可以改进零售商的库存管理，实现适时补货，有效跟踪运输与库存，提高效率，减少出错。同时，智能标签能对某些时效性强的商品的有效期限进行监控。商店还能利用 RFID 系统在付款台实现自动扫描和计费，从而取代人工收款。RFID 标签在供应链终端的销售环节，特别是在超市中，免除了跟踪过程中的人工干预，并能够生成 100%准确的业务数据，因而具有巨大的吸引力。

（2）存储环节

在仓库里，射频技术最广泛的使用是存取货物与库存盘点，它能用来实现自动化的存货和取货等操作。在整个仓库管理中，将供应链计划系统制订的收货计划、取货计划、装运计划等与射频识别技术相结合，能够高效地完成各种业务操作，如指定堆放区域、上架取货和补货等。这样，增强了作业的准确性和快捷性，提高了服务质量，降低了成本，节省了劳动力和库存空间，同时减少了整个物流中由于商品误置、错送、偷窃、损坏和出货错误等造成的损耗。RFID 技术的另一个好处在于在库存盘点时降低人力。RFID 的设计就是要让商品的登记自动化，盘点时不需要人工的检查或扫描条形码，更加快速准确，并且减少了损耗。RFID 解决方案可提供有关库存情况的准确信息，管理人员可由此快速识别并纠正低效率运作情况，从而实现快速供货，并最大限度地减少储存成本。

（3）运输环节

在运输管理中，在途运输的货物和车辆贴上 RFID 标签，运输线的一些检查点安装上 RFID 接收转发装置。接收装置收到 RFID 卷标信息后，连同接收地的位置信息上传至通信卫星，再由卫星传送给运输调度中心，送入数据库中。

（4）配送/分销环节

在配送环节，采用射频识别技术能大大加快配送的速度和提高拣选与分发过程的效率与准确率，并能减少人工、降低配送成本。如果到达中央配送中心的所有商品都贴有 RFID 标签，在进入中央配送中心时，托盘通过一个阅读器，可读取托盘上所有货箱上的标签内容。系统将这些信息与发货记录进行核对，以检测出可能的错误，然后将 RFID 标签更新为最新的商品存放地点和状态。这样就确保了精确的库存控制，甚至可确切了解目前有多少货箱处于转运途中、转运的始发地和目的地，以及预期的到达时间等信息。

（5）生产环节

在生产制造环节应用 RFID 技术，可以完成自动化生产线运作，实现整个生产过程中在线对原材料、零部件、半成品和产成品的识别与跟踪，减少人工识别成本和出错率，提高效率和效益。特别是在采用准时制（Just-in-Time，JIT）生产方式的流水线，原材料与零部件必须准时送达到工位上。采用了 RFID 技术之后，就能通过识别电子卷标来快速从品类繁多的库存中准确地找出工位所需的原材料和零部件。RFID 技术还能帮助管理人员及时根据生产进度发出补货信息，实现流水线均衡、稳步生产，同时也加强了对质量的控制与追踪。以汽车制造业为例，目前在汽车生产厂的焊接、喷漆和装配等生产线，都采用了 RFID 技术来监控生产过程。比如，通过对电子卷标读取信息，再与生产计划、排程和排序相结合，对生产线的车体等给出一个独立的识别编号，实现对车辆的跟踪；在焊接生产线，采用耐高温、防粉尘/金属、防磁场、可重复使用的有源封装 RFID 卷标，通过自动识别作业件来监控焊接生产作业；在喷漆车间采用防水、防漆 RFID 标签，对汽车零部件和整车进行监控，根据排程安排完成喷漆作业，同时减少污染；在装配生产线，根据供应链计划器编排出的生产计划、生产排程与排序，通过识别 RFID 卷标中的信息，完成混流生产。

（6）食品质量控制环节

近年来涌现出的大量食品安全问题主要集中在肉类及肉类食品上。由于牲畜的流行病时有发生，如疯牛病、口蹄疫及禽流感等，如果防控不当，将给人们的健康带来危害。采用了 RFID 系统之后，可提供食品链中的肉类食品与其动物来源之间的可靠联系，从销售环节就能够追查到它们的历史与来源，并能一直追踪到具体的养殖场和动物个体。在对肉类食品来源识别的解决方案中，可以应用 RFID 芯片来记载每个动物的兽医史，在养殖场中对每个动物建立电子身份，并将所有信息存入计算机系统，直到它们被屠宰。然后，所有数据被存储在出售肉类食品的 RFID 标签中，随食品一起送到下游的销售环节。这样，通过在零售环节中的超市、餐馆等对食品标签的识别，人们在购买时就能清楚地知道食品的来源、时间、中间处理过程的情况等信息，就能放心地购买。RFID 技术能有效解决供应链上各项业务运作数据的输入/输出、业务过程的控制与跟踪，减少出错率。

总之，射频识别技术还处于刚刚起步的阶段，但是它的发展潜力是巨大的，它的前景非常诱人。在信息社会，对于各种信息的处理要求快速、准确，在不久的将来，射频识别技术就会同其他识别技术一样深入人们的生活中，改善人们的生活。对于这样一种新技术，应该加大宣传力度，尽早普及它、利用它，提高整个社会的工作效率和经济效益。

案例阅读

新加坡的每个公民都可以用其身份证或驾驶证来国立图书馆借阅图书。在每本图书的后面都贴有一个 RFID 标签，借阅者只需将图书带到自助借阅机前，插入身份证或驾驶证，把图书正放到蓝色面板上即可完成借阅过程，操作起来极其方便。而国内图书馆都是排着长队借书。

还书过程更加令人佩服，因为整个过程只有一个动作，就是"扔"。借阅者可以就近选择国立图书馆任何一家分馆归还图书，只需来到自助还书系统前，将要归还的图书一本本丢进去即可完成还书过程，在该系统上方还设有显示屏，可以看到图书归还的情况。

新加坡的 RFID 技术应用成熟、广泛，可作为我国发展 RFID 事业的参考项目。中国国土辽阔、技术相对落后，发展 RFID 技术任重而道远。但有当前政府的大力支持及国内外企业的不断交流、合作，相信在不久的将来会呈现给世界一个全新的面貌。

资料来源：http: //www.docin.com/p-222205720.html?qq-pf-to=pcqq.c2c.

8.2.3 电子数据交换技术

电子数据交换（Electronic Data Interchange，EDI）技术是一种利用计算机进行商务处理的新方法。EDI 是将贸易、运输、保险、银行和海关等行业的信息，用一种国际公认的标准格式，通过计算机通信网络，使各有关部门、公司与企业之间进行资料交换与处理，并完成以贸易为中心的全部业务过程。电子数据交换技术是 20 世纪 80 年代发展起来的一种新颖的电子化贸易工具，是计算机、通信和现代管理技术相结合的产物。

1. EDI 概述
（1）EDI 的定义

EDI 就是标准化的商业文件在计算机之间从应用到应用的传送。许多商户选择 EDI 作为一种快速、低费用和安全的方式来传送订购单、发票、运货通知和其他常用的商业文件。EDI 是基于加值网络（VAN）的、成熟的、适合企业到企业（Business to Business）的电子商务方式和技术。当使用 EDI 时，贸易伙伴不需要具有相同的文件处理系统。当贸易伙伴发送一个文件时，EDI 翻译软件将其专用格式转换成一个共同标准格式。当用户接收这个文档时，EDI 翻译软件会自动将其标准格式转换成用户的文件处理软件能识别的专用格式。国际标准化组织（ISO）将 EDI 描述成"将贸易（商业）或行政事务处理按照一个公认的标准变成结构化的事务处理或信息数据格式，从计算机到计算机的电子传输"。而 ITU-T（原 CCITT）将 EDI 定义为"从计算机到计算机之间的结构化的事务数据互换"。又由于使用 EDI 可以减少甚至消除贸易过程中的纸质文档，因此 EDI 又被人们通俗地称为"无纸贸易"。国际数据交换协会的 EDI 手册上，对 EDI 的解释是："EDI 是使用认可的标准化的和结构化的计算机处理的数据，从一个计算机到另一个计算机之间进行的电子传输。"从以上的定义中我们可以从五个方面来理解 EDI：① EDI 是计算机系统之间所进行的电子信息传输；② EDI 是标准格式和结构化的电子数据的交换；③ EDI 是由发送者和接收者达成一致的标准和结构所进行的电子数据交换；④ EDI 是由计算机自动读取而无须人工干预的电子数据交换；⑤ EDI 是为了满足商业用途的电子数据交换。

（2）EDI 系统的组成要素

构成 EDI 系统的三个要素是：EPI 数据标准化、EDI 软件和硬件、通信网络。

① EDI 数据标准。EDI 标准是由各企业、各地区代表共同讨论、制定的电子数据交换共同标准，可以使各组织之间的不同文件格式，通过共同的标准，获得彼此之间文档交换的目的。

② EDI 软件和硬件。实现 EDI，需要配备相应的 EDI 软件和硬件。EDI 软件具有将用户数据库系统中的信息，译成 EDI 的标准格式，以供传输交换的能力。虽然 EDI 标准具有足够的灵活性，可以适应不同行业的不同需求，但由于每个公司都有自己规定的信息格式，因此，当需要发送 EDI 电文时，必须用某些方法从公司的专有数据库中提取信息，并把它翻译成 EDI 的标准格式进行传输，这就需要有 EDI 相关软件的帮助。

● 转换软件（Mapper）。转换软件可以帮助用户将原有计算机系统的文件，转换成翻译软件能够理解的平面文件（Flat File），或是将从翻译软件接收来的平面文件，转换成原计算机系统中的文件。

● 翻译软件（Translator）。将平面文档翻译成 EDI 标准格式，或将接收到的 EDI 标准格式翻译成平面文档。

● 通信软件。将 EDI 标准格式的文档外层加上通信信封（Envelope），再送到 EDI 系统交换中心的邮箱（Mailbox），或由 EDI 系统交换中心，将接收到的文档取回。

EDI 所需的硬件设备大致有：计算机、调制解调器（Modem）及电话线。目前所使用的计算机，无论个人计算机（PC），还是工作站、小型机、主机等，均可利用。由于使用 EDI 进行电子数据交换需通过通信网络，应根据实际需求决定选择。如果对传输时效及数据传输量有较高要求，可以考虑租用专线（Leased Line）。

③ 通信网络。通信网络是实现 EDI 的手段。EDI 通信方式有多种，早期应用较多的是点对点方式，这种方式只能满足贸易伙伴数量较少的情况。随着贸易伙伴数目的增多，当多家企业直接计算机通信时，由于计算机厂家不同、通信协议相异以及工作时间不易配合等问题，造成相当大的通信困难。为了克服这些问题，许多应用 EDI 的公司逐渐采用第三方网络与贸易伙伴进行通信，即加值网络方式。EDI 的通信方式如图 8-5 所示，它类似邮局，为发送者与接收者维护邮箱，并具有存储转送、记忆保管、通信协议转换、格式转换、安全管制等功能。因

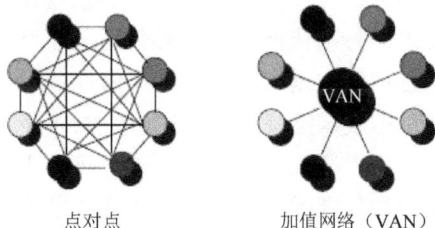

点对点　　　　　加值网络（VAN）

图 8-5　EDI 的通信方式

此通过加值网络传送 EDI 文件，可以大幅度降低相互传送数据的复杂度和困难度，大大提高 EDI 的效率。

2. EDI 系统在物流中的应用

现代社会已步入信息化时代，物流的信息化是整个社会信息化的必然要求。物流信息化表现为物流信息的商品化、物流信息收集的数据库化和代码化、物流信息处理的电子化和计算机化、物流信息传递的标准化和实时化、物流信息存储的数字化等。在物流过程中，数据和凭证的处理时常超过运输的时间，因此在物流和运输中，准确而迅速的信息联系能力显得越来越重要。在物流管理观念发展的最新阶段，交易主体企业强调通过业务外包的形式，把实物进口、存储和出口等业务交给专业化中介储运公司完成。运输业务从交易主体企业向运输中介集中的必要条件有两个：一是交易主体企业必须有强大的对外协调能力，这主要建立在企业本身发达的管理信息系统之上；二是运输中介必须与客户有着广阔的通信联系能力，这是由物流企业在地域空间上的广域性决定的，可以通过运输企业发达的对外业务网络来解决。物流企业在某地的办事处通过互联网连接物流公司总部的站点，通过其 EDI 系统的报文生成处理模块，生成订单，通过格式转换模式将产生的报文转换成符合标准的格式，通过网络把报文传给总部，总部 EDI 系统通过报文生成处理接收信息，通过格式转换联系模块把数据存入数据库，在企业内部通过其 Web 服务及 Web 与数据库的连接，使用这些在数据库中的 EDI 数据。

物流企业的 EDI 系统还应与有关企业、海关、运输部门、银行、客户、商检等机构的 EDI 系统协同工作。通过这种模式来完成物流中信息处理的优点是：互联网 EDI 的通信费用低廉，特别是可以利用企业已有的网络租用线路，外加互联网传输，而不必从头采用费用较高的 VAN；基于互联网的 EDI 系统技术并不复杂，容易实现。一般而言，通过 VAN 建立全球 EDI 系统，只有大型企业才有形成规模经济的条件，但通过互联网，中小企业也能方便地建立自己的全球物流 EDI 系统。在互联网上实施 EDI 是一种必然趋势，虽然物流业对互联网的安全性有一些疑虑，但未来将迫使传统的 VAN 公司提供互联网作为给客户的选择性方案。在物流企业中，基于互联网的 EDI 系统的比例将越来越高。

互联网使传统的 EDI 走出了困惑，物流企业采用基于互联网的 EDI 模式进行信息的处理，前景诱人。但是，当前发展基于互联网的 EDI 系统还存在一些有待解决的问题。一是互联网的 EDI 系统所要求的安全性问题。安全可靠是企业运用该技术的前提条件，物流企业往往认为只要通过 EDI 中心服务便可应对 EDI 交易中的欺诈行为，避免出错。但随着 EDI 社会复杂性的不断增加，信息的安全性受到了影响。同时，互联网的开放性、松散性、不设防性所带来的不安全性，使基于互联网的 EDI 系统的应用受到了很大局限。所以人们应该提高安全性意识，加强通信安全性和保密性工作。二是基于互联网的 EDI 系统所要求的标准化问题。标准化是基于互联网的 EDI 推广应用的基础，当今标准化有两方面的问题：第一是标准本身还不够完善，有待进一步统一，如 EDI 报文标准就有用户标准、行业标准及国际标准三个层次，如何使众多的不同版本实现统一兼容，还有待社会各方面的共同努力；第二是人们对标准化问题还没有统一的认识，企业、个人为了方便，一般较多地采用用户标准或行业标准，这给信息的国际化带来了许多阻碍，所以国际标准组织、各国政府机构应及时制定出世界统一的、规范实用的标准来，同时各企业、个人也应主动采纳国际标准。三是基于互联网的 EDI 系统所涉及的法律问题。由于 EDI 取消了纸面单证，用计算机储存介质上的信息和网络数据交换来取代传统的单证和以单证交换为主要内容的商务操作。那么，计算机储存介质上的信息能否像纸面单证那样具有法律效力？一旦发生贸易纠纷，法庭将根据什么来进行法律仲裁？这是摆在涉及开发 EDI 应用系统的物流企业面临的一个非常现实的问题。

物流业的迅猛发展，对物流信息处理提出了更高的要求。EDI 技术的自动处理，实时、安全、节约成本等优点，使得 EDI 在互联网中被广泛采用。可以肯定，互联网的 EDI 无论从适用性、多样性和通用性等方面都会胜过传统的和现代的 EDI，必将会有更多的用户在互联网上使用 EDI，以适应未来电子商务的需要。随着互联网安全性技术的发展，互联网的 EDI 模式在物流信息处理中必将得到广泛使用。

8.2.4　地理信息系统技术与全球定位系统技术

物流运输业是推动国民经济快速发展不可缺少的支柱产业，各类物流运输仓储企业虽然在长期发展历程中已经积累了丰富的实践经验，但由于车辆动态信息的实时监控一直未得到解决，信息回馈不及时、不准确、不全面等问题导致运力的大量浪费与运作成本的居高不下。面对当今客户日益增长的服务需要以及国外物流企业运用信息技术与快速反应式运作抢占中国物流市场的冲击，中国的物流运输企业必须采用新科技手段，运用地理信息系统技术与全球定位系统技术来武装自己，提高自身的服务质量与服务水平，才能迎接各方的挑战。

1. 地理信息系统技术

（1）地理信息系统的概念

地理信息系统（Geographic Information System， GIS）是 20 世纪 60 年代开始迅速发展起来的地理学研究技术，是多种学科交叉的产物。顾名思义，地理信息系统是处理地理信息的系统。地理信息是指直接或间接与地球上的空间位置有关的信息，又常称为空间信息。一般来说，GIS 可定义为："用于采集、存储、管理、处理、检索、分析和表达地理空间数据的计算机系统，是分析和处理海量地理数据的通用技术。"从 GIS 系统的应用角度，可进一步定义为："GIS 由计算机系统、地理数据和用户组成，通过对地理数据的集成、存储、检索、操作和分析，生成并输出各种地理信息，从而为土地利用、资源评价与管理、环境监测、交通运输、经济建设、城市规划以及政府部门行政管理提供新的知识，为工程设计和规划、管理决策服务。"地理信息系统具有以下三个方面的特征：

① 有采集、管理、分析和输出多种地理空间信息的能力，具有空间性和动态性；

② 以地理研究和地理决策为目的，以地理模型方法为手段，具有区域空间分析、多要素综合分析和动态预测能力，产生高层次的地理信息；

③ 由计算机系统支持进行空间地理数据管理，并由计算机程序模拟常规的或专门的地理分析方法，作用于空间数据，产生有用信息，完成人类难以完成的任务。

地理信息系统（GIS）是一种同时管理地理空间信息和数据库属性数据的信息系统。

在传统的信息系统中，数据主要保存在数据库中，如果数据库中的数据仅以文字的形式表现出来，不仅形式呆板，而且可能将一些重要的信息隐藏在文字背后。在实际工作中有许多问题需要借助地图来解决，如何解决这个问题呢？最原始的解决方案是使用一张纸地图，在上面将数据库的数据标出，然后在地图上分析，这种方法非常烦琐，如果利用 GIS 提供的数据的地理属性，就可以将这些数据分层、分类叠加在电子地图上，并且地图对象与数据库属性数据建立连接关系，这样通过 GIS 就可以轻松实现地图与数据库的双向查询。

不仅如此，例如对投资环境的分析，需要用到现代理论和方法，这些理论和方法涉及的范围很广，包括区位论、城市土地经济理论、城市空间经济学、城市交通经济学、模糊数学、层次分析法、统计方法和数据库方法、专家系统法等。仅凭某种方法不能胜任对投资环境的分析，能使以上的现代理论和方法统一在一起的唯有地理信息系统（GIS）技术。由此可以看出，GIS 给信息系统带来的不仅是显示地图这样的锦上添花，而是将资料进行直观的、可视化的分析和查询，发掘隐藏在文本数据之中的各种潜在的联系，为用户提供一种崭新的决策支持方式。

（2）地理信息系统的组成

GIS 的应用系统由五个主要部分构成，即硬件、软件、数据、人员和方法。

① 硬件。硬件是指操作 GIS 所需的一切计算机资源。目前的 GIS 软件可以在很多类型的硬件上运行，从中央计算机服务器到桌面计算机，从单机到网络环境。一个典型的 GIS 硬件系统除计算机外，还包括数字化仪、扫描仪、绘图仪、磁带机等外部设备。

② 软件。软件是指 GIS 运行所必需的各种程序。主要包括计算机系统软件和地理信息系统软件两部分。地理信息系统软件提供存储、分析和显示地理信息的功能与工具。主要的软件部件有：输入和处理地理信息的工具；数据库管理系统工具；支持地理查询、分析和可视化显示的工具；使用这些工具的图形用户接口。

③ 数据。数据是一个 GIS 应用系统的最基础的组成部分。空间数据是 GIS 的操作对象，是现实世界经过模型抽象的实质性内容确定，展示了 GIS 对现实世界的信息表达与分层。一个 GIS 应用系统必须建立在准确合理的地理数据基础上。数据来源包括室内数字化和野外采集，以及其他数据的转换。数据包括空间数据和属性数据，空间数据的表达可以采用栅格和向量两种形式，空间数据表现了地理空间实体的位置、大小、形状、方向以及几何拓扑关系。

④ 人员。人是地理信息系统中重要的构成要素，GIS 不同于一幅地图，它是一个动态的地理模型，仅有系统软硬件和数据还不能构成完整的地理信息系统，需要人进行系统组织、管理、维护和数据更新、系统扩充完善以及应用程序开发，并采用空间分析模型提取多种信息。因此，GIS 应用的关键是掌握实施 GIS 来解决现实问题的人员素质。

⑤ 方法。这里的方法主要是指空间信息的综合分析方法，即常说的应用模型。它是在对专业领域的具体对象与过程进行大量研究的基础上总结出的规律的表示。GIS 应用就是利用这些模型对大量空间数据进行分析综合来解决实际问题的，如基于 GIS 的矿产资源评价模型、灾害评价模型等。

（3）地理信息系统的主要功能

一个 GIS 软件系统应具备五项基本功能，即数据输入、数据编辑与处理、数据存储与管理、空间查询与分析、可视化表达与输出。

① 数据输入。数据输入是建立地理数据库必需的过程。数据输入功能是指将地图数据、物化遥感数据、统计数据和文字报告等输入、转换成计算机可处理的数字形式的各种功能。对多种形式、多种来源的信息，可实现多种方式的数据输入，如图形数据输入、栅格数据输入、全球定位系统（GPS）测量数据输入、属性数据输入等。用于地理信息系统空间数据采集的主要技术有两类，即使用数字化仪的手扶跟踪数字化技术和使用扫描仪的扫描技术。手扶跟踪数字化技术曾在相当长的时间内是空间数据采集的主要方式。扫描数据的自动

化编辑与处理是空间数据采集技术研究的重点，随着扫描仪技术性能的提高及扫描处理软件的完善，扫描数字化技术的使用越来越普遍。

② 数据编辑与处理。数据编辑主要包括图形编辑和属性编辑。属性编辑主要与数据库管理结合在一起完成，图形编辑主要包括拓扑关系建立、图形编辑、图形整饰、图幅拼接、图形变换、投影变换、误差校正等。

③ 数据存储与管理。数据的有效组织与管理，是 GIS 系统应用是否成功的关键。主要提供空间与非空间数据的存储、查询检索、修改和更新的能力。向量数据结构、光栅数据结构、向量光栅一体化数据结构是存储 GIS 的主要数据结构。数据结构的选择在相当程度上决定了系统所能执行的功能。数据结构确定后，在空间数据的存储与管理中，关键是确定应用系统空间与属性数据库的结构以及空间与属性数据的连接。

④ 空间查询与分析。空间查询与分析是 GIS 的核心，是 GIS 最重要的和最具有魅力的功能，也是 GIS 有别于其他信息系统的本质特征。地理信息系统的空间分析可分为三个层次的内容：空间检索，包括从空间位置检索空间物体及其属性、从属性条件检索空间物体；空间拓扑叠加分析，实现空间特征（点、线、面或图像）的相交、相减、合并等，以及特征属性在空间上的连接；空间模型分析，如数字地形高程分析、缓冲区（Buffer）分析、网络分析、图像分析、三维模型分析、多要素综合分析及面向专业应用的各种特殊模型分析等。

⑤ 可视化表达与输出。中间处理过程和最终结果的可视化表达是 GIS 的重要功能之一。通常以人机交互方式来选择显示的对象与形式，对于图形数据，根据要素的信息密集程度，可选择放大或缩小显示。GIS 不仅可以输出全要素地图，也可以根据用户需要，分层输出各种专题图、各类统计图、图表及数据等。随着经济全球化的发展，我国物流也向着现代化方向迅速发展。物流现代化不仅指物流手段和物流技术达到或接近世界先进水平，而且指物流管理（包括物流组织、物流计划的编制、物流运输方案的选择、经济指标的确定等）的科学化。现代物流作为一种先进的组织方式和管理技术，已经被认为是企业在降低物资消耗、提高劳动生产率以外重要的"第三利润源"，通过降低流通费用，缩短流通时间，可以整合企业价值链，延伸企业的控制能力，加快企业资金周转，为企业创造新的利润。尤其在电子商务环境下，供货商必须全面、准确、动态地掌握散布在全国各个中转仓库、经销商、零售商以及各种运输环节之中的产品流动状况，并以此制订生产和销售计划，及时调整市场策略。因此，电子商务的发展更加推动了现代物流业的迅速兴起。

那么，把 GIS 技术融入物流配送的过程中，就能更容易地处理物流配送中货物的运输、仓储、装卸、送递等各个环节，并对其中涉及的问题如运输路线的选择、仓库位置的选择、仓库的容量设置、合理装卸策略、运输车辆的调度和投递路线的选择等进行有效的管理和决策分析，这样才符合现代物流的要求，才有助于物流配送企业有效地利用现有资源，降低消耗，提高效率。实际上，随着电子商务、物流和 GIS 本身的发展，GIS 技术将成为全程物流管理中不可缺少的组成部分。

2. 全球定位系统技术

（1）全球定位系统技术概述

GPS，是英文 Global Positioning System 的缩写词，其意为"全球定位系统"。24 颗 GPS 卫星在离地面 12 000 千米的高空上，以 12 小时为周期环绕地球运行，使得在任意时刻、在地面上的任意一点都可以同时观测到 4 颗以上的卫星。

（2）GPS 系统的组成

GPS 系统包括三大部分：空间部分——GPS 卫星星座；地面控制部分——地面监控系统；用户设备部分——GPS 信号接收机。

GPS 工作卫星及其星座由 21 颗工作卫星和 3 颗在轨备用卫星组成 GPS 卫星星座，记作（21+3）GPS 星座。24 颗卫星均匀分布在 6 个轨道平面内，轨道倾角为 55 度，各个轨道平面之间相距 60 度，即轨道的升交点赤经各相差 60 度。每个轨道平面内各颗卫星之间的升交角距相差 90 度，一轨道平面上的卫星比西边相邻轨道平面上的相应卫星超前 30 度。在 2 万千米高空的 GPS 卫星，当地球对恒星来说自转一周时，它们绕地球运行 2 周，即绕地球 1 周的时间为 12 恒星时。这样，对于地面观测者来说，每天将提前 4 分钟见到同一颗 GPS 卫星。位于地平线以上的卫星颗数随着时间和地点的不同而不同，最少可见到 4 颗，最多可见到 11 颗。在用 GPS 信号导航定位时，为了结算测站的三维坐标，必须观测 4 颗 GPS 卫星，称为定位星座。这 4 颗卫星在观测过程中的几何位置分布对定位精度有一定的影响。

对导航定位来说，GPS 卫星是一个动态已知点。卫星的位置是依据卫星发射的星历——描述卫星运动及其轨道的参数算得的。每颗 GPS 卫星所播发的星历，是由地面监控系统提供的。卫星上的各种设备是否正常工作，以及卫星是否一直沿着预定轨道运行，都要由地面设备进行监测和控制。地面监控系统另一个重要作用是保持各颗卫星处于同一时间标准——GPS 时间系统。这就需要地面站监测各颗卫星的时间，求出钟差。然后由地面注入站发给卫星，卫星再由导航电文发给用户设备。GPS 工作卫星的地面监控系统包括一个主控站、三个注入站和五个监测站。

GPS 信号接收机的任务是：能够捕获到按一定卫星高度截止角所选择的待测卫星的信号，并跟踪这些卫星的运行，对所接收到的 GPS 信号进行变换、放大和处理，以便测量出 GPS 信号从卫星到接收机天线的传播时间，解译出 GPS 卫星所发送的导航电文，实时地计算出测站的三维位置，甚至三维速度和时间。静态定位中，GPS 接收机在捕获和跟踪 GPS 卫星的过程中固定不变，接收机高精度地测量 GPS 信号的传播时间，利用 GPS 卫星在轨的已知位置，计算出接收机天线所在位置的三维坐标。而动态定位则是用 GPS 接收机测定一个运动物体的运行轨迹。GPS 信号接收机所在的运动物体叫作载体（如航行中的船舰、空中的飞机、行驶的车辆等）。载体上的 GPS 接收机天线在跟踪 GPS 卫星的过程中相对地球而运动，接收机用 GPS 信号实时地测得运动载体的状态参数（瞬间三维位置和三维速度）。接收机硬件和机内软件以及 GPS 数据的后处理软件包，构成完整的 GPS 用户设备。

GPS 接收机的结构分为天线单元和接收单元两大部分。对于测地型接收机来说，两个单元一般分成两个独立的部件，观测时将天线单元置于测站上，接收单元置于测站附近的适当地方，用电缆线将两者连接成一个整机。也有的将天线单元和接收单元制作成一个整体，观测时将其安置在测站点上。

GPS 接收机一般用蓄电池做电源，同时采用机内机外两种直流电源。设置机内电源的目的在于更换机外电源时不会中断连续观测。在用机外电源的过程中，机内电源自动充电。关机后，机内电源为随机存储器（RAM）内存供电，防止丢失数据。 近年来，国内引进了许多种类型的 GPS 测地型接收机。各种类型的 GPS 测地型接收机用于精密相对定位时，其双频接收机精度可达 5 mm+1 PPM.D，单频接收机在一定距离内精度可达 10 mm+2 PPM.D。用于差分定位时，其精度可达亚米级至厘米级。目前，各种类型的 GPS 接收机体积越来越小，重量越来越轻，便于野外观测。GPS 和 GLONASS（俄语"全球卫星导航系统"的缩写）兼容的全球导航定位系统接收机已经问世。

（3）GPS 的特点

① 全球性、全天候连续不断。GPS 能为全球任何地点或近地空间的各类用户提供连续的、全天候的导航能力，用户不用发射信号，因而能满足无限多的用户使用。

② 实时导航、定位精度高、数据内容多。利用 GPS 定位时，在 1 秒内可以取得几次位置数据，这种近乎实时的导航能力对于高动态用户具有很大意义，同时能为用户提供连续的三维位置、三维速度和精确的时间信息。

③ 抗干扰能力强、保密性好。GPS 采用扩频技术和伪码技术，用户只需接收 GPS 的信号，自身不用发射信号，因而不会受到外界其他信号源的干扰。

④ 功能多、用途广泛。GPS 是军民两用的系统，其应用范围极其广泛，在军事上，GPS 将成为自动化指挥系统，在民用上，可广泛应用于农业、林业、水利、交通、航空、测绘、安全防范、军事、电力、通信、城市多个领域，尤其以地面移动目标监控在 GPS 应用方面最具代表性和前瞻性。由于 GPS 技术所具有的全天候、高精度和自动测量的特点，作为先进的测量手段和新的生产力，已经融入了国民经济建设、国防建设和社会发展的各个应用领域。随着全球经济的蓬勃发展，将进一步推动 GPS 技术的应用，提高生产力、作业效率、科学水平以及人们的生活质量，刺激 GPS 市场的增长。

8.2.5　电子订货系统

1. 电子订货系统的定义

电子订货系统（Electronic Ordering System，EOS）是指采购方和供货方利用通信网络（局域网或互联网）和终端设备以在线联机（On-Line）方式进行订货信息交换的系统。EOS 按应用范围可以分为三类：企业内的 EOS，如连锁店经营中各个连锁分店与总部之间建立的 EOS；零售商与批发商之间的 EOS，以及零售商、批发商和生产商之间的 EOS。

2. EOS 的作用

EOS 可提高采购的效率，减少订单的出错率，降低库存，有助于提高企业的竞争力，以应对日益国际化的生产形式下的激烈的市场竞争。EOS 在企业物流管理中的具体作用有如下几个方面。

（1）对于传统的上门订货、传真订货等订货方式，EOS 可以缩短准备订单、从接到订单到发出订单的时间，减少订单的出错率，节省人工费，提高订购的效率。

（2）EOS 采用了科学合理的库存控制策略和技术，有利于减少采购方的库存水平，降低缺货的风险，从而提高采购企业的库存管理绩效。

（3）对于生产厂家和批发商来说，通过分析零售商的商品订购信息，能准确判断畅销商品和滞销商品，有利于企业调整商品生产和销售计划。

（4）有利于提高物流信息系统的效率，使各个业务信息子系统之间的数据交换更加便利和迅速，从而促进和提升企业的信息管理水平。

3. EOS 的应用

EOS 电子订货系统是由日本 Seven-Eleven 公司于 1979 年研发并投入本公司使用的。Seven-Eleven 公司是世界便利店巨头，截至 2002 年已在全世界拥有 2 万多家店铺。通过 EOS 的实施，公司大大加快了订单的流动速率，提高了公司供应链循环周转的效率。一份订单可在 7 分钟内处理完毕，一个订货送货周期不会超过 6 个小时。这一系列高效运作的过程，都得益于电子订货系统的应用。另外，美国连锁超市巨头沃尔玛，它的每一家门店都有 8 万种以上的商品。通过 EOS 及其他的电子通信手段，如 POS 等的联合使用，沃尔玛可以保证货品从仓库运送到任何一家商店的时间不会超过 48 小时，相对于其他同业商店平均两周补货一次，沃尔玛可保证分店货架平均一周补两次。门店销售与配送中心，配送中心与供货商均可保持同步。沃尔玛与生产商、供货商之间建立起的实时订货系统，使其赢得了比其竞争对手管理费用低 7%、物流费用低 30%、存货周期由 6 周降至 6 小时的优异成绩。电子订货系统是物流信息化的产物，在现代物流发展较为完善的日本，就订货形式而言，在零售业中，有将近一半的日本企业选择了电子订货系统作为主要的订货方式，但由于实施电子订货系统对系统硬件和软件的要求较高，即使在现代物流高度发达的日本，目前仍然有相当一部分企业选择传统的订货方式，比如传真、电话或者展会订货等。但相信随着网络技术和计算机技术的不断完善和发展，使用 EOS 订货的零售企业数量会不断增加，开发利用电子订货系统将是必然趋势。

在采用电子订货的商业企业中，依据不同的商品分类，采用电子订货的比例也有所不同，在目前已经应用电子订货系统较为广泛的行业中，除了汽车用品之外，绝大多数商品都可以在连锁超市中经营。这也说明，只需在这些产业（比如说食品业）的产业价值链中稍做纵向延伸，即将价值链扩展到产品的经营销售领域，连锁超市就可以方便地将供货商已备建好的电子订货系统纳入自己的体系中来，这也为连锁企业实施电子订货系统奠定了基础。由以上分析可以得出，电子订货系统在发达国家的实施已经是必然之势，就国内的连锁企业来说，目前的 EOS 实施还处于起步阶段，但由于已有许多先进的跨国零售企业如家乐福、Seven-Eleven 等都在国内开设了店面，他们拥有一流的管理理念和丰富的电子订货系统实施经验，这也为我国连锁企业的发展树立了榜样。

8.3 物流信息系统的含义、特征与结构

管理就是围绕既定目标对系统内部各种"流"进行计划、组织、控制与协调的过程。其中，"信息流"控制着其他"流"的流动，使系统更加有序。从系统的观点出发，信息流在整体上也构成一个子系统，这就是信息系统。管理的现代化、科学化指的就是最有效地组织与控制信息流，使系统在时间上、经济上和效率上达到最佳状态。物流信息系统在不同类型、不同规模的企业中是不尽相同的，因此，不存在一个固定的物流信息系统模式和构成方式。但是，这并不等于物流信息系统在现代物流体系中不重要。相反，没有一个发达完善的物流信息系统，就没有真正意义上的现代物流系统。

物流信息系统是根据物流管理运作的需要，在管理信息系统的基础上形成的物流信息资源管理、协调系统，它来源于物流系统，反过来作用于物流系统，使物流系统高效率化、高效益化运作。

1. 物流信息系统的含义

物流信息系统是利用计算机硬件、软件、网络通信设备及其他设备，进行物流信息的收集、传输、加工、储存、更新和维护，以支持物流管理人员和基层工作人员进行物流管理和运作的人机系统。物流信息系统是整个物流系统的心脏，是现代物流企业的灵魂。对于物流企业来说，拥有物流信息系统在某种意义上比拥有车队、仓库更为重要。物流信息系统在物流运作过程中非常关键，并且自始至终发挥着不可替代的中枢作用。随着经济的发展，物流信息系统在现代物流中占有极其重要的地位。

物流信息系统是企业管理系统的一个重要子系统，是通过与企业物流相关信息进行加工处理来实现对物流、资金流的有效控制和管理，并对物流管理人员及其他企业管理人员提供信息分析及运作决策支持的人机系统。物流信息系统是提高企业物流运作效率，降低企业物流总成本的重要基础设置。

2. 物流信息系统的特征

物流信息系统的高度化主要应体现在几个方面：一是它能及时有效地反映企业自身的商品销售、在途和在库信息，便于企业实现单品管理，彻底排除滞销品；二是能促进整个企业业务流程的高效运转，真正使企业具备对市场环境和需求的及时响应能力；三是系统应具有发展性，即信息对经营管理的支持应能突破企业的界限，为促进企业对其他企业的指导或共同预测和计划做出贡献。

（1）管理性和服务性

物流信息系统的目的是辅助物流企业的管理者进行物流运作的管理和决策，提供与此相关的信息支持。因此，物流信息系统必须同物流企业的管理体制、管理方法、管理风格相结合，遵循管理与决策行为理论的一般规律。为了适应管理物流活动的需要，物流信息系统必须具备处理大量物流数据和信息的能力，具备各种分析物流数据的方法，拥有各种数学和管理工程模型。

（2）适应性和易用性

根据系统的一般理论，一个系统必须适应环境的变化，尽可能地做到当环境发生变化时，系统能够不需要经过太大的变化就能适应新的环境。这主要体现了系统的适应性，便于人们根据外界环境的变化对系统进行相应的修改。一般认为，模块式系统结构相对易于修改。因此，物流信息系统也要具有对环境的适应性。当然，适应性强就意味着系统变动小、对系统用户来说就自然方便可靠。

（3）集成化和模块化

集成化实质上就是把物流信息系统相互连接的各个物流环节联结在一起，为物流企业进行集成化的信息处理工作提供平台。物流信息系统中各个子系统的设计将遵循统一的标准和规范，便于系统内部进行信息共享。模块化系统设计的一个基本方法就是根据功能的不同，将一个大系统分成相互独立的若干子系统。各个子系统分别遵循统一的标准进行功能模块的开发，最后再按照一定的规范进行集成。

（4）网络化和智能化

随着互联网技术的迅速发展，在物流信息系统的设计过程中也广泛地应用了网络化技术。通过互联网将分散在不同地理位置的物流分支机构、供货商、客户等联结起来，形成一个信息传递和共享的信息网络，便于各方实时了解各地业务的运作情况，提高物流活动的运作效率。智能化是物流信息系统的发展方向，目前信息系统的发展正在向这个方向努力。例如，在物流决策支持系统中的知识系统，通过智能化处理在决策过程中所需要的物流知识、专家决策知识和经验知识等，为管理者提供决策支持服务。

3. 物流信息系统的结构

通常认为，物流信息系统中最主要的子系统包括订单管理系统（Order Management System，OMS）、仓库管理系统（Warehouse Management System，WMS）和运输管理系统（Transport Management System，TMS）。每个子系统包括各种交易信息，也是决策支持工具，帮助企业或组织为特定的物流活动制订计划。这些子系统之间相互存在信息交换，整个物流信息系统与其他信息系统之间也相互交换信息，构成了一体化的信息系统。

（1）订单管理系统

订单管理系统是物流信息系统的前端。客户在需要产品时会下订单，这些信息最早传到订单管理系统。在物流信息系统中，需要通过复杂的应用软件来处理复杂的订单管理环节，如接收订单、整理数据、订单确认、交易处理（包括信用卡结算及赊欠业务处理）等。

① 接收订单。其作用是接收并确认订单来源。当系统收到一份订单时，会在管理人员的协助下审核订单信息的完整性和准确性，并自动识别该订单的来源以及下订单的方式，统计顾客是通过何种方式（电话、传真、电子邮件等）完成的订单。之后，系统会自动根据库存清单检索订单上的货物目前是否保有存货。

② 支付处理。系统会自动根据客户提交订单时提供的支付信息处理信用卡业务以及赊欠账业务。如果客户填写的支付信息有误，系统将及时通知顾客进行更改或者选择其他合适的支付方式。同时，系统会和企业财务系统相联系审核客户的资信状况。

③ 订单确认与处理。信息系统会在管理人员的参与下判断是否可以按照客户要求的时间配送货物，并为顾客发送订单确认信息。随后，格式化订单会被发送到离客户最近的配送中心或工厂，制订生产计划或扣减库存、安排运输，并准备发票。在整个过程中，订单管理系统同仓库管理系统、企业财务系统等系统之间存在密切的信息交流和互动。例如，顾客通过互联网下订单后，需要物流系统迅速查询库存清单、查看货存状况，而这些信息随后又通过订单确认程序再度回馈给顾客。

（2）仓储管理系统

如上所述，仓储管理系统与订单管理系统联系密切，某些仓储管理系统本身就包括订单管理系统。该信息子系统主要协助管理物流系统中位于存储状态的货物及其相关信息，其主要功能包括收货管理、入库管理、库存管理、拣货管理等。

① 收货管理。这是货物进入仓库管理系统的入口。产品从运载工具上卸下之后，系统自动或借助手动方式利用条形码或无线射频识别系统将货物相关信息输入仓储管理系统。通过比对产品编号、供货商编号，可以得到所进货物的详细信息。

② 入库管理。针对需要在仓库中短期存储的货物，系统会根据产品的物理属性、存储要求检索出仓库现有空间和库位信息，根据事先设定的存储规则，指定货物应该存放的地点及作业方式。

③ 库存管理。系统将持续对仓库内的存货水平进行监测，随时提供仓库内存货清单，并自动或在管理人员的配合下完成存货补给工作。自动补货系统会利用设定的再订货点法自动生成订单，要求供货商补进存货。

④ 拣货管理。仓库管理系统会在接收到订单信息后，根据订单内容安排货物的分拣、包装及发运任务。在这个阶段，有的仓库还会提供一些增值服务，如根据客户特殊需求对物品进行包装等。因此，需要根据设定的规则生成有效的拣货单、发运单。

（3）运输管理系统

运输管理系统的主要目标包括根据运输需求选择运输方式或指定承运人、制订运输计划、进行货物跟踪、运费单审核和处理投诉等。

① 选择运输方式 / 承运人。运输管理系统可以根据每个订单对运输服务的要求、货物自身的特点和承运人的服务能力来选择运输服务质量和成本的最优组合，确定最佳的运输方式，选择报价合理、服务优质的承运人。

② 运输计划。包括将不同批次的货物拼成一批，集中运输以减少运输成本，合理安排运输时间和线路等，根据情况不同将生成发送计划、车辆调度计划等。

③ 货物跟踪。越来越多的承运人可以向货主提供货物跟踪服务，通过条形码、无线射频设备、GPS 设备等可以轻易获知货物所在位置，并通过网络或其他通信手段随时通报给客户。

④ 运费单审核和投诉处理。由于承运人的运费计算系统往往十分复杂，计算机控制的运输管理系统可以快速搜索出运输的最低成本，并与运费单进行比较。如果客户针对运费进行投诉，通过系统可以很快地进行处理。

4．物流信息系统的建设

物流信息系统在中国的应用刚刚起步，发展的总体趋势和方向与其他国家不应该有什么不同。然而在完全不同的市场环境、技术环境中，中国的企业必然不会走与国外完全相同的道路。我们可以借鉴其他国家得到验证的供应链理论、方法和技术，但是不应该照搬他们的具体方案和实施路线。中国企业有采用更廉价、更成熟、更直接的技术和系统，在几年内跨越国外企业几十年的发展历程。最显著的，由于互联网和电子商务技术的发展，传统的 EDI 在中国将不会也不需要如美国一般普及应用。然而，"协同式供应链库存管理（CPFR）""协调计划、预测及补货"作为供应链的核心概念和相应的技术，一定会在未来几年内成为中国市场的主流。过去 5 年中，以管理规范化为主要目标，以 ERP 为主要工具的企业信息化在中国已经取得了初步的成效。然而，管理规范化只能帮助企业控制现有业务，在此基础上，企业必须进行面向未来的投资，体现在物流信息系统上，这种投资将主要表现在三个方面：提升关键环节的运作效率，优化库存计划调度能力，实现跨企业的供应链协作。

（1）从控制到效率

目前，国内企业物流信息系统投资 80%以上是面向基本流程的，如库存控制系统、简单的 GPS 系统、跟踪查询系统等。下一步，企业物流信息系统将更多地集中于解决物流运作效率，而不仅仅是控制本身。尤其是以配送中心运作效率为核心的仓库管理系统（WMS）将获得极大的普及。需求的驱动因素来源于两个方面：制造业、分销和零售业。在物流改革过程中，小规模、静态、数量多的仓库很大程度上将被数量少、规模相对大、直接配送到客户的区域配送中心取代，为了支持高频率的订单运作和面向客户配送，这些区域配送中心必须进入 WMS；为了确保增值服务能力，WMS 将成为第三方物流公司进入市场的基本配置。

（2）供应链调度系统

对于绝大多数国内企业来说，降低物流总成本和提升竞争力必须大幅度降低库存水平，显著提高库存周转速度。尤其是在最终产品的分销过程中，库存水平和周转速度对于企业的成败具有生死攸关的影响，要过这一关，必须建立创新的、适用于中国物流运作环境和管道销售的计划体系，因此必须建立支持这种体系的供应链调度系统，最终通过精准的销售预测、库存计划、补货计划等实现上述目标。

（3）CPFR

在物流运作层上，企业间的协作可以大幅度降低运作成本和所需时间；在物流计划层上，企业间的协作可以大幅度降低库存成本。CPFR 作为一种供应链协作理念，近几年在国外得到普遍的认同，其技术、实施方法论均进入成熟应用阶段。通过互联网，基于可扩展标记语言（XML）技术，CPFR 将在多种行业迅速得到普及应用。

案例分析

沃尔玛的物流信息系统

美国人山姆·沃尔顿于 1962 年创立沃尔玛百货有限公司。在短短的几十年间，它由一家小型折扣商店发展成为世界上最大的零售企业。在沃尔玛实现短时间发展壮大、超越对手，坐上世界零售企业头把交椅的各种因素中，强大的物流信息系统起着至关重要的作用。依靠自身的信息系统，沃尔玛每年要满足全球 4 000 多家连锁店对 8 万种商品的配送需要，每年的运输量超过 78 亿箱，总行程 6.5 亿千米。所有这一切，如果没有完善的物流信息系统是根本不可能实现的。强大的物流信息系统一方面是建立在强大的技术支持上；另一方面，是依靠有效的内部控制模式。

1. 控制环境对信息系统的大力支持

控制环境是指对建立、加强或削弱特定政策、程序及其效率产生影响的各种因素，具体包括企业的董事会、企业管理人员的品行、操守、价值观、素质与能力，管理人员的管理哲学与经营观念、企业文化、企业各项规章制度、信息沟通体系等。企业控制环境决定其他控制要素能否发挥作用，是其他控制要素发挥作用的基础，直接影响到企业内部控制的贯彻执行以及企业内部控制目标的实现，是企业内部控制的核心。实际上，这里的控制环境指的就是公司治理结构。那么，沃尔玛是如何做的呢？早在 20 世纪 80 年代初期，沃尔玛就拥有了自己的一个卫星系统，这在当时几乎是不可想象的。起初，沃尔玛的所有者与管理层对此曾持不同的见解。在提出要建立自己的卫星系统时，山姆·沃尔顿是不太赞成的。他认为沃尔玛的信息系统已经在同行业中处于领先地位，不必再投入如此多的资金。然而公司的其他高层，包括几位董事和技术总监，深知投资新技术对公司发展和控制成本、提高管理水平的重要性，他们勇于不断地向山姆施压，以大量的数据证明了建立卫星系统的可行性以及将会给沃尔玛带来的巨大效益。在其他高管的不懈努力下，山姆终于被说服了。待意见统一后，沃尔玛花费了大约 7 亿美元建成目前拥有的计算机和卫星系统。可以说，如果没有高层人员对建立信息系统的强力支持，如果沃尔玛是一个人说了算的企业，如果沃尔玛没有有效的权力制衡机制，其控制环境肯定是不稳定的，它也不可能有今天的规模和地位。

2. 引进信息技术时应有的风险意识

环境控制和风险评估，是提高企业内部控制效率和效果的关键。沃尔玛在不断引进新技术的基础上仍保持着非常谨慎的态度。每次有哪位主管想建立新系统时，公司总要求他们认真地对应用这个系统后可能带来的风险进行评估，并且谨慎地选择系统的应用范围，循序渐进、逐渐推广。1981 年，沃尔玛开始试验利用商品条形码和电子扫描仪实现现存货自动控制。公司选定几家商店，在收款台上安装读取商品条形码的设备。两年后，试验范围扩大到 25 家店；1984 年，试验范围扩大到 70 家店；1985 年，公司宣布将在所有的商店安装条形码识别系统，当年又扩大了 2 000 多家。到 20 世纪 80 年代末，沃尔玛所有的商店和配送中心都安装了电子条形码扫描系统。一个系统从试验到全面应用相隔差不多 10 年时间。其风险意识之强由此可见一斑。从以上两点看，沃尔玛已经把信息系统的建设看作整个企业的战略组成部分之一。企业的董事、部门的主管以及技术员工都参与到了信息系统的组建过程，人力、物力和资金的投入虽然很多，但企业的成果更是丰厚。

3. 针对信息系统设置相应的控制环节和程控活动

这是确保管理层的指令得以实现的政策和程序，旨在帮助企业保证其针对"使企业目标不能达成的风险"采取必要行动。在建立了卫星系统后，沃尔玛针对这个交互式的通信系统重新设定了一系列的控制活动。沃尔玛总部的计算机和各个发货中心及各家分店的计算机连接，商店付款台上的激光扫描仪会把每件货物的条形码输入计算机，再由计算机进行分类统计。当某一货品库存减少到一定数量时，计算机会发出信号，提醒商店及时向总部要求进货，总部安排货源后，送至离商店最近的一个发货中心，再由发货中心的计算机安排发送时间和路线。这样，从商店发出订单到接到货物并把货物摆上货架销售，一整套工作完成只要 36 小时。这保证了它在拥有巨大规模的同时仍保持高效。

4. 对内部控制进行监督

企业内部控制是一个过程，这个过程通过纳入管理过程的大量制度及活动来实现。要确保内部控制制度切实执行且执行得效果良好，能够随时适应新情况等，内部控制就必须被监督。沃尔玛的卫星系统可以监控到全集团的所有店铺、配送中心和经营的所有商品以及所有商品每天所发生的一切与经营有关的购销调存情况。沃尔玛在建立卫星系统后，其物流程式发生了质的变化。以卫星控制台为核心，沃尔玛利用统一产品代码 UPC（Universal Product Code）进行货品管理。经理们选择一件商品，扫描一下该商品的 UPC 代码，不仅可以知道商场目前有多少这种商品以及订货量是多少，而且知道有多少正在运输到商店的途中，会在什么时候运到。这些数据都通过主干网和通信卫星传递到数据中心。管理人员不但能实时地对销售情况、物力情况等进行监控，还可知道当天回收多少张失窃的信用卡、信息卡认可体系是否正常工作，并监督每日做成的交易数目。沃尔玛的数据中心也与供货商建立了联系，从而实现了快速反应的供应链管理。厂商通过运营系统可以进入沃尔玛的计算机分销系统和数据中心，直接从 POS 得到某供货商的商品流通动态信息，如不同店铺及不同商品的销售统计资料、沃尔玛各仓库的调配状态、销售预测、电子邮件与付款通知，等等，以此作为安排生产、供货和送货的依据。整个运作过程协调有序，减少了无效的程序，提高了效率。通过这个信息系统，管理人员掌握到第一手的数据，并对日常运营与企业战略做出分析和决策。

5. 扩大信息沟通范围，与供货商共享信息

一个良好的信息与沟通系统有助于提高内部控制的效率和效果。企业须按某种形式在某个时间段之内取得适当的信息，并加以沟通，使员工顺利履行职责。需要特别注意的是，沃尔玛的信息不仅供内部分店使用，而且与供货商共享。卫星系统每天可将销售点的数据，快速、直接地传递给4 000多家供货商，以便供货商及时备货，适应市场需求。对沃尔玛来说，他们的物力链已经远远超出了本公司的范围，沃尔玛的供货商也被包括进来。20世纪80年代末，通过计算机联网和电子数据交换系统与供货商分享信息，从而建立起伙伴关系。沃尔玛与供货商的关系都是很友好的，因为沃尔玛认为共享信息的收益肯定是大于风险的，与供货商共享信息是要坚持做下去的事情。通过与供货商建立伙伴关系，可以让供货商知道沃尔玛的库存情况以便决定是否需要供货。比如说，皇后公司和沃尔玛合作。两公司的计算机进行联网，让供货商随时了解其商品在沃尔玛各分店的销售和库存变动情况，据此调整公司的生产和发货，提高效率，降低成本。

案例思考：

沃尔玛的信息系统有什么特点？

资料来源：亚太博宇. 经典案例[J]. 中国物流与采购，2004年5月.

复习思考题

1. 条形码技术有哪些特点？其应用系统是如何构成的？
2. 射频识别技术系统由哪几部分组成？有何特点？
3. EDI系统由哪几部分组成？其工作流程是怎样的？
4. GPS系统由哪几部分构成？应用GPS系统如何实现货物的跟踪和调度？
5. 简述典型连锁企业电子订货系统的具体流程。
6. 什么是POS？其组成部分包括哪几个部分？
7. 如何理解物流信息系统对企业的帮助？物流企业对信息系统有什么要求？
8. 进行系统开发要注意哪些问题？
9. 有人说：物流信息系统可以提高效率，促进整个社会经济的发展，我们应该加快发展物流信息业。也有人说：国外发展物流信息业是因为国外工人费用高，而在人工费用低的中国无须发展物流信息业。你如何看待？
10. 你觉得教材给出的物流信息系统功能结构适用于配送中心类型的物流企业吗？适用于运输型物流企业吗？

第9章

物流中心网络概述

学习目标

1. 了解物流中心、物流园区、物流网络的概念与作用；
2. 掌握物流中心网络布局；
3. 掌握物流中心设置的基本方法。

导入案例

美国沃尔玛公司的配送中心

该配送中心是沃尔玛公司独资建立的，专为本公司的连锁店按时提供商品，确保各店稳定经营。该中心的建筑面积为12万平方米，总投资7 000万美元，有职工1 200多人。配送设备包括200辆车头、400节车厢、13条配送传送带，配送场内设有170个接货口。中心24小时运转，每天为分布在纽约州、宾夕法尼亚州等6个州的沃尔玛公司的100家连锁店配送商品。

该中心设在100家连锁店的中央位置，商圈为320千米，服务对象店的平均规模为1.2万平方米。中心经营商品达4万种，主要是食品和日用品，通常库存为4 000万美元，旺季为7 000万美元，年周转库存24次。在库存商品中，畅销商品和滞销商品各占50%，库存商品期限超过180天的为滞销商品，连锁店的库存量为销售量的10%左右。1995年，该中心的销售额为20亿美元。

在沃尔玛各连锁店销售的商品，根据各地区的收入和消费水平，其价格也有所不同。总公司对价格差价规定了上下限，原则上不能高于所在地区同行业同类商品的价格。

讨论及思考：

案例中沃尔玛的配送中心优势在哪里？怎样对物流配送中心进行优化？

9.1　物流中心概述

9.1.1　物流中心的概念

1. 物流中心的内涵

物流中心（Logistics Center）又称流通中心，是组织、衔接、调节、管理物流活动的据点。物流中心应符合下列要求：主要面向社会服务；物流功能健全；完善的信息网络；辐射范围大；品种与批量呈多样化；存储、吞吐能力强；物流业务统一经营、管理。

物流中心与传统仓库的区别是：物流据点种类很多，但无论何种类型的据点都与仓库有关而又有区别，传统的仓库是"储存和保管物品的场所"，是静态的；现今的物流中心虽然一般也有仓库，但对仓库的管理是动态的。从静态转变为动态，引起了仓库设备、结构、作业流程、功能等多方面的变化，成为新型的物流据点。

（1）由原来的人力化、机械化的设施发展为自动化、智能化的设施

传统仓库使用的设施主要是低效率的平地仓库、平房仓库、人力推车、搬运设备等，使得物流作业劳动强度大、成本高、出错率高。而现代物流中心除原有仓库类型外，还建设自动化立体仓库，提高了仓库利用率；使用自动分拣机提高了分拣效率、降低了出错率；利用自动导向搬运小车，降低了作业强度；通过计算机通信网络、企业内部网来实现物流中心与供应商的联系、与下游客户之间的联系、与企业内各部门的联系；通过专家系统、机器人等相关技术实现物流作业过程大量的运筹和决策；通过先进的信息处理和传输系统提供优质的信息服务，以赢得客户的信赖；通过 ECR（Efficient Consumer Response，有效消费者响应）和 JIT（Just in Time，及时交货）系统实现客户信息反馈和提高服务水平。

（2）现代物流中心的作业内容已经发生了质的变化

现代物流中心集中了流通领域的多种物流功能，成为组织物流作业和调节物流供需的基地。现代物流中心通过先进的管理技术和现代化信息网络，对商品的采购、进货、储存、分拣、加工、配送等业务进行了科学、统一、规范的管理，使商品运动过程达到高效、协调、有序。传统的仓储业务只是物流中心作业的组成部分，现代物流中心突破了传统仓库静态存储的格局，在更大范围、更高层次上对传统储运业务进行了优化和革新。

（3）作业方式由人力化、机械化仓储作业向具有强大信息功能的自动化、智能化物流作业发展

传统的仓储作业主要是人工通过使用众多的仓储设施、机构来完成，作业强度大，劳动生产率低，物流作业的差错多，商品在库滞留时间过长，物流成本高。而现代物流中心已实现了物流领域网络化、信息化，仓储作业高度智能化、自动化，信息系统是物流中心的灵魂。

（4）工商关系由临时、随机的关系发展到长期、稳定的关系

传统仓储业在部门与地区分割、相互封闭的局面下完成从接收物资到发放物资的活动，所以它的业务范围有限，效益体现是单位面积、单位时间收取的存储费用，进出频繁与静止不动在仓库效益上并没有优势。而物流中心为有效完成物流活动，提高自我竞争优势，强调与供应商及客户的合作，通过从供应者到消费者供应链的运作，使物流与信息流达到最优化，追求全面的系统的综合效果。

此外，物流服务内容已由原来的商流、物流分离发展到商流、物流、信息流的有机结合。

由此可见，物流中心借助仓库进行现代物流运作，在满足商业需求和社会需求的同时，提高了仓库的利用效率和经济效益，也就是实现了物流中心的增值功能。这就是物流中心的价值功能与社会意义，也是区别于传统仓库的根本所在。

2. 物流中心的作用

物流中心是综合性、地域性、大批量的物品物理位移集中地，它把商流、物流、信息

流、资金流融为一体，成为产销企业之间的中介、企业或组织。在物流网络中，物流中心所起的作用是作为商品周转、分拣、保管、在库管理和流通加工的据点，促进商品能够按照顾客的要求，完成附加价值，克服在其运动过程中所产生的时间和空间障碍。具体表现在以下几点。

（1）商品周转的作用

在干线运输中，如果由单个企业直接承担小规模货物运输，不仅因为平均运送货物量较少造成经济成本增加，而且由于运行次数频繁，从社会角度来看，容易造成过度使用道路、迂回运输、交通堵塞、环境污染等现象，也增加了社会成本。如果在干线运输的源头或厂商集散地建立物流中心，在中心内统一集中各中小型企业的货物，并加以合理组合，再实施运输，既因为发挥了物流规模经济效益使运送成本得以降低，又有效地抑制了社会成本的上升。同样，干线运输的批量商品在消费地附近的物流中心统一进行管理，再安排相应的小型货车进行配送，也大大提高了物流的效率。所以，物流中心在现代运输管理体系中已作为一种商品周转中心发挥着积极的作用。

（2）商品分拣的作用

随着流通体系的不断发展和市场营销渠道的细分化，无论在商品、原材料进货或商品发货方面，越发呈现多样化、差异化的倾向。在这种状况下，商品的分拣职能显得日益重要，可以说它对保证商品或物质的顺利流动、建立合理的流通网络系统具有积极的意义。而物流中心正是发挥这种商品分拣职能的机构。

（3）商品保管的作用

在现代经济社会中，商品的生产和消费之间由于时间、空间和其他因素的影响，往往会出现暂时的分离，物流中心为了发挥时空的调节机能和价格的调整功能，需要具备保管职能，因此，物流中心需具有保管中心的作用。由前述已知，物流中心所具有的保管作用与仓库保管是有区别的。

（4）商品在库管理的作用

物流中心商品保管职能中经营管理的特性主要表现在，为了能在用户要求的发货时间内，迅速、有效地发货而从事在库商品的管理。具体地讲，在商品再生产、输送等时间比用户规定抵达时间更长的情况下，为了消除这种时间上的差异，防止用户出现缺货现象，而实施商品、原材料的安全在库管理。此外，为了缩短用户商品的配送时间并实现输送的常规化，也需要在用户进货地附近（消费地）设立在库管理的物流中心。

（5）流通加工的作用

商品从生产地到消费地往往要经过很多流通加工作业，特别是在开展共同配送后，在消费地附近需要将大批量运抵的商品进行细分、小件包装，以及贴标签、条形码等操作，这些都需要在物流中心内进行。随着流通领域中零售业的发展，物流中心的流通加工功能也得到了进一步的扩充，这主要表现在物流中心逐渐具有了蔬菜调理、食品冷冻加工、食品保鲜等食品加工站的功能。另外，在将商品从生产地高效地运抵消费地之后，在物流中心内就地进行商品的货架配置及商家原来属于店铺作业的活动，从而大大提高了商品作业的效率，降低了店铺管理的费用，并有利于实现企业的统一管理及企业形象的建立。

在整个物流过程中，物流中心是保障物流合理化、降低物流成本、提高对用户服务水平的重要环节和据点，对物流过程的优化和提高物流效益有着重大意义。其原因有如下几点。

① 由于集中储备，提高了物流调节水平。多数物流中心虽不以储备为主要目的，但也保持一定量的储备，从而保证了对用户（包括生产企业）的配货、集货、调节、加工的功能。物流中心的储备与各个小的用户或生产企业的储备相比较，是一种集中性质的储备，这不但更有效地保证了调节能力，而且可消除或降低用户的分散储备，由于集中储备总量的降低，实现较好的社会效益和经济效益。

② 由于有效的衔接功能，加快了物流周转，降低了成本。物流中心有效解决了流通过程中必需的转换衔接，从而使衔接前后的物流都能保持优化。主要的衔接有以下几个方面。

a．不同运输方式之间的衔接。如水陆、陆空、陆陆运输方式转换时，由于再次装卸、暂存等，不但贻误了时间，而且增加了货物损坏的概率。转变运输方式的成本也很高，中距离物流每次转换如果没有有效的方式，成本往往高达全部物流费用的 20%以上，实行物流中心组织的不同运输方式间的有效衔接，物流费用也可有一定程度降低。

b．不同包装、集装等装运方式的衔接。专业化大规模生产是当今社会普遍采用的生产分式，产品外运也往往采用大规模载运的方式，如大型集装、散装等。而许多用户需求恰恰是小规模的，为此许多流通中心就是将大规模装运转化成小规模包装，以实现有效的衔接。这种衔接可以向用户提供其所需的批量，免除用户大量接货增加库存之苦，从而产生效益。

c．不同状态的物流衔接。不同状态的物流转换往往也是物流过程中的薄弱环节，在反复倒运、装卸中致使损失增大，费用增加。由物流中心承担上述任务，可以采用有效的设备和技术解决这种衔接，降低成本。

③ 由于进行适当加工，衔接产需，合理利用资源和运力，提高了效益。用户的需求具有多样性、多层次的特点，专门从事流通加工的物流中心，可以弥补生产企业对此的不足，此外，其他许多物流中心或多或少地承担一些加工任务，如配送中心为配货加工，集货中心做包装加工等。

9.1.2 物流中心的种类

物流中心的种类根据不同的分类方法有多种。

1. 按照物流中心的作业性质与地域分布分类

（1）集货中心

将零星货物集中成批量货物称为"集货"，在生产点数量很多、每一个生产点产量有限的地区，只要这一地区某些产品总产量达到一定程度，就可以设置主要起集货作用的物流据点，称为集货中心。这种中心所进的货物大都是包装程度较低（甚至完全不包装的小批量货物），进货成本低，所进的货物在集货物中心经简单或较复杂的加工，如进行批量包装；或通过一定的加工，如对初级产品分级、分选加工，除杂、精制加工，简单的成型、切裁加工等。再按不同加工要求组合成较大的包装运出或进行存储。这就使原来分散的、小批量的、规格质量混杂的、不容易进行批量运输和销售的货物，形成批量运输的起点，从而实现大批量、高速度、高效率、低成本的运输，也有利于运输后的配送及销售。

这种性质的物流中心适合设在小型企业群中，解决各个小企业产品外运的困难；也适于设在农村及集镇中，将农民分散生产的农副产品集货；或设在牧区、农业区，收购、加工分散饲养的家畜家禽，集货、加工、冷冻后外运。集货中心广泛适用于外贸、内贸收购部门，供销、粮食系统，商业部门。

集货中心应设置相应的装备，如：

① 进货计量检查设备，用于判定进货质量、等级并进行进货数量的计量；

② 加工设备，用于进行分选、除杂、分级、精制、冷冻、切裁等加工，如牲畜集货中心设置的屠宰设备、清洗设备、去皮毛设备、分切设备、冷藏设备、包装设备等，各种集货中心集货加工程度不同，设备也各异；

③ 分类设备，所进货物有时类别掺杂，质量不齐，采用分类设备进行分拣分选，将不同类别、不同质量等级的货物分开并分别集中放置；

④ 储存设备；

⑤ 包装、捆扎设备，将货物按一定规格包装、捆扎的打包机、装箱机、托盘装货机等；

⑥ 装卸运输设备等。

（2）分货中心

专门或主要从事分货工作的物流据点称为分货中心。主要功能是将大批量运到的货物分成批量较小的货物。分货中心运进的货物大多是大规模包装、集装或散装的，采用大批量低成本方式如轮船、整列或整车皮方式运进货物，运出的货物是经过分装加工，如按销售批量要求及销售宣传要求进行的销售包装加工，成为包装较小的货物，使之形成小的销售起点或小的批发起点，再转运出去。

分货中心应设置的主要设备有：

① 大批量货物的接货及存储设施，如专用线、站台、大型装卸车设备、库房等；

② 分货、分装设施；

③ 包装捆扎设施等。

（3）配送中心

专门从事配送工作的物流据点称配送中心，是物流中心中数量较多的一种。配送中心的作业环节与流程详见第 6 章。需说明的是，配送中心通常都设置仓库，对下游配送中心起到蓄水池和调节的作用；但也可不设置仓库，如图 9-1 所示为配送中心作业与配置类型。具体设置与否要根据其经营辐射范围、数量大小、场地可能和配送组织方法而定。

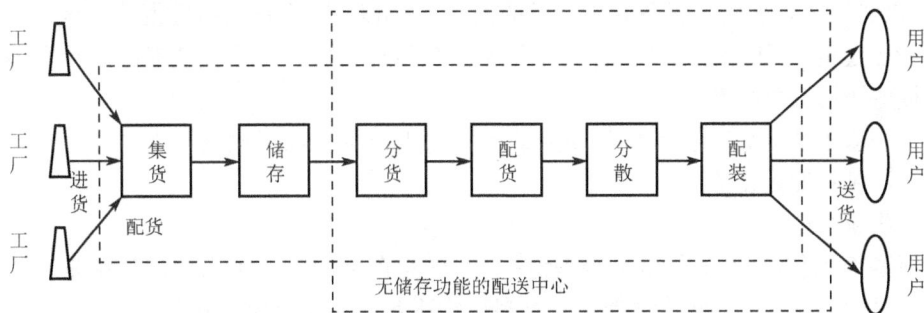

图 9-1　配送中心作业与配置类型

为了完成配送作业，通常应具备如下基本设施。

① 储存设施。包括各类仓库及配套工具，并控制期望存储量，以保障用户生产或销售供给的不间断性，以及规避因集货、存储过多而降低甚至失去物流企业效益的风险。

② 分货及配货设施，具体包括以下几种。

a．传送装置。将货物放在输送机上，使货物进入分拣状态。传送装置常用皮带输送机、辊道输送机、溜槽等。

b．货物识别拣取装置。用以识别货物并按分拣要求从货架送入传送装置或从主传送装置送入分支机构进行配货。常用的识别拣取装置有表单拣货、光电识别机构、电子标签拣货、无线射频（Radio Frequency，RF）技术、传感装置等。

c．分支机构。将识别过的货物，按配货要求从主传送装置送入分支输送机构。进入分支机构的方法有翻板法、挡板法等。分支输送机构的设备也是各种输送机，一端与分支入口相连，另一端是配货货位。大型配送中心，常有十几排斜面溜槽负责分支输送。

d．暂存及装运设施。已备好的货物按送货地点及收货人不同暂存于发货场。

e．配送车辆。为便于装卸，配送车辆需具备敞开门的能力，如能将左右两面全部敞开的翼形车、能将后门全开而又不影响接靠站台的后部卷帘门式车等。

（4）运转中心

承担货物转运的物流中心，也称转运站、转运终端。这种中心承担卡车与卡车、卡车与火车、卡车与轮船、卡车与飞机、火车与轮船等不同运输方式之间的转运任务。转运中心可以是两种运输方式的转运，也可以是多种运输方式的终点。转运衔接处在名称上为卡车转运中心、火车转运中心、综合转运中心等。

（5）储调中心

以储备为主要工作内容，其目的在于保持对生产、销售、供应等活动起调节作用的物流据点。它对网络中的物流据点起到蓄水池的作用。从这种功能看来，储调中心的主要设备就是仓库。

（6）加工中心

以流通加工为主要工作内容的物流据点。这种加工中心，有两种主要形式。

① 以实现物流输出为主要目的的加工中心。它设置在靠近生产地区，经这种加工中心加工的货物能顺利地、低成本地进入运输、储存等物流环节。如肉类、鱼类的冷冻加工中心，木材的制浆加工中心等。

② 以实现销售、强化服务为主要目的的加工中心。它设置在靠近消费地区，经这种加工中心加工过的货物能适应用户的具体要求，有利于销售。如平板玻璃的开片套裁加工中心，钢板剪切加工中心等。

加工中心的主要设施及设备是相应的各种加工设备及加工机械，同时，还有必要的储运、装运、包装捆扎设备。

（7）物流基地

物流基地也称物流园区或综合物流中心。这是在某一物流集散地，特别是交通枢纽地区，规划建设的具有多种物流功能、兼营多种物流业务的大型物流据点。

2．根据不同运营主体分类

根据不同运营主体分类，有制造商物流中心、分销商物流中心、零售商物流中心和第三方物流中心等。

3. 根据物流对象分类

根据物流对象分类，则有家电物流中心、机械物流中心、日用品物流中心、医药物流中心和出版物物流中心等。需要说明的是，在物流中心经营过程中，业务往往是交叉经营的。如根据市场需要流通加工中心可以同时经营配送，分货中心也可以兼营配送，甚至零售。

9.2　物流中心网络布局

9.2.1　物流中心网络的概念

单独的物流中心只能在局部范围内起作用，其效益作用范围是有限的。对于大范围甚至全国的经济区域来讲，多个物流中心进行合理布局才能满足组织物流的需要。这种多个物流中心的合理布局及合理分工、合理衔接，就形成物流中心网络，简称物流网络（Logistics Network），实质上是物流过程中相互联系的组织和设施的集合。

物流网络设计需要根据其地理位置、原材料和零部件来源、销售渠道、物流对象等确定承担某地区、某范围物流工作所需的各类节点的数量和地点，进而确定每一种节点的作业性质及服务内容。物流网络基于物流业务的结构，融入信息和运输能力，包括与订货处理、维持存货以及材料搬运等有关的具体工作。典型的物流节点是制造工厂、仓库、码头以及配送中心等。

物流效率直接依赖和受制于物流的网络结构。在动态的、竞争性的环境中，产品的分类、客户的供应量及生产制造需求等都在不停地变化，所以必须不断地调整物流网络以适应供求基本结构变化。随着时间的推移，还应该对所有的设施重新进行评估。所以，物流网络设计的定位决策是一个相当复杂的问题。建立物流网络，就是要确定各个物流中心（节点）的宏观布局，以及据此确定具体的物流中心的任务和规模。

建立物流中心网络一般应遵循下述原则。

1. 按经济区域建立物流中心

经济区域是在经济上有较密切联系的地区，我国尤其指交通联系便利的区域，这种区域不受行政区域的限制，按经济区域建立物流中心。能借助物流中心将区域内的企业密切联系起来，物流中心的工作可以和经济区域发展相结合，便于实现物流的优化。

2. 以城市或工业区为中心组织物流

城市或者工业区是物资的集中生产地与集中消费地，因此，一方面对物流中心的业务需求量大。物流中心的设置，必须首先满足城市、工业区生产及消费的需要，要以城市、工业区为中心考虑其布局问题。另一方面城市与工业区的周围地区，尤其是中心城市的周围地区，即受城市经济影响和辐射的区域，其交通网络也是以城市为中心，所以，从一个区域来看，城市及工业区也必然是该区域的物流中心。在建立物流中心网络时，应当充分考虑到物流中心和城市的结合、与工业区的结合。

3．物流中心网络应在商物分离的基础上形成

商物分离是物流合理化的一个核心问题，商业交易中心和物流中心在性质上、作用上、功能上既有很大区别，又有密切的联系。商业交易中心往往需要处于市区繁华场所，以利于联系客户及谈判交易；而物流中心应主要考虑物流过程本身的合理化，物流中心源源不断地为商业交易中心提供货源，但二者不是合一的，而是分离的，不能将物流中心（场址）和贸易中心混设在一起。物流中心的设置原则是：宜处于城市范围内，但不宜处于繁华场所；宜处于运输方便处，但不适于在繁华市区的交通要道；应有足够容量的停车和装卸场地。

4．物流中心网络同时应是有效的情报网

现代物流水平在很大程度上取决于情报水平，在建立物流网络时，必须同时或率先考虑具备建立情报网络的条件。每一个物流中心，都应是情报网络的一个分支或终端。

9.2.2　物流中心的布局

1．物流中心布局形态

物流中心与用户、生产企业的相互位置，布局一定要合理，这是物流企业经营效益的基础性保障。

（1）辐射型

物流中心位于许多用户的一个居中位置，产品从此中心向各方向用户运送，形成辐射型（见图9-2）。如果用户较为固定，则此物流中心设置的位置，粗略地讲应是其与各用户距离之和最小的那个方案，当然具体设计时还有很多影响因素。

辐射型物流中心在以下几种条件下才有优势。

① 物流中心附近是用户相对集中的经济区域，而辐射面所达之用户只起吸收作用。这种形式对于所辐射之产品来讲，形成单向物流。

② 物流中心是主干输送线路中的一个转运站，通过干线输送的货物到达物流中心后，从物流中心开始，采取终端输送或配送形式将货物分送到各个用户。在这种情况下，逆干线输送方向之终端输送或配送，必须考虑不同运送方式的对流问题，只有距上一个物流中心过远，终端输送不经济时，才可依靠这一中心进行辐射。

（2）吸收型

吸收型如图9-3所示，物流中心位于许多货主的某一居中位置，货物从各个产地向此中心运送，形成吸收型。同样，此物流中心所处位置与各货主位置通行距离之和，也应为各待选位置中的最少（短）者。这种物流中心大多属于集货中心。

（3）聚集型

多个物流中心分布在一个生产企业密集的经济区域四周，共同为该经济区域服务，形成聚集型（见图9-4）。这种形式的布局，往往是因为经济区域中生产企业十分密集，不可能设置若干物流中心；或是交通条件所限，无法在生产企业密集区域中再设物流中心。这样，在周围地区，尽可能靠近生产企业集中的地区设置若干物流中心。如果这一经济区域比较大，则可考虑各物流中心的最优供应区域，实行分工。

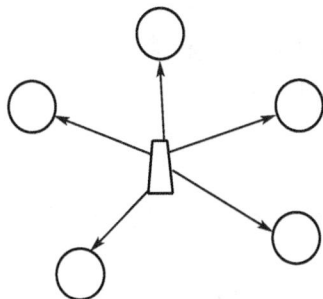

图 9-2　辐射型

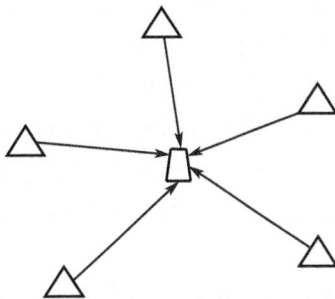

图 9-3　吸收型

（4）扇形

产品从物流中心向一侧方向运送，这种单侧方向辐射形成扇形（见图 9-5）。这种布局形式往往是在某地区有大的障碍物如山脉，或大的交通干道如河流、铁路、高速公路等，在其一侧建成，以方便物流配送。因此扇形布局的物流中心，往往位于运输干线中途一侧或终端。

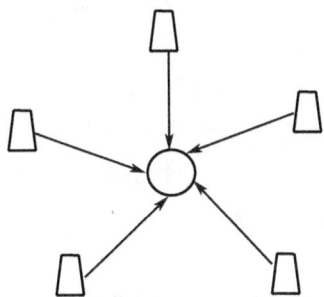

图 9-4　聚集型

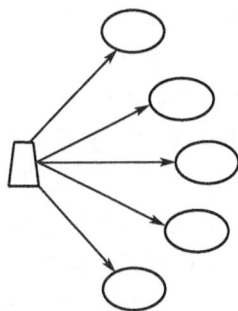

图 9-5　扇形

2. 虚拟仓库和网络仓库

值得一提的是，随着网络技术、现代信息技术和物流技术的发展，虚拟仓库（Virtual Warehouse）和网络仓库（Network Warehouse）迅速发展起来，大大提高了物流速度和物流效益。

（1）虚拟仓库

虚拟仓库是建立在计算机和网络通信基础上，进行物品的存储、保管和远程控制的物流设施。

在大多数传统仓库系统中，存放是以地域集中化方式进行的。也就是说货主愿意把它们的货物存放在一个货尽可能少的仓库内，这样做的优点在于：一是存放的信息容易得到；二是对存货容易进行组织和控制。但在现行信息系统下，互联网的应用，使得人们可以尽可能远地得到存货的信息，就如同得到本地信息一样，同样，互联网的发展也使得有效地进行远程控制和有组织地获得地域分散的库存储备成为可能。尽管库存项目的实体状态是在各地分散分布的，但凭借虚拟仓库，关于持有存货的信息可以在本地获得，进而实现不同状态、时间、空间、货主的有效调度和统一管理。

使用虚拟仓库的优点有以下几点。

① 可租赁的仓库大小有了很大的弹性，并有效消除了地域的限制。

② 有了更多的仓库空间选择，而不仅仅拘泥于本地的仓库。

③ 有潜在能力支持更大的存货目标。

④ 有潜在能力使用多种方法支持生产。

⑤ 存储的地域分散特征意味着有了更为先进合理的物流机制，使得存储和需求尽可能地靠近。

⑥ 存储有了潜在的可能使之位于合理的地点（生产地或消费地），因而通过节约运输成本和搬运成本，减少了供应链的总成本。

⑦ 降低了在某一地点持有存货所存在的风险。

（2）网络仓库

网络仓库是借助先进通信设备可以随时调动所需物品的若干仓库的总和。

网络仓库不是传统概念上的某一个可以看得见、摸得着的仓库，而是覆盖地域可以很大，根据订货的数量和距离，通过网络传递到网络中心进行处理，在最短的时间内做出决策，选择一个有足额库存并且距离需求地最近的仓库向需求地发货的仓库集合。

网络仓库改变了传统的仓储观念，使物品在仓库之间的调动变得毫无意义，物品从出厂到最终目的地可能只经过一两次运输，大大节省了运输费用，并且使生产厂商和消费者的距离更近，这对生产厂商正确计划生产数量和安排生产计划具有重要意义。

网络仓库实际上是一个虚拟仓库，利用强大的信息流统筹网络内仓库可以利用的资源，用以满足客户订货的要求，可以减少在时间和空间上造成的迂回物流和降低仓储费用。仓库的网络化是现代信息技术的产物，同时也是经济进步的要求。

网络仓库提供者的形式有如下几种。

① 仓储批发商。利用仓库网络，向仓储企业租赁仓储能力，然后卖给生产企业或第三方物流企业。由于批发商购买仓储能力时数量较大，或利用仓库的闲置资源，其购进成本较低，再以较高的价格出售给其他企业。同时网络仓库可以为购买仓储的企业提供仓储信息平台服务，借以增值。

② 仓储协会形式。吸引部分仓储企业以会员形式加入协会，协会不以营利为目的，而是为会员单位提供仓储宣传、信息共享、仓储能力置换、仓储交易等服务。会员需要交纳会员费，以维持协会的运转。

③ 综合物流企业。以仓储网络为依托，继续提供其他物流服务的企业。利用其广阔的仓库网络，向企业提供网络分销服务及物流增值服务。

④ 仓储企业联盟。一个系统或全国范围的仓储企业建立的仓库网络，可以异地收揽业务，提供同质商品的异地交割，提供物流单据的流通兑换服务等。

网络仓库作为一个概念，虽然是虚拟的，但是可以实现仓储资源共享，减少仓储能力浪费。通过网络可以建立库存商品在网络内的共享，减少迂回物流。在网络内，物品在消费前可以最大限度地处于静止状态，尽量一次到达消费地。另外，网络内共享的物流单据可以为企业融资用来调配资源。

9.2.3　物流中心设置的方法

决定物流中心的位置有许多种方法，包括定性的分析和定量的计算，通常可以从经济角度，确定理论上的合适位置。但是，这仅给选址提供了一个参考依据，实际的选址还必须考虑以下前提条件。

（1）客户条件。顾客需求情况及未来是否发生变化的情况。

（2）自然地理条件。该地区是否可能设置物流中心，有无特殊的阻碍其建设的水文、地质、气候等自然条件。

（3）运输条件。现在或将来具备哪些运输方式。

（4）用地条件。地价费用及理想地域内的旧建筑物是否可以拆除。

（5）法规制度条件。是否符合法律、规定等条件。

（6）通信信息条件。物流中心同时应是物流信息网络的组成部分，是物流业良性循环的保障，必须具备建立通信信息网的条件。

在充分考虑上述限制条件的前提下，可应用以下数学方法选定最优位置。

1. 坐标分析法

在一个地域范围，如果若干用户位置已确定，同时可以掌握用户平均需求量，则可选择总运费最低的地方为流通中心最优位置。

可先将各用户位置置于坐标图上，如图 9-6 所示。

各用户坐标为 x_1y_1，x_2y_2，x_3y_3，x_4y_4，$\cdots$，x_ny_n（设有 n 个用户），各用户的需要量为 w_1，w_2，w_3，$\cdots$，w_n。最优的配送中心地理位置 x_0y_0 应当是 x_1y_1，x_2y_2，x_3y_3，x_4y_4，$\cdots$，x_ny_n 等各用户与 x_0y_0 直线距离 l 乘以相应用户的需要量 w_1，w_2，w_3，$\cdots$，w_n，再乘以配送费用率 k 合计值为最小（$\min\sum_{i=1}^{n}kw_il_i$）的地点。

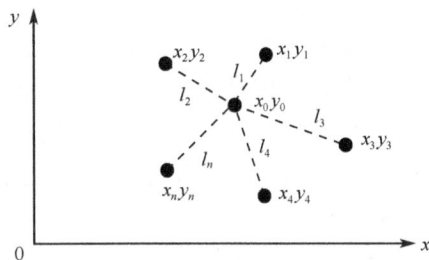

图 9-6　坐标分析法

2. 方案比较法

在已建满了各种建筑物的城市中可能只有有限的几处地址可供修建物流中心的情况下，究竟选择何处建设物流中心，可采用方案比较法。方案比较法以每一个可能建立物流中心的选址处所为一种方案，在方案过多时，可以先用直观判断方法进行一次筛选，将明显不利的方案除去，只保留少数看来有价值的方案。然后按如下步骤进行。

（1）建立方案。根据每一个建址处的约束条件，如面积大小、交通情况、允许建房高度、周围建筑物类型、道路通行能力等，确定在该场所建立流通中心的方案要素，主要有：①流通中心日吞吐量，流通中心形成的交通量与其他单位分配到的通过量之和必须小于道路、路口允许通过的最低数量；②流通中心进出车辆最大载重吨位，既受道路通行能力限制，同时还与噪声等级有关，大型车辆噪声较大，通过时受到周围环境限制，此条件决定物流中心接发货物设施的设计和物流车辆的选择；③物流中心的占地面积，确定了物流中心需要和可能的占地面积，才能决定物流中心平面布置图，进而确定物流中心的能力；④物流中心的建筑高度，由该地规划决定允许的建筑高度，进而确定物流中心可建楼层数；⑤物流中心结构形式，根据任务及环境条件决定建筑结构类型；⑥物流中心的技术装备及工艺流程，根据任务、技术状况以及上述允许条件确定。

（2）计算各方案经济效果。为在经济上可比，各方案的经济性需要数量化。为此，可采取以下几个指标：投资回收期、投资收益率、投资总额、单位固定资产生产能力、利润率、成本、物流中心寿命期、物流中心至各用户的运费及吨千米总和等。

（3）决定比较项目。为便于对各方案进行全面的比较，可以选定几项具有典型性、可比性及代表性的项目作为比较基准。例如：①综合经济性，即综合上述所列举的各项经济指标，或选择其中某一比较重要的经济指标（如投资收益率）来代表；②物流中心生产能力；③社会评价；④物流中心能力的发展；⑤技术先进性；⑥建设难易程度等。

（4）确定各比较项目的重要性程度。所选定的比较项目中，每一项目对整体的重要度是有区别的，因此不可能作为同等级的决定因素，而应有轻重之分，为此，可采用打分加权确定每一项的轻重地位。

（5）将各个方案对评价项目的满足程度进行比较。各个物流中心方案对以上几个评价项目的满足程度是不同的，通过比较，可以对比出各个方案对评价项目的满足程度。这种评价也可以采用投票方法和打分方法，每一个项目进行一次各方案满足程度比较，决定各方案满足程度的分值（满足程度最好者为5分）。各方案对评价项目的满足程度参见表9-1。

表 9-1　各方案对评价项目的满足程度

方案评价项目	A（分）	B（分）	C（分）	D（分）
1	3	1	2	4
2	1	3	4	2
3	2	1	4	3
4	3	4	1	2
5	2	3	1	4
6	3	2	4	1

（6）综合评价项目重要程度及各方案满足评价项目程度进行最终比较，参见表9-2。

根据上述总分，D方案综合效果最好，作为入选方案。

3．求解运输模型法

求解运输模型法指采取建立数学模型并求解的方法确定物流中心位置。例如，利用线性规划方法，在多种条件约束下建立数学模型，使物流中心的投资额、物流中心的运营成本、货物运输等总费用达到最小。

表 9-2　综合评价项目重要程度及各方案满足评价项目程度比较

综合分值／方案　　评价项目		A（分）		B（分）		C（分）		D（分）	
评价项目	评价项目重要程度 K	方案对 K 的满足程度 P	$K×P$	方案对 K 的满足程度 P	$K×P$	方案对 K 的满足程度 P	$K×P$	方案对 K 的满足程度 P	$K×P$
1	5	3	15	1	5	2	10	4	20
2	4	1	4	3	12	4	16	2	8
3	2	2	4	1	2	4	8	3	6
4	1	3	3	4	4	1	1	2	2
5	3	2	6	3	9	1	3	4	12
6	0	3	0	2	0	4	0	1	0
总分			32		32		38		48

约束条件：

（1）物流中心能力与供应量平衡（或略大于）：

$$X_i \geqslant \sum X_{ij} \qquad \begin{array}{l} (j=1,2,\cdots,m) \\ (i=1,2,\cdots,n) \end{array}$$

式中：X_i 为第 i 个物流中心的能力；X_{ij} 为第 i 个物流中心到第 j 个用户的供应量。

（2）每个用户的需要量全部满足或在满足要求前提下尚有剩余的供应能力：

$$b_j = \sum_{i=1}^{n} X_{ij}$$

式中：b_j 为第 j 个用户的需要量。

（3）总量平衡（或略有余地）：

$$\sum_{j=1}^{m} b_j \leqslant \sum_{i=1}^{n} X_i$$

（4）投资额低于允许额（或接近相等）：

$$K \geqslant \sum_{i=1}^{n} k_i$$

式中：K 为投资最大允许额；k_i 为第 i 个流通中心的投资额。

（5）目标函数：

$$\min S = \sum_{i=1}^{n} C_i X_i + \sum_{i=1}^{n} k_i + \sum_{i=1}^{n} \cdot \sum_{j=1}^{m} d_{ij} X_{ij}$$

式中：C_i 为物流中心平均单位成本（包含储存费、配装费等）；d_{ij} 为从第 i 个物流中心向第 j 个用户运输单位货物的成本（运费及流通费）；S 为总费用。

9.3 物流中心设计与投资的一般原则

9.3.1 物流中心设计的一般原则

物流中心是物流作业系统中的重要设施，也是物流情报系统网络中的重要环节。物流中心的模式首先取决于它在物流系统中的功能。设计物流中心一般要考虑以下原则。

1. 规模经济性

工业生产企业规模经济性非常明显，在允许限度内采用大生产方式可以降低单位产品的成本。同理，物流中心也存在规模经济性的问题，采用大规模处理货物的手段可以降低成本。但是，制约物流中心规模的因素显然多于一般生产企业，主要受客观物流量的限制，也受当地交通运输等方面的条件限制。在考虑物流中心的设计原则时，一般不能根据规模经济性来选择规模，而是根据流量、环境条件来选择规模。

2. 据点数量的经济性与服务能力

在总规模明确的前提下，确定据点数量，要考虑三个主要因素。

（1）单个据点规模

单个据点规模越大单位投资越低，如果采用大规模处理货物的设备，物流成本也可以降低。因此，从据点规模来看，据点数量少规模则大，成本可因此而降低。

（2）物流成本

除规模因素影响成本外，据点数量和成本也有直接关系。数量多，建设成本高，但物流中心建设成本之外的成本（如配送），因距离较近而可望降低，这就需要进一步进行分析做出权衡。

（3）服务水平

一般而言，据点越少服务水平越低，据点越多服务水平可能越高。

3. 先进技术的采用

随着物流的发展已产生了许多先进技术，如立体仓库、自动分拣等，在设计时是否采用某种先进技术，不能一概而论，需要做经济、技术、条件等各方面的论证而抉择。例如，对立体仓库而言，不但造价高，投产后的日常维护费用也高，所以，单层平房仓库的经济性优于立体仓库。但物流对象适合，需要立体仓库时，其创造的物流价值高于平房仓库。所以，在考虑物流中心的技术时，需要从经济性、先进性以及与中心规模的适应性等多方面来研究。

4. 在设计中贯彻标准化

物流中心的设计必须采用标准化设计，并考虑和社会上已形成的标准系统相匹配，如运输车辆、作业车辆、建筑模数等早已形成标准化系列的装备、机械等，应成为设计的基础。物流中心只是物流系统的一个环节，而且是重要的衔接环节，所以在设计时必须考虑全系统的统一和标准化，以便建成后运营方便、降低成本。

5. 据点的能力弹性

设计的物流中心的能力必须具备一定的弹性，其原因是，流通相对于生产而言有一定的被动性，由于市场变化、生产涨落，流通量也必然会有较大的波动，这种波动往往高于企业生产的波动。在一般情况下，物流中心对于这种波动应该有适应能力。这就要求在设计时对物流中心进出能力、加工能力、存储能力、转运能力等做出一定的弹性安排。

9.3.2　物流中心投资的可行性研究

在整个物流系统建设中，物流中心基本建设工作量大，投资数额也较大。因此，在投资建设物流中心时必须按照基本建设程序工作，尤其要做好基本建设的前期工作，防止出现盲目性。

如前述，流通相对于生产而言，有一定的被动性。生产项目在建设前强调做好可行性研究。如果可行性研究做得不够，项目建成后只能采取补救措施，如改产、开拓市场、开拓原材料来源等。而物流中心的可行性研究如果做得不好，出现失误，要进行补救则涉及庞大、复杂的生产系统，困难显然要大得多。由此可见，可行性研究对物流中心建设是十分重要的。

物流中心可行性研究一般有以下 10 项内容。

（1）总论。包括该物流中心建设的背景；投资的必要性和经济意义；物流中心可行性研究的依据和范围。

（2）流通量预测和拟建规模。包括本地区物流量的预测；本地区物流设施建设的预测；物流方式的预测；本中心可能承担的中、长期物流量预测；如拟进行分段建设，则还需继续做近期预测，以决定初期建设规模；拟建物流中心的规模、功能及发展方向的技术经济分析。

（3）货源、货物种类、物流系统情况。包括货源状况；各货物品种、形状分析；进出货运输方式，与流通中心相连接的物流系统其他环节的情况。

（4）建设方案和建设条件。包括拟建地区的地理位置、气象、水文、地质、地形条件和社会经济现状；外部条件的现状及发展趋势；物流中心位置的比较选择方案。

（5）设计方案。包括投资总额；平面图；物流中心内部的布局方案；土建工程方案及估算；技术选择和技术工艺方案；结构选择和方案；公用辅助设计方案等。

（6）环境状况。包括环境现状、物流中心对环境的影响（如噪声、粉尘、有毒污染）；提出环境保护方案。

（7）企业组织机构和人员。提出组织机构方案；物流中心内部不同环节的领导和协调组织方案；工作任务及劳动力配置与定员、人员培训等。

（8）施工进度建议。提出签约日期、设计完成日期、施工期及试运期、最终投产期的方案。

（9）投资估算和资金筹措方式。包括各项建设工程的投资初步估算；所需流动资金的估算；资金来源、筹措方式及借贷偿还方式的方案。

（10）社会评价和经济效果评价。上述各方案最终是否可选用，要进行社会评价和经济效果评价（简称经济评价）。包括有关系统、有关部门及社会的评价；投资效益的计算及评价；投资回收评价；利润分析及评价；财务评价等。

9.4　物流节点

物流节点（Logistics Nodes）是指物流网络中连接物流线路的结节之处。广义的物流节点是指所有进行物资中转、集散和储运的节点，包括港口、空港、火车货运站、公路枢纽、大型公共仓库及现代物流（配送）中心、物流园区等。狭义的物流节点仅指现代物流意义的物流（配送）中心、物流园区和配送网点。

9.4.1　简介

物流的过程，如果按其运动的程度即相对位移大小观察，它是由许多运动的过程和相对停顿的过程组成的。一般情况下，两种不同形式运动的过程或相同形式的两次运动过程中都要有暂时的停顿，而一次暂时停顿也往往联结两次不同的运动。物流过程就是由这种多次的"运动—停顿—运动—停顿"组成的。

与这种运动形式相呼应，物流网络结构也是由执行运动使命的线路和执行停顿使命的节点两种基本元素组成。线路与节点相互关系、相对配置以及其结构、组成、联系方式不同，形成了不同的物流网络。物流网络的水平高低、功能强弱则取决于网络中两个基本元素的配置和两个基本元素本身。

全部物流活动是在线路和节点进行的。其中，在线路上进行的活动主要是运输，包括集货运输、干线运输、配送运输等。其他所有功能要素，如包装、装卸、保管、分货、配货、流通加工等，都是在节点上完成的。所以，从这个意义上来讲，物流节点是物流系统中非常重要的部分。实际上，物流线路上的活动也是靠节点组织和联系的，如果离了节点，物流线路上的运动必然陷入瘫痪。

现代物流网络中的物流节点对优化整个物流网络起着重要的作用，从发展来看，它不仅执行一般的物流职能，而且越来越多地执行指挥调度、信息等神经中枢的职能，是整个物流网络的灵魂所在，因而更加受到人们的重视。所以，在有的场合也称其为物流据点，对于执行中枢功能的又称物流中枢或物流枢纽。

物流节点是现代物流中具有较重要地位的组成部分，这是因为物流学形成初期，学者和实业家都比较偏重于研究物流的基本功能，如运输、储存、包装等，而对节点的作用认识不足。物流系统化的观念越是增强，就越是强调总体的协调、顺畅，强调总体的最优，而节点正是处在能联结系统的位置上，总体的水平往往通过节点体现，所以物流节点的研究是随现代物流的发展而发展的，也是现代物流学研究不同于以往之处。

9.4.2　功能

综观物流节点在物流系统中的作用，其主要功能如下。

1. 衔接功能

物流节点将各个物流线路联结成一个系统，使各个线路通过节点变得更为贯通而不是互不相干，这种作用称为衔接作用。

　　在物流未系统化之前，不同线路的衔接有很大困难，例如轮船的大量输送线和短途汽车的小量输送线，两者输送形态、输送装备都不相同，再加上运量的巨大差异，所以往往只能在两者之间有长时间的中断后再逐渐实现转换，这就使两者不能贯通。物流节点利用各种技术的、管理的方法可以有效地起到衔接作用，将中断转化为通畅。

　　物流节点的衔接作用可以通过多种方法实现，主要有：

　　（1）通过转换运输方式衔接不同运输手段；

　　（2）通过加工，衔接干线物流及配送物流；

　　（3）通过储存衔接不同时间的供应物流和需求物流；

　　（4）通过集装箱、托盘等集装处理衔接整个"门到门"运输，使之成为一体。

2．信息功能

　　物流节点是整个物流系统或与节点相衔接物流的信息传递、收集、处理、发送的集中地，这种信息作用在现代物流系统中起着非常重要的作用，也是复杂物流储存单元能联结成有机整体的重要保证。

　　在现代物流系统中，每一个节点都是物流信息的一个点，若干个这种类型的信息点和物流系统的信息中心结合起来，便成了指挥、管理、调度整个物流系统的信息网络，这是一个物流系统建立的前提条件。

3．管理功能

　　物流系统的管理设施和指挥机构往往集中设置于物流节点之中，实际上，物流节点大都是集管理、指挥、调度、信息、衔接及货物处理为一体的物流综合设施。整个物流系统运转的有序化和正常化、整个物流系统的效率和水平取决于物流节点的管理职能实现的情况。

9.4.3　节点分类

　　现代物流发展了若干类型的节点，在不同领域起着不同的作用，但学者们尚无一个明确的分类意见，这有两个原因：其一是许多节点有同有异，难以明确区别；其二是各种节点尚在发展过程中，其功能、作用、结构、工艺等尚在探索，使分类难以明朗化。

　　在各个物流系统中，节点都起着若干作用，但随整个系统目标的不同以及节点在网络中的地位不同，节点的主要作用往往不同，根据主要作用和主要业务功能可分成以下几类：转运型节点、储存型节点、流通型节点及综合型节点。

1．转运型节点

　　以接连不同运输方式为主要职能的节点：铁道运输线上的货站、编组站、车站，不同运输方式之间的转运站、终点站，水运线上的港口、码头，空运中的空港等都属于此类节点。一般而言，由于这种节点处于运输线上，又以转运为主，所以货物在这种节点上停滞的时间较短。

2．储存型节点

　　以存放货物为主要职能的节点，货物在这种节点上停滞时间较长。在物流系统中，储备仓库、营业仓库、中转仓库、货栈等都是属于此种类型的节点。

　　尽管不少发达国家仓库职能在近代发生了大幅度的变化，一大部分仓库转化成不以储备为主要职能的流通仓库甚至流通中心，但是在现代，世界上任何一个有一定经济规模的国家，为了保证国民经济的正常运行，保证企业经营的正常开展，保证市场的流转，以仓库为储备的形式仍是不可缺少的，仍有一大批仓库仍会以储备为主要职能。在我国，这种类型的仓库居多。

3. 流通型节点

以组织物资在系统中运动为主要职能的节点，在社会系统中则是组织物资流通为主要职能的节点。现代物流中常提到的流通仓库、流通加工中心、配送中心就属于这类节点。

需要说明的是，在各种以主要功能分类的节点中，都可以同时承担着其他职能。如转运型节点中，往往设置有储存货物的货场或站库，从而具有一定的储存功能，但是由于其所处的位置，其主要职能是转运，所以按主要功能归入转运型节点之中。

4. 综合型节点

在物流系统中集中于一个节点中全面实现两种以上主要功能，并且在节点中并非独立完成各自的功能，而是将若干功能有机地结合于一体，有完善设施、有效衔接和协调工艺的集约型节点。这种节点是适应物流大量化和复杂化，适应物流更为精密准确，在一个节点中要求实现多种转化而使物流系统简化、高效的要求出现的，是现代物流系统中节点发展的方向之一。

5. 其他分类

根据物流节点主要服务地域层次，分为国际物流节点、区域物流节点、城市物流节点。

根据物流节点经营性质，分为自用型物流节点、公共型物流节点。

根据物流节点在物流网络中发挥的作用，分为转运型物流节点、集散型物流节点。

根据物流节点在供应链中的地位，分为供应型物流节点、销售型物流节点。

9.4.4 类型分析

物流节点是物流系统的重要组成部分，是组织各种物流活动，提供物流服务的重要场所。现代物流发展了若干类型的物流节点，不同的物流节点对物流系统的作用是不同的。很多地区在进行物流规划时，对于物流系统中的层次关系界定不清，各地规划的物流节点类型缺乏统一标准，造成物流中心、物流园区等名词大量混用的现象。由此导致物流节点总体指导思想、层次关系及其相应功能界定等诸多方面的混乱。因而出现了某些物流中心的布置紧邻铁路编组站、机场、港口，或者周围至少有两种以上的运输方式相连，要求面积至少 100 平方千米，且周围留有足够的发展空间，附近有从事运输、仓储的物流企业，特别是有一些大型的国际著名的物流企业。而有些物流园区完全建在市中心地区，且周边交通条件不好，有些又建在远离市区的公路交会处，造成了园区在短时间内很难吸引各种类型的企业入驻等现象。这些问题影响了政府和企业发展现代物流方面的合作与分工。因此，深入探讨物流园区、物流中心等物流节点的概念及其相互关系，可以明确政府和企业在现代物流发展中的合理定位。

1. 物流节点的类型

物流节点一般被分为 4 种类型。由于配送中心一般是按照市场的需求布设的，所以只对物流园区和物流中心的概念做进一步辨析。

关于物流园区的概念，国内尚无确切定义，根据物流园区的特征，可表述为：物流园区是在几种运输方式衔接地形成的物流节点活动的空间集散体，是在政府规划指导下多种现代物流设施和多家物流组织机构在空间上集中布局的大型场所，是具有一定规模和多种服务的新型物流业务载体。

物流中心则是综合性、地域性、大批量的货物物理位移转换集散的新型设施设备的集合，它把物流、信息流融为一体成为产销企业之间的中介组织和现代物流活动的主要载体。

物流园区是物流中心发展到一定阶段的产物，是多个物流中心的空间集聚载体。从许多学者对物流园区和物流中心的概念解释中可以归纳出物流园区和物流中心的不同点。

（1）功能不同。物流园区具有多式联运、综合运输、干线终端运输等大规模处理货物和提供服务的功能；物流中心则主要是分销功能，并且具有货物运输中转功能，且以配送业务为主。

（2）用地的要求不同。物流园区要求物流企业及相关的一些辅助企业在园区内聚集，且基础设施相对齐全，要处理的物流量大，必须在其周围留有适当的空间为以后发展之用，所以物流园区要求用地充裕且具有扩展性；而物流中心在这方面没有如此严格的要求。

（3）对改善城市交通环境的影响程度不同。物流园区一般建在远离市中心的地区，布设在城市外围或郊区，同时注重园区与城市对外交通枢纽的联动规划建设，所以对改善城市交通环境的影响程度较大；而物流中心主要是以配送业务为主，要求快速准时地为客户提供服务，因此，在空间距离上应尽量靠近需求点，并且要有连接市中心的快速干道，所以物流中心对改善城市交通环境的作用不是很大。

（4）服务对象不同。物流园区应有综合性的基础服务设施，且面向全社会提供服务；物流中心则只在局部领域进行经营服务。

（5）对市场的要求不同。物流园区内聚集了很多的供应商、生产商、销售商和第三方物流企业，所以要求物流园区所服务的市场是多样化的；物流中心仅具有第三方物流企业的功能，所以服务的市场一般是专业化的。

（6）经营、管理方式不同。物流园区不一定是经营管理的实体，物流经营企业之间的关系可以是资产入股、租赁、合作经营或联合开发，物流中心则是物流经营和管理的实体。

（7）政府给予的政策不同。政府为了吸引各种企业在物流园区内聚集，使其获得规模效益、范围效益，进而降低物流成本，通常为入驻的物流企业提供各种优惠政策，而对物流中心这样的优惠政策较少。

因此，某一物流节点是建设物流园区还是物流中心，应由所服务地域空间的软硬件环境来决定。只有当物流节点选择的类型对空间的特殊要求与所服务空间所提供的软硬件环境相适应时，物流节点选择的类型才是正确的，才能促进物流系统和地区经济的发展。

2. 物流节点类型的确定

物流节点类型的确定具有一定的模糊性，难以找到严格确定类型的量化标准。因此，采用模糊聚类方法比较适合解决这种问题。

模糊聚类分析是指从一批样本的多个观测指标中，找到度量样本之间相似程度的统计量，构成一个对称的相似矩阵，在此基础上寻找样本之间和样本组合之间的相似程度，按相似程度大小将样本逐一归类形成一个亲疏关系谱系图，用以观察分类对象的差异和联系。

建立分类指标体系应尽可能全面地考虑各种因素，以达到客观评价物流节点的类型与物流节点所服务区域的类别适应性的目的。

（1）物流节点发生的物流量及其发展水平

由于物流节点的建设投资大、建设周期长，所以物流节点的类型确定不仅要适应当前发展的需要，还要适应将来发展的需要。故指标的取值应取近期、中期和远期的平均值。本文取用的分别是2004年、2005年、2006年、2010年和2020年的平均值。

① 物流节点的物流量。反映物流节点作业能力的指标。传统上反映物流量的主要指标是吞吐量和周转量。但是，这两个指标无法适应多种物品小批量、高频度的趋势，如物流节点的顾客距离较远，则周转量越大，费用也就越高。如以吨千米最大为决策目标，则物流节点与顾客的距离越远，周转量越大。这显然违背设置物流节点的根本目的。故本文采用第三方物流作业量进行衡量。

② 物流节点作业量的发展水平。可以采用第三方物流作业量的增长率加以衡量。

（2）工商业发展水平

工商企业是物流服务需求主体，工商业的发展水平高，则说明对物流服务的需求或潜在需求大。物流节点在此布局，一方面要考虑有助于促进当地工商业的发展，另一方面应便于吸引物流企业入驻，提高运营效益。这是判定物流节点类型的重要依据。

① 工业发展水平。较大的工业发展规模对物流节点的发展具有很大的支持作用，有利于大型物流园区的建设和运营。该指标采用工业增加值加以衡量。

② 工业市场物流客户潜在规模。这对投资于物流节点的企业有重要影响，有利于高层物流节点的发展。此指标可采用工业总产值500万元以上的工业企业数进行衡量。

③ 地区零售市场规模。国民经济各有关行业通过各种渠道向居民和社会集团供应生活消费品，均需通过物流服务得以实现，其规模大小对于建设不同层次的物流节点具有重要影响。此指标可用社会消费品零售总额加以衡量。

④ 工业总产值。以地区工业总产值进行衡量，该值越大，表明该物流节点所服务地区的工业实力越强，物流节点提供的物流服务的功能也越全面。

⑤ 商业发展水平。此指标可用批发零售贸易总额加以衡量。

⑥ 与物流相关行业的产值。运输、仓储是物流环节中最重要和最基本的环节。同样，运输、仓储业的发展水平也可以用来衡量物流节点所服务区域的物流服务需求程度的高低。采用运输仓储业产值占所在地区的生产总值的百分比加以衡量。

（3）对外经济贸易发展水平

① 进出口贸易发展规模。此指标用进出口贸易总额加以衡量。

② 进出口企业规模。可采用有进出口实绩的企业数加以衡量。

（4）区域交通运输区位优势

物流节点作为物流诸要素活动的主要场所，为保证物流作业的顺畅进行，必须具有良好的交通运输联络条件。

① 物流节点所在区域的货物运输量。可以从一个侧面表明运输物流市场的供给情况，反映运输业的发展水平。一般包括铁路、公路货运量和港口吞吐量。此指标可用地区货物运输总量加以衡量。

② 交通通达度。用路网密度能很好地表明物流节点所服务地区的交通通达质量，该因素可以用铁路网及公路网密度加以衡量。

③ 物流节点货物平均运距。表明一般情况下物流节点可能的覆盖范围。可采用地区货

物周转量与地区总货运量之比进行衡量。

④ 交通运输设施的发展水平。交通运输设施的发展水平较高的地区，较有利于未来物流节点的集疏运。可用交通运输设施建设投资的增长率加以衡量。

（5）用地条件

① 土地价格。物流节点的建设需要占用大面积的土地，所以土地价格的高低将直接影响物流节点的规模大小。有的区域鼓励物流企业的发展，对在当地建设物流节点予以鼓励支持，土地的获得就相对容易，地价及地价以外的其他土地交易费用也可能比较低。该指标用单位土地的开发成本进行衡量。

② 大面积土地的可得性。用预留用地规模指标进行衡量。

（6）环境保护要求

物流节点的设置需要考虑保护自然环境与人文环境等因素，尽可能降低对城市生活的干扰，对于大型的物流节点应尽量设置在远离市区的地方。衡量物流节点对环境的影响程度的取值，可考虑当物流节点建在城市边缘取值为 3，建在市区取值为 1，建在市中心和城市边缘之间的取值为 2。

案例分析

家乐福中心选址案例

速度+规模=家乐福模式

"每次家乐福进入一个新的地方，都只派 1 个人来开拓市场。进台湾家乐福只派了 1 个人，到中国内地也只派了 1 个人。" 9 月 11 日，家乐福的企划行销部总监罗定中用这句令记者吃惊不已的话做他的开场白。罗解释说，这第一个人就是这个地区的总经理，他所做的第一件事就是招一位本地人做他的助理。然后，这位空投到市场上的光杆总经理，和他唯一的员工做的第一件事，就是开始市场调查。他们会仔细地去调查当时其他商店里有哪些本地的商品出售，哪些产品的流通量很大，然后再去与各类供应商谈判，决定哪些商品会在将来家乐福店里出现。一个庞大无比的采购链，完完全全从零开始搭建。

根据经典的零售学理论，一个大卖场的选址需要经过几个方面的详细测算。

第一，商圈内的人口消费能力。中国目前并没有现有的资料可资利用，所以店家不得不借助市场调研公司的力量来收集这方面的数据。有一种做法是以某个原点出发，测算 5 分钟的步行距离会到什么地方，然后是 10 分钟步行会到什么地方，最后是 15 分钟会到什么地方。根据中国的本地特色，还需要测算以自行车出发的小片、中片和大片半径，最后是以车行速度来测算小片、中片和大片各覆盖了什么区域。如果有自然的分隔线，如一条铁路线，或是另一个街区有一个竞争对手，商圈的覆盖就需要依据这种边界进行调整。

然后，需要对这些区域进行进一步的细化，计算这片区域内各个居住小区的详尽的人口规模和特征，计算不同区域内人口的数量和密度、年龄分布、文化水平、职业分布、人均可支配收入等许多指标。家乐福的做法还会更细致一些，根据这些小区的远近程度和居民可支配收入，再划定重要销售区域和普通销售区域。

第二，需要研究这片区域内的城市交通和周边的商圈的竞争情况。如果一个未来的店址周围有许多的公交车，或是道路宽敞，交通方便，那么销售辐射的半径就可以大为放大。上海的家乐福大卖场设计得非常巧妙，例如家乐福古北店周围的公交线路不多，家乐福就干脆自己租用公交车定点在一些固定的小区间穿行，方便这些离得较远的小区居民来店一次性购齐一周的生活用品。

当然未来潜在销售区域会受到很多竞争对手的挤压，所以家乐福也会将未来所有的竞争对手计算进去。传统的商圈分析中，需要计算所有竞争对手的销售情况、产品线组成和单位面积销售额等情况，然后将这些估计的数字从总的区域潜力中减去，未来的销售潜力就产生了。但是这样做并没有考虑到不同对手的竞争实力，所以有些商店在开业前索性把其他商店的短板摸个透彻，以打分的方法发现他们的不足之处，比如环境是否清洁、哪类产品的价格比较高、生鲜产品的新鲜程度如何等，然后依据这种精确的调研结果进行具有杀伤力的打击。

当然一个商圈的调查并不会随着一个门店的开张大吉而结束。家乐福自己的一份资料指出，顾客中有60%的顾客在34岁以下，70%是女性，然后有28%的人走路，45%通过公共汽车而来。所以很明显，大卖场可以依据这些目标顾客的信息来微调自己的商品线。能体现家乐福用心的是，家乐福在上海的每家店都有小小的不同。在虹桥门店，因为周围的高收入群体和外国侨民比较多，其中外国侨民占到了家乐福消费群体的40%，所以虹桥店里的外国商品特别多，如各类葡萄酒，各类泥肠，奶酪和橄榄油等，而这都是家乐福为了这些特殊的消费群体特意从国外进口的。南方商场的家乐福因为周围的居住小区比较分散，干脆开了一个迷你购物中心，在商场里开了一家电影院和麦当劳，增加自己吸引较远处人群的力度。青岛的家乐福做得更到位，因为有15%的顾客是韩国人，就做了许多韩文招牌。

思考题：家乐福选址考虑了哪些因素？

复习思考题

1. 什么是物流中心？在物流过程中，物流中心起什么作用？
2. 物流中心按其功能分有哪些种类？各自的业务内容有哪些？
3. 何为物流中心网络？
4. 建立物流中心网络一般应遵循哪些原则？
5. 物流中心与用户的相对位置布局有哪些形式？
6. 用坐标分析法设置物流中心的实质是什么？
7. 简述虚拟仓库和网络仓库的含义及其在物流系统中的作用。

第10章

物流系统分析方法

学习目标

1. 理解物流系统分析的方法、理论;
2. 了解物流系统优化方法的概念;
3. 掌握数学规划方法、物流选址优化方法、物流配送优化方法的模型建立过程;
4. 了解物流系统仿真;
5. 掌握主要的物流仿真软件。

导入案例

著名企业纷纷导入 Flexsim（仿真软件）系统

富士康是导入 Flexsim 最早的制造企业之一，也是至今为止在中国应用 Flexsim 最成功的企业之一。他们有一个 Flexsim 仿真团队，这个团队成功地将 Flexsim 仿真应用到了建厂规划、车间布局、产能提升、产线生产、新产品开发、设备导入评估、WIP（在制品）、设备需求、人力评估、物流方案比较、线边仓设计、园区人流车流规划及改善、厂房电梯规划、厂区食堂布局设计等项目。

2008 年以后，Flexsim 仿真技术在企业的应用迅速扩大，每年都有超过 30 家企业导入 Flexsim。近几年导入 Flexsim 仿真技术的企业包括华为、比亚迪、中兴通讯、东莞新科、宝钢、三星电子、柳州重工、汇众汽车制造、北京福田汽车、延峰伟世汽车零部件、上海天合汽车零部件、希捷半导体、台积电、九州通物流、中集天达物流、德马泰克、岗村物流系统、京东商城、中冶塞迪、中冶南方、北京可口可乐、格力电器以及中交二航院等著名企业。

应用 Flexsim 的行业有物流设备厂商、第三方物流公司、港口、医药、电子商务、通信设备、电子制造、汽车制造、汽车零部件、重工、钢铁制造、半导体、饮料、家电等。应用的课题有设备导入前的性能评估、物流配送中心布局、瓶颈发现、产能提升、产线设计等，应用最多的课题还是制造企业的内物流和外物流的规划和改善。

资料来源：中国物流产业网，http://www.xd56b.com:8080（有删改）

讨论及思考：

案例中为什么富士康等著名企业要导入 Flexsim 仿真技术？物流仿真技术到底为企业带来了哪些改变？

10.1 物流系统分析概述

10.1.1 物流系统分析

现代物流学的核心问题就是用系统的观点来研究物流活动。物流系统分析是指在一定的时间和空间里，对其所从事的物流活动和过程作为一个整体来处理，以系统的观点、系统工程的理论和方法进行分析研究，以实现其空间和时间的经济效益。或者更详细的描述是指从对象系统整体最优出发，在优先系统目标、确定系统准则的基础上，根据物流的目标要求，分析构成系统各级子系统的功能和相互关系，以及系统同环境的相互影响，寻求实现系统目标的最佳途径。

物流系统分析的目的就是要使输入（资源）最少，而输出的物流服务效果最佳。

物流系统分析时要运用科学的分析工具和计算方法，对系统的目的、功能、结构、环境、费用和效益等，进行充分、细致的调查研究，收集、比较、分析和处理有关数据，建立若干个拟订方案，比较和评价物流结果，寻求系统整体效益最佳和有限资源配备最佳的方案，为决策者最后抉择提供科学依据。

物流系统分析的目的在于，通过分析、比较各种拟订方案的功能、费用、效益和可靠性习惯等各项技术、经济指标，向决策者提供可做出正确决策的资料和信息。所以，物流系统分析实际上就是在明确目的的前提下，分析和确定系统所应具备的功能和相应的环境条件。

1. 分析要点

物流系统分析是一种仍在不断发展中的现代科学方法，虽然已在很多领域采用并取得显著成效，但是实际情况下，并不是任何物流系统都可用系统分析的方法来研究，因为要考虑经济与时效等因素。为此，在采用物流系统分析前，要注意以下几个方面。

（1）物流系统分析是一个长期的工作，它贯穿物流系统规划、运行评价、优化改善的全过程。因为物流系统分析的总目标是寻找物流系统的最优途径，而物流系统运行过程中，它所处的外界环境及其内部构成都在不断地变化和运动，系统分析就是要抓住这些信息，总结和归纳出这些特征，找到系统达到效益最优的途径和方法。可以说，只要有物流系统存在运行，物流系统分析工作是时时刻刻地进行的。总之，物流系统分析需要有高度能力的分析人员持续进行辛勤而漫长的工作。

（2）物流系统分析虽然对制定决策有很大的帮助，但是它不能完全代替想象力、经验和判断力，只能是将研究问题运用数学的方法或模型，推解出相对优化的备选方案。在将现实问题归纳成数字模型的过程中，必然舍去了一些无法运用数学方法进行分析的因素，而这些因素可能对系统的实际运行产生影响，因此，当管理者进行选择或决策时，必然要运用自己的经验、想象或直觉进行综合判断。

（3）物流系统分析主要是考虑经济、效益等目标，或者说是以经济学的方法来解决问题。对任何问题，通常均有不同的解决方案，应用物流系统分析研究问题，应对各种解决问题的方案，计算出全部费用，然后再进行比较。但在决策时又要注意费用最少的方案，不一定是最佳选择，因为选择最佳方案的着眼点，不在"省钱"，而是"有效"。

2. 分析准则

一个物流系统由许多要素组成，要素之间相互作用，物流系统与环境互相影响，这些问题涉及面广而又错综复杂，因此进行物流系统分析时，应认真考虑以下一些准则。

（1）物流系统内部与物流系统环境相结合。一个企业的经营管理物流系统，不仅受到企业内部各种因素如企业生产规模、产品技术特征、职工素质、管理制度与管理组织等的作用，而且还受到社会经济动向及市场状况等环境因素的影响。

（2）局部效益与整体效益的结合。在分析物流系统时常常会出现这种情况：局部效益与物流系统整体效益并不一致。其原因在于物流系统的"二律背反"规律，即某一局部效益的增长可能带来另一局部效益的减少。因此，在选择方案的时候，我们不仅要考虑物流系统的局部效益，还要更加重视物流系统的整体效益。如果从局部效益来看是经济的，但整体效益并不理想，则这种方案不可取；反之，局部效益并不经济，但整体效益是好的，这种方案则可取。

（3）当前利益与长远利益相结合。在进行方案的优选时，既要考虑当前利益，又要考虑长远利益。如果所采用的方案对当前和长远都有利，当然最为理想。但如果方案对当前不利而对长远有利，此时要通过全面分析后再做结论。一般来说，只有兼顾当前利益和长远利益的物流系统才是好的。

（4）定量分析与定性分析相结合。物流系统分析不仅要进行定量分析，而且还要进行定性分析。物流系统分析总是遵循"定性—定量—定性"这一循环往复的过程，不了解物流系统各个方面的性质，就不可能建立起探讨物流系统定量关系的数学模型。定性和定量两者结合起来综合分析，才能达到优化的目的。

10.1.2 物流系统分析常用的理论及方法

1. 数学规划法

数学规划法是一种对系统进行统筹规划，寻求最优方案的数学方法。其具体理论与方法包括线性规划、动态规划、整数规划、排队规划和库存论等。这些理论和方法都是解决物流系统中物流设施选址、物流作业的资源配置、货物配载、物料储存的时间与数量的问题。

2. 统筹法

统筹法是指运用网络来统筹安排，合理规划系统的各个环节。它用网络图来描述活动流程的线路，把事件作为节点，在保证关键线路的前提下安排其他活动，调整相互关系，以保证按期完成整个计划。该项技术可用于物流作业的合理安排。

3. 系统优化法

系统优化法是指在一定约束条件下，求出使目标函数最优的解。物流系统包括许多参数，这些参数相互制约，互为条件，同时受外界环境的影响。系统优化研究，就是在不可控参数变化时，根据系统的目标，如何来确定可控参数的值，以使系统达到最优状况。

4. 系统仿真

系统仿真是指利用模型代替实际系统进行仿真实验研究。所谓系统仿真（System Simulation），就是根据系统分析的目的，在分析系统各要素的性质及其相互关系的基础上，建立能描述系统结构或行为过程的且具有一定逻辑关系或数量关系的仿真模型，据此进行试验或定量分析，以获得正确决策所需的各种信息。

5. 其他方法

因素分析法、层次分析法、聚类分析法、遗传算法、退火算法等是近年来流行的方法。

（1）因素分析法

因素分析法是依据分析指标与其影响因素的关系，从数量上确定各因素对分析指标的影响方向和影响程度的一种方法。因素分析法既可以全面分析各因素对某一经济指标的影响，又可以单独分析某个因素对经济指标的影响，在财务分析中应用颇为广泛。

（2）层次分析法

层次分析法是一种定性与定量分析相结合的多因素决策分析方法。这种方法将决策者的经验判断数量化，在目标因素结构复杂且缺乏必要数据的情况下使用更为方便，因而在实践中得到广泛应用。

（3）聚类分析法

聚类通过把目标数据放入少数相对同源的组或类（Cluster）里，分析表达数据。

① 通过一系列的检测将待测的一组基因的变异标准化，然后成对比较线性协方差。

② 通过用最紧密关联的谱来放基因进行样本聚类，例如用简单的层级聚类（Hierarchical Clustering）方法。这种聚类亦可扩展到每个实验样本，利用一组基因总的线性相关进行聚类。

③ 多维等级分析（Multidimensional Scaling Analysis）是一种在二维距离中显示实验样本相关的大约程度。

④ K 均值（K-means）聚类算法，通过重复再分配类成员来使类内分散度最小化的方法。

（4）遗传算法

遗传算法（Genetic Algorithm，GA）是模拟达尔文的遗传选择和自然淘汰的生物进化过程的计算模型，是一种通过模拟自然进化过程搜索最优解的方法，它是由美国密西根（Michigan）大学 J.Holland 教授于 1975 年首先提出来的，并因其出版的颇有影响的专著 *Adaptation in Natural and Artificial Systems*，GA 这个名称才逐渐为人所知，J.Holland 教授所提出的 GA 通常为简单遗传算法（SGA）。

遗传算法是从代表问题可能潜在的解集的一个种群（Population）开始的，而一个种群则由经过基因（Gene）编码的一定数目的个体（Individual）组成。每个个体实际上是染色体（Chromosome）带有特征的实体。染色体作为遗传物质的主要载体，即多个基因的集合，其内部表现（基因型）是某种基因组合，它决定了个体的形状的外部表现，如黑头发的特征是由染色体中控制这一特征的某种基因组合决定的。因此，在一开始需要实现从表现型到基因型的映射即编码工作。由于仿照基因编码的工作很复杂，我们往往进行简化，如二进制编码。初代种群产生之后，按照适者生存和优胜劣汰的原理，逐代（Generation）演化产生出越来越好的近似解，在每一代，根据问题域中个体的适应度（Fitness）大小选择（Selection）个体，并借助自然遗传学的遗传算子（Genetic Operators）进行组合交叉（Crossover）和变异（Mutation），产生出代表新的解集的种群。这个过程将导致种群像自然进化一样的后生代种群比前代更加适应环境，末代种群中的最优个体经过解码（Decoding），可以作为问题近似最优解。

（5）退火算法

模拟退火算法来源于固体退火原理，将固体加温至充分高，再让其自然冷却，加温时，固体内部粒子随温升变为无序状，内能增大，而自然冷却时粒子渐趋有序，在每个温度都达到平衡态，最后在常温时达到基态，内能减为最小。根据 Metropolis 准则（模拟退火算法），粒子在温度 T 时趋于平衡的概率为 $e^{-\Delta E/(kT)}$，其中：E 为温度 T 时的内能，ΔE 为其改变量，k 为 Boltzmann（玻尔兹曼）常数。用固体退火模拟组合优化问题，将内能 E 模拟为目标函数值 f，温度 T 演化成控制参数 t，即得到解决组合优化问题的模拟退火算法：由初始解 i 和控制参数初值 t 开始，对当前解重复"产生新解→计算目标函数差→接受或舍弃"的迭代，并逐步衰减 t 值，算法终止时的当前解即为所得近似最优解，这是基于蒙特卡罗迭代求解法的一种启发式随机搜索过程。退火过程由冷却进度表（Cooling Schedule）控制，包括控制参数的初值 t 及其衰减因子 Δt、每个 t 值时的迭代次数 L 和停止条件 S。

上述不同的方法各有特点，在实际中都得到广泛的应用，其中系统仿真技术近年来应用最为普遍。系统仿真技术的发展及应用依赖于计算机软件技术的发展。今天，随着计算机科学与技术的飞速发展，系统仿真技术的研究也在不断完善，应用不断扩大。

10.2 物流系统优化方法

10.2.1 数学规划方法

1. 运输问题的一般提法

某种物资有若干产地和销地，现在需要把这种物资从各个产地运到各个销地，产量总数等于销量总数。已知各产地的产量和各销地的销量以及各产地到各销地的单位运价（或运距），问应如何组织调运，才能使总运费（或总运输量）最省？

模型如下：

$$\min z = \sum_{i=1}^{m}\sum_{j=1}^{n} c_{ij}x_{ij}$$

$$\sum_{i=1}^{m} x_{ij} = b_j, j = 1, 2\cdots, n$$

$$\sum_{j=1}^{n} x_{ij} = a_i, i = 1, 2\cdots, m$$

$$x_{ij} \geq 0$$

产销平衡的条件：$\sum_{i=1}^{m} a_i = \sum_{j=1}^{n} b_j$

例题：某汽车零件制造商，在不同地方开设了 3 个工厂，从这些工厂将汽车零件运至设在全国各地的 4 个仓库，并希望运费最小。表 10-1 列出了运价以及 3 个厂的供应量和 4 个仓库的需求量。请求出运费最小的运输方案。

表 10-1　某汽车零件制造商供需情况

工　厂 ＼ 运价 ＼ 仓库	1	2	3	4	供　应　量
1	2	1	3	4	50
2	2	2	4	1	30
3	1	4	3	2	70
需　求　量	40	50	25	35	150

解：用最小元素法给出初始运输方案，如表 10-2 所示。

表 10-2

工　厂 ＼ 运价 ＼ 仓库	1	2	3	4	供　应　量
1	2	50 ＼ 1	0 ＼ 3	4	50
2	2	2	4	30 ＼ 1	30
3	40 ＼ 1	4	25 ＼ 3	5 ＼ 2	70
需　求　量	40	50	25	35	150

2. 用位势法求空格检验数

（1）对基格，令 $u_i + v_j = c_{ij}$，得：

$$
\begin{cases}
u_1 + v_2 = c_{12} = 2 \\
u_1 + v_3 = c_{13} = 3 \\
u_2 + v_4 = c_{24} = 1 \\
u_3 + v_1 = c_{31} = 1 \\
u_3 + v_3 = c_{33} = 3 \\
u_3 + v_4 = c_{34} = 2
\end{cases}
\Rightarrow u_1 = 0
\begin{cases}
u_1 = 0 \\
u_2 = -1 \\
u_3 = 0 \\
v_1 = 1 \\
v_2 = 2 \\
v_3 = 3 \\
v_4 = 2
\end{cases}
$$

（2）对空格，令 $\sigma_{ij} = c_{ij} - (u_i + v_j)$，得：

$$
\begin{cases}
\sigma_{11} = c_{11} - (u_1 + v_1) = 2 - (0 + 1) = 1 \\
\sigma_{14} = c_{14} - (u_1 + v_4) = 5 - (0 + 2) = 3 \\
\sigma_{21} = c_{21} - (u_2 + v_1) = 2 - (-1 + 1) = 2 \\
\sigma_{22} = c_{22} - (u_2 + v_2) = 2 - (-1 + 2) = 1 \\
\sigma_{23} = c_{23} - (u_2 + v_3) = 4 - (-1 + 3) = 2 \\
\sigma_{32} = c_{32} - (u_3 + v_2) = 4 - (0 + 2) = 2
\end{cases}
$$

检验数均为非负，故当前方案为最优方案：

$x_{12}^* = 50$，$x_{24}^* = 30$，$x_{31}^* = 40$，$x_{33}^* = 25$，$x_{34}^* = 5$，其余全为 0。

$z^* = 50 \times 1 + 30 \times 1 + 40 \times 1 + 25 \times 3 + 5 \times 2 = 205$

10.2.2　物流选址优化方法

1. 单设施选址模型

单设施选址模型是物流选址分析中最简单的一种模型。由于它的简单性和易操作性，单设施选址模型应用较广。同时它也是其他复杂选址分析模型中的重要组成部分。因此，掌握单设施选址模型具有重要意义。

（1）单设施选址模型分析及求解算法

设有 n 个零售店，它们各自的坐标是 $(x_j, y_j)(j = 1, 2, \cdots, n)$，配送中心的坐标为 (x_0, y_0)。设配送中心到零售店 j 的发送费用为 F_j，总发送费用为 T，则有：

$$T = \sum_{j=1}^{n} F_j \tag{10-1}$$

其中 F_j 可用下列式子表示：

$$F_j = k_j W_j d_j \tag{10-2}$$

式中：k_j 为从配送中心到零售店 j 的发送费率（单位吨千米的发送费）；W_j 为向零售店 j 的货物发送量；d_j 为从配送中心到零售店的直线距离。

其中 d_j 可写成如下形式：

$$d_j = \sqrt{(x_0 - x_j)^2 + (y_0 - y_j)^2} \tag{10-3}$$

把式（10-2）代入式（10-1）得：

$$T = \sum_{j=1}^{n} k_j W_j d_j \tag{10-4}$$

联立式（10-3）和式（10-4）中可求出使 T 为最小的 x_0, y_0，求解方法如下，令：

$$\frac{\partial T}{\partial x_0} = \sum_{j=1}^{n} k_j W_j (x_0 - x_j) / d_j = 0 \tag{10-5}$$

$$\frac{\partial T}{\partial y_0} = \sum_{j=1}^{n} k_j W_j (y_0 - y_j) / d_j = 0 \tag{10-6}$$

联立式（10-5）和式（10-6）可求得最适合的 x_0^*, y_0^*，即：

$$x_0^* = \frac{\sum_{j=1}^{n} k_j W_j x_j / d_j}{\sum_{j=1}^{n} k_j W_j / d_j} \tag{10-7}$$

$$y_0^* = \frac{\sum_{j=1}^{n} k_j W_j y_j / d_j}{\sum_{j=1}^{n} k_j W_j / d_j} \qquad (10\text{-}8)$$

由于式（10-7）和式（10-8）右边还含有 d_j，即还有所求的 x_0, y_0，可以采用迭代法来进行计算。

迭代法的计算步骤如下：

① 给出配送中心的初始地点 (x_0^0, y_0^0)；

② 通过式（10-3）和式（10-4），计算与 (x_0^0, y_0^0) 相应的总发送费用 T^0；

③ 把 (x_0^0, y_0^0) 代入式（10-3）、式（10-7）和式（10-8）中，计算配送中心的改善地点 (x_0^1, y_0^1)；

④ 通过式（10-3）和式（10-4），计算与 (x_0^1, y_0^1) 相应的总发送费用 T^1；

⑤ 把 T^1 和 T^0 进行比较，如果 $T^1 < T^0$，则返回（3）进行计算，再把 (x_0^1, y_0^1) 代入式（10-3）、式（10-7）和式（10-8）中，计算配送中心的再改善地点 (x_0^2, y_0^2)，如果 $T^1 \geq T^0$，则说明 (x_0^0, y_0^0) 就是最优解。

这样反复计算，直到 $T^{k+1} < T^k$，求得最优解 (x_0^k, y_0^k) 为止。

由上述可知，应用迭代法的一个关键是给出配送中心的初始地点 (x_0^0, y_0^0)。一般的做法是将各零售店之间的重心点作为初始地点（故叫重心法）；也可采用任选初始地点的方法；还可以根据各零售店的位置和物资需要量的分布情况选取初始地点。初始地点的确定方法可以不同，到目前为止，学术界还没有统一的确定初始地点的规则。

下面列举了一个用迭代法计算求解的例子。四个零售店的坐标和商品需求量如表 10-3 所示。

表 10-3　各零售店的位置和商品需求量

零售店	商品需求量（吨）	发送费率（元/吨·千米）	零售店位置	
			X 坐标（千米）	Y 坐标（千米）
零售店一	10	1	10	20
零售店二	8	1	20	10
零售店三	9	1	40	30
零售店四	7	1	50	20

运用迭代算法，结果如表 10-4 所示。

表 10-4　迭代结果

迭代次数	选定配送中心位置	选定位置坐标（千米）	总配送费用（元）
0	四个零售点的重心	(28.5, 20.3)	578
1	改善地点 1	(27.9, 20.0)	577
2	改善地点 2	(27.4, 19.7)	576

迭代次数	选定配送中心位置	选定位置坐标（千米）	总配送费用（元）
3	改善地点 3	（27.0，19.5）	576
4	改善地点 4	（26.7，19.4）	576
5	改善地点 5	（26.4，19.2）	575
6	改善地点 6	（26.2，19.1）	575
7	改善地点 7	（26.0，19.0）	575

由上表可知，配送中心的最佳地点为（26.4，19.2）。

（2）对单设施选址问题的评述

解单设施选址问题的方法很多，除重心模型外，还有图表法、近似法、搜索法等。这些方法对现实情况的模拟程度、最优解的收敛快慢程度等都各不相同。显然，没有任何模型具有某一选址问题所希望的所有特点，也不可能由模型的解能够直接导出最终决策。在具体的选址分析中，需要定性分析和定量分析相结合。

单设施选址模型一般具有一些简化的假设条件。

① 模型常常假设需求集中在某一点，而实际需求来自分散的多个消费点。市场的重心通常被当作需求的聚集地，这会导致某些计算误差，因为计算出的运输成本是需求聚集地而非到单个的消费点。

② 模型主要根据可变成本来进行选址，没有区分在不同地点建设仓库所需的资本成本，以及在不同地点经营有关的其他成本（如劳动力成本、库存持有成本）之间的差别。

③ 总运输成本通常假设运价随运距成比例增加，然而，大多数运价是由不随运距变化的固定的部分和随运价变化的可变部分组成。

④ 模型中仓库与其他网络节点之间的路线通常假定为直线。实际上这样的情况很少，因为运输总是在一定的公路网络、铁路网络或城市街道网络内进行的。可以在模型中引入一个比例因子把直线距离转化为近似的公路、铁路或其他运输网络的里程。例如，计算出的直线距离加上 20%得到公路直达线路里程，加上 25%得到铁路短程里程。如果是城市街道，则使用 40%的因子。

2. 零售店、服务中心选址

零售店和服务中心通常是物流网络中的最后储存点，例如百货商店、超市、维修中心等。对这些点的选址分析通常会对收入、便利性等因素高度敏感。下面是决定零售店、服务中心地址的几种比较常见的方法。

（1）加权评分法

通常，影响选址的因素难以量化或者量化成本很高。定性判断仍然是选址决策中不可分割的一部分，但是若分析中没有在一定程度上进行量化，也很难对不同选址进行比较。一种可能的方法是建立一个选址因素的加权矩阵，如表 10-5 所示。然后，对各备选点的每个因素打分。各因素的权重乘以各因素得分后加总就得到选址点的总得分，即一定指数。选址时将优先考虑指数值高的点，再考虑指数值低的点。

表 10-5　影响选址的因素

零售业结构	交通流量与可达性	位置特征	成本和法律因素	当地人口统计特征
区内竞争者数量	交通工具的数量	可使用的停车场数量	地区类型	本地区的人口基数
区内商店的数量和类型	交通工具的类型	街道上该位置的可视性	租赁期限	本地区的收入潜力
相邻商店的互补性	步行人数	店面的大小和形状	地方税	
接近商业区的程度	公共交通的可及性	入口和出口的状况	运营和维修保养	
当地商家的联合促销	街道拥挤的程度	已有建筑物的条件		
	通行街道的状况			

（2）吸引力模型

关于零售商圈的吸引力分析主要采用引力模型，它是根据物理学上的万有引力定律的原理提出来的。早期版本是赖利于 1929 年提出的零售引力的法则——赖利法则。

$$A = \frac{\sqrt{S}}{T} \tag{10-9}$$

式中：A 为购物中心对消费者的吸引力；S 为商店对于某类商品的总销售面积；T 为顾客到商店的距离。

顾客在确定去两个城镇（或购物中心）之一时会考虑路程的远近，购物中心对消费者的吸引力随着可用的销售面积的平方根的增加而增加，每个城镇（或购物中心）的相对吸引力等于销售面积的平方根除以顾客到商店的距离。

赖利法则有如下假设：一是，两个竞争性的零售店（区域）的交通同样便利即单位交通成本一致；二是，两个商店的竞争力相同即商品价格一致。

赫夫对重量概念进行了修正，并代入到更有效的实用模型中。赫夫概率法则的最大特点是更接近于实际，他将过去以都市为单位的商圈理论具体到以商店街、百货店、超级市场为单位，综合考虑人口、距离、零售面积、规模等多种因素，将各个商圈地带间的引力强弱、购物比率发展成为概率模型的理论。其内容是："在整个商业聚集区集中于一地的场合，居民利用哪一个商业聚集区的概率，系由商业聚集区的规模和居民到商业聚集区的距离决定的。"该空间相互作用的模型发展成为一个经验基础，解决消费者如何权衡备选零售店的吸引力与可达性的问题。该模型可表示为：

$$E_{ij} = P_{ij}C_i = \frac{S_j^a / T_{ij}^d}{\sum_j S_j^a / T_{ij}^d} C_i \tag{10-10}$$

式中：E_{ij} 为从人口中心被吸引到零售店的预期需求；P_{ij} 为顾客从人口中心出行到零售店的概率；C_i 为人口中心的客户需求；S_j 为零售店的规模；T_{ij} 为从人口中心到零售店的出行时间；a 为零售店的规模对消费者选择影响的参变量；d 为到卖场的时间对消费者选择影响的参变量。

应注意，规模可能包括吸引顾客到零售店去的变量（商店的吸引力、库存的可得性、价格、停车场地等）。零售店可能是单个店面或者是一组店面组成的服务中心，譬如购物中心。出行时间可能包括所有排斥顾客的变量（距离、交通阻塞、进入限制、绕道等）。模型的目的是估计不同零售店、服务中心将获得的整个市场份额。

一个消费者有机会在同一区域内 3 个超市中的任何一个购物，已知这 3 个超市与该消费者居住点的步行时间和距离如表 10-6 所示。

表 10-6　超市与消费者居住点的步行时间和距离

超　市	步行时间（分钟）	距离（米）
A	40	50 000
B	60	70 000
C	30	40 000

如果 $a=1$，$d=1$，每个超市对这个消费者的吸引力如何？

解：每个超市对这个消费者的吸引力是：

A 的吸引力= 50 000 ÷ 40 = 1 250

B 的吸引力= 70 000 ÷ 60 = 1 166.67

C 的吸引力= 40 000 ÷ 30 = 1 333.33

该消费者到每个超市购物的概率分别是：

到 A 的概率=1 250 ÷（1 250 + 1 166.67 + 1 333.33）= 33.3%

到 B 的概率=1 166.67 ÷（1 250 + 1 166.67 + 1 333.33）= 31.1%

到 C 的概率=1 333.33 ÷（1 250 + 1 166.67 + 1 333.33）= 35.6%

赫夫模型是空间相互作用模型的一个基础模型。多年来，研究者提高了模型的表述能力，将其重新表示成更复杂的模型，并对变量提出了不同的定义以提高模型的预测能力。

10.2.3　物流配送优化方法

1. 背景

能源与环境问题已经成为世界各国关注的焦点。物流本身是能源消耗主要的产业之一，也是碳排放大户，因此，低碳物流已成为国内外理论研究的新热点。通过对车辆路径进行优化，减少运输过程中的迂回、对流等不合理的运输，能够极大地减少物流过程中的能源消耗和碳排放。

车辆路径优化问题是一类求解较难的组合优化问题。研究的目标主要包括行驶路径最短、运费最少、时间最短、使用的车辆数最少等。随着能源短缺和环境污染等问题日趋严重，减少碳排放成为研究配送车辆路线优化问题的新视角。

本书从碳排放最小的角度研究车辆路径问题，实现降低车辆配送能耗、减少车辆排放的目的，将物流业可持续发展与节能减排和建设节约型社会的全新理念有效衔接。

2. 模型构建

（1）问题描述

本文研究的碳排放最小的车辆路径优化问题可以描述为：一个物流配送中心，有装载量为 w 的车辆若干辆，负责对 n 个客户进行配送，客户的需求量为 g，求满足 CO_2 排放量最低的车辆行驶路径，并使用最少的车辆。

（2）假设前提

① 只有一个物流配送中心；

② 物流配送中心和每个客户的位置已知；

③ 每个客户的需求量已知；

④ 车辆在对客户进行配送时不得超过其装载量；

⑤ 每个客户的需求必须得到满足；

⑥ 车辆为一种车型，且装载量已知；

⑦ 每个客户只能且必须访问一次；

⑧ CO_2 排放量与车辆的燃油消耗量成正比，车辆燃油消耗量与车辆行驶距离和载货量有关，随着载货量的变化，单位吨位的货物燃油消耗也不同。

（3）参数变量

m：物流配送中心车辆数量；

n：物流配送中心服务的客户数量；

w：车辆的装载量；

g_i：第 i 个客户的需求量；

d_{ij}：从客户 i 到客户 j 的配送距离；

t_{ij}：车辆由客户 i 驶向客户 j 过程中单位千米的 CO_2 排放量；

$$y_{ijk} = \begin{cases} 1 & （若车辆 k 经过客户 i 驶向 j） \\ 0 & （其他情况） \end{cases};$$

$$x_{ik} = \begin{cases} 1 & （若客户 i 需求由车辆 k 满足） \\ 0 & （其他情况） \end{cases}。$$

（4）优化模型

将物流配送中心编号为 0，将客户依次编号为 i（$i=1,2,\cdots,n$），则该优化问题的数学模型如下：

$$\min Z = \sum_{i=0}^{n}\sum_{j=0}^{n}\sum_{k=1}^{m} d_{ij} y_{ijk} t_{ij} \tag{10-11}$$

$$s.t. \sum_{i=1}^{n} g_i x_{ik} \leq w \quad (k=1,2,\cdots,m) \tag{10-12}$$

$$\sum_{k=1}^{m} x_{ik} = 1 \quad (i=1,2,\cdots,n) \tag{10-13}$$

$$\sum_{i=1}^{n} y_{ijk} = x_{jk} \quad (j=0,1,\cdots,n; \ k=1,2,\cdots,m) \tag{10-14}$$

$$\sum_{i=0}^{n} y_{ijk} = x_{ik} \quad (i=0,1,\cdots,n; \ k=1,2,\cdots,m) \tag{10-15}$$

$$\sum_{i=0}^{n}\sum_{k=1}^{m} y_{0ik} = \sum_{j=0}^{n}\sum_{k=1}^{m} y_{j0k} \quad (k=1,2,\cdots,m) \tag{10-16}$$

$$y_{ijk} = 0 或者 1 \quad (i=0,1,\cdots,n; \ j=0,1,\cdots,n; \ k=1,2,\cdots,m) \tag{10-17}$$

$$x_{ik} = 0 或者 1 \quad (i=0,1,\cdots,n; \ k=1,2,\cdots,m) \tag{10-18}$$

在模型中：式（10-11）为目标函数；式（10-12）为车辆载重量约束；式（10-13）为限制每个客户只能且必须访问一次；式（10-14）和式（10-15）表示到达和离开每个客户的车辆只有一辆；式（10-16）表示每一辆车都是从物流配送中心出发，最后回到物流配送中心；式（10-17）和式（10-18）为整数约束。

10.3　物流系统仿真方法

10.3.1　物流系统仿真

所谓系统仿真（System Simulation），就是根据系统分析的目的，在分析系统各要素性质及其相互关系的基础上，建立能描述系统结构或行为过程的，且具有一定逻辑关系或数量关系的仿真模型，据此进行试验或定量分析，以获得正确决策所需的各种信息。

它是一种对系统问题求数值解的计算技术，尤其当系统无法通过建立数学模型求解时，仿真技术能有效地处理。

仿真是一种人为的试验手段。它和现实系统实验的差别在于，仿真实验不是依据实际环境，而是作为实际系统映象的系统模型以及相应的"人造"环境下进行的。这是仿真的主要功能。

仿真可以比较真实地描述系统的运行、演变及发展过程。

中国学者认为：系统仿真就是在计算机上或/和实体上建立系统的有效模型（数字的、物理效应的或数字物理效应混合的模型），并在模型上进行系统试验。

物流仿真是指评估对象系统（配送中心、仓库存储系统、拣货系统、运输系统等）的整体能力的一种评价方法。如美国 UPS（United Parcel Service，联邦包裹快递）公司想在满足客户服务质量的前提下，在庞大的人员、车辆配置和成本之间取得最佳平衡，它求助的方法是物流仿真技术；再如宝洁（P&G）总部提出要设计一个覆盖北美的高效的供应链网络，该网络不但要满足客户的日常订单处理和配送要求，还要具有极强的抗波动性，宝洁公司采用的解决办法也是物流仿真技术。物流仿真技术在驳杂物流系统的分析和决策中的巨大价值在欧美已成为不争的事实，每年创造着数以千亿美元的经济效益。

物流仿真使用的建模方法有排队理论、Petri 网（对离散并行系统的数学表示）、线性规划等。一些专业的物流仿真软件平台，提供基本的功能元素，使仿真的编程工作大大简化，常见的有 Witness、em-Plant、Flexim 等。由于物流系统的专业化和规模化，物流仿真已经逐步成为物流行业规划与建设的必备环节。

1. 仿真方法

（1）连续型仿真方法

连续系统指系统的状态在时间上是平滑变化的。为了反映连续系统的特征，仿真模型建立一组由状态变量组成的状态方程，可以是代数方程、微分方程、函数方程、差分方程等。这些方程描述了各状态变量与主要变量——仿真时间的关系。在此基础上，按一定的规则将仿真时间一步一步向前推移，对方程求解与评价，计算和记录各个状态变量在各个时间点的具体数值。通过连续系统的仿真模型，对系统状态在整个时间序列中的连续性变化进行动态的描述。

（2）离散型仿真方法

离散系统是指系统状态在某些随机时间点上发生离散变化的系统。这种引起状态变化的行为称为"事件"，因而这类系统是由事件驱动的。事件发生是随机的，因而离散系统一般都具有随机特征。系统的状态变量往往是离散变化的。离散模型仿真方法主要分为以事件为基础、以活动为基础和以过程为基础的仿真方法。以事件为基础的仿真方法模型是通过定义系统在事件发生时间的变化来实现的；以活动为基础的仿真模型是通过描述系统的实体所进行的活动，以及预先设置导致活动开始或结束的条件，这种仿真模型适用于活动延续时间不定，并且由满足一定条件的系统状态而决定的情况。以过程为基础的仿真模型综合了以事件为基础的仿真和以活动为基础的仿真两者的特点，描述了作为仿真对象的实体在仿真时间内经历的过程。

2. 物流系统的仿真方法

物流系统大多是离散的、复杂的大系统，包含多约束、多因素的影响，难以达到最优状态，传统的运筹学方法无法对建立的模型进行有效求解，而仿真技术在解决这些问题时有其独到的优势和特点，因此，许多专家学者对物流系统仿真领域进行了大量的研究，以求使物流系统的价值潜力得到最大的发挥，提高企业的效率和利润。

仿真技术在改善企业管理方面有着广泛的应用，主要体现在如下四个方面。

（1）生产物流系统重构

在实际生产过程中，产品生产的 90%的时间都用于储存、装卸、搬运等流转过程。这些物流活动严重牵制了整个生产过程。因此，生产物流系统的重构是企业生产系统重构的关键。

要实现生产物流的重构，主要是寻找对物流资源进行科学控制和调度的方法。对物流的控制问题，常见的数学方法有两种：一种是数学规划，但对于物流系统这样庞大、复杂且随机性强的系统建立一个完备的数学模型几乎是不可能的；另一种是把工作的流动认为是无计划的，其决策则完全根据系统当时的状态并利用启发式调度规则来确定，但缺乏理论基础。可以考虑将物流控制系统独立起来并将计划调度作用于控制系统，即在计划调度层就保证其最终解的理论性，并利用仿真的手段来验证调度方案。在这一思想的指导下，有关学者提出了一种基于时间的任务队列方法而建立的面向可重构生产物流系统的仿真平台，在物流资源重构和调度策略的基础上分析各种物流方案的性能，为生产物流重构提供了有效的解决途径。

（2）车间物流改造

一般制造企业车间仿真都可以归类为离散事件仿真。具体的做法是采用 Petri 网或面向对象方法对车间物流进行系统建模，利用三维可视化仿真软件完成从系统建模到仿真模型的构建，通过运行仿真模型并观察其效果，直观地从仿真画面或仿真后得到的数据图表等形式发现车间物流系统中存在的问题，然后分析问题的原因，进而对车间物流系统进行改进。

（3）确定瓶颈资源

依据 TOC 理念（约束理论），企业的产出是由它的瓶颈资源决定的。在"按订单"生产方式下，准确且尽早地确定瓶颈资源能大大地缩短生产周期，在时间方面更好地满足订单的要求。通过建模，仿真能充分考虑和体现生产系统的复杂性和随机性，在生产之前较为准确地确定瓶颈工序，从而指导生产，使企业在保证较短的生产提前期的同时，大大节省人力和物力。

（4）库存管理

传统的库存管理往往是依靠预测来安排生产的。由于预测和实际存在差距，往往造成不同程度的损失，如库存不足或过剩、仓库空间紧缺、设备超负荷工作等。使用仿真技术可以确定企业何时需要再订货，订多少货；仓库的选址、布局和容量大小；各种运输、装卸设备的数量及分配规则；货物的配送方案等。可以先建立企业库存系统的模型，在此基础上对各种库存管理模型进行仿真，对仿真结果进行分析评价，从而确定最优策略。使用模拟仿真技术不仅可以动态地模拟入库、出库、库存及各种设施、资源的使用情况，避免资金、人力和时间的浪费，更重要的是，它可以为库存管理提供有效的科学依据，使企业根据需要准确地掌握入库、出库的时机和数量，合理地规划和安排仓库及各类设施、资源，实现库存成本的最小化。

10.3.2　物流仿真软件

1. 仿真软件的发展与应用概括

随着物流仿真在我国物流行业中的发展，物流仿真技术及软件实现的重要性日益突出。物流软件的开发起源于 20 世纪 80 年代，现阶段常用的物流仿真软件主要来自美国，也有部分来自欧洲。物流仿真软件是对商业物流进行建模、分析、可视化控制的强大工具，可以帮助企业规划和实施可靠的物流和制造解决方案，减少投资风险、降低运营成本，同时也是培训人员的有力手段。使用物流仿真软件一个最大的优点是，无须实际安装设备，无须实际实施方案即可验证设备的导入效果和比较各种方案的优劣。在工程建设或设备配置的计划阶段发现和解决问题，因此，它对降低整个物流投资成本起到不可缺少的作用。

随着计算机技术和仿真技术的发展，目前有很多物流仿真软件可供选择。物流仿真软件有不同的分类方法。根据软件结构形式，物流仿真软件可分成结构式（Hierarchical Manufacturing）和分散式（Discrete Manufacturing）两大类。

根据动画表现形式，可分为 2D 类（如 Arena、eM-Plant、Witness、Extend）和 3D 类（如 Flexsim、AutoMod、RaLC），2D 是指动画表现形式为二维平面形式，3D 是指动画表现形式为三维立体形式。大多数 3D 类仿真软件也能在 2D 形式下表现，例如 Flexsim，建模可在 2D 环境下进行，在 2D 环境下的建模过程中，自动生成了 3D 模型，建立 3D 模型无须另外花费时间。有些 2D 类仿真软件通过其他的工具辅助也可表现为 3D 形式，比如 Extend、Witness。根据建模方法，物流仿真软件可分为部件固定类（如 Arena、Witness、Extend、AutoMod、RaLC 等）和部件开放类（如 Flexsim、eM-Plant 等）。本质上，物流仿真软件的建模方法大同小异，都是通过组合预先准备好的部件来建模。其中用户不能够定制部件的软件为部件固定类，用户能够定制部件的软件为部件开放类。部件开放类的仿真软件更具有通用性和扩展性，由于用户定制的部件可被其他用户利用，部件库将会越来越大，从而加快建模速度。

根据仿真软件的来源，可分为普适性类和物流专业类。普适性类仿真软件指该软件不但可以用于物流仿真，而且可以应用到其他行业，如 Extend 仿真软件既可用于政府流程、公共事业管理、认知建模和环境保护等仿真模拟，也可用于工厂设计和布局、供应链管理、物流、生产制造、运营管理等物流行业。而专业物流仿真软件则专门针对物流行业应用开发，如 Flexsim 和 AutoMod。

随着技术的发展进步，物流仿真软件的性能也得到了不断的完善和提升，其发展趋势主要体现在以下几个方面。一是动画功能强化趋势。随着计算机处理速度的提高，各仿真软件制造商都在不断提高模型的动画表演功能。特别是 20 世纪 90 年代后研制的仿真软件，更是将现代的图像处理技术融入了仿真模型中，可直接将大众化的 3D 图形文件（如*.3DS、*.VRML、*.DXF 和*.STL）调到模型中，进行更直观的 3D 动画表演。二是附加优化功能的趋势。供需链管理目前正朝着优化和协同两个方向发展，由此带动了供需链系统建模技术的日益完善。建模手段和模型的求解方法愈加丰富，引入了各种新的和改进的优化技术。仿真不是优化工具，它是对提出的方案进行评估的工具。但是仿真和优化相结合的情况越来越多。在仿真系统中，可以利用优化功能求出其最佳的参数或逻辑。应用于仿真软件中的优化工具有 OptQuest，许多仿真软件把 OptQuest 作为可选项，但也有个别的仿真软件（如 Flexsim）将 OptQuest 捆绑于软件之中。三是与其他工具（系统）的连接趋势。最新的仿真软件可与 ERP 系统、仓库管理系统、实时数据管理系统等相连接。在 ERP 系统、仓库管理系统、实时数据管理系统中设置若干个数据采集点，这些数据实时地提供给仿真系统，达到实时仿真的效果。四是网络化趋势。随着物流供需链的发展，使得物理上供应链的分布越来越分散，越来越网络化，这使得仿真建模不能仅仅局限在定点、静态的方式下，需要网络化的发展，互联网条件下的供需链建模和仿真的研究已经迫在眉睫。

随着计算机技术的发展和新的建模方法、建模手段的产生，物流仿真软件也将逐渐完善并更广泛地应用到物流系统设计、规划当中，取得更多的成果。

2. Flexsim 仿真软件

Flexsim 是美国的三维物流仿真软件，能应用于系统建模、仿真以及实现业务流程可视化。Flexsim 中的对象参数可以表示基本上所有的存在的实物对象，如机器装备、操作人员、传送带、叉车、仓库、集装箱等，同时数据信息可以用 Flexsim 丰富的模型库表示出来。Flexsim 具有层次结构，可以使用继承来节省开发时间。而且它还是面向对象的开放式软件。对象、视窗、图形用户界面、菜单列表、对象参数等都是非常直观的。由于 Flexsim 的对象是开放的，所以这些对象可以在不同的用户、库和模型之间进行交换，再结合对象的高度可自定义性，可以大大提高建模的速度。Flexsim 的用户性和可移植性扩展了对象和模型的生命周期。

Flexsim 是迄今为止世界上第一个在图形环境中集成了 C++IDE 和编译器的仿真软件。在这个软件环境中，C++不但能够直接用来定义模型，而且不会在编译中出现任何问题。这样，就不再需要传统的动态链接库和用户定义变量的复杂链接。Flexsim 应用深层开发对象，这些对象代表着一定的活动和排序过程。要应用模板里的某个对象，只需要用鼠标把该对象从库里拖出来放在模型视窗即可。每一个对象都有一个坐标、速度、旋转，以及一个动态行为（时间）。对象可以创建、删除，而且可以彼此嵌套移动，它们都有自己的功能或继承来自其他对象的功能。这些对象的参数可以把任何制造业、物料处理和业务流程快速、轻易、高效地描述出来。同时 Flexsim 的资料、图像和结果都可以与其他软件公用（这是其他仿真软件不能做到的），而且它可以从 Excel 表读取资料和输出资料（或任何 ODBC

Database），可以从生产线上读取现时资料以做分析功能。Flexsim 也允许用户建立自己的实体对象（Objects）来满足用户自己的要求。

（1）Flexsim 的实际应用

Flexsim 的实际应用非常广泛，主要适用于以下方面。

① 服务问题。

"客户至上"是当今商家最为重要的准则，但是企业的运作还必须考虑成本。满足客户服务和降低服务成本这两个相互矛盾的目标往往使人们无所适从。为了寻求最佳的解决方案，可以考虑运用系统仿真技术。通过系统仿真建立客户服务模型，然后为系统制订各种不同的服务水平和成本指标，运行仿真模型比较不同指标的输出，从中找到最佳方案。

② 制造问题。

制造过程最为关注的是，要在恰当的时间制造出恰当的产品，同时又要力求成本最低。这三个目标之间同样是相互矛盾的。为了解决这一难题，也可以运用系统仿真的方法，通过建立制造系统的模型，运行不同参数下的各种系统方案，进行比较。

③ 物流问题。

现代物流要求在规定的时间内把适当的产品送至指定的地点，同时尽可能降低运送成本。这也是一个复杂的多目标系统问题，需要通过系统仿真来分析解决。

归结起来，凡是属于排队系统问题、库存系统问题和网络系统问题的都可以用 Flexsim 通过建模仿真来进行分析解决。Flexsim 所研究的对象多是复杂的多目标系统。Flexsim 将众多目标的不同参数组合的运行结果输出后供分析者比较，选取较优的参数组合。由于 Flexsim 提供了逼真图形动画显示完整的运作绩效报告，因此可以在比较短的时间内对各种方案的优劣进行比较，同时对预选的各种方案进行评估。

（2）Flexsim 仿真平台建模特点

① 面向对象。

Flexsim 中的对象参数可以表示几乎所有存在的实物对象。像机器、操作员、传送带、叉车、仓库、交通灯、储罐、箱子、托盘、集装箱等都可以用 Flexsim 中的模型表示，同时数据信息也可以轻松地用 Flexsim 丰富的模型库表示出来。

Flexsim 也允许用户建立自己的模拟对象，用户可以自行建立自己特殊的对象，一旦建立完成，其他用户便可以共享这些对象而无须重新建立。

② 层次结构。

运用 Flexsim 所建立的仿真模型具有层次结构。在组建客户对象的时候，每一组件都使用继承的方法，在建模中使用继承结构可以有效地节省开发时间，建模时可以充分利用 Microsoft Visual C++的层次体系特性。

③ 可重用性。

由于 Flexsim 中的对象都是开放的，因此这些对象可以在不同的用户、库和模型之间进行交换，可以在对象中根据自己的想法改变已经存在的代码，删除无须要的代码，甚至还可以创建全新的对象。不论是已设定的还是新创建的对象都可以放入库中，而且可以应用在别的模型中。由于对象的高度可自定义性，可以大大提高建模的速度。当用户自定义的对象加入库中时，就可以非常方便地在别的模型中使用该对象。可定制化和可重用性显著扩展对象和模型的生命周期。

④ 可视化

Flexsim 的虚拟现实动画以及模型浏览窗口可以把所有实时的虚拟现实图形整合在模型输出窗口。其内置的虚拟现实浏览窗口，可以添加光源、雾以及虚拟现实立体技术。为方便实际演示还可定义"Fly-Through"（三维视角的空间路径），可以将不同视角的模型运行状态实时显示出来，并且可以通过内置的 AVI 录制器快速生成 AVI 文件来记录仿真过程。

（3）Flexsim 仿真建模的基本步骤

① 设置布局：根据建模前设计好的物理系统，将对象从"对象库"中拖到仿真视图窗口中的适当位置。

② 定义"流"：根据对象之间的逻辑关系，连接相应的端口，构建仿真模型的逻辑流程。

③ 参数设定：根据每个对象所要描述的物理系统的特征，设定对象的参数。

④ 运行模型：先编译模型，然后重新设置并运行此模型。

⑤ 仿真结果分析：Flexsim 是一个实时的仿真软件，在仿真过程中，用户可以对每个对象进行操作，检测其当前的状态。

3. RaLC（乐龙）仿真软件

RaLC（乐龙）仿真软件是上海乐龙人工智能软件有限公司（日本人工智能服务有限公司在华子公司）提供的。它是面向对象的。物流配送中心所使用的基本搬运器械设备即对象事物，包括各种传送带、自动立体仓库、平板车等，以及工作人员的装卸、分拣、叉车搬运等，全部以按钮的形式摆放在工具栏上，而且可以对对象物体的配置进行设计，用于对各类对象物体的形状和规格建模，十分直观。RaLC（乐龙）系列软件在建模速度、建模操作简便性、模拟和仿真精确度等方面都处于世界领先水平。

4. AutoMod 仿真软件

AutoMod 是由 Autosimulation 旗下的 Brooks 软件部门开发的，它由 AutoMod、AutoStat 和 AutoView 三个模块组成。AutoMod 提供给用户一系列的物流系统模块来仿真现实世界中的物流自动化系统，主要包括输送机模块、自动化存取系统、基于路径的移动设备、起重机模块等。AutoStat 模块为仿真项目提供增强的统计分析工具，由用户定义测量和实验的标准，自动在 AutoMod 的模型上执行统计分析。AutoView 允许用户通过 AutoMod 模型定义场景和摄像机的移动，产生高质量的 AVI 格式的动画。用户可以缩放或者平移视图，或使摄像机跟踪一个物体的移动。AutoView 可以提供动态的场景描述和灵活的显示方式，是目前市面上比较成熟的三维物流仿真软件。

10.3.3 仿真软件的比较

以上介绍的物流系统仿真软件都是市场上比较常见的，都具有虚拟现实、动态反映物流现实状况的显著优势，应用表现形式灵活多样，有些在某一国家或者某一领域得到了深入的应用，有些则应用比较广泛。这些仿真软件有各自的特色和优势。现将主流的仿真软件简单比较分析如下。

Flexsim、Arena、Promodel、Witness 和 AutoMod 都是市场上常见的模拟软件。Arena、Promodel、Witness 和 AutoMod 的模拟技术都开发于 20 世纪 80 年代中期至 90 年代后期。

Arena、Witness、Promodel 都没有三元虚拟的技术，而 AutoMod 三元虚拟技术只限于线框模型（Wireframe）的代表，非实质模拟技术。有的软件只能代表性而不能实质地反映实际的情况。Flexsim 是一个完整的 3D 模拟软件，实质地反映现实的情形。Flexsim 的虚拟技术也不比其他软件逊色，无论在模拟驱动器（Engine）、统计数字分析和图形代表方面都能反映实际的情况。在 Flexsim 的 3D 虚拟中，用户可以使用鼠标器（右击、左击和左右同时点击）来放大、缩小和改变图像的角度，其他的软件是做不到的。

相对而言，AutoMod、Witness、Em-Plant 等注重数据的统计分析，而忽略模型的可视性。虽然这些软件也带有三维显示功能，但是功能不强，而且该方面的功能模块过于昂贵，所以实际应用并不是很多。

除了 Arena 和 Supply Chain Guru，其他都为三维软件，其中 Flexsim 和 RaLC 等有很好的面向对象性，Supply Chain Guru 是专门的供应链仿真软件，Class Warehouse 是专门的仓库仿真软件，Arena 是一种管理系统模拟软件。

Flexsim、Supply Chain Guru 等仿真软件的资料、图像和结果都可以与其他的软件实现无缝连接，这是其他软件做不到的。

模拟方法方面，在 Flexsim 中，逻辑和资料是输入每一个对象中而不是在产品中的。例如，作业的资料是在乎制造的过程，而不是经过的产品中。在建立模拟作业时，用户只需把对象拖到所要的位置，然后放下。用户接下来把对象连接起来，最后把逻辑和资料输入对象，便完成了整个建立的过程。用户也可以用 C++建立自己的逻辑，并输入对象中。

仿真运行速度方面，在最近的比较中，同一个铁路系统的模拟，Flexsim 比 Arena 快几倍。在另一个实验当中，同一个半导体的物料管理系统，Flexsim 比 AutoMod 快 3～4 倍。对于其他仿真软件，因使用的硬件配置、仿真环境不一样，仿真运行的速度也有差异，尚未见相关报道。

查询系统（Query System）方面，Flexsim 允许用户在虚拟当中同时做出任何的询问。而在其他仿真软件里，用户需要暂停或结束虚拟，才可以做出询问。

相比之下，参数化建模是 SIMAnimation 较之其他软件的独特优势，它可以通过多元非线性参数设置，建立精确度较高的三维实体。

大多数仿真软件在运行结束后可根据统计数据生成仿真报告，仿真报告以表格、直方图、饼状图等形式表示，显示了各个物流设备的利用率、空闲率、阻塞率等数据。用户可根据仿真报告提供的数据对物流系统的优缺点进行判断，做出科学决策。主要仿真软件比较如表 10-7 所示。

表 10-7　主流仿真软件比较

仿真软件	应用行业	动画功能	操作容易性	价格
Flexsim	几乎能为所有产业定制特定的模型	3D	可用 C++创建和修改对象	一般
RaLC	专业面向物流行业和工业工程领域	3D	建模简单直观，短时间内可熟练掌握	较低
eM-Plant	面向大型制造业领域的仿真群	2D	比较复杂	一般
Witness	平面离散系统生产线仿真器	2D	一般	一般

续表

仿真软件	应用行业	动画功能	操作容易性	价格
SIMAnimation	集成化物流仿真软件	3D	基于图像的仿真语言，建模简单	一般
ShowFlow	制造业和物流业	3D	功能简练，操作简单	较低
Delmia	汽车、航空、结构组装、电力电子、家用消费品、造船等行业	3D	可3D协同工作	较贵
Quest	大型制造业生产线，对物流生产线不太适用	3D	快速有效地建模	昂贵
AutoMod	比较成熟的三维物流仿真软件	3D	需要编制程序才能做出作业流程	昂贵
Promodel	小型化工场、大型工厂生产及先进的弹性制造系统	3D	无须编写任何程序	较贵
Arena	制造业、物流及供应链、服务、医疗、军事、日常生产作业、各类资源的配置、业务过程的规划、系统性能和计划结果的评价、风险预测	2D	用户容易得到的免费参考材料以及服务	一般
Stream	物流生产线的仿真、单个机械设备的仿真	3D	技术支持较差	一般
Incontrol	交通仿真、物流配送、产能管理、政策分析和系统控制等	3D	技术支持较好	较贵
Supply Chain Guru	专门的供应链仿真软件	3D	一般	较贵
Class Warehouse	专门用于仓库设计	3D	一般	一般
Extend	政府流程、工厂设计和布局、供应链管理、物流、公共事业管理、生产制造、认知建模、运营管理、环境保护	2D	用户需有行业经验，具备编程知识	一般

案例分析

城市100的共同配送系统优化

成立于2011年底的北京城市100物流有限公司（以下简称城市100），是在北京市商务委员会的领导和北京快递协会的组织之下，整合北京地区优质快递网络资源基础上创建而成的。城市100其名称主要取义为"配送最后100米，百姓满意100分"。城市100的诞生与整个行业发展有很大关系。我们都知道，电子商务迅猛崛起，催生了快递行业的高速发展，随着上下游客户的服务需求日益呈现多样化、个性化趋势，而快递延误、丢失、损毁等情况时有发生，特别在校园末端配送环节，快递企业往往采取地摊式作业方式，不仅影响了周边环境，也增加了快递丢失或错投的概率。另外，由于没有固定的操作场地，快递企业无法提供24小时的服务，从而限制了服务水平的提升。正是看到了末端配送存在的不足，城市100末端配送的理念应运而生，推出了针对末端的"共同配送"这一新运营模式。

城市100立足于社区、高校，以门店为载体，以"共同配送"为核心，以高标准的服务实现快递与用户、社区、高校、物业的和谐统一。城市100致力于通过末端资源整合，实现行业成本的显著降低，提高行业运营效率；通过作业模式的创新，改善快递物流末端作业混乱的现象，提高行业的美誉度；通过服务标准的确立和服务品质的提升，提高行业的认同度，带动行业的示范效应；通过联盟合作的形式，形成产业联合，做大做强行业企业，提升行业竞争力，促进行业健康发展。

城市 100 共同配送运营模式包括前端的仓配一体化至订单后的一体化解决方案，即电商企业只需将订单抛给城市 100，后续的合单、转码、库内作业、发运配送、拒收返回以及上下游的账务清分等全部由城市 100 来做（高端配送业务的高利润和普通配送市场的规模化相结合），涵盖中端的多频次分拨（提高货物的流转速度），末端的共同配送加自提。如果消费者无法第一时间接收快件，可委托离自己最近的城市 100 门店代收，可以不受时间限制并自主决定上门取货时间（提高末端配送服务质量），实现共同配送全业务流程的完美对接。为了有效整合北京资源，扩大配送区域，更好地为北京老百姓提供更为完善的配送服务，城市 100 将加大"共同配送"品牌宣传，加速开发城市末端配送的门店数量，同时提高门店末端配送与自提的服务水平。

城市 100 共同配送目前还处于建设期、投入期，处于摸索阶段，还有一系列问题需要解决。一是在物流配送方面具体法律、法规的缺乏。缺乏有针对性的物流配送法律、法规的规范和扶持，使得一旦出现法律上存在空白的问题，公司只能自己想办法解决，费时又费力。各区域之间缺乏协调统一的发展规划和协调有序的协同运作，归口管理不一致，制约着物流配送的效率。二是配送门店成本问题。在人流密集的社区和学校周边，相关配套设施都已非常齐备，难以找到合适的配送站点和场地。花费很大精力找到的门店，随着房租的不断上涨，进一步提高了门店建设成本。三是目前的末端共同配送模式可能使得快递公司的回件业务受到影响。通过哪个快递公司邮寄，往往因站长的话语导向而产生"不公正"现象。这使得公司在处理与各家快递公司关系上十分尴尬。四是分拨中心分拣上的成本和效率受场地、设备等因素影响大，会使结算体系上也容易出现一些问题，导致坏账。这也是城市 100 正在攻克的难关。五是末端配送通行难、停车难。按照北京市相关规定，电动三轮车不准上路，而机动车停车费又很高，这些都严重影响了末端配送的效率。六是该公司希望给顾客提供便利，但是便利不等于慈善，那么快递经过多次集散之后到达末端配送这一环节，共同配送还需在所剩无几的份额里再去瓜分其中微薄的利润，于是各快递公司基于为自己利润考虑，只在年底或者业务繁忙的时候找到城市 100 进行末端配送，其他的时间就由各自的快递员进行配送。同时，信息技术的不成熟、投资费用过高也都成为配送发展过程中不可忽视的障碍。

案例来源：运输人. http://www.yunshuren.com/article-6507.html

案例思考：
从物流系统设计的角度分析如何解决城市 100 面临的突出的配送问题？

复习思考题

1. 物流系统分析有哪些常用的方法和理论？
2. 物流系统选址的影响因素有哪些？
3. 物流系统的优化方法应该怎么选择？
4. 什么是物流系统仿真？
5. 常用的物流仿真软件有哪些？
6. Flexsim 仿真建模的基本步骤是什么？
7. 常用的仿真软件的异同是什么？

第11章

物流组织与管理

学习目标

1. 理解现代物流组织的结构，了解物流组织的发展；
2. 掌握物流组织结构的类型；
3. 了解物流服务和质量管理的内容；
4. 理解物流成本管理的目的及方法；
5. 了解物流标准化的特点和种类。

导入案例

"京东速度"的秘诀

相信很多人选择京东的一大理由就是因为京东的物流速度。在电商时代，物流速度是整个服务体系中尤为重要的一个环节，它直接影响了用户的购物体验，甚至是购物决策。很多人都很喜欢京东"211限时达"这样的服务。那么如何让这一过程变得很快呢？

在京东青龙物流配送系统中实现快速配送的核心就是预分拣子系统。预分拣是承接用户下单到仓储生产之间的重要一环，可以说没有预分拣系统用户的订单就无法完成仓储的生产，而预分拣的准确性对运送效率的提升至关重要。预分拣系统根据收货地址等信息将运单预先分配到正确的站点，分拣现场依据分拣结果将包裹发往指定站点，由站点负责配送。所以预分拣结果的准确性对配送系统至关重要。青龙配送系统在预分拣中采用深度神经网络、机器学习、搜索引擎技术、地图区域划分、信息抽取与知识挖掘，并利用大数据对地址库、关键字库、特殊配置库、GIS地图库等数据进行分析并使用，使订单能够自动分拣，且保证7×24小时的服务。

如果说预分拣系统是京东物流的心脏，那青龙的核心子系统，则扮演着龙骨的角色。整个的青龙配送系统是由一套复杂的核心子系统搭建而成的。

终端系统：通常你会看到，京东的快递员手中持有一台PDA（掌上计算机）一体机，这台一体机实际上是青龙终端系统的组成部分。在分拣中心、配送站都能看到它的身影。

运单系统：这套系统是保证你能够查看到货物运送状态的系统，它既能记录运单的收货地址等基本信息，又能接收来自接货系统、PDA系统的操作记录，实现订单全程跟踪。同时，运单系统对外提供支付方式等查询功能，供结算系统等外部系统调用。

质控平台：京东对于物品的品质有着严格的要求，为了避免因为运输造成的损坏，质控平台针对业务系统操作过程中发生的物损等异常信息进行现场汇报收集，由质控人员进行定责。质控系统保证了对配送异常的及时跟踪，同时为降低损耗提供质量保证。

　　GIS 系统：也称地理信息系统。基于这套系统，青龙将其分为企业应用和个人应用两个部分，企业方面利用 GIS 系统可以进行站点规划、车辆调度、GIS 预分拣、北斗应用、配送员路径优化、配送监控、GIS 单量统计等功能。

讨论及思考：

京东物流主要是通过哪几个方面来提高物流速度的？

11.1　物流组织结构

　　任何一家企业、任何一个项目，如果没有合理的组织，即使方法先进、技术精良仍只能是一盘散沙，发挥不了作用。据统计，成功的物流项目不多的最重要的原因是物流组织结构不合理妨碍了物流方案实施。物流组织是随着企业的环境和企业本身的变化而变化的。通常，根据企业现有的组织结构和市场环境及发展定位，物流组织结构主要有智能式结构、事业部式结构、矩阵式结构、委员会结构和任务小组、网络式组织结构和战略联盟等。

11.1.1　物流组织的演变

　　物流始于 20 世纪 60 年代，目前正从分散逐步走向一体化。在 21 世纪，对物流的普遍关注在于总体的整合。传统的物流活动分散在整个组织内部，它在企业的营销部门、财务/会计部门以及制造组织中都有所体现，如表 11-1 所示。

表 11-1　传统的物流活动

	营销部门	财务/会计部门	制造部门
功能领域及活动	客户服务 需求预测 仓储站点选址 出站运输 仓储	订单处理 交流 采购 存货策略的公式化表述 对仓储、工厂及其他物流资产的资金预算	库存控制 物料处理 零部件及服务支持 工厂位置选址 包装 入站运输 生产计划
目标	高存货水平 分散的仓库 频繁、短期的生产运转 快速响应 联机信息处理	低存货水平 较少的仓库 考虑成本 专用信息处理系统	长期的生产运转

11.1.2　物流组织发展的三个阶段

1. 分散操作阶段

　　物流组织主要着眼于对最终产成品的运输和仓储的有效管理，总体以操作层面为导向。除了这两项活动的协调外基本没有一体化。这一阶段物流作为制造部门或销售部门下属部门中的一项业务来对待，当然也就没有专门的物流管理部门。运输、保管、包装等物流的各项职能分散在各个业务部门，属于一种分散型的组织。

2. 功能整合阶段

物流组织目标在于整合产成品配送以及控制入站运输。其特色是以管理为导向，单个活动被视为整个实体配送流程的一部分。决策反映出某种程度的权衡。例如，运输与仓储、库存与客户服务，并常常与营销及制造方面相协调。同时，此阶段明确地将客户服务、订单处理等活动整合在一起，促进了总体服务水平的提高。由于加强了服务，这一阶段实现了收益增加。

3. 资源整合阶段

这一阶段表现了整合总体物流流程的优势，并包括了与实体配送和物料管理相联系的决策制订。总体导向转为物流、营销、运营之类的战略问题，还包括对外部交易环境变化的反应和期望，对流动资产如存货和应收账款的缩减。并且，资产的生产能力和利用能力同时上升，这对投资收益有着积极的影响。此阶段还包括利用信息资源使物流过程信息化，从而有效地对整个过程进行控制、管理和协调。企业的物流出现集中化、专业化的趋势。把分散在不同部门中相同的、相近的，甚至相冲突的物流工作采用组织手段组织在一起，形成新的物流系统。

小资料：物流组织特征

美国物流管理协会的调查表明，在物流组织上有领先优势的公司有以下特征：

◇ 正规的物流组织
◇ 高层次的主管人员
◇ 物流组织采用"不固定"方式以及鼓励在适当时重组
◇ 强调物流的中央控制
◇ 管理范围超过传统的物流直线型和参谋型活动
◇ 着眼于客户满意度和创造物流价值

11.1.3 物流组织结构的类型

无论物流组织如何发展，为使物流公司效益更高，公司必须确保对每一层次的物流职责进行有效管理。物流的组织职能是以一定的组织结构形式体现出来的。组织结构形式是体现物流组织各个部分及其与整个企业经营组织之间的关系的一种模式。由于受成长背景、行业特征、信息化水平、企业规模等因素的影响，各企业的物流组织结构大致有以下几种基本类型。

1. 职能型组织

早期的物流是以职能为中心进行管理的。职能型组织将生产、销售、财务、物流等活动划分为企业的单个职能部门，各职能部门的调整全部由最高经营层决策，如图 11-1 所示。

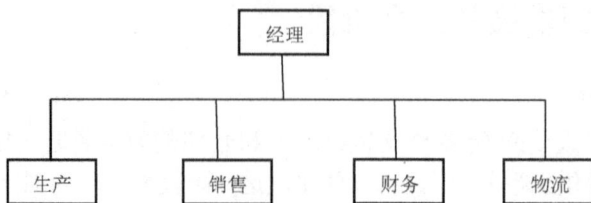

图 11-1　职能型物流组织结构

职能型组织结构的优点在于，拥有专业化优势，通过将同类专业人员组合在一起，可从劳动分工中取得更高的效率，可以减少人员和设备的重复配置。其缺点在于，组织中各部门常常会因为追求职能目标而看不到全局的最佳利益，没有一项职能对最终结果负全部责任；无法按部门进行利益管理，并实现从生产到经营等各职能阶段成本的控制和正常价格的计算，因而无法从根本上实现物流成本控制。

小案例：海尔的组织结构调整

2000 年，海尔对整个集团的物流资源进行重组，成立物流推进本部，对过去分散在各个事业部的采购、仓储、配送业务进行统一规划与管理，仅统一采购彩色显像管一项，全年至少节约 580 万元。通过 JIT 统一配送管理，使库存占用资金由原来的 15 亿元降为 7 亿元。

2. 事业部组织

事业部制是一种分权式的管理方式，每一个事业部一般都是自治的，由事业部经理对全面绩效负责，同时拥有充分的战略和运营决策权力。其中，对物流活动的管理也被分配到各个事业部单独进行。事业部组织结构如图 11-2 所示。

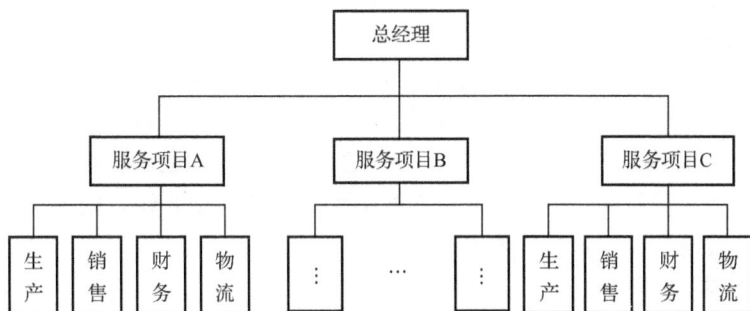

图 11-2　事业部组织结构

事业部制的优点在于分部经理对一种服务项目负完全责任，管理责任明确并容易实施成本控制，同时增加了经营的灵活性。但是，随着市场发展和客户需求的多样化，新产品开发成为物流企业的必要活动，而事业部结构由于存在部门界限，从而使新产品开发成为单个事业部的行为，造成各事业部活动和资源出现重复配置。

3. 矩阵式组织

矩阵式物流组织是由美国学者丹尼尔·W.蒂海斯和罗伯特·L.泰勒于 1972 年提出的。它的设计原理是将物流作为思考问题的一种角度和方法，而不把它作为企业内的另外一个功能。

物流业务包括的内容较多，履行一项物流业务需要跨越多个部门，历时较长，涉及的人和事较多，所以，在某个流程上的一项物流业务也可看作一个项目。矩阵式物流组织结构中，履行物流业务所需的各种物流活动仍由原部门（垂直方向）管理，但水平方向上又加入类似于项目管理的部门（一般也称为物流部门），负责管理一个完整的物流业务（作为一个物流项目），从而形成了纵横交错的矩阵式物流组织结构。组织结构中物流项目经理在一定的时间、成本、数量和质量约束下，负责整个物流项目的实施（水平方向），传统部门（垂直方向）对物流项目起支持作用。矩阵式组织结构如图 11-3 所示。

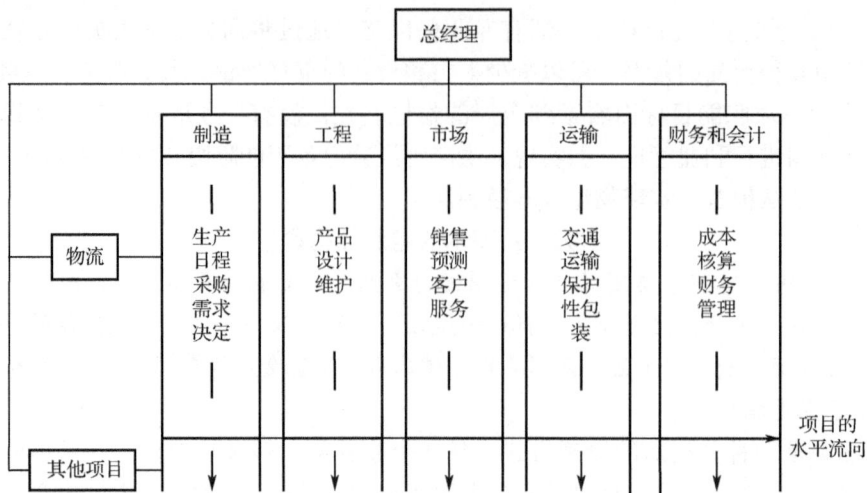

图 11-3　矩阵式组织结构

矩阵式物流组织结构有 3 个优点。①物流部门作为一个责任中心，允许其基于目标进行管理，可以提高物流运作效率。②这种形式比较灵活，适合于任何企业的各种需求。③它允许物流经理对物流进行一体化的规划和设计，提高物流的整合效应。虽然这种新型的组织兼有了职能型组织和事业部组织的优势，但是它放弃了统一指挥原则，由于采用双轨制管理，职权关系受"纵横"两个方向控制，对权力和责任的界定含糊，因此可能会导致某些冲突和不协调，造成混乱并隐藏着权力斗争的倾向。

4. 委员会结构和任务小组

物流组织的主要目标是计划不同的物流活动并保持这些活动的协调一致。这种协作也可以通过一些非正式的组织达成，即不改变现有的组织结构，而使用合作或建议等方式来达成负责这些活动的员工之间的协作，协调各种物流活动。这种非正式的物流组织大致有委员会结构和任务小组两种。它们的优点在于具有较大的灵活性，委员会结构可将多个人的经验和背景结合起来，可跨越职能界限处理一些问题。委员会可以是临时性的，也可以是永久性的，这种物流委员会的成员由各主要物流环节的人员组成，各成员定期或不定期地聚集在一起分析问题、提出建议、协调活动、做出决策或监控项目的进行。

任务小组则是与委员会结构相类似的一种非正式组织。任务小组是一种临时性结构，主要用来达成某种特定的、明确规定的复杂任务。它涉及许多组织单位人员的介入，可以看作临时性矩阵的一种简化版。任务小组的成员一直服务到目标达成为止。委员会和任务小组都解决特定状况下出现的问题，比如新的物流设施选址问题等。从实质上说，临时性委员会通常等同于任务小组。永久性委员会比任务小组更具稳定性和一致性。这两种组织方式的共同点在于，成员均具有不同的背景以及不同的经验和学识，他们之间的协作所产生的成果显然比将成员各自的技能简单相加要显著得多。但在工作中，各成员之间的职责和权利分配难以清晰界定，这会造成管理上的困难；另外，由于各成员背景不同，协调和沟通也存在困难。

5. 网络式组织结构

（1）大型网络化专业物流组织模式。企业通过网络与区域性或跨区域的大型物流企业建立协作或联盟关系，把企业的物流交付给专业化物流企业进行组织（如第三方物流等），实现广泛的、专业化的、快捷的物流管理与控制，可实现远距离的业务辐射与拓展。此模式适用于直接面向消费者的商业类企业和其他中小企业的物流组织与配送，以及大宗原材料等生产资料的物流组织（如铁路、航空、水运等）。

（2）基于供应链管理的物流组织模式。企业通过网络寻求与其相关联的企业的合作，并动态地进行物流组织，从而实现稳定的、低成本的物流组织与控制。这是一种较高层次的物流组织模式，适用于产品比较稳定且供应链较长的大型制造企业的物流管理。

（3）基于网络的物流配送组织模式。此类组织结构是建立在企业物流管理信息系统基础上的快速反应配送组织体系，其物流配送成本低、物流易于控制、物流组织稳定、配送准确及时，物流配送系统为企业的一个组成部分或协议委托当地专业化企业代理，组织结构为职能型或网络型。适用于大中型的连锁经营、特许经营和网上交易等大规模商业模式，如大型超市、酒店、银行等服务型企业。

6. 战略联盟

随着供应链管理等物流一体化战略的兴起，战略联盟成为企业之间一种新的组织形式。由于供应链成员之间既相互独立又相互储存，彼此间需要开展纵向合作；同时，绝大多数物流服务表现出高度的核心专业化，它们的利益产生于规模经济，并很容易受规模经济的影响，这就促进了企业间相互的横向联盟。

供应商与客户之间、同行业企业之间、相关行业企业之间，甚至不相关行业的企业之间，都可能在物流领域实现战略联盟，特别是生产型企业与专业物流企业之间较为容易建立战略联盟。联盟各方的最终目的都是为了保障彼此的长期业务合作，建立战略性合作伙伴关系。

小案例：美的与安得物流

2000 年 1 月，美的集团出资 70%，联合安徽芜湖一家贸易公司，让其出资 30%组建了安得物流有限公司。美的组建安得的理由当时很简单，把物流业务剥离出来，美的就可以专心做产品，而安得物流则专心做物流。美的把安得物流公司分离出来，一方面能为美的生产、制造、销售提供最快捷的物流服务；另一方面，安得又可以向外延伸业务。

到 2001 年下半年，安得开始拥有了除美的之外的客户。目前，安得物流除大股东美的外，韩国 LG、伊莱克斯、神州数码、TCL、方正、新飞电器、鹰牌电器、威灵电机等 70 家家电企业或电子巨头已成为其客户，安得物流已成长为一家第三方物流供应商。在 2004 年后期，美的集团进行了组织架构的大调整，旗下直属的威尚集团被撤销。根据美的安排，威尚旗下的安得物流有限公司的资产暂时将直接受美的集团管理，与四大利润主体并列。

11.2　物流服务管理

11.2.1　物流服务

1. 物流服务的概念与构成

物流系统的产出就是物流服务，现代物流服务管理以顾客满意为第一目标。在物流活动中，客户服务水平的好坏直接影响着双方合作的效力和持久性。物流服务理念的确立成为现代物流的最大革新。物流服务是企业为满足客户（包括内部和外部客户）的物流需求，开展的一系列物流活动的结果。

美国的罗纳德·H.巴罗（Ronald Bal-lo）教授提出的交易全过程理论，把客户服务分为交易前、交易中和交易后三个阶段，每个阶段都蕴含着不同的服务要素。交易全过程理论如图 11-4 所示。

物流服务是对顾客商品利用可能性的一种保证，它包含了三种要素：①拥有顾客所期望的商品（备货保证，例如在库服务率）；②在顾客希望的时间内传递商品（输送保证，例如进货周期、订货频度、订货截止时间等）；③符合顾客所期望的质量（品质保证，例如物理损伤、保管运输中损伤、数量差错等）。物流服务可以理解为衡量某物流系统为某种商品或服务创造的时间和空间效用好坏的尺度。

不同的组织对物流服务有不同的理解：①一项管理活动或职能，如订货处理等；②特定参数的实际业务绩效，如在 24 小时内实现 98%的订单送货率；③整体经营理念而非简单活动或绩效的评价尺度；④从接收顾客订单开始，到商品送到顾客手中为止，发生的所有服务活动。

2. 物流服务的特征

物流服务的特征如图 11-5 所示。

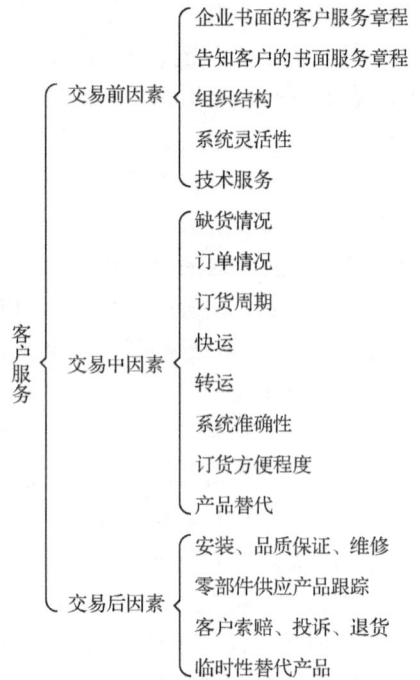

客户服务
- 交易前因素
  - 企业书面的客户服务章程
  - 告知客户的书面服务章程
  - 组织结构
  - 系统灵活性
  - 技术服务
- 交易中因素
  - 缺货情况
  - 订单情况
  - 订货周期
  - 快运
  - 转运
  - 系统准确性
  - 订货方便程度
  - 产品替代
- 交易后因素
  - 安装、品质保证、维修
  - 零部件供应产品跟踪
  - 客户索赔、投诉、退货
  - 临时性替代产品

图 11-4　交易全过程理论

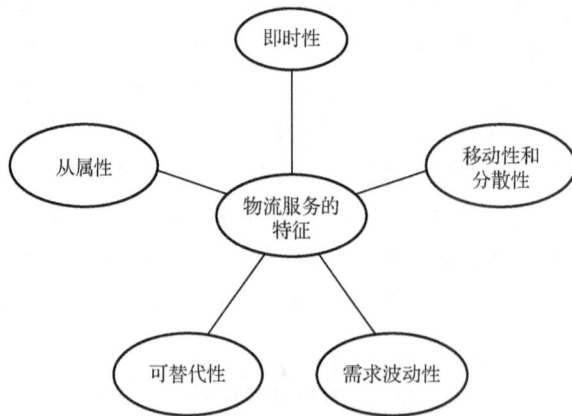

物流服务的特征
- 即时性
- 移动性和分散性
- 需求波动性
- 可替代性
- 从属性

图 11-5　物流服务的特征

（1）从属性。由于货主企业的物流需求是以商流为基础，伴随商流而发生，因此，物流服务必须从属于货主企业物流系统，表现在流通货物的种类、流通时间、流通方式、提货配送方式都是由货主选择决定的，物流企业只是按照货主的需求，提供相应的物流服务。

（2）即时性。物流服务是属于非物质形态的劳动，它生产的不是有形的产品，而是一种伴随销售和消费同时发生的即时服务。

（3）移动性和分散性。物流服务是以分布广泛、大多数是不固定的客户为对象，所以，具有移动性以及面广、分散的特性，它的移动性和分散性会使产业局部的供需不平衡，也会给经营管理带来一定的难度。

（4）需求波动性。由于物流服务是以数量多而又不固定的顾客为对象的，它们的需要在方式上和数量上是多变的，有较强的波动性，为此，容易造成供需失衡，成为在经营上劳动效率低、费用高的重要原因。

（5）可替代性。物流服务的可替代性主要表现在两个方面。一是站在物流活动承担主体的角度看，产生于企业生产经营的物流需求，既可以由企业自身采用自营运输等自营物流的形式来完成，也可以委托给专业的物流服务供应商，即采用社会化物流的方式来完成。因此，对于专业物流企业，不仅有来自行业内部的竞争，也有来自货主企业的竞争。如果物流行业整体水平难以满足货主企业的需求，则意味着物流企业会失去一部分市场。反过来说，在物流行业的服务水准难以达到货主要求的情况下，货主企业就会以自营物流的形式拒绝物流企业的服务，物流企业的市场空间的扩展就会面临困难。二是站在物流企业提供的服务品种来看，由于存在着公路、铁路、船舶、航空等多种运输方式，货主可以在对服务的成本和质量等各种相关因素权衡之后，自主选择运输形式。因此，不同运输手段便会产生竞争。物流企业的竞争不仅来自同业种内的不同企业，还来自不同业种的其他企业。物流服务的可替代性，对于货主企业来说增加了物流服务实现形式选择的灵活性，但对物流企业，特别是运输企业来说，则增加了经营难度。

3. 物流对象分析

物流对象是具有一定质量的实体，有合乎要求的等级、尺寸、规格、性质、外观。物流对象可以分为工业品和消费品两大类，其中消费品可以进一步划分为便利品、选购品和特殊产品，具体如图 11-6 所示。

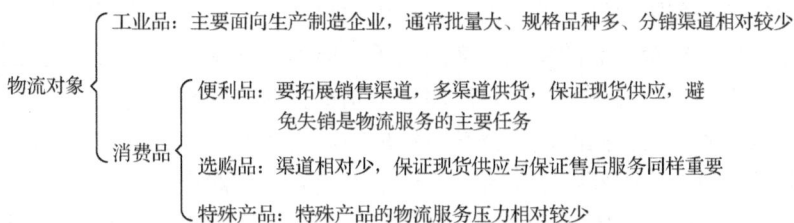

图 11-6　物流对象分析

4. 物流服务的重要性

（1）物流服务已成为企业差别化战略的重要内容。目前，物流市场需求出现的多样化、分散化等使得企业只有迅速、有效地满足不同类型、不同层次的市场，才能在激烈的市场竞争和市场变化中求得生存和发展。物流服务上的差异就成为企业差别化经营战略的重要内容，例如，许多企业开展的个性化送货服务就是一种实施差别化战略的方式。

（2）物流服务日益深刻地影响企业经营绩效。物流服务水平的定位是构筑物流系统的前提。物流服务供求关系既决定了物流服务的价值，又决定了一定服务水准下的物流成本。所以，物流服务直接影响绩效。

（3）物流服务能够有效降低企业经营成本。低成本战略是企业经营竞争的重要内容，而低成本的实现往往涉及商品生产、流通的全过程，物流服务方式等要素对经营成本也具有重要的影响。合理的物流客户服务不仅能提高商品流通效率，而且能直接有效地降低企业经营成本。

（4）物流服务是有效联结供应链经营系统的重要手段。物流服务打破了批发商和零售商之间的间隔，有效地推动了商品从生产到消费全过程的流通。同时，物流服务成为现代企业有效地联结供应链经营系统并获得竞争优势的基本途径和手段。

5. 物流服务的内容

（1）基本物流服务。基本物流服务，顾名思义是指向所有的顾客提供支持的最低的物流服务水准。它主要由四个要素构成。①产品的可得性。产品的可得性是指当客户需要产品时，企业具有可向客户提供足够产品的库存能力。②物流的作业表现。物流的作业表现是指处理从订货入库到交付的过程。作业衡量可以通过速度、一致性、灵活性、故障与恢复等方面来具体说明所期望的作业完成程度。③可靠性。物流质量与物流服务的可靠性密切相关。④技术服务。包括对客户的培训计划，帮助客户改进库存管理、订单处理，等等。

（2）物流增值服务。增值服务是指对具体的顾客进行独特的服务，是超出基本服务方案的各种延伸服务，物流增值服务通常可以有效地提高物流服务水平，同时使成本维持在较低水平。①了解缺货情况。缺货率是衡量产品现货供应比率的重要指标。一旦脱销，要努力为客户寻找替代品或者在补进货物后再送货。②提供订单信息。提供订单信息是指系统能否以较快的速度向客户提供有关库存水平、订单情况运输、交货的准确信息。如出现缺货，还要告知有关补交货的安排。补交货的数量和订货周期也是衡量物流灵活性的重要指标，在一定程度上可以抵消缺货的影响。③合理的交货周期。交货周期是指客户从发出订单到收到货物的全部时间，包括订单传递、订单录入、订单处理、分拣货物、包装、运输等多个环节所消耗的时间。充分利用现代科技，特别是现代网络技术、通信技术、条形码技术等，尽力缩短总的订货周期是当前物流管理的主流。④提供快运服务。快运也是缩短交货周期所做的一种努力。企业要根据经营产品的特点、客户的承受能力不同决定是否采用快运服务，如何采取快运服务。⑤提供转运服务。提供转运服务是指根据客户的需要转发货物。⑥提高物流系统的准确性。从根本上说提高准确率就是节约成本、提高效率。⑦提供便利的订货方式和渠道。将传统商务手段与电子商务相结合，有助于方便客户订购产品或服务，鼓励购买。

（3）超值物流服务。超值服务包含更广泛和丰富的服务内容。从现代物流的各种创新服务到物流服务过程中的环境协调以及"零缺陷"的高质量、高效率的满意服务。其中，完美订货服务是具有突出意义的物流超值服务。

小资料：我国物流增值服务的现状与发展

1. 国内现状

（1）大多停留在比较简单的手工服务，技术性不强，容易模仿。如简单的分拣、包装、贴标签/条码、组装、拆卸等。

（2）提供简单的专业化服务。如物流方案设计、提供个别货物处理需要等。

（3）参与客户的内部管理运作。如收取终端客户的费用和开发票等。

（4）与其他行业联合，提供扩展服务。如与金融业联合，提供仓单质押等服务。

2. 未来发展方向

（1）向专业化、高科技含量的服务过渡。如售后维修服务、精细的组装和拆卸服务。

（2）协助客户提供个性化服务，如产品说明书翻译、致顾客信内容更改等。

（3）协助客户收集、分析市场资料。

（4）进行数据统计和研究分析，提供客户决策分析资料（销售资料/客户资料/产品资料）等。

11.2.2　物流服务管理的原则及对策

1. 物流服务管理的含义

物流服务管理作为物流管理中的重要内容，越来越受到现代企业的重视。物流服务管理是一种了解和创造客户需求，以实现客户满意为目的，企业全员、全过程参与的一种经营行为和管理方式。它包括营销服务、部门服务和产品服务等几乎所有的服务内容。物流服务管理的核心理念是：企业全部的经营活动都要从满足客户的需要出发，以提供满足客户需要的产品或服务作为企业的责任和义务，以客户满意作为企业经营的目的。

2. 物流服务管理的原则

（1）以市场需求为导向。物流服务水准的确定不能从供给方的理论出发，而应该充分考虑需求方的要求，即从产品导向向市场导向转变。市场导向型的物流服务根据经营部门的信息和竞争企业的服务水准相应制订，既避免了过剩服务的出现，又能及时进行控制。

（2）顾客对象面向一般消费者群。在决策物流服务要素和服务水准的过程中，需要注意服务的顾客对象应该向一般消费者群转化，确立面向零售业，特别是大型零售业、连锁店等的服务系统和服务设施，开展符合零售要求的输送、库存服务（如多频度配送）。

（3）采取物流服务多元组合。随着顾客业种和业态多样化的发展，顾客的需求不可能千篇一律，因此，应制定多物流服务组合，在决定物流服务时，应根据顾客的不同类型采取相应的物流服务。

（4）发展特色物流服务。企业在制订物流服务要素和服务水准的同时，应当保证服务的差别化，建立具有对比性的物流服务观念，了解和收集竞争对手的物流服务信息。

（5）注重物流服务方式的灵活性。顾客服务的变化往往会产生新的物流服务需求，所以，在物流服务管理中，应当充分重视物流服务的发展方向和趋势。

（6）物流服务不完全是一种企业独资的经营行为，它必须与整个社会系统相吻合，企业需要认真考虑环保、节能、节约资源以及废弃物回收等问题。企业行为的各个方面都必须符合伦理和环境的要求。为减少交通混乱、道路拥挤等问题，企业应打破互相竞争的壁垒，相互协作，推进共同配送。

（7）建立能把握市场环境变化的物流服务管理体制。物流服务水准是根据市场形势、竞争企业的状况、商品特性以及季节的变化而变化的，所以，应在物流部门建立能把握市场环境变化的物流服务管理体制。

（8）物流中心作为物流服务的基础设施，建立和完善保障高质量的物流服务是必不可少的。

（9）要实现高质量的物流服务，还必须建立完善的信息系统。

（10）强化物流服务绩效评价。物流部门应定期对物流服务进行评估。检查销售部门或顾客有没有索赔，比如误配、晚配、事故、破损，等等。通过征求顾客的意见等办法了解服务水平是否已经达到标准；成本的合理化达到何种程度，是否有更合理的措施，等等。通过不断对物流服务的绩效进行评价，来适应顾客需求的变化，及时制订对顾客的最佳服务组合，改善物流系统。

3. 物流服务管理的目的与对策

物流服务管理的目的是以适当的成本实现对顾客的高质量服务。一般来讲，物流服务水平提高，物流成本就会上升，可以说两者间的关系适用于收益递减法则。物流服务质量与成本的关系有4种类型：①物流服务水平不变，成本降低型；②物流服务水平提高，成本增加型；③物流服务水平提高，成本不变型；④物流服务水平提高，成本降低型。

物流服务管理的对策：①改革物流体制，消除障碍；②提高物流组织资源整合能力；③使用第三方物流机构，采取供应链管理模式；④采用信息网络技术，实现物流信息系统的一体化；⑤加强中外物流服务质量体系的比较研究；⑥培养物流从业人员的服务意识和业务能力。

11.3 物流质量管理

物流质量是决定物流活动效率和物流服务水平的关键因素，物流质量的好坏直接关系到物流企业经营的可持续性。

11.3.1 物流质量管理概述

1. 物流质量

物流质量是一个整体概念，包含了"符合规格"和"符合期望"两类质量内涵。其一，企业物流活动过程各工艺环节、需要的各种资源和技术，可确定质量规格和操作标准；其二，物流质量是物流活动或物流业本身所固有的满足物流客户服务要求和提供服务价值的能力总和。

物流质量的内容一般包括以下几个方面。①物流商品质量保证。在长距离、长时间的物流过程中，对各种质量变化的积累可能最终造成物流过程的质量损失。物流过程在于采用技术手段转移和保护物品质量，最后实现对用户的质量保证。②物流服务质量。物流服务质量是提供物流服务满足用户要求的程度，连续地、准确地履行服务承诺并无差错地准时完成。信息和物流设施的不断改善，企业对客户的服务质量必然不断提高。③物流工作质量。物流工作质量是指物流的各环节、各部门、各工种、各岗位具体的工作质量。工作质量是物流服务质量的保证和基础。④物流工程质量。物流工程质量是指把物流质量体系作为一个系统来考察，用系统论的观点和方法，对影响物流质量的诸要素（人的因素、体制因素、设备因素、工艺方法因素、计量与测试因素以及环境因素等）进行分析、计划，并进行有效控制。物流产品质量、物流工程质量和物流工作质量是三个不同的范畴，它们之间密切联系，相互影响。

2. 物流质量管理

物流企业质量管理是依据物流系统运动的客观规律，为了满足顾客的物流服务需要，通过建立物流质量方针和目标，并为实现这些目标进行物流质量策划、物流质量控制和物流质量保证。

物流质量管理内容如下。①物流质量管理体系。物流企业要实现质量管理目标，需要构建相应的体系，设置组织机构，明确岗位职责，拟定活动程序，配备必要的设备和合适的人员。②物流质量方针和质量目标。物流质量方针是指由物流企业的最高管理者正式发布的该企业总的物流质量宗旨和质量方向。物流质量目标是物流企业在物流质量方针方面所追求的目的，是物流企业质量方针的具体体现。③物流质量策划。物流质量策划致力于规定必要的运行过程和相关资源，以实现物流质量目标。④物流质量控制。物流质量控制是指为了保证物流工作过程和服务达到质量要求所采取的作业技术和有关活动。⑤物流质量保证。物流质量保证是指为使人们确信物流工作、过程和服务能够满足质量要求而进行的必要的有计划、有系统的活动。⑥物流质量改进。物流质量改进是指物流企业为获得更多的收益，根据事件积累不断改进物流质量，实现物流业的高效运作。⑦应急处理与风险控制。物流企业在面对市场的经营风险和作业风险，如可能发生的物流表现的失败，以及客户的投诉和物流空间位移、储藏所发生的重大风险时所采取的紧急方案与控制措施。

物流质量管理的特点如下。①物流质量管理的全员性。物流质量管理必须依靠各个环节中各部门和广大职工的共同努力，需要各方人员的紧密配合。②物流质量管理的全过程性。物流质量管理是对物流对象的包装、装卸、储存、运输、保管、搬运、配送和流通加工等若干过程进行的全过程管理，必须一环紧扣一环地进行全过程管理才能保证最终的物流质量，达到目标质量。③物流质量管理的全面性。物流质量管理是一个系统工程，加强物流质量管理就必须全面分析各种相关因素，从系统的各个环节、各种资源以及整个物流活动的相互配合和相互协调抓起，最终实现物流质量管理目标。

3. 物流质量的衡量

衡量物流质量是物流管理的重点。物流质量主要从物流时间、物流成本、物流效率三个方面来衡量。主要的物流质量指标如下。

（1）服务水平指标：服务水平越高，企业满足订单的次数与总服务次数之比就越高。

（2）满足程度指标：企业能够满足的订货数量与总的订单的订货数量之比。

（3）交货水平指标：指按期交货次数与总交货次数的比率。

（4）交货期质量指标：指实际交货与规定交货期相差的日数（单位为天）或时数（单位为小时）。

（5）商品完好率指标：指交货时完好商品量或缺损商品量与总交货商品量的百分比率。

（6）物流吨费用指标：单位物流量的费用（单位为元/吨）。这一指标比同行业的平均水平低，说明运送相同吨位货物费用较低，则此公司拥有更高的物流效率，其物流质量较高。

11.3.2　物流质量管理途径和方法

1. 企业物流质量管理的基本途径

（1）树立企业物流整体质量管理思想，包括：真正形成物流整体质量管理的认识；认真做好物流服务过程的整体质量管理；整体考核企业物流服务质量管理水平。

（2）建立有效的物流质量管理信息系统，包括：计量顾客对物流质量的期望；强调信息质量；实时监控物流质量状况。

（3）加强企业物流质量管理的主要措施：根据全面质量管理理论，建立和完善企业物流质量管理的计量、评估体系，切实消除企业物流过程中的差错；积极引进现代质量管理理论和技术，提高质量管理水平；运用有效的激励措施，实行全员质量管理。

2. 企业物流质量管理方法

企业物流质量管理的常用方法如表11-2所示。

表11-2 企业物流质量管理的常用方法

方　　法	内　　容
分类法	把收集来的数据，根据不同的目的，按性质、来源对影响物流质量的数据加以分类研究的方法
PDCA循环法	计划（Plan）—执行（Do）—检查（Check）—处理（Action）的管理循环法；分为四个阶段、八个步骤
排列图法	将各个质量影响因素造成的产品不合格或损失的大小，按比率由大到小排列，在坐标图上画出直方图，然后将累计计算连接起来，即可形成ABC曲线或帕累托曲线
直方图法	把收集来的质量数据的分布情况，以组矩为底边、以频数为高度的一系列直方形连接起来的图形，用以表示质量数据离散程度
因果分析图	找出影响物流质量的因素并将它们与特性值一起，按相互关联性整理而成的层次分明、条理清楚的图形，并标出重要因素
"6S"现场管理法	指对物流中心、配送中心、仓储现场、堆场、库存和流通加工的现场的各要素的状态不断进行整理（Seirl）、整顿（Seiton）、清扫（Seiso）、清洁（Seiretsu）、提高素养（Shitsuke）、保证安全（Security）的活动
六西格玛质量管理	从顾客的观点考虑质量问题，追求"无缺陷"的质量。包括界定、测量、分析、改进、控制几步

11.3.3 物流质量管理体系

1. 质量管理体系基础

物流质量管理体系是为了实现物流质量管理所需的组织结构、程序、过程和资源。建立一个完善、高效的质量管理体系，必须做到以下几点：①要有明确的质量目标；②加强质量教育，强化质量意识；③建立物流质量管理机构；④建立、健全物流质量管理责任制度，建立、健全物流质量标准化体系；⑤开展物流质量认证。

2. ISO 9000 质量体系

ISO 9000质量管理和质量标准是各国实施质量体系认证的依据。物流质量认证实际上就是物流质量体系认证，因为物流业提供的服务及采用的质量管理标准是系统的标准，构成了物流管理的完整体系。

ISO 9000系列标准的基本思想：一是控制思想，即对产品形成的全过程——从采购原材料、加工制造到最终产品的销售、售后服务进行控制；二是预防思想，即通过对产品形成的全过程进行控制以及建立有效运行的自我完善机制以达到预防不合格，从根本上减少或消除不合格品。

2000版ISO 9000系列标准规定，组织的质量管理体系使用的文件有以下四种类型：①质量手册；②质量计划；③程序文件；④记录。

ISO 9000中提出了建立和实施质量管理体系的8个步骤，即：①确定顾客和其他相关方的需求和期望；②建立组织的质量方针和质量目标；③确定实现质量目标必需的过程和职责；④确定和提供实现质量目标必需的资源；⑤规定测量每个过程的有效性和效率的方法；⑥应用这些测量方法确定每个过程的有效性和效率；⑦确定防止不合格并消除产生原因的措施；⑧建立和应用持续改进质量管理体系的过程。

3. ISO 9000 系列质量管理的八项原则

（1）以顾客为关注焦点。物流企业应当了解顾客当前和未来的需求，满足顾客的需求并努力超越，以顾客为中心，做好营销工作。

（2）领导作用。物流企业领导负责把本企业的目的和方向统一起来，通过各种方式营造便于员工充分参与和实现企业目标的内部环境，提高员工参与物流质量管理的积极性、主动性和创造性。

（3）全员参与。各级人员是物流企业经营管理之本，鼓励他们积极主动参与企业日常工作，企业的计划与决策的制订过程要充分听取员工的意见并使其真正参与进来，充分挖掘他们的才干。

（4）用过程的方法进行质量管理。物流企业通过把过程的方法应用到物流运作和相关资源管理中，以便能更高效地实现物流质量管理目标。

（5）管理的系统方法。物流企业将相互关联的过程作为系统加以识别、理解和管理，有助于提高实现物流目标的有效性和效率。

（6）持续改进。总体业绩的不断改进是物流企业可持续发展的永恒目标。

（7）基于事实的决策方法。有效决策是建立在数据和信息分析的基础上的。利用信息技术对物流运作和物流服务过程中产生的实时信息进行分析处理，在此基础上进行企业决策。

（8）互利的供方关系。物流企业与其上下游企业是相互依存的、互利的关系可增强双方创造价值的能力。

4. 物流企业推行和实施 ISO 质量管理体系应注意的问题

（1）在 ISO 质量管理体系认证前期，物流企业要注意对质量体系认证工作统一思想认识，明确工作责任，先从管理者进行推动，使质量工作深入各个部门、各级人员。

（2）在 ISO 质量管理体系实施期间，物流企业要处理好三个方面的问题：①处理好短期效益与长远发展的矛盾；②处理好质量体系认证前后的观念转变工作；③要把质量管理工作和绩效考核挂钩。

11.4 物流成本管理

11.4.1 物流成本管理的概念

物流成本是指伴随着企业的物流活动而发生的各种费用，是物流活动中所消耗的物化劳动和活劳动的货币表现，也称为物流费用。具体地说，它是产品在实物运动过程中，如包装、装卸搬运、运输、储存、流通加工等各个活动中所支出的人力、物力和财力的总和。其由三部分构成：第一，伴随着物资的物理性活动发生的费用以及从事这些活动所必需的设备、设施的费用；第二，物流信息的传送和处理活动发生的费用以及从事这些活动所必需的设备和设施的费用；第三，对上述活动进行综合管理的费用。

物流成本管理（Logistics Cost Management）是以物流成本信息的产生和利用为基础，按照物流成本最优化的要求，有组织地进行预测、决策、计划、控制、分析和考核等一系列的科学管理活动。所谓物流成本管理，就是通过成本去管理物流，即管理的对象是物流而不是成本，物流成本管理可以说是以成本为手段的物流管理方法。物流成本管理的意义在于，通过对物流成本的有效把握，利用物流要素之间的效益背反关系，科学、合理地组织物流活动，加强对物流活动过程中费用支出的有效控制，降低物流活动中的物化劳动和活劳动的消耗，从而达到降低物流总成本，提高企业和社会经济效益的目的。

11.4.2　物流成本管理的目的

企业在进行物流成本管理时，首先要明确管理目的，有的放矢。一般情况下，企业物流成本管理的出发点如下：①通过掌握物流成本现状，发现企业物流活动中存在的主要问题；②对各个物流相关部门进行比较和评价；③依据物流成本计算结果，制定物流规划、确立物流管理战略；④通过物流成本管理，发现降低物流成本的环节，强化总体物流管理。

11.4.3　物流成本的特征

1．物流成本的"冰山理论"

"物流冰山说"是由日本早稻田大学的西泽修教授提出的，他潜心研究物流成本时发现，现行的财务会计制度和会计计算方法都不可能掌握物流费用的实际情况，财务统计数据中的物流费用只能反映物流成本的一部分，还有相当数量的物流费用是不可见的。

2．物流成本削减的乘数效应

假定销售额为100万元，物流成本为10万元，如果物流成本下降1万元，不仅产生1万元的效益，而且因为物流成本占销售金额的10%，所以间接增加了10万元的效益，这就是物流成本削减的乘数效应。

3．物流成本的效益背反

一类物流成本的下降往往以其他物流成本的上升为代价，因此，设计和管理物流系统时，必须把物流系统作为一个整体来看待。例如，不能单纯地为了降低物流成本而影响客户对物流服务质量的满意度。

4．物流成本的部分不可控性

在物流成本中，许多成本都是物流部门无法掌握和控制的，例如，保管费中过量进货、过量生产造成的库存积压费用，以及紧急运输等例外发货产生的费用。

5．物流成本计算方法、范围的不一致性

目前，在物流成本计算范围和计算方法方面，没有统一的行业标准。各企业普遍按照各自的理解进行物流成本的核算，因此企业间无法进行物流成本的比较，也无从计算同行业的平均物流成本。

11.4.4 物流成本管理的方法

控制和降低企业物流成本可以从以下 6 个方面来考虑：①通过采用物流标准化进行物流成本管理；②通过优化供应链，提高对顾客物流服务的管理来降低成本；③借助现代信息系统的构筑来降低物流成本；④通过流通全过程的试点加强物流成本的管理；⑤通过效率化的配送降低物流成本；⑥通过削减退货降低物流成本。

11.5 物流标准化

标准化是对产品、工作、工程或服务等普遍的活动规定统一的标准，并且对这个标准进行贯彻实施的整个过程。标准化的内容，实际上就是经过优选之后的共同规则，为了推行这种共同规则，世界上大多数国家都有标准化组织，例如英国的标准化协会、我国的国家标准化管理委员会等。日内瓦的国际标准化组织（ISO）负责协调世界范围的标准化问题。

目前，标准化工作开展较普遍的领域是产品标准，这也是标准化的核心，围绕产品标准，工程标准、工作标准、环境标准、服务标准等也出现了新的发展势头。

11.5.1 物流标准化的特点

物流标准化是指以物流为一个大系统，制定系统内部设施、机械设备，包括专用工具等的技术标准，包装、仓储、装卸、运输等各类作业标准，以及作为现代物流突出特征的物流信息标准，并形成全国以及和国际接轨的标准化体系。物流标准化的主要特点如下。

（1）和一般标准化系统不同，物流系统的标准化设计面更为广泛，其对象也不像一般标准化系统那样单一，而且包括了机电、建筑、工具、工作方法等许多种类。虽然处于一个大系统中，但缺乏共性，从而造成标准种类繁多，标准内容复杂，也给标准的统一性及配合性带来很大困难。

（2）物流标准化系统属于二次系统，这是由于物流及物流管理思想诞生较晚，组成物流大系统的各个分系统，过去在没有归入物流系统之前，早已分别实现了本系统的标准化，并且经多年的应用，不断发展和巩固，已很难改变。在推行物流标准化时，必须以此为依据，个别情况固然可将有关旧标准化体系推翻，按物流系统所提出的要求重建新的标准化体系，但通常还是在各个分系统标准化基础上建立物流标准化系统。这就必然应从适应及协调角度建立新的物流标准化系统，而不可能全部创新。

（3）物流标准化更要求体现科学性、民主性和经济性。科学性、民主性和经济性，是标准的"三性"。由于物流标准化的特殊性，必须非常突出地体现这三性，才能搞好这一标准化。科学性的要求，是要体现现代科技成果，以科学实验为基础，在物流中，则还要求与物流的现代化（包括现代技术及管理）相适应，要求能将现代科技成果联结成物流大系统。民主性指标准的制定，采用协商一致的办法，广泛考虑各种现实条件，民主决定问题，不过分偏向某个方面的意见，使各分系统都能采纳接收。经济性是标准化的主要目的之一，也是标准化生命力如何的决定因素，物流过程不像深加工那样引起产品的大幅度增值，即使通过流通加工等方式，增值也是有限的。所以，物流费用多开支一分，就会影响到一分效益，但是，物流过程又必须大量投入消耗，如不注重标准的经济性，片面强调反映现代科学水平，片面顺从物流习惯及现状，引起物流成本的增加，自然会使标准失去生命力。

（4）物流标准化有非常强的国际性。由于经济全球化的趋势所带来的国际交往大幅度增加，而所有的国际贸易又最终靠国际物流来完成。各个国家都很重视本国物流与国际物流的衔接，在本国物流管理发展初期就力求使本国物流标准与国际物流标准化体系一致，物流标准化的国际性也是其不同于一般产品标准的重要特点。

（5）贯彻安全与保险的原则。物流安全问题也是近年来非常突出的问题，往往一个安全事故就会让一个公司损失殆尽，几十万吨的超级油轮、货轮遭受灭顶损失的事例也并不少见。当然，除了经济方面的损失外，人身伤害也是物流中经常出现的，如交通事故的伤害，物品对人的碰撞伤害，危险品的爆炸、腐蚀、毒害的伤害等。物流保险的规定也是与安全性、可靠性标准有关的标准化内容。在物流中，尤其在国际物流中，都有世界公认的保险险别与保险条款，虽然许多规则并不是以标准化形式出现的，而是以立法形式出现的，但是，其共同约定、共同遵循的性质是通用的，是具有标准化内涵的，其中不少手续、申报、文件等都有具体的标准化规定，保险费用等的计算也受标准化规定的约束，因而物流保险的相关标准化工作，也是物流标准化的重要内容。

11.5.2　物流标准的种类

1．大系统配合性、统一性标准

（1）基础编码标准。基础编码标准是指对物流对象物编码，并且按物流过程的要求，转化成条形码。这是物流大系统能够实现衔接、配合的最基本的标准，也是采用信息技术对物流进行管理和组织、控制的技术标准。在这个标准之上，才可能实现电子信息传递、远程数据交换、统计、核算等物流活动。

（2）物流基础模数尺寸标准。物流基础模数尺寸标准是指基础模数尺寸指标标准化的共同单位尺寸，或系统各标准尺寸的最小公约尺寸。在基础模数尺寸确定之后，各个具体的尺寸标准，都要以基础模数尺寸为依据，选取其整数倍数为规定的尺寸标准。由于基础模数尺寸的确定，只需在倍数系列进行标准尺寸选择，减少了尺寸的复杂性。物流基础模数尺寸的确定不但要考虑国内物流系统，而且要考虑与国际物流系统的衔接，具有一定的难度和复杂性。

（3）物流建筑基础模数尺寸。物流建筑基础模数尺寸主要是指物流系统中各种建筑物所使用的基础模数，它是以物流基础模数尺寸为依据确定的，也可选择共同的模数尺寸。该尺寸是设计建筑物长、宽、高尺寸，门窗尺寸，建筑物柱间距、跨度及进深等尺寸的依据。

（4）集装模数尺寸。集装模数尺寸是指在物流基础模数尺寸的基础上，推导出的各种集装设备的基础尺寸，以此尺寸作为设计集装设备三项（长、宽、高）尺寸的依据。在物流系统中，由于集装是起贯穿作用的，集装尺寸必须与各环节物流设施、设备、机具相配合，因此，整个物流系统设计时往往以集装尺寸为核心，然后，在满足其他要求的前提下决定各设计尺寸。因此，集装模数尺寸影响和决定着与其有关各环节的标准化。

（5）物流专业名词标准。为了使大系统有效配合和统一，尤其在建立系统的情报信息网络之后，要求信息传递异常准确，这首先便要求专用语及所代表的含义实现标准化，如果同一个指令，不同环节有不同的理解，这不仅会造成工作的混乱，而且容易出现大的损失。物流专业名词标准包括物流用语的统一化及定义的统一解释，还包括专业名词的统一编码。

（6）物流单据、票证的标准化。物流单据、票证的标准化，可以实现信息的录入和采集，将管理工作规范化和标准化，也是应用计算机和通信网络进行数据交换和传递的基础标准。它可用于物流核算、统计的规范化，是建立系统情报网、对系统进行统一管理的重要前提条件，也是对系统进行宏观控制与微观监测的必备前提。

（7）标志、图示和识别标准。物流中的物品、工具、机具都是在不断运动中的，因此，识别和区分是十分重要的，对于物流中的物流对象，需要有易于识别又易于区分的标识，有时需要自动识别，这就可以用复杂的条形码来代替用肉眼识别的标识。

（8）专业计量单位标准。除国家公布的统一计量标准外，物流系统还有许多专业的计量问题，必须在国家及国际标准的基础上，确定本身专门的标准，同时，由于物流的国际性很突出，专业计量标准还需要考虑国际计量方式的不一致性，考虑国际习惯用法。

2. 分系统技术标准

分系统技术标准主要有：运输车船标准，作业车辆标准，传输机具标准，仓库技术标准，包装、托盘、集装箱标准。包括包装、托盘、集装箱系列尺寸标准，包装物标准，货架储罐标准等。

11.5.3 物流标准化的基点

1. 集装是物流标准化的基点

过去，构成物流这个大系统的许多组成部分并非完全没有进行标准化，但是，这往往只形成局部标准化或与物流某一局部有关的横向系统的标准化。从物流系统来看，这些互相缺乏联系的局部的标准化之间因缺乏配合性，不能形成纵向的标准化体系。所以，要形成整个物流体系的标准化，必须在这个局部中寻找一个共同的基点，这个基点能贯穿物流全过程，形成物流标准化工作的核心。

为了确定这个基点，人们将进入物流领域的产品（货物）分成了三类：零杂货物、散装货物与集装货物。这三类的标准化难易程度不同。

零杂及散装货物在物流的节点上，例如在换载、装卸时，都必然发生组合数量及包装形式的变化，因此，要想在这些节点上实现操作及处理的标准化，相当困难。

集装货物在物流过程中始终都是以一个集装体为基本单位，其包装形态在装卸、输送及保管的各个阶段基本上不会发生变化，也就是说，集装货物在节点上容易实现标准化的处理。至于零杂货物的未来，一部分可向集装靠拢，向标准包装尺寸靠拢；另一部分还会保持其多样化的形态而难以实现标准化。

所以，不论是国际物流还是国内物流，集装系统都是使物流全过程贯通而形成体系，是保持物流各环节上使用的设备、装置及机械之间整体性及配合性的核心，集装系统是使物流过程连贯而建立标准化体系的基点。

2. 物流全系统标准化取决于和集装的配合性

具体来讲，以集装系统为物流标准化的基点，这个基点的作用之一，就是以此为准来解决全面的标准化。因此，必须实现集装与物流其他各个环节之间的配合性。

（1）集装与生产企业的最后工序（也是物流活动的初始环节）——包装的配合性，包装尺寸和集装尺寸的关系应当是：集装是包装尺寸的倍数系列，而包装是集装尺寸的分割系列。

（2）集装与装卸机具、装卸场所、装卸小工具（如吊索、跳板等）的配合性。

（3）集装与仓库站台、货架、搬运机械、保管设施乃至仓库建筑（净高、门高、门宽、通路宽度等）的配合性。

（4）集装与保管条件、工具、操作方式的配合性。

（5）集装与运输设备、设施，如运输设备的载重、有效空间尺寸等的配合性。在以集装为基本物流单位的物流系统中，经常有许多基本集装单位进一步组合成大集装单位或运输保管单位的情况。例如，将集装托盘货载放入大型集装箱或国际集装箱，就组成了以大型集装箱或国际集装箱为整体的更大的集装单位；将集装托盘货载或小型集装箱放入卡车车厢、货车车厢，就组成了一个大的运输单位等。如果形成了倍数系列的尺寸关系，就能提高装运的密度和形成坚实的货垛。

（6）集装与末端物流的配合性。随着经济活动越来越以消费者（再生产者）的需要为转移，消费者的地位越来越稳固，质量管理、生产管理、成本管理等经济管理活动都确立了"用户第一"的基本观念，这种观念在物流活动中的反映，就是末端物流越来越受到重视。末端物流是送达给消费者的物流，因此是以消费者的旨趣为转移的。一般来说，占消费者中大多数的零星消费者的要求，是逆规格化方向而行的，消费者追求多样化，这就使多样化的末端物流与简单化的主体物流（集装系统）的配合性出现困难。集装物流转变为末端物流，要对简单性的集装进行多样化的分割，以解决集装的简单化与末端物流多样化要求的矛盾。标准化要解决的就是选择最优。

（7）集装与国际物流的配合性。从国际经济交往来讲，由于我国是后发性国家，以国际标准为主体和国际标准接轨是集装标准化应该做的事情。其中最重要的是和国际海运集装箱接轨。这个接轨可以使国际海运集装箱通过我国的铁路和公路运输直达内地，从而充分发挥集装箱联运"门到门"的优势。

案例分析

JC PENNEY 公司质量管理创新

1. 配送中心的基本情况

JC PENNEY 公司（以下简称 JC 公司）位于俄亥俄州哥伦布的配送中心，每年要处理900万种订货，每天要处理25 000笔订货。该中心为264家地区零售商店装运货物，无论零售商还是消费者的家，该配送中心都能做到 48 小时之内把货物送到所需的地点。哥伦布的配送中心有200万平方米设施，雇用了1 300名全日制员工。旺季时有500名兼职雇员。JC公司在其位于密苏里州的堪萨斯城、内华达州的雷诺以及康涅狄格州的曼彻斯特的其他三个配送中心成功实施了质量创新活动，能够连续24小时为全国90%的地区提供服务。

2. 质量管理创新

JC 公司真正的竞争优势在于优质的服务。管理部门认为，这种服务的优势应归功于 80年代中期该公司所采取的三项创新活动——质量循环、精确至上以及激光扫描技术。

（1）质量循环：小改革解决大问题

1982 年，JC 公司首先启动了质量循环活动，以期维持和改善服务水平。管理部门担心，质量服务的想法会导致管理人员企图简单地花点钱来"解决问题"。然而，取代这些担心的是经慎重考虑后提出的一些小改革，解决了工作场所中存在的一些主要问题，其中包括工人们建议创建的中央工具库，用以提高工作效率和工具的可获得性。

（2）精确至上：不断消除物流过程的浪费

精确至上的创新活动旨在通过排除收取、提取和装运活动中存在的缺陷，以提高服务的精确性。因此，提供精确的顾客信息和完成订货承诺被视为头等大事。显然，在该层次上讲求服务的精确性，意味着该公司随时可以说出来某个产品项目是否有现货，并且当有电话订货时，便可以告知对方何时送货上门。该公司需要提高的另一个精确性与在卖主处提取产品有关。为了确保产品在质量和数量上的正确，JC 公司针对每次装运中的一个项目，进行质量控制和实际点数检查。如果存在差异，将对订货进行 100%的检查。与此同时，将对 2.5%的装运进行审计。订货承诺的完成需要把主要精力放在提高精确性上，为此该公司的配送中心经理罗杰说："我们曾一直在犯错误，想在商品预付给顾客之前就能够进行精确的检查。"但问题是，在质量循环中是否已找到了解决办法，或者能否对该过程进行自动化。对此，罗杰感觉到："只有依赖计算机系统，人们才有能力精确的检查。"于是，该公司开始利用计算机系统进行协调，把订购商品转移到"转送提取"区域，以减少订货提取者的步行时间。

（3）激光扫描技术：用科技改进质量管理

第三项质量管理创新活动是应用激光扫描技术，以 99.9%的精确性来跟踪 230 000 个存货单位的存货。JC 公司的密尔沃基地配送中心最初是用手工来处理各种产品项目的储存和跟踪，接着便开始用计算机键盘操作替代手工操作，这一举动使产品项目的精确性接近了 30%。而扫描技术则被看作既提高记录精度又提高记录速度的手段。但是，刚开始启动扫描技术时的结果并不理想，因为一系列的扫描过程需要精确地读取每一个包装盒子上的信息。然而，在某些情况下，往往需要扫描四次才能获得一次读取信息。看来，JC 公司需要一种系统，能够按每秒三次的速度，从任何角度读取各种尺寸包装的产品信息。于是，公司内部的系统支持小组优化了硬件和软件来满足这一目的。其结果是，该配送中心的 4 个扫描站耗资 12 000 美元，裁掉了每个扫描站所需的 16 个键盘操作人员。

3. 质量管理创新需要协调员工与技术的关系

"加重工作"的质量循环与"减轻工作"的技术应用之间，会产生一种有趣的尴尬局面。JC 公司需要在引进扫描技术的同时，还要保持其既得利益和改进成果。然而，该公司在时间上的选择确实是完美的。因为公司在大举扩展的同时将需要增加雇员，于是，该公司便告诉其雇员，技术进步将不会导致裁员。

资料来源：http://www.hido.com.cn

根据以上提供的资料，试做以下分析：

1. 企业物流质量管理应如何处理好人员与技术的关系？

2. 对质量的认识在不断发展，物流在不断发展，企业怎样才能确定有效的质量管理战略？

3. 在供应链体系中，如何统一多个企业的质量标准和管理制度？

4．从质量管理角度分析，应如何协调和统一柔性化物流服务与精益化物流服务？

5．你认为贯彻质量标准体系与企业文化建设如何协调？

6．怎样推动企业质量管理创新？

复习思考题

1．物流服务的重要性是什么？

2．简述物流服务的内容。

3．简述物流服务管理的原则。

4．企业物流质量管理有哪些基本途径？

5．ISO 9000 系列质量管理的八项原则是什么？

6．什么是物流成本管理？

7．简述物流成本管理的特征。

8．物流标准化有哪些特点？

9．在供应链流程管理目标中包括同步和高效，两者是什么关系？

10．衡量供应链流程体系效率高低的主要因素是什么？

第12章

国际物流管理

学习目标

1. 理解国际物流的概念、特点；
2. 掌握国际物流与国际贸易的关系；
3. 了解国际物流的报检与通关流程；
4. 了解国际物流运输系统的要素构成；
5. 掌握国际物流货运保险实务。

导入案例

"长安号"中欧班列首开跨境电商物流专列

一列满载汽车用品、家居等快消品的中欧火车驶入西安国际港务区的西安铁路集装箱中心站。该班列始发地为德国汉堡，是中欧班列"长安号"开通的首趟汉堡—西安精品专列，也是中欧班列"长安号"的首趟跨境电商物流专列。

以往欧洲商品进入中国需要30～40天的海运，现在通过"长安号"中欧班列仅用时16天，时间缩短、运输成本降低、供应链效率大大提升，对物流企业来说是最大的利好。与其他公共班列不同，该专列为商家提供了一站式"仓到仓"的跨境物流解决方案，即直接将货物从产地"海外仓"送到中欧专列，即铁轨上的"移动仓"，进入国门之后发往全国各地，通过直接清关配送给消费者或者进入离消费者最近的保税仓，全程不需要分开转运、拼货/集货、长时间等待清关等，实现了"海外仓"到"保税仓"的无缝连接。在运输途中实现了全程信息共享，可跟踪可监控，数据信息完全联通，且商家可以做到在途销售。

"长安号"通过前后延伸的服务链，从揽货到落地配送为电商提供综合性服务，从而提升了国际供应链的效益，为企业客户、中国消费者引进更多欧洲优质商品。下一步"长安号"将常态化开行汉堡—西安、杜伊斯堡—西安的跨境电商专列，助力国际贸易发展。

资料来源：新华网（有删改）

讨论及思考：
国际物流发展对全球化带来的影响是什么？

12.1 国际物流概述

12.1.1 国际物流的含义与特点

1. 国际物流的含义

国际物流是指组织货物在国际间跨越流动，也就是发生在不同国家或地区之间的物流。国际物流的实质是按物流分工协作的原则，依照国际惯例，利用国际化的物流网络、物流设施和物流技术，实现货物在国际间的流动与交换，以促进国际贸易的发展和世界资源的优化配置。

国际物流基本上是为国际贸易和跨国经营服务的，即选择最佳的运输方式与路径，以合理的费用和最小的风险，使各国物流系统互通互联，高效、优质、快捷地将货物从某国的供方运到另一国的需方。

国际物流是现代物流系统的重要领域。伴随着国际贸易的不断延伸及跨境电子商务的快速发展，国际物流形式也随之不断变化。

对跨国公司来讲，国际物流不仅是国际贸易的派生需求，而且是自身生产活动的必然要求。全球化生产通常是在一些国家采购原材料或者研发设计，又在另外一些国家生产零配件或组装，跨国公司这种远距离的生产经营同样依靠国际物流完成。

不仅是具备国际化特征的跨国企业，即便是普通企业很多也在实施国际战略，从全球范围寻找商业机遇，这些需求必然将企业的活动范围由一个地区或国家扩展到国际之间，国际物流需求也应运而生。企业必须为支撑国际战略调整物流系统，以适应国际物流复杂多变的运作要求。

国际物流是国际贸易的必然组成部分。各国之间的商品交易最终都需要通过国际物流实现。随着全球经济一体化的趋势不断增强，在国际分工基础上形成的合作交往日益密切，互联互通、彼此依赖、共同发展是当今世界经济发展的主要特征。各个国家都积极遵循这一发展趋势，在商贸流通中提升本国的国际物流实力。日益繁荣的国际贸易加剧了货物和物品在不同国家间的流动和转移，这离不开高效的国际物流系统的支持。

2. 国际物流的特点

（1）国际物流的经营环境复杂

国际物流非常明显的特征是每个国家的物流经营环境不同。造成这种差异的原因一方面是经济水平及技术水平不同，反映出的物流设施设备差异；另一方面是由于政治、文化等方面不同，导致物流管理方式、方法的差异。因此，国际物流的经营复杂性非常明显，经营难度远超国内物流。

（2）国际物流的运作风险高

国际物流在一般物流运作的基础上增加了国际化的要求，这不仅是空间范围的简单延伸，而且涉及更多的复杂情况，增加了操作的风险。比如运输环节的搬运装卸次数较多、计费汇率波动、进出口关税变化等因素都可能对国际物流带来严重影响。

（3）国际物流的信息系统更先进

国际物流的发展依赖于高效的国际化信息系统的支持。由于参与国际运作的企业及政府部门众多，如货运代理企业、运输企业、保险公司、海关、商检等，使国际物流的信息系统更为复杂。国际物流运作过程不仅要制作大量的单证而且要确保其在特定的渠道内准确地传递，因此耗费的信息系统建设成本较大。

（4）国际物流的标准化要求严

国际贸易关系密切的国家在物流基础设施、物流信息系统乃至物流技术方面需要形成相对统一的标准，否则会造成物流资源浪费和成本增加，最终影响产品在国际市场上的竞争能力，而且国际物流水平也难以提高。目前国际物流基础运作环节的标准化程度不断完善，但是在新兴物流模式与业务方面还在探索之中。

12.1.2　国际物流系统与网络

1. 国际物流系统

国际物流系统是由运输、仓储、装卸搬运、信息管理、检验检疫、报关等子系统组成的。运输和仓储子系统不仅是一般物流系统的主要组成部分，也是国际物流系统的主要组成部分。国际物流通过物品的储存和运输，实现预定物流目标，满足国际贸易活动和跨国公司生产的要求。

（1）运输子系统

国际货物运输是国际物流系统的核心子系统，其作用是通过货物空间转移而实现其使用价值。国际物流系统依靠运输作业跨越物品在不同国家或地区的生产地点和需要地点的空间距离，创造空间效益。在此过程中由于操作复杂，所以国际运输费用在国际贸易成本中占很大的比例。国际运输管理主要考虑运输方式的选择、运输路线的优化、承运人的协作、运输费用的节约、运输单据的处理以及货物保险等方面的问题。

（2）仓储子系统

即使是在"零库存"的概念下，国际物流中物品的储存也是不可避免的，因为国际物品的流通是一个由分散到集中，再由集中到分散的流通过程。例如，国际贸易或跨国生产中的物品被集中运送到装运港口后，通常需要临时存放一段时间再装运出口，这就形成一个仓储过程。仓储主要是在各国的港口码头、机场、保税区进行的，应尽量减少仓储时间和数量，加速物品的周转，实现国际物流的高效率运转。人工智能、大数据等现代信息技术，在推动着仓储的自动化与智慧化水平。

（3）检验子系统

国际物流中的物品是国际贸易交易的货物或跨国经营的物资，其具有投资大、风险高、周期长等特点。通过检验可以维护产品质量，这就使商品检验成为国际物流系统中的一个重要的子系统。通过商品检验，可以确定交货品质、数量和包装等条件是否符合规定标准的要求，检验合格后方可通关。在国际货物买卖合同中，一般都订有商品检验条款，主要包括检验时间与地点、检验机构与检验证明、检验标准与检验方法等内容。

（4）通关子系统

国际物流的一个重要特点就是跨越关境。由于各国海关的规定并不完全相同，所以，对于国际货物的流通而言，各国的报关环节可能会成为国际物流中的"瓶颈"。要消除这一"瓶颈"，就要求物流经营者熟知各国的通关制度，在符合各国通关制度的前提下，建立安全有效的快速通关方案，保证货流畅通。我国的海关和检验检疫等口岸机构为进出境的货物制定了详细的监管规定和程序，以促进我国对外贸易的发展。

（5）装卸搬运子系统

国际物流运输、储存等作业需要装卸搬运，装卸搬运子系统是短距离的物品搬移，是储存和运输作业的纽带和桥梁。装卸搬运的作业量大，方式复杂，作业不均衡，对安全性要求高。同时，节省装卸搬运费用也是降低物流成本的重要途径之一。

（6）信息子系统

国际物流信息子系统的主要功能是采集、处理和传递国际物流的信息。国际物流信息的主要内容包括进出口单证的作业过程、支付方式信息、客户资料信息、市场行情信息、供求信息以及物品在国际物流环节中的位置和状况等。国际物流信息系统的主要特点是信息量大、交换频繁、信息源分布广泛、信息处理过程复杂。因此，需要建立技术先进的信息系统支撑国际物流在信息传输方面的高质量要求。

2. 国际物流网络

（1）国际物流网络的概念

国际物流网络，是由多个收发货的"节点"和它们之间的"连线"所构成的物流实体网络，以及与之相伴随的信息流动网络的集合。

所谓"收发货节点"是指进出口过程中所涉及的货物仓储所需仓库、站场，如制造厂商仓库、流通商仓库、货运代理人仓库、口岸仓库、物流中心、保税区等。节点之间商品的收发、储运是依靠运输连线和物流信息的沟通、协调来完成的。在节点中，除可以实现收发和储存保管功能外，还可以实现包装、流通加工、分拣等功能。

"连线"是指连接众多收发货节点的运输连线，如各条海运航线、铁路线、飞机航线以及海陆空联合运输线路。这些网络连线代表国际货物的移动，即运输的路线与过程。

每一对节点有许多连线以表示不同的线路、不同的运输服务；各节点表示货物流动的暂时存储。信息流动网的信息传输渠道包括各种局域网、互联网等，其信息网络的节点则是各种物流信息汇集及处理之点。

（2）国际物流网络的构成要素

国际物流的流动路径即国际物流网络。根据运输方式划分，国际物流网络包括国际水运网络、航空网络、公路网络、铁路网络、管道网络等。

12.1.3　国际物流与国际贸易的关系

1. 国际贸易的概念

国际贸易是指世界各国（地区）之间的商品以及服务和技术的交换活动，包括出口和进口两个方面。国际贸易属于涉外经济活动，具有许多不同于国内贸易的特点，其交易环境、交易条件、交易程序、贸易做法及所涉及的问题，都远比国内贸易复杂。在当代，国际贸易这一概念所包含的内容进一步扩大了。早期的国际贸易实际上只包括实物商品的交换，而现在还包括服务等非实物商品的贸易。所谓实物商品的交换是指原材料、半制成品及工业制成品的买卖。服务贸易包括有形的劳动力交易和无形的技术交易，世界贸易组织将服务贸易分为十二类，分别为商业服务、通信服务、建筑服务、销售服务、教育服务、环境服务、金融服务、健康服务、旅游服务、文化服务、运输服务、其他服务。

2. 国际贸易的分类

国际贸易按货物的流动方向划分，可分为出口贸易、进口贸易、过境贸易。出口贸易是指将本国所生产或加工的商品（含劳务）输出到国外市场进行销售的交易活动。进口贸易是指将外国所生产或加工的商品（含劳务）购买后在本国市场进行销售的商品交易活动。过境贸易是指商品生产国与商品消费国之间进行的商品买卖活动，其实物运输过程必须穿过第三国的关境，第三国要对此货物进行海关监督。

3. 国际物流与国际贸易的关系

国际物流是随着国际贸易和跨国生产发展起来的，当前已成为影响国际贸易发展的重要因素。国际物流与国际贸易之间存在着非常紧密的关系。

（1）国际物流是国际贸易的必要条件

世界范围的社会化大生产必然会引起不同的国际分工，因而需要国与国之间的合作。国与国之间的商品和劳务流动是由商流和物流组成的，前者由国际交易主体按照国际惯例进行，后者由物流企业提供货物流转服务。对于出口国企业来说，只有物流工作做好了，才能将国外客户需要的商品经济便捷、高效优质地送达目的地，从而提高本国商品在国际市场上的竞争能力，扩大对外贸易。

（2）国际贸易促进物流国际化步伐

第二次世界大战以后，出于恢复重建工作的需要，各国积极研究和应用新技术、新方法，从而促进了生产力的迅速发展，世界经济呈现繁荣兴旺的景象。国际贸易也因此发展得极为迅速。同时，由于一些国家和地区资本积累达到了一定程度，国内市场投资已不能满足其进一步发展的需要，加之交通运输、信息处理及经营管理水平的提高，出现了为数众多的跨国公司。国际贸易的发展，促进了货物和信息在世界范围内的大量流动和广泛交换。

（3）国际贸易对国际物流提出新要求

随着科学技术的发展以及世界政治经济环境的变化，国际贸易表现出一些新的趋势和特点，从而对国际物流提出了更新、更高的要求。

一是运作要求。国际贸易的结构正在发生着巨大的变化，除了传统的初级产品、原料等贸易品种交易量不断增加之外，高附加值、高精密度的商品流量的增长更为显著，这对物流运作提出了更高的要求。同时，由于国际贸易需求的多样化，形成物流多品种、小批量化，要求国际物流向灵活性与个性化方向发展。

二是效率要求。国际贸易活动的重要环节是合约的订立和履行，而国际贸易合约履行的很多内容涉及国际物流活动，因而要求物流有很高的效率。提高物流效率最重要的是如何高效率地组织所需商品的进出口，从备货、包装、仓储、运输、检验检疫、报关等环节提高物流效率。

三是安全要求。由于全球一体化和社会生产专业化的发展，众多商品在世界范围内分配和生产。国际物流所涉及的地域辽阔，在途时间长，受气候、地理等自然条件和政治经济等因素影响较大。因此，在选择运输方式和路线时，要密切注意所经地域的气候条件、地理条件，还应注意沿途所经国家和地区的政治局势等，以防这些外部因素造成货物灭失。

四是经济要求。国际贸易的特点决定了国际物流的环节多、运作周期长。随着经济全球化的深入，降低物流成本以获得价格优势是重要竞争手段。大数据、云计算、物联网等先进信息技术在国际物流上的运用，为降低物流成本提供了很大空间。国际物流企业选择最佳物流方案，降低物流成本，保证服务水平，是提高竞争力的有效途径。

总之，国际物流必须适应国际贸易结构形式的变革，不断向合理化方向发展。国际贸易商品结构、市场结构的巨大变化，需要专业化、国际化的物流运作。特别是需要加强国际物流成本控制，采取科学的措施，尽可能降低运输、仓储、包装等环节的成本支出，争取最大化的物流效益，增强所有国际贸易参与者的创新能力，不断推动国际贸易繁荣发展。

12.1.4 国际物流发展趋势

在用户需求个性化、企业关联紧密化、全球经济一体化的背景下，市场竞争越来越激烈，资源在全球范围内的流动和配置不断增多，世界各国更加重视物流发展，国际物流呈现出新的发展趋势。

1. 国际物流系统更需集成化

国际物流的集成化是减少流通环节、节约流通费用、实现科学的物流管理、提高流通的效率和效益，以适应经济全球化背景下"物流无国界"的发展趋势。国际物流向集成化方向发展主要表现在两个方面：一是大力建设物流基础设施；二是不断加强物流企业协作。物流基础设施建设有利于物流资源配置合理化、产业发展高效化；物流企业协作，特别是一些大型物流企业共建物流网络，完善国际物流通道，或形成物流企业间的战略联盟，有利于拓展国际物流市场，争取更大的市场份额，加速本国物流业向国际化方向深度发展。

2. 国际物流管理更重信息化

国际物流发展以现代信息技术为基本条件，信息技术是物流现代化的重要标志。因此，信息化对国际物流发展具有重要影响。另外，由于标准化的推行，为信息化的广泛普及打下了良好的基础，使国际物流可以实现跨国界、跨系统的信息共享，物流信息的传递更加方便、快捷、准确，加强了整个物流系统的信息连接。现代国际物流就是在信息系统的支撑下，借助运输和仓储等环节的参与及各种物流设施，形成了层次丰富的物流网络，使国际物流空间不断延伸，规模经济效益更加突出。

3. 国际物流标准更加统一化

随着经济全球化的不断深入，世界各国都很重视本国物流与国际物流的相互衔接问题，力求使本国物流在发展过程中，其标准与国际物流的标准体系相一致。目前，跨国公司的全球化经营，正在极大地影响物流全球标准化的建立。一些国际物流行业协会，在国际集装箱和信息管理系统标准化发展的基础上，开始进一步对物流的交易条件、技术装备规格，特别是单证、法律条件、管理手段等方面推行统一的国际标准，这不仅有利于各国贸易的发展，同时能推进世界各国物流现代化水平。

4. 国际物流服务更加优质化

物流企业发展壮大的关键是在激烈的市场竞争和复杂的市场需求中更高效地为客户提供优质的服务，满足客户个性化需求。订制服务已成为物流业发展的重要趋势。综合性国际物流公司为顾客提供一站式服务，从国际采购、全球制造、运输仓储、报关报检到物流金融实现一站式订制化服务，努力为客户优化物流程序、控制物流成本、提高物流管理水平。

5. 国际物流节点更加多样化

为了适应国际贸易的快速发展，许多发达国家都致力于港口、机场等综合枢纽和保税仓库的建设，大量国际物流园区也因此应运而生。这些大型物流节点一般选择靠近大型港口和机场兴建，依托重要港口和机场，形成处理国际贸易的物流中心，并根据国际贸易的发展要求，提供更多种类的物流服务。国际物流节点的快速发展，不仅依靠物流企业自身的努力，而且特别需要政府的支持。而如何围绕机场、港口建立保税区、保税仓库，提供一站式服务，是国际物流节点发展必须解决的重要问题。

6. 国际物流运输更加现代化

国际物流最重要的环节之一是运输。而要适应当今市场竞争激烈的特点，运输环节必须与时俱进，通过高度的机械化、自动化、标准化手段提高物流的速度和效率。国际物流运输的最主要方式是海运，其次是空运，另外还有陆运，因此，国际物流要建立起多式联运的综合运输体系，实现快速便捷的物流服务。为了提高物流的现代化，当前世界各国都在采用先进的物流技术，开发新的运输和装卸机械，大力改进运输组织效率。融合了信息技术与交通运输现代化手段的国际物流，对世界经济运行将继续产生积极的影响。

12.2 国际物流报检与通关

12.2.1 检验检疫概述

1. 出入境检验检疫制度的含义

出入境检验检疫，是指在国际贸易活动中由检验检疫机构按照法律法规或相关国际惯例对进出境货物的品质、数量、包装、安全、卫生以及装运条件等进行检验、管理和认证，并对涉及人、动物、植物的传染病、病虫害、疫情等进行检疫的工作，在国际贸易中通常称为商检工作。出入境检验检疫是随着现代国际贸易的发展而产生和发展起来的，是当代国际贸易中的重要环节。各国的法律和国际公约都对商检做出明确规定，中国出入境检验检疫的国家主管部门是海关总署。

2. 出入境检验检疫制度的组成

我国出入境检验检疫制度的内容包括：进出口商品检验制度、进出境动植物检疫制度及国境卫生检疫制度。

（1）进出口商品检验制度

进出口商品检验制度是根据《中华人民共和国进出口商品检验法实施条例》的规定，国家质量监督检验检疫总局及其口岸出入境检验检疫机构对进出口商品所进行的品质、质量检验和监督管理的制度。其目的是保证进出口商品的质量，维护对外贸易有关各方的合法权益，促进对外经济贸易关系的顺利发展。我国商品检验主要有四个环节：接受报检、抽样、检验、签发证书。法定检验以外的进出境商品是否需要检验，由关系人协商处理，可以选择放弃检验，也可以通过委托检验、合同约定检验以及公证鉴定的方式提出检验申请，实施检验并制发证书。但检验检疫机构对法定检验以外的进出口商品，可以通过抽查的方式予以监督管理。

（2）进出境动植物检疫制度

进出境动植物检疫制度是根据《中华人民共和国进出境动植物检疫法实施条例》的规定，国家质量监督检验检疫总局及其口岸出入境检验检疫机构对进出境动植物、动植物产品的生产、加工、存放过程实行动植物检疫的进出境监督管理制度。其目的是为了防止动物传染病、寄生虫病和植物危险性病、虫、杂草以及其他有害生物传入、传出国境，保护农、林、牧、渔业生产安全、人体健康及生态环境。

（3）国境卫生检疫制度

国境卫生检疫制度是指出入境检验检疫机构根据《中华人民共和国国境卫生检疫法》和《中华人民共和国食品卫生法》及其实施细则和国家其他的卫生法律、法规和卫生标准，在进出口口岸对出入境的交通工具、货物、运输容器以及口岸辖区的公共场所、环境、生活设施、生产设备进行的卫生检查、鉴定、评价和采样检验的制度。其目的是防止传染病由国外传入或者由国内传出，实施国境卫生检疫，保护人体健康。其监督职能主要包括：进出境检疫、国境传染病检测、进出境卫生监督等。

3. 检验检疫在国际物流中的作用

国际物流运作中与检验检疫密切相关的工作是品质检验、计量检验、包装检验、卫生检验、残损鉴定。例如《出境危险货物运输包装使用鉴定结果单》，可以用来证明危险货物的包装容器是否适当、包装外观是否清洁、包装标识是否正确、包装容器是否出现洒漏等。再如，检验检疫人员通过对企业的日常检验监管和抽样检测，符合相关要求后出具产品合格证明，用来证明货物是否符合法律法规和相关标准的要求。可见，检验检疫部门对货物的检验鉴定是国际物流业务中的关键环节，其所出具的各类合格证明文件表明了产品的合格信息，证书具有权威性和公正性。检验检疫证书有多种，在贸易合同中应规定证书类别和检验要求。

显然，检验检疫在国际物流中所发挥的作用关系国家形象和对外声誉。检验检疫部门需要做到其所出具的检验鉴定结果准确、公正，避免因产品品质、包装质量问题引起外贸索赔纠纷的发生。检验监管执法服务也要做到反应及时，避免因检验检疫人员自身原因造成出证时间的拖延，导致影响货物正常的物流运作。

12.2.2 检验检疫的内容

2018 年国家质量监督检验检疫总局的出入境检验检疫管理职责划入海关总署。自 2018 年 4 月 20 日起以海关名义对外开展工作，一线岗位统一穿着海关制服、统一佩戴关衔。关检协调度不够的现象长期影响我国对外贸易的便利性，出入境检验检疫管理体制改革有利于我国贸易便利化水平的提高。目前出入境检验检疫的主要工作包括以下内容。

（1）执行出入境卫生检疫、动植物检疫、进出口商品检验法律法规和政策，以及对出入境检验检疫、鉴定、监督管理等事项进行执法。

（2）出入境卫生检疫、传染病监测和卫生监督，口岸传染病的预防与控制，出入境人员的预防接种和传染病监测体检。

（3）出入境动植物及其产品和其他检疫物的检验检疫与监督管理，动植物疫情监测、调查等，动植物疫情的紧急处理。

（4）进出口商品（含食品）的法定检验和监督管理，一般包装和出口危险品货物包装检验，进出口商品鉴定管理。外商投资财产鉴定，以及进出口商品复验。

（5）对进出口食品、动植物及其产品等的生产（养殖、种植）、加工和存放等单位的卫生检疫注册，进出口安全质量许可和出口质量许可，进出口产品和实验室认可、人员注册等方面的监督管理。

（6）国家实行进口许可制度的民用商品的入境验证，出口、转口商品的有关出境验证。

（7）出入境交通运载工具和集装箱及容器的卫生监督、检疫监督和有关的适载检验、鉴定，出入境交通运载工具、集装箱、包装物及铺垫材料和货物的卫生除害处理。

（8）执行国家、国务院有关部门和国家出入境检验检疫局签署的有关检疫、检验的国际协议、协定和议定书等，执行技术性贸易壁垒协定和检疫协定。

（9）签发出入境检验检疫证单和标识、封识，并进行监督管理，签发出口商品普惠制原产地证和一般原产地证。

（10）统计出入境检验检疫业务，调查和收集国外传染病疫情、动植物疫情和国际贸易商品质量状况，提供有关信息。

（11）对各类涉外检验检疫、鉴定和认证机构（包括中外合资、合作机构）以及卫生除害处理机构的监督管理。

12.2.3　报关概述

1. 报关的含义

报关是指进出口货物收发货人、进出境运输工具负责人、进出境物品的所有人或者代理人向海关办理货物、物品或运输工具进出境手续及相关海关事务的过程。

2. 报关的范围

报关的范围包括：进出境运输工具报关、进出境货物报关和进出境物品报关。

（1）进出境运输工具主要包括用以载运人员、货物、物品进出境，并在国际间运营的各种境内外船舶、车辆、航空器等。

（2）进出境货物包括所有进出境货物以及一些特殊形态的货物，如以货品为载体的软件等也属报关的范围。

（3）进出境物品主要包括进出境的行李物品、邮递物品和其他物品。其他物品主要包括暂时免税进出境物品、享有外交特权和豁免的外国机构或者人员进出境物品等。

3. 报关制度

依法向海关注册登记是法人、其他组织或者个人作为报关单位的法定要求，可以向海关办理注册登记的单位有两类：一是进出口货物收发货人；二是报关企业。海关一般不接受其他企业和单位的报关注册登记申请。

4. 海关管理

（1）海关的基本性质

《中华人民共和国海关法》（以下简称《海关法》）第二条规定：中华人民共和国海关是国家的进出关境的监督管理机关。这一规定明确限定了海关作为特定的行政管理机关的属性，即海关行政管理的内容是进出境运输工具、货物、物品及相关进出境行为，并且海关对相关行为的管理是严格限制在进出境环节之内的，与进出境活动无关的任何行为均不属于海关管辖范围。

（2）海关的基本任务

《海关法》明确规定其有四项基本任务，即海关监管、海关关税、查缉走私和海关统计。

一是海关监管。海关监管是指海关根据《海关法》及相关法律、法规赋予的权利，对进出境运输工具、货物、物品及相关的进出境行为，适用不同管理制度而采取的一种行政管理行为，其目的在于保证一切进出境活动符合国家政策和法律的规范，维护国家主权和利益。根据监管对象的不同，海关监管分为海关对货物的监管、对物品的监管和对运输工具的监管三大体系，每个体系都有不同的管理程序与方法。监管是海关最基本的任务，是其他任务的基础。海关的其他任务都是在监管工作的基础上进行的。

二是海关征税。进出口税费是指由海关代表国家对准许进出口的货物、物品征收的一种间接税，包括关税、增值税、消费税、船舶吨税等进出口环节中海关依法征收的税收。依法征收海关税和其他税费，是《海关法》明确规定的海关重要任务之一，也是国家保护国内经济、实施财政政策、调整产业结构、发展进出口贸易的重要手段。海关征税的基本依据是《海关法》和《中华人民共和国进出口关税条例》。

三是查缉走私。海关缉私是指海关依照法律赋予的权力，在各个监管场所和设关地附近的沿海沿边规定地区内，为发现、制止、打击、综合治理走私而进行的一种管理活动。走私是指进出关境活动的当事人有意逃避海关监管的违法行为。走私以逃避监管、偷逃税费、牟取暴利为目的的，严重扰乱经济秩序，损害国家利益。海关缉私的目标是制止和打击一切非法进出口货物、物品的行为。

四是海关统计。海关统计是海关依法对进出口货物贸易的统计，是国民经济统计的组成部分，是国家制定对外贸易政策、进行宏观经济调控的重要依据，是研究我国对外经济贸易发展和国际经济贸易关系的重要资料，客观反映我国对外贸易和海关依法行政的过程和结果。按照"准确及时、科学完整、国际可比、服务监督"的海关统计工作方针，对进出口货物贸易进行统计调查、统计分析和统计监督，进行进出口监测预警，编制、管理和公布海关统计资料，提供统计服务。海关总署按月向社会发布我国对外贸易基本统计数据，定期向联合国统计局、国际货币基金组织、世界贸易组织及其他有关国际机构报送中国对外贸易的月度和年度统计数据，并同这些国际组织在国际贸易统计制度方法、贸易统计数据差异分析等方面开展密切的合作。

除上述基本任务外，知识产权海关保护、海关反倾销、反补贴调查也是海关的任务。

12.2.4 国际货物报关

一般进出口货物的报关程序可分为四个基本环节：申报→查验→征税→放行。

1. 申报

（1）申请

在一般情况下，进出口货物收发货人或其代理人应当采用纸质报关单形式和电子数据报关单形式向海关申报，即先向海关计算机系统发送电子数据报关单，接收到海关计算机系统发回的"接受申报"电子报文后，打印纸质报关单并携带其他单证，一并提交海关。

（2）申报期限

进口货物为自装载货物的运输工具申报进境之日起 14 日内需提交报关申请。申报期限的最后一天是法定节假日或休息日的，顺延至法定节假日或休息日后的第 1 个工作日。

（3）申报单证

准备申报单证，是整个报关工作能否顺利进行的关键。申报单证可以分为报关单和随附单证两大类，其中随附单证包括基本单证和特殊单证。

2. 查验

海关查验是指海关为确定进出境货物申报的内容是否与进出口货物的真实情况相符，或者为确定商品的归类、价格、原产地等，依法对进出口货物进行实际核查的执法行为。查验应在海关监管区内实施，不宜在监管区内实施查验的，可书面申请区外查验。查验方法可以彻底查验，也可以抽查。径行查验是指海关在进出口货物收发货人或其代理人不在场的情况下，自行开拆包装进行查验，但海关应通知货物存放场所的管理人员或其他见证人到场，并由其在海关的查验记录上签字。

3. 征税

海关根据国家有关规定的政策、法规对进出口货物征收关税及进口环节的税费。进出口货物除国家另有规定的以外，均应征收关税。关税由海关依据《中华人民共和国海关进出税则》征收。我国对进口货物除征收关税外，还要征收进口环节增值税，少数商品要征收消费税。根据国家法律规定，上述两种税款应由税务机关征收。为简化征税手续，方便货物进出口，同时又可有效地避免货物进口后另行征收可能造成的漏征，国家规定进口货物的增值税和消费税由海关在进口环节代税务机关征收。

4. 放行

海关放行是指海关对进出口货物审核、查验、征税后，做出结束海关进出境现场监管决定，允许货物离开海关监管现场的工作环节。进出口商或其代理人必须凭海关签印的货运单据才能提取或发运进出口货物。一些进出口货物因为税款或某些证件不能及时备齐而向海关申请先放行，同时向海关交纳保证金或提交保证函，保证纳税人会在一定期限内履行其在通关活动中承诺的义务。

12.3　国际货物运输

12.3.1　国际货物运输系统

国际货物运输是指货物在国家与国家、国家与地区之间的运输，包括国际贸易商品运输和非国际贸易物品运输。由于国际货物运输主要是国际贸易商品运输，非贸易物品运输在一国对外贸易中占有的比重很小，因此国际货物运输又称为国际贸易运输。

货物运输按照运输工具及运输设备的不同可分为海洋运输、铁路运输、航空运输、公路运输、内河运输、管道运输等几种主要方式，此外还有集装箱运输、国际多式联运和大陆桥运输等多种运输组织方式。各种运输方式有其自身的特点，并且分别适合于运输不同距离、不同形式、不同运费负担能力和不同时间需求的物品。国际运输最常用的运输方式是海洋运输，其次是航空运输。

12.3.2　国际海洋运输

海洋运输是国际贸易中最主要的运输方式。我国对外贸易货物运输中大多数是通过海洋运输的。海洋运输具有运量大、运费低、不受地面交通限制等优点，具体又可分为班轮运输和租船运输。

1. 班轮运输

班轮运输又称定期船运，是指在一定的航线上，按照公布的船期表，以既定挂靠港口顺序进行规则的、反复的航行和运输的船舶营运方式。班轮运输的特点可归纳为"四固定一负责"：固定航线、固定挂靠港口、固定船期、相对固定运输费率和负责装卸货，"四固定一负责"为交易双方制订交货条款、掌握交接货时间、安排货物运输等提供了必要依据。班轮运输是目前海运货物的主要形式，特别是传统杂货运输和集装箱运输基本采用班轮运输，这是因为该营运方式给交易双方带来了很大的便利。

2. 租船运输

租船运输又称不定期船运，是相对班轮运输即定期船运而言的一种方式。与班轮运输不同，租船运输没有固定的船期表，也没有固定的航线和挂靠港口，运输时间、货物种类、航线、经停港等都要以船舶所有人与承租方根据事先签订的租船合同为依据。租船运输主要适合于大宗散货的运输，如谷类、油类、矿石、煤炭、木材、化肥等，其营运费用开支取决于不同的租船方式，船舶租金的高低视当时的世界经济、政治状况及船舶运力供求变化而定，船舶所有人与承租人之间的权利与义务也根据签订的船舶租赁合同而定。

12.3.3　国际航空运输

航空运输是一种现代化的运输方式，与海洋运输及铁路运输相比，航空运输具有运输速度快、服务质量好、不受地面条件限制等优点，适用于易腐商品、鲜活商品、季节性强的商品以及贵重物品的运输。近年来，随着电子商务的发展和人们对商品运输在质量和时间方面要求的提高，航空运输方式正日趋普遍。航空运输业务中航空公司只负责货物由起飞机场至降落机场的空中运输，而由航空货运代理人负责从发货人处的揽货、订舱、报关以及货到目的地之后的接货、报关、交付等业务。航空货运代理人可以是货主的代理，也可以是航空公司的代理，也可以两者兼而有之，如中国对外贸易运输总公司即同时是中国民航的代理和各进出口公司的代理。由航空公司和航空货运代理公司签发的航空运单，其法律效力是相同的。国际航空运输方式有班机运输、包机运输、集中托运等。

（1）班机运输

班机运输指具有固定开航时间、航线和停靠航站的飞机。通常为客货混合型飞机，货舱容量较小，运价较贵，但由于航期固定，有利于客户安排鲜活空运或急需商品的运送。

（2）包机运输

包机运输是指航空公司按照约定的条件和费率，将整架飞机的货舱租给一个或若干个代理人，从一个或几个航空站装运货物至指定目的地。包机运输适合于大宗货物运输，费率低于班机运输。

（3）集中托运

集中托运是指采用班机或包机运输方式，航空货运代理公司将若干批单独发运的货物集中成一批向航空公司办理托运，填写一份总运单送至同一目的地，然后由其委托当地的代理人负责分发给各个实际收货人。这种托运方式，将若干票小货合成一票货物，重量达到一定的等级时，航空公司计收的运价相对便宜，这种方式可降低运费，是航空货运代理的主要营利方式之一。

12.3.4 国际陆上运输

1. 国际铁路运输

铁路运输在国际贸易运输中仅次于海洋运输与航空运输，铁路运输本身不仅可承担跨越国界的货物运输，而且也往往为海洋运输提供货物集散。铁路运输具有运量大、连续性强、安全性高、不受气候影响等优点，而且铁路运输手续相比海洋运输简单。按照运输速度划分，国际铁路货物运输可分为慢运、快运和整车货物随旅客列车挂运三种。按照托运货物的数量、性质、体积和状态等划分，国际铁路运输又分为整车货物运输与零担货物运输。

（1）整车货物运输

整车货物运输是指按一份托运单托运的一批货物的重量、体积或形状需要单独一辆及以上车辆装载的运输组织形式。整车货物运输费用较低，运输速度快，能承担的运量较大，是铁路货物运输的主要种类之一。

（2）零担货物运输

零担货物运输是指一批托运的货物，其重量或体积不需要单独一辆货车装载的运输组织形式。《国际铁路货物联运协定》规定一批货物重量小于 5 000 千克，按其体积又不需要单独一辆货车运送的货物，即为零担货物。

国际铁路运输合同订立的程序是：发货人提交货物后，铁路部门在运单及运单副本上加盖始发站日期印戳，证明货物已经收到并开始承运，此时运输合同即视为成立。货物启运以后，运单副本退还发货人，可作为卖方向买方结算货款的主要凭证。运单随同货物从始发站达终点站，最后交给收货人。终点站凭运单上所列明的货物向收货人核收运杂费，并交付货物。铁路运单并非物权凭证，不能转让。

2. 国际公路运输

公路运输是陆上运输的基本方式之一，它不仅可直接进行国际贸易运输，而且也为海洋运输、铁路运输、航空运输等运输方式起到良好的辅助、连接作用。公路运输具有机动灵活、简捷方便和可延伸至内陆各地区的优点，是我国和周边国家贸易的主要运输方式。借助与周边国家相通的公路进行运输，不仅缩短了运输时间、节省了成本，而且促进了边境贸易的发展。欧洲大陆国家进出口货物运输也主要依靠公路运输。特别是在集装箱日益普及的情况下，"门到门"服务使公路运输体现出灵活性与便捷性。公路运输也存在一些不足之处，如载货量有限、运输风险较大、运输费用高。

12.3.5 国际多式联运

《联合国国际货物多式联运公约》对国际多式联运所下的定义是：按照国际多式联运，以至少两种不同的运输方式，由多式联运经营人把货物从一国境内接管地点运至另一国境内指定交付地点的货物运输。而中国海商法对于国内多式联运的规定里提及必须有种方式是海运。多式联运是一票到底，实行单一运费率的运输。发货人只要订立一份合同、完成一次付费、签署一次保险、通过一张单证即可完成全程运输。多式联运经营人是全程运输的组织者，在多式联运中，其业务程序主要有以下几个环节：

接受托运申请，订立多式联运合同；空箱的发放与提取；办理报关手续；货物装箱后制作装箱单，办理海关监装与加封事宜；安排货物运输，确定各区段的分运工作；办理货物运输保险；签发多式联运提单，组织完成货物的全程运输；货物到达目的地后，收货人凭多式联运提单提货。

12.4 国际货运保险

12.4.1 国际货运保险概述

国际物流中的货物往往要经过长途运输，涉及多个环节、多种运输方式，货物在从供方所在地到需方所在地的整个运输、装卸及存储过程中，由于自然灾害、意外事故和其他外来风险的客观存在，可能会遭受损失。为了在货物遭受损失后能得到一定的经济补偿，货物的买方或卖方就需要按约定的条件办理货运保险。货物运输保险是指被保险人或投保人在货物装运以前，估计出投保金额，向保险人或承保人投保运输险，投保人按投保金额、投保险别及保险费率，向保险人支付保险费并取得保险单证，投保货物若在运输过程中遭受了承保范围内的风险造成的损失，保险人按投保金额及损失程度向保险单证持有人进行赔偿。国际货物运输保险可以根据运输方式的不同分为国际海运货物保险、国际航运货物保险和国际陆运货物保险三种主要类型。尽管它们的具体责任有所不同，但是都属于财产保险的范畴，被保险人和保险人都需要订立保险合同。

12.4.2 国际海运货物保险

国际海运货物保险是指专门为海上运输设立的保险标的为货物的保险类别。但是，保险人并不是对所有的货物遭受的风险、损失和费用都予以赔偿，保险业务上所使用的术语都具有特定的含义。保险人为了明确责任，将其承保的各类风险、损失和费用的赔偿责任都在不同的险别条款中加以规定。

1. 海运货物承保的范围
海运货物承保的范围，分为海上风险和外来风险两种。

（1）海上风险

海上风险包括自然灾害和意外事故两种。自然灾害一般是指因自然界的力量造成的灾害，即人力不可抗拒的灾害。根据中国人民保险公司的《海洋运输货物保险条款》规定，自然灾害仅指恶劣气候、雷电、地震、海啸、洪水等。意外事故是指由于偶然的非意料之中的原因造成的事故。按照《海洋运输货物保险条款》的规定，意外事故仅指运输工具的搁浅、触礁、沉没、失火、爆炸、与流冰或其他物体的碰撞等。

（2）外来风险

外来风险是指海上风险以外的其他原因引起的风险。这里所说的外来原因，是指事先难以预料的、致使货物受损的某些外部因素。货物由于自身内部缺陷和自然属性而引起的自然损耗或变质等，属于必然损失。这种损失称为非事故性损耗，而不属于外来风险范围。外来风险可分为一般外来风险和特殊外来风险两种。一般外来风险是指由于一般外来原因引起风险而造成的损失。例如，被保险货物在运输途中由于盗窃、雨淋、短量、沾污、破碎、受潮、受热、渗漏、串味、锈损、钩损、包装破裂等一般原因招致的风险与损失。特殊外来风险是指由于国家的政策、法令、行政命令、军事等原因造成的风险与损失。通常是战争、罢工、交货不到、拒收、舱面等风险所致的损失。

2. 海上损失

海上损失一般是指货物在海洋运输中由于海上风险所造成的损失和灭失。海上损失可分为全部损失与部分损失。

（1）全部损失简称全损，是指运输中的整批货物或不可分割的一批货物的全部损失。全损又可分为实际全损和推定全损两种。

（2）部分损失是指被保险货物的一部分毁损或灭失。部分损失可分为共同海损与单独海损两种。

3. 我国海运保险险别

中国人民保险公司制定的《中国保险条款》，将海运保险分为基本险和附加险两类。基本险分为平安险、水渍险及一切险三种。被保险货物遭受损失时，按照保险单上订明承保险别的条款规定，负赔偿责任。附加险是对基本险的补充和扩大。附加险承保的是除自然灾害和意外事故以外的各种外来原因所造成的损失。附加险只能在投保一种基本险的基础上才可以加保。我国保险条款中的附加险有一般附加险和特殊附加险之分。

12.4.3　国际航运货物保险

我国现行的航空运输货物保险的基本险别有航空运输险、航空运输一切险和航空运输货物战争险。

1. 航空运输险

航空运输险的承保责任范围是被保险货物在运输途中遭受雷电、火灾、爆炸，或由于飞机遭受恶劣气候或其他危难事故所造成的被抛弃，或由于飞机遭受碰撞、倾覆、坠落或失踪等意外事故所造成的全部损失或部分损失。对保险责任范围内的事故所采取的抢救、防止或减少货损的措施而支付的合理费用也负责赔偿，但以不超过被救货物的保险金额为限。本险别的承保责任范围与海运险中的"水渍险"大致相同。

2. 航空运输一切险

航空运输一切险的承保责任范围，除包括上述航空运输险的全部责任外，还对被保险货物在运输途中由于外来原因造成的被偷窃、短缺等全部或部分损失，也负赔偿责任。航空运输险和航空运输一切险的保险责任期限，采用"仓至仓"条款，但与海运险条款中的"仓至仓"条款有所不同。航空运输货物保险的责任，是从被保险货物运离保险单所载明的启运地仓库或储存处开始生效，在正常运输过程中继续有效，直至该货物运抵保险单所载明的目的地，交到收货人仓库或储存处所，或被保险人用作分配、分派或非正常运输的其他储存处所为止。如保险货物未到达上述仓库或储存处所，则以被保险货物在最后卸货地卸离飞机后满 30 天为止。

3. 航空运输货物战争险

航空运输货物战争险是一种附加险，在投保航空运输险和航空运输一切险的基础上，经与保险人协商还可以加保此附加险别。航空运输货物战争险的承保责任范围，包括航空运输途中由于战争、类似战争行为、敌对行为或武装冲突以及各种常规武器和炸弹所造成的货物损失，原子武器或热核武器造成的损失除外。航空运输货物战争险的起讫责任，是自货物装上保险单所载明的启运地的飞机时开始，到卸离保险单所载明的目的地的飞机为止，但最长以飞机到达目的地的当天午夜起满 15 天为限。

12.4.4　国际货运保险实务

保险单据是保险人对被保险人的承保证明，也是规定双方各自权利和义务的契约。被保险货物遭受承保范围内的损失时，它是被保险人向保险人索赔的主要依据，也是后者进行理赔的主要依据。当前，在进出口业务实践中所应用的海上保险单据的种类很多，现仅就几种做简要介绍。

1. 保险单

保险单是一种正规的保险合同，也称为大保单。除载明被保险人名称、被保险货物名称、数量或重量、唛头、运输工具、保险起止地点、承保险别、保险金额和期限等项目外，还有保险人的责任范围，以及保险人与被保险人各自的权利、义务等方面的详细条款。保险单可以经由被保险人背书后随同物权的转移而转让，合同的权利、义务随之转移。合同转让时尚未支付保险费的，被保险人和合同受让人负连带责任。

2. 保险凭证

保险凭证也称小保单，它是一种简化的保险合同。除在凭证上不印详细条款外，其他内容与保险单相同，且与保险单有同样效力。但若信用证要求提供保险单时，一般不能用保险凭证代替。保险机构为实现单据规范化，此类保险凭证逐渐淘汰而采用正规保险单。

3. 联合凭证

联合凭证是一种更为简化的保险凭证。在我国，保险机构在外资企业的商业发票上加注保险编号、险别、金额，并加盖保险机构印戳，即作为承保凭证，其余项目以发票所列为准。此种凭证不能转让。目前，此凭证仅适用于香港、澳门地区部分华商业务，只有信用证表明可以接受联合凭证时，才能使用这种单据。

4. 保险通知书

保险通知书亦称保险声明书。在国际交易中，由买方自费办理保险的情况下，有些买方与保险公司签订了预约保险协议，因此，买方经常在信用证中规定卖方在发运货物时，向买方指定的保险公司发出保险通知书，列明所运货物的名称、数量或重量、金额、运输工具、运输日期、预保协议编号等。这项通知是卖方为买方提供的装运连带服务，其副本被列为议付单据之一，必须在装运之前准备就绪。

5. 批单

批单是在保险单出具后，因保险内容有所变更，保险人按照被保险人的要求而签发的批改保险内容的凭证。它具有补充、变更原保单内容的作用。保险单一经批改，保险人须按批改后的内容承担责任。批改的内容如涉及增加保险金额、扩大承保范围的，须经保险人同意，被保险人方可办理申请批改手续。被审核后的批单，一般粘贴在保险单上，作为保险单的构成要素之一。

案例分析

自贸区背景下的国际物流发展之路

A 国际物流有限公司主营国际货物运输代理、普通货运、货物专用运输、仓储等业务。A 公司与多家船公司保持业务往来，保持合约运价协议。A 公司也与多家船东开展了电子商务合作，在网上实现电子海运订舱、货物跟踪、船期查询、订舱、确认、预配、提单制发等。A 公司拥有一支高素质的专业报关报检队伍，分别在上海、广州保税区海关等都设有报关点，全面为各类企业客户提供优质的报关、报检、清关等服务。

一天，董事长黄×召集会议，专门讨论根据目前中国自由贸易试验区的发展现状和政策，怎样处理和解决 A 公司在中国（上海）自由贸易试验区业务开展中已遇到的问题和可能出现的问题。

黄董事长开门见山地说道："今天，重点是讨论如何在中国（上海）自由贸易试验区发展和扩大公司业务。"

林总："我们要加大对自贸区和自贸区相关政策的研究。我们要紧跟步伐，及时做出相应的调整并拓展业务模式。此外，我们也应该很好地利用最近自贸区的一些政策，这些新政策都会对我们的业务产生重大影响。"

杨总："我们可以借助自贸区贸易便利化条件拓展新业务，利用自贸区平台做进口冷冻品业务，比如进口水果、肉类等冷链产品贸易。现在南美洲的牛羊肉是国际市场中最便宜的，同时他们的品质也很好，我们是否可以考虑做这里的进口冷冻品业务。不过我们国家对南美洲的牛羊肉有进口许可限制，同时也有配额限制，如果要发展这块业务的话，也需要克服相应的困难。"

于总："我觉得我们可以借助自贸区平台发展对外投资。我们在美国加州已经收购了一些物流公司，在欧洲、东南亚、澳大利亚也有收购，这样可以在欧洲、东南亚、美国等国家和地区布局全球冷链物流网络，拓展我们的海外业务。"

最后，黄董事长对会议进行了总结："各位为我们企业在自贸区内注册公司开展国际物流业务提出的意见和建议非常好。自贸区是个新鲜事物，我们一定要把它研究透。下周再安排一次会议，我希望你们结合我们公司的战略目标做出在自贸区内开展业务的规划方案和实施步骤。"

根据以上提供的资料，试做以下分析：

1. 自贸区开展国际物流业务的优势有哪些？
2. 试为 A 公司在自贸区的发展提出一些建议。

复习思考题

1. 国际物流的发展趋势包括哪些方面。
2. 简述国际物流的特点。
3. 简述国际物流与国际贸易的关系。
4. 简述国际货物报检的内容。
5. 简述国际海洋运输的分类。
6. 简述国际货运保险的原则。

第13章

现代物流发展动态

学习目标

1. 了解现代物流的发展趋势；
2. 掌握物流互联网时代的智能技术装备；
3. 掌握绿色物流的发展策略，了解绿色物流的实施；
4. 了解精益物流的内涵，掌握精益物流的目标及特点；
5. 掌握电子商务物流的定义及特征，掌握电子商务物流的主要模式。

导入案例

物流的新趋势

在荷兰首都阿姆斯特丹有着世界上最大的花卉供给市场，往返机场和花卉市场的物品供给与配送完全依靠公路，对于一些时效性很高的物品（如空运物品、鲜花等），拥挤的公路交通将是保障其服务提供的重大威胁，供给和配送的滞期会严重影响物品的质量。人们在机场和花卉市场之间成立了一个专业的地下物流系统，整个花卉的运输过程都在地下进行，只在目的地才露出地面，以达到快捷、平安运输的效果。

荷兰城市地下物流系统的特点是处事对象明晰，针对性强，要求物流系统的设计、构建和运行等过程完全按照物品质量要求的尺度来规划；但这种物流系统也有其局限性：建造费用高，工程量大。

讨论与思考：

案例中荷兰应用的物流系统解决了什么问题，反映了物流的什么新趋势？

13.1　现代物流的发展趋势

随着科学技术的发展与进步，现代物流业出现了许多新的发展趋势，在这些趋势下产生了众多新的物流产业形态，如第四方物流、绿色物流、精益物流、电子商务物流等。

物流行业伴随着经济的发展迅速兴起，物流活动是社会经济活动的基础。从古代物物交换到产生货币开始，随着生产的发展，社会经济水平也不断提高，但物流活动不具有独立性质，始终是生产和流通不可分割的一个组成部分。当社会需求提高到新的水平，生产进入到小批量、多品种阶段，对物流系统有了新的要求。不仅要求降低成本，而且对服务的要求越来越高。

随着工业化的实现和市场激烈的竞争，物流产业作为一个新兴产业，其企业组织结构也在不断调整和变化，资本和生产能力逐渐向多元化的大型公司集中，传统的、分散进行的物流活动已远远不能适应现代经济发展的要求，物流活动的低效率和高额成本，已经成为影响经济运行效率和社会再生产顺利进行的制约因素，也是市场竞争力减弱的一个因素。物流产生出现了对物流各种功能、要素进行的整合，以及资源的重新配置。

网络技术把人类社会经济发展带进了一个新的时代，企业面临着尤为激烈的竞争环境，生存和发展的空间发生了很大的变化，资源在全球范围内的流动和配置大大加强。电子商务的出现，加速了全球经济一体化，致使企业的发展趋向多国化、全球化的模式。全球经济一体化进程的加快，使得世界各国更加重视物流发展对本国经济发展、民生素质和军事实力增强的影响，也更加重视物流的现代化，从而使现代物流呈现出一系列新的发展趋势。主要表现为：信息化与移动化、自动化与智能化、网络化与电子化、集成化与协同化、标准化与社会化、全球化。

13.1.1　信息化与移动化

现代社会已步入了信息时代，物流信息化是社会信息化的必然要求和重要组成部分。物流信息化是运用现代信息技术对物流过程中产生的全部或部分信息进行采集、分类、传递、汇总、识别、跟踪和查询等一系列处理活动，以实现对货物流动过程的控制，从而降低成本、提高效益的管理活动。物流信息化是现代物流的灵魂，也是现代物流发展的必然要求和基石。信息化促进了物流功能的改变，使得在工业社会里的产品生产中心、商业贸易中心发挥的主导功能发生了转变，传统的物流业以物为聚散对象，而信息社会是以信息为处理对象。物流不再仅仅传输产品，同时也在传输信息，例如，物流中心的聚散功能除面向实物之外，还要完成对各种信息的采集和传输，各种信息经过加工、处理、使用，再传播出去供社会使用。信息社会使物流的功能更强大，并形成一个社会经济的综合服务中心。

物流信息化主要有三个功能。首先，信息技术和网络技术的普及发展，特别是互联网技术的出现解决了信息共享、传输的标准和成本问题，使得信息更广泛地成为控制、决策的依据和基础。因此，信息的采集、传输、加工、共享问题的解决能提高决策水平，从而带来效益。其次，企业在利益机制的驱动下，不断追求降低成本和加快资金周转，将系统论和优化技术用于物流的流程设计和改造，融入新的管理制度之中。最后，通过对上下游企业的信息反馈服务来提高供应链的协调性和整体效益，进而提高整个供应链的效率和竞争力，物流信息系统不仅是供应链的血液循环系统，也是中枢神经系统。供应链的基础是建立互利的利益机制，而这种机制可以通过信息系统的支持来实现。例如，生产商的生产计划根据销售商的市场预测来制订，销售商的库存由供应商的自动补货系统来管理等。

物流信息化表现在物流信息收集的代码化和商业智能化、物流信息的商品化、物流信息处理的电子化和计算机化、物流信息传递的标准化与实时化、物流信息存贮的数字化和物流业务数据的共享化等方面。它是现代物流发展的基础，没有信息化，任何先进的技术装备都无法有效使用。

而物流的移动化是指物流业务的信息与业务的处理移动化。它是在现代移动信息技术发展条件下的必然选择。由于物流作业更多地体现在载体与载物的移动，除了暂时静态的存储环节外全都处于移动状态，因此，移动化对物流业具有深远的意义。应用现代移动信息技术（通信、计算机、互联网、GPS、GIS、RFID、传感、智能等技术）能够在物流作业中实现移动数据采集、移动信息传输、移动办公、移动跟踪、移动查询、移动业务处理、移动沟通、移动导航控制、移动检测、移动支付、移动服务等，并将这些业务与物体形成闭环的网络系统，真正实现物联网。它不仅降低物流作业成本、加速响应、提高效率、增加盈利，而且更加环保、节能和安全。

13.1.2　自动化与智能化

物流自动化是指在一定的时间和空间里，将输送工具、工业机器人、仓储设施及通信联系等高性能的有关设备，利用计算机网络控制系统相互制约，构成有机的具有特定功能的整体系统。物流自动化是指物流智能化作业过程的设备和设施自动化，包括运输、装卸、包装、分拣、识别等作业过程，比如，条码自动识别系统、语音自动识别系统、射频自动识别系统、自动存取系统、货物自动跟踪系统、自动检测系统、自动分拣系统、自动存取系统、信息引导系统、自动跟踪系统等。

物流自动化的基础是信息化，核心是机电一体化，其外在表现是无人化，效果是省力化。物流自动化有着显著的优点。首先，物流自动化可以方便物流信息的实时采集与追踪，提高整个物流系统的管理和监控水平。如在仓储管理方面，由于采取了计算机控制管理，各受控设备完全自动地完成顺序作业，缩短物料周转周期、作业周期，相应提高仓库吞吐量，适应现代化生产需要。其次，它能扩大物流能力、提高自动化作业程度和仓库作业效率、节省劳动力、提高生产率、减少物流作业的差错。

中国先进的物流装备和物流技术不断涌现，除了传统的货架、叉车、其他搬运车辆外，诸如自动化立体仓库、各种物流输送设备、高速分拣机、RFID（射频识别技术）、AGV 等先进物流装备和技术都得到了高速发展。虽然目前在我国某些技术已被采用，但达到普遍应用还需要一定的时间。随着生产企业对物流服务要求的提高和来自国外企业的强有力的竞争，我国物流企业必须充分发展现代物流装备和物流技术来提高物流管理水平、降低物流成本、提高物流效率，为生产企业提供更满意的物流服务。

智能化是物流自动化、信息化的一种高层次应用，是信息化发展的更高阶段。物流的智能化是基于网络的，是综合运用数据挖掘、人工智能、决策理论、知识管理及其他相关技术和方法，对物流系统的数据进行实时分析处理，为物流系统运行控制、日常决策和智能决策提供有效支持，具有作业自动化、管理网络化、决策智能化的特点，通过物流的智能化管理，物流仓库的管理变得高效、准确，物流人力需求大大节约。

物流作业过程涉及大量的运筹和决策，例如，物流网络的设计优化、库存水平的确定与补货策略的选择、运输（搬运）路径和每次运输装载量的选择、自动导向车的运行轨迹和作业控制、自动分拣机的运行、多货物的拼装优化、运输工具的排程和调度、有限资源的调配、配送策略的选择、物流配送中心经营管理的决策支持等问题都需要借助智能的优化工具来解决。近年来，专家系统、人工智能、仿真学等相关技术已经有比较成熟的研究成果，并在实际物流业中得到了较好的应用，智能化已经成为物流发展的一个新趋势。智能化还是实现物联网优化运作的一个不可缺少的前提条件，而物联网技术可以使行业对物流供应链各环节进行全程、实时、可视化的监控和管理，从而达到提升服务质量、确保业务流程顺畅等目的，让物流更加智能。

13.1.3　网络化与电子化

互联网的出现为物流信息的跨地区即时传递提供了经济合理的解决方案，使信息流、商流和资金流的处理得以即时发出请求，即时完成。网络化是指物流系统的组织网络和信息网络体系。从组织上看，这是供应链成员间的物理联系和业务体系，国际电信联盟（ITU）将传感器技术、射频识别技术（RFID）、纳米技术、智能嵌入技术等列为物联网的关键技术，这种过程需要有高效的物流网络支持。而信息网络是供应链上企业通过互联网实现信息传递和共享完成业务运作，并运用电子方式完成业务操作。例如，配送中心向供应商发放订单就可以利用网上的电子订货系统通过互联网来实现，对下游分销商的送货通知也可通过网上的分销系统，甚至是移动手持终端来实现。

网络的应用使物流信息能够以低廉的成本即时传递，通过完善的物流管理信息系统实现物流过程的即时安排，促使物流行业产生革命性的变化，导致物流行业的升级，实现物流的现代化。物流信息的即时甚至物流过程之前在相关环节中的传递，使得系统可以收集到足够的信息，提前测算并模拟出最佳的物流线路，指导实际物流过程的运转，使得货物的实际输送过程变得自动化甚至精确化，有效消除无效物流和冗余物流，缩短等待时间，加上自动化的操作水平和即时的响应速度，使得"按需生产、零库存、在途时间无间隙传送"成为网络物流的理想状态。

在网络物流系统中，起决定作用的不再是物流设施或者设备的处理能力，而是在物流过程中进行信息采集、管理、分析和调度，并根据反馈情况及时进行调整的物流信息系统。

物流电子化是以信息化和网络化为基础的，是利用电子化的手段，尤其是利用互联网技术来完成整个物流过程的协调、控制和管理，实现从网络前端到最终客户端的所有中间过程的服务，其最显著的特点是相关软件与物流服务的融合应用。目的是通过物流组织、交易、服务、管理方式的电子化，使物流商务活动能够方便、快捷地进行，以实现物流的快速、安全、可靠、低费用。

现代物流在信息化高速发展的电子商务时代出现了新的发展趋势，即电子商务也是助力物流企业在竞争异常激烈的环境下能够生存发展的关键。没有电子商务作为手段，物流的价值就不能得到充分发挥，而如果没有物流作为信息实现的载体和配送的手段，电子商务也不能充分发挥其作用，因此，两者的结合和优势互补，是大势所趋，也是现代物流发展的必由之路。

物流管理和技术的可实现化是物流电子化最主要的方面。物流的电子化具体表现为：业务流程的电子化和无纸化、商务货币的数字化和电子化、交易商品的符号化和数字化、业务处理的全程自动化和透明化、交易场所和市场空间的虚拟化、消费行为的个性化、企业或供应链之间的无边界化、市场结构的网络化和全球化等。

作为电子商务发展关键性因素之一的物流，是商流、信息流和资金流的基础与载体。电子化使得跨国物流更加频繁，对物流的需求更加强烈。建立综合物流信息平台能够促进企业信息资源的共享，实现物流实体资源与物流信息资源的整合与重组，提升物流环境和行业的透明度，有助于改变目前物流行业"小、散、窄"的现状，加快物流行业专业化、规范化的建设，降低企业物流成本，增加企业国际竞争能力。

13.1.4　集成化与协同化

物流业务是由多人经过多个流程完成的。全球化和协同化的物流运作要求物流业中成员之间的业务衔接更加紧密，因此要对业务信息进行高度集成，实现供应链的整体化协同和集成化运作，缩短供应链的相对长度，使物流作业更流畅、更高效，更快速，更加接近客户和满足需求。集成化的基础是业务流程的优化和信息系统的集成，两者都需要有完善的信息系统支持，实现系统、信息、业务、流程和资源等的集成。同时，集成化也是共享化和协同化的基础，没有集成化，就无法实现共享化和协同化。

物流集成化协同发展是物流产业化发展的结果，市场需求的瞬息万变、竞争环境的日益激烈都要求企业具有与上下游进行实时业务沟通的协同能力。企业不仅要及时掌握客户的需求，更快地响应、跟踪和满足需求，还要使供应商对自己的需求具有可预见能力，并能把握好供应商的供应能力，使其能为自己提供更好的供给。为了实现物流协同化，合作伙伴需要共享业务信息、集成业务流程，共同进行预测、计划、执行和绩效评估等业务。而只有企业间真正实现了全方位的协同，才能使物流作业的响应速度更快、预见性更好、抵御风险能力更强，以降低成本和增加效益。

根据现代物流理论，物流产业若要拓展其生存和发展空间，就必须做到要素高度集成、环节高度流畅、集约性能显著，即采用集成化经营战略，实现效益最大化。要做到物流集成化，首先必须建立高效的物流链，使采购物流、生产物流和销售物流与商流、资金流和信息流得以整合，从而在商品品种、数量、质量和交货地点、时间、方式、价格、包装及物流配送信息等方面都满足客户的要求。作为一种全新的战略管理模式，集成化物流管理强调通过物流链各节点企业间的协同合作，建立战略伙伴关系，将物流服务商的内部资源与供应商的资源有机地集成起来进行管理，运用运筹学的方法进行全局优化和协调，达到全局动态最优目标，最终实现物流多赢的目的。

13.1.5　标准化与社会化

标准化是现代物流技术的一个显著特征和发展趋势，也是实现现代物流的根本保证。货物的运输配送、存储保管、装卸搬运、分类包装、流通加工等作业与信息技术的应用，都要求有科学的标准。例如，物流设施、设备及商品包装、信息传输等标准化。只有实现了物流系统各个环节的标准化，才能真正实现物流技术的信息化、自动化、网络化、智能化等。特别是在经济贸易全球化的 21 世纪，如果没有标准化，就无法实现高效的全球化物流运作，这将阻碍经济全球化的发展进程。

物流社会化同标准化一样，也是以后物流发展的方向，其最明显的趋势就是物流业出现的第三方和第四方物流服务方式。它一方面是为了满足企业物流活动社会化要求所形成的，另一方面又为企业的物流活动提供了社会保障。而第三方、第四方乃至未来发展可能出现的更多服务方式是物流业发展的必然产物，是物流过程产业化和专业化的一种形式。人们预测下阶段的物流将向虚拟物流和第 N 方物流发展，物流管理和其他服务也将逐渐被外包出去。这将使物流业告别"小而全、大而全"的纵向一体化运作模式，转变为新型的横向一体化的物流运作模式。

13.1.6　全球化

为了实现资源和商品在国际间的高效流动与交换，促进区域经济的发展和全球资源优化配置的要求，物流运作必然要向全球化的方向发展。在全球化趋势下，物流目标是为国际贸易和跨国经营提供服务，选择最佳的方式与路径，以最低的费用和最小的风险，保质、保量、准时地将货物从某国的供方运到另一国的需方，使各国物流系统相互"接轨"，它代表物流发展的更高阶段。

我国企业正面临着国内、国际市场更加激烈的竞争，资源在全球范围内的流动和配置大大加强，越来越多的外国公司加速加入中国市场，同时一大批中国企业也将真正融入全球产业链中，这将加剧中国企业在本土和国际范围内与外商的竞争，这都将对我国的物流业提出更高的要求。在新的环境下，我国的企业必须把握好现代物流的发展趋势，运用先进的管理技术和信息技术，提高物流作业的管理能力和创新能力，提升自己的竞争力。

在新的物流发展趋势下，产生了众多新的物流产业形态：智慧物流、绿色物流、精益物流、电子商务物流等。

13.2　"互联网+"智慧物流

2015 年，中国快递业务量为 206.7 亿件，2016 年为 300 亿件，2017 这一数字则突破了 400 亿件。一年百亿件的增长速度，令人叹为观止。如果要列举中国近十年来发展最快的行业，物流业绝对可以占有一席之地。毫不夸张地说，中国的物流业用短短十年的时间完成了发达国家上百年的积累。在快递速度越来越快、快递体验越来越好的背后，实际上是互联网相关技术对整个物流供应链的优化，物流业正在被互联网所改变，并成为驱动新零售和经济新常态的重要动力。在互联网时代的新商业环境下，无数传统行业都遵循着"物竞天择、适者生存"的丛林法则，即通过自我进化与完善获得生存与发展的机会。

近年来，在大数据、云计算、互联网、人工智能等互联网相关技术的推动下，中国的物流企业进行了一系列积极的探索和尝试。例如，顺丰、京东等不断尝试用无人机运送快递，并积累了一定的经验；苏宁在 2016 年"双 11"期间启用第四代智慧物流仓库"苏宁云仓"，改善用户的购物体验；罗计物流在线上打造了多款 App 产品，有效地连接了供需双方，在降低运输成本的同时；提高了运输效率。可以说，中国的物流业正逐渐从传统的劳动密集型向现代的技术密集型产业升级。

物流业是国家经济社会发展的一个基础性产业，物流业的升级和变革将有助于转变我国的经济发展方式、提升国际综合竞争力。在 2015 年国务院印发的《关于积极推进"互联网+"行动的指导意见》中，高效物流被明确列入发展目标，实现高效物流正是"互联网+"时代物流企业的主要目标。

过去十几年，中国的物流行业经历了高速发展。在取得辉煌成就的背后，也存在各种问题。例如，尽管中国物流行业的规模十分庞大，却也存在诸如智能化程度低、物流效率低、运输成本高等瓶颈，而且物流业进入了一个转型升级的关键时期。在这样的大环境下，对物流企业而言，更应该追求精细化的发展路径，并对各项资源进行深度整合。而与"互联网+"相结合的物流 4.0 模式就为物流行业提质增效、挖掘潜能指明了方向。

进入"互联网+"时代，一批创新型的物流企业诞生和成长，一批传统的物流企业也积极与"互联网+"融合，颠覆自身的商业模式与运营思路。分析这些依托自身获得资本青睐并发展壮大的物流企业，其探索的模式均可总结为物流 4.0 模式。在智能物流、智慧物流的带动下，中国的物流行业将全面实现转型升级，取得质的飞跃。

13.2.1　物流 4.0：开启物流互联网时代

互联网的快速发展和成熟引发了新一轮的产业变革。移动互联网、大数据、云计算、物联网、自动化的技术，使互联网与实体产业深度渗透融合，颠覆重构了实体产业的传统形态和发展模式，推动实体产业进入"产业互联网"时代。

产业互联网是指互联网深度渗透融合进实体产业，成为产业运作发展的主导与核心力量，进而推动产业互联网转型升级。与纯粹虚拟化的信息互联网不同，产业互联网是线上线下、实体虚拟的有机融合，以互联网强大的变革创新能力推动现实世界的网络化、信息化和智慧化。

建构产业互联网，首先要通过物联网、大数据、云计算等先进技术实现物理世界的网络化、信息化和智能化，从而实现在线智慧设计、在线智慧制造、在线智慧商务、在线智慧物流等，让每个人都能够成为参与其中的客户，为产业发展提供更加多元的创新源泉和强大的驱动力量。

现代物流连接着制造与消费的两端，是一个具有流动性的复合型产业。随着信息技术的快速发展，原料、在制品、制成品等从供应到消费流程中的运输、存储、配送等各种信息，都可以借助多元化的渠道实现更为简捷高效的沟通分享。这使企业可以基于客户需求信息，对物流服务的各个环节进行更为科学合理的规划、执行和控制，实现统一考虑、系统运筹，从而大大提升了整体物流系统的服务效率和质量，实现了现代物流理念和模式的变革。

当现代物流体系与制造业信息实现深度融合共享时，制造企业便可以真正围绕客户需求，合理安排采购、制造支持、产品销售等各环节内容，从而实现企业信息系统对外界变化的敏锐感知、快速反应和柔性化的产品制造。同时，物流与制造信息的深度融合也有助于实现信息企业信息流、物流与资金流的"三流合一"，这些推动了物流进入供应链管理的 3.0 时代。

现代物流与信息技术息息相关，信息技术的发展是现代物流产业变革、实现跃迁式发展的关键和核心。当前，移动互联时代的到来，"互联网+"带来的产业互联网革命，以及云计算、大数据、物联网、物流自动化和智能化技术的不断成熟优化，推动了现代物流与互联网产生更多的"化学反应"，从而推动物流产业进入 4.0 时代。更加智能化和智慧化的"物流互联网"正逐渐拉开大幕，并将引发新一轮的物流产业变革。

13.2.2　物流互联网时代的4个主要特征

2014年10月，国务院通过了《物流业发展中长期规划（2014—2020年）》，提出要加快作为国民经济基础性、战略性产业的现代物流业的发展，通过建立和完善标准化、信息化、智能化、集约化的现代物流服务体系，为整体经济的转型提质增效，提供有力的物流服务支撑。

其中物流发展的"四化"可以被认为物流互联网时代的主要特征，物流互联网时代的4个主要特征如图13-1所示。

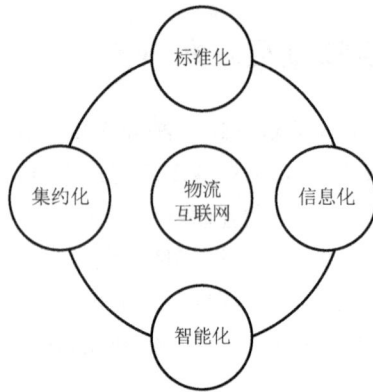

图13-1　物流互联网时代的4个主要特征

（1）标准化

"互联网之父"蒂姆·伯纳斯·李（Tim Berners-Lee）通过发明了万维网、世界上第一个网页浏览器，以及发明了允许网页扩展的基本协议和算法，实现了不同计算机中信息的联网共享，从而使互联网逐渐走进世界各个角落，因此，现代物流服务系统要实现高层次的"物流互联网"，就必须首先进行流程的标准化操作。只有这样，才能在实际运作中实现物流网络系统的开放和资源共享，进而提升现代物流服务体系的信息化、智能化。

（2）信息化

物流互联网是物流整体产业流程更高层次的信息化，是借助互联网技术思维和平台实现物流中实体物品的可视化、可运筹、可优化以及可流程智能控制等，进而实现物流供求和运作资源的高度开放、透明与共享，探索现代物流发展的更多创新性的商业模式。

（3）智能化

只有不断提升现代物流服务系统的智能化水平，才能真正实现物流服务与互联网的深度融合，而非"貌合神离"；才能运用互联网思维，实现对物流服务整体流程的合理运筹与优化，发挥出物流互联网的创新创造价值；才能真正利用互联网思维、技术与平台，不断提高物流效率与效益，实现物流产业的提质增效。

（4）集约化

集约化是指从整体协同层面，对人力、物力、财力、管理等各种生产要素进行统一配置，以实现生产要素的优化配置和高效利用，从而降低物流整体系统的运作成本，优化管理效果，建立长期竞争优势。

集约化不等于集中管理。以往集约化的实现路径主要是加强集中管理，但在互联网时代，集约化目标的实现，将更多地借助于分布式系统和庞大的信息共享网络。互联网与物流产业的深度融合，使人们可以通过开放性的互联网平台，在更广的范围内进行车辆、人力、仓储、货物等各种物流资源的信息共享和协同，实现资源的更优配置和使用。

"互联网+"的经济新常态下，物流与互联网的深入融合，为现代物流产业发展带来了更大的想象空间。虽然物流互联网才刚刚开启发展的大幕，人们对未来物流互联网将带来的物流产业新图景，还没有清晰的明确的认知，但仍然可以通过类比的方式对其想象一二。

当前的物流系统就像是传统的电话接线系统，虽然也能够进行各要素信息的连接互通，但流程却十分烦琐，需要先给接线员"打电话"，然后接线员再根据具体需求寻找和连接通话对象。

物流互联网将大大简化这一过程。通过物流系统信息的网络化、标准化、智能化建构，程控交换机中的程序将自动完成信息的互联互通。更具体地讲，就是在物流互联网时代，装载、发货、仓储、配货、分拨、配送等物流系统各环节的工作，都可以借助互联网平台的智能化、自动化来完成。

13.2.3 物流互联网时代的智能技术装备

打造物流互联网，除了大数据、云计算、移动互联网、物联网等信息互联网和产业、互联网发展需要的技术以外，还需要与物流系统运作直接相关的智能物流技术与设备，如图 13-2 所示。

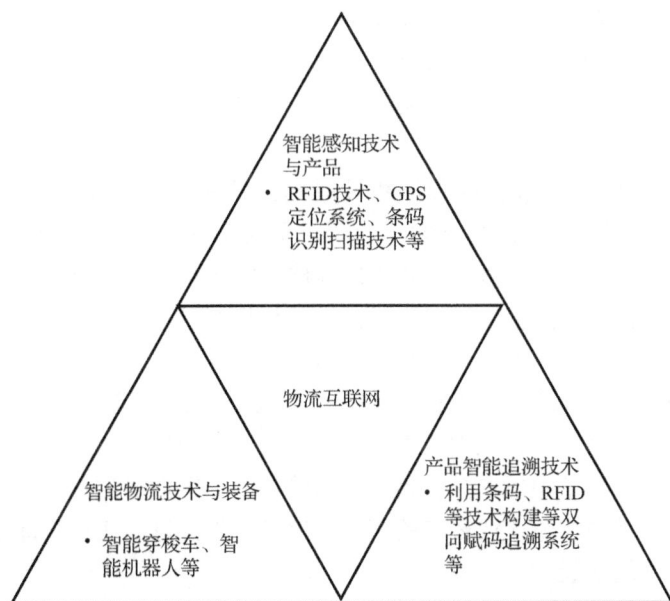

图 13-2 物流系统运作需要的智能物流技术与设备

1. 智能感知技术与产品

对实体物流运作进行联网，离不开相关的智能感知技术和产品，如 RFID 技术传感器、视频感知技术、GPS 定位系统、条码识别扫描技术等。这些智能感知技术主要用于仓储、输送、搬运、运送、集装等环节中，有利于提升物流运作中的定位感知、过程追溯、信息采集、物品分拣等的智能化水平和效率。

由于多种因素的制约，当前物流产业中虽已装备和应用了智能感知技术和设备，但现实效果远未达到物流互联网所构想的最优状态；智能感知技术的应用主体仍无法实现完全的自动化、智慧化；智能终端识别技术必须由人进行操作；智能拣选系统仅扮演辅助人工的角色，没能充分发挥出应有的价值；能更有效地感知和获取信息的智能传感器主要被用在冷库等特殊仓库中，还未能普及。

随着物流运行和服务对实时可视化管理的迫切需求，视频传感器等可视化物流设备的应用近些年有了显著的增长，自动化输送分拣与仓储系统、红外感知、激光感知、RFID感知和二维码感知等多种先进智能感知技术，都被广泛应用到物流作业监控和仓库管理等环节。

2. 智能物流技术与装备

智能物流技术指标主要被用于自动化仓储领域，其中智能穿梭车是近年来智能物流技术的重点研发方向。智能穿梭车能够高效快速地从密集货架的最里层找到并搬出指定的物品，这在单品出货量较大的产品领域极具竞争力。同时，智能穿梭车与密集型货架的有机结合，也能使仓储设施和空间得到最大化利用。不过，作为一种最新的智能物流技术和设备，要真正实现智能穿梭车的互联网化，还有待时间的沉淀。

智能机器人比较容易联网运作，在物流领域中的发展应用也较为迅速。基于激光导引和磁条感知技术的智能搬运机器人已被很多自动化物流中心应用。智能机器人还被用于货品出入库的堆码垛，即根据相关的指令，智能机器人能够自动对货品进行堆码垛，从而极大地提高了仓库的运作效率和自动化、智能化水平。

智能终端产品、自动化智能作业机械、智能机器人等的快速发展，提高了物流运作的信息化、网络化、智能化水平，为构建现代物流互联网提供了有力的支撑。

3. 产品智能追溯技术

物流是产品智能追溯技术发展最早和最成熟的领域，已实现了智能追溯技术的网络化。例如，针对国内频发的食品药品安全问题，早在十几年之前，物流行业就开始研发食品、药品的安全溯源机制，利用条码、RFID 等技术构建双向赋码追溯系统，以便对产品进行双向追溯和实时监控。经过多年的发展，国内已经建立了数百条可对食品、药品安全进行追溯监控的系统，创造了巨大的社会和经济效益。

产品追溯系统对产品赋码，将生产、运输、保管、交接等多种产品信息植入赋码系统，使人们可以通过扫描条码或识别 RFID 信息，对产品的生产、运输、保管、交接等信息进行双向追溯，从而达到了确保安全、鉴别真伪的目的。智能追溯技术是借助互联网的实时连接功能，实现对移动的物流作业环节的可视化追踪定位，进而实现物流运作信息的开放共享，推动物流互联网的发展。

与虚拟的信息互联网不同，实体物流互联网在进行信息开放与互联共享时，作业主体和公司常常会有更多的担忧和风险顾虑，如商业机密和隐私等。因此，当前物流领域的网络化，多数还局限于局部性的互联互通，要真正实现更广范围的信息开放与共享，建立全面覆盖的物流互联网，还需要技术、生态、思维、模式、装备等多个方面的创新突破。

13.2.4 智慧化：传统物流转型新路径

在以电商为代表的诸多产业的驱动下，中国自 2012 年以来就在全球物流市场规模排行榜中独占鳌头。无人机、智能机器人、云仓储等新技术的不断涌现，在推动我国物流产业信息化建设的同时，更是让整个物流产业在转型智慧物流的路上走得越来越远。但我们不得不面对的事实是，我国的物流产业，信息化融入尚处于起步阶段，配送效率低下、供需不平衡、空载率过高、数据资源被垄断等问题都存在。

近年来，我国快递行业业务量保持高速增长，2014 年我国国内快递业订单量高达 140 亿件，同比增长高达 52%，而到 2015 年，我国的快递单订量则增长至 206.7 亿件，同比增长 48%。快递业务的迅猛增长，对我国的物流提出了巨大的挑战，虽然阿里、京东等电商巨头都在通过增加仓储面积、自建物流、网络发展、云服务解决方案等方式，来缓解订单量高速增长所造成的配送压力，但至今仍未取得实质性突破。由于移动互联网时代消费需求的碎片化及多元化，如今的物流运营模式弊端不断暴露出来，物流行业的转型升级已经成为企业界需要解决的一大关键问题。智慧物流为这一问题的解决提供了有效方案，大数据、云计算等技术的相继涌现，在世界范围内掀起了一场物流行业的巨大变革。智慧物流能够有效提升客户的消费体验，在为物流企业建立起强大的核心竞争力的同时，更可以有效提升中国物流行业的整体发展水平，提高社会资源的利用率。物流信息化建设十分完善的美国社会，物流总成本在 GDP 中占比仅为 8%，而我国高达 17%，在这项指标上，我国还存在着大量可优化空间。最近媒体多次报道快递公司将无人机纳入物流，配送环节在人力成本提高及交通拥堵的双重压力下，许多物流公司将发展无人机配送，作为自己在未来的重要发展战略，但应用无人机并不意味着智慧物流已经落地，而且无人机配送尚未完善。摆在物流行业面前的首要难题是实现物流配送信息化及标准化，现代物流配送，不仅要求速度快，性价比高，更要保证包裹安全。从物流行业的发展情况来看，这些问题尚未得到有效解决，当然这也绝非是无人机就能够解决的问题，首先要做的是改变物流行业的管理及运营模式，以无人机为代表的智能设备应用的关键在于它们能够有效减轻劳动强度，让大量处于产业链最低端的搬运工、配送员解放出来，参与到议价能力更强的产业链环节。未来的智慧物流的特点应该是高度智能化的机械设备、完善的海陆空运输技术设施和更为多元的高端物流增值服务。社会各界普遍认为，物流产业行业门槛不高，是一个技术含量低、劳动密集型的行业，物流企业在物流技术应用、信息化建设及物流配送方案等方面，也并未投入太多的资源，这就导致了智慧物流的落地受到限制。具体来看，物流产业尚未实现标准化、智慧物流观念普及难度大、转型成本高是几大痛点。以前快递行业普遍使用的四联单，正在被电子面单所取代，电子面单是物流行业实现物流数据信息化的关键所在，它能够将商家、消费者、物流企业、实时配送路线信息实现高效对接，即便是在"双 11"这种单日同时出现上亿件包裹的特殊情况下也能够实现快捷高效、低成本的物流配送。当然，物流企业之间的数据垄断也要予以解决。智慧物流的落地，首先要完成基础性的工作，在智能硬件、电子面单、数据流通等方面建立统一的标准。其次，大数据、云仓储等新型技术拥有广阔的应用前景。通过应用新技术，可以让处于闲置状态的配送及仓储资源得到充分利用，例如个人及企业的闲置房间，可以作为包裹的临时集散网点，通过众包物流快速完成跨区域包裹的高效配送。

在快递业务量及人工成本不断上涨的压力下，许多物流企业已经逐渐认识到，智慧物流将成为未来物流业的主流发展趋势。从整体上看，智慧物流的实现是一个十分复杂的系统工程，不是靠高科技技术就能解决的，考虑到现有的物流基础配套设施、信息化建设、企业间数据割裂的现实状况，不得不承认，我国距离智慧物流的落地还有很长的一段路要走。

13.2.5 "互联网+"智慧物流实例

案例：RFID、GPS 技术助沃尔玛在零售业独占鳌头

沃尔玛的物流体系及高科技装备，在全美乃至全世界来说都堪称典范。这家全球化企业是世界上最先将 RFID 和 GPS 等高科技设备引入物流领域的先行者和受益者。

1. RFID 标签全覆盖，实现一体化监控

沃尔玛在采用 RFID 技术上可谓不遗余力，几乎每件沃尔玛商品都贴上了 RFID 标签。美国托运人研究中心的一份报告指出，沃尔玛在全世界各个商场采用了 RFID 标签技术后，货物短缺的情况和货架上产品脱销的情况发生的概率下降了 16%，同时，顾客的满意度大幅上升。

RFID 标签包含各种信息数据的代码，这种代码可以为特定的接收端识别，在货物进出通道口的时候，RFID 能够发出无线信号，把信息传递给无线射频接收机，再传递到各业务环节的各个端口，于是仓库堆场、配送中心，甚至店铺货架上的商品动态都清楚地展示了出来。

事实证明，这项技术的应用，不但避免了配送货物的重复操作和遗漏，而且还避免了经营操作规程中的死角。

RFID 技术的操作非常简单，只需要少数人管理，就能实现货物跟踪和存货搜索。沃尔玛商场的工作人员，只要拿着射频识别标签技术读码器，定时走进存货仓库或者商场销售大厅，用发射天线往货物上一扫，各种货物的数量、存量等动态信息就会在屏幕上显示出来，已经缺货或货品即将短缺时，读码器会自动发出警示信息，其运作效率之高，令人惊叹。将RFID 技术广泛应用于货物跟踪和存货搜索上，这不仅大幅提高了存货管理水平，减少了库存，而且还节省了人力，提高了货物分拣的准确率。

更令人叫绝的是，RFID 网络可以通过卫星通信网络技术实现一体化监控，沃尔玛就是通过这一技术管控分布在世界各地的沃尔玛零售商场的，换句话说，沃尔玛总部可以对旗下的各个商场及各家制造商、供货商、运输服务商和中间商等的销售、存货和售后服务信息一目了然，如图 13-3 所示。

2. GPS 助力沃尔玛适时掌控货物移动时的空间动态

GPS，也称全球卫星定位系统，沃尔玛公司的所有运货卡车全部装上了 GPS 定位系统。通过这套系统，公司总部能够及时监控卡车的一切情况，如装载的什么货物、车辆所处的位置、装载货物的多少及需要到达地方等。因此，在每一个

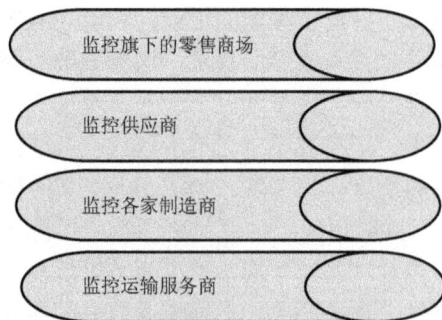

图 13-3 沃尔玛的 RFID 网络监控

监控旗下的零售商场

监控供应商

监控各家制造商

监控运输服务商

节点上，调度中心都知道这些卡车处于何种状态，他们离商店有多远的路程。沃尔玛的准确配送误差一般不会超过一个小时。如果配送人员知道天气、修路等特殊原因会耽误送达时间，他们就会先去处理其他事情。

RFID 和 GPS 技术的应用，使得沃尔玛在竞争激烈的百货业独占鳌头，这整套技术的应用，能保证商品从配送中心到店铺的时间不超过 48 小时，这就意味着沃尔玛的分店每个星期可以得到 2～3 次的货源补充。它还通过维持尽量少的存货节省仓储空间，进而再降低物流运营成本。

2012 年，经济学家斯通博士对美国的零售业成本构成做过一个调查研究，他计算出物流成本在公司总成本构成中的比重，沃尔玛是 1.3%，凯马特是 8.75%，希尔斯百货是 5.0%，如果年销售额都按照 300 亿美元计算，沃尔玛的物流成本要比凯马特节省超过 20 亿美元，这足以令同行从业人士震撼了。

13.3　绿色物流

随着经济的发展，环境恶化程度加深，作为经济活动的一部分，对人类生存和发展的威胁加大，因此，人们对环境的利用和保护越来越重视。物流活动同样面临环境问题，必须优先考虑环境问题，需要从环境的角度对物流体系进行改进，形成绿色物流管理系统，形成一个与环境共生型的物流管理系统。这种物流管理系统建立在维护全球环境和可持续发展的基础上，抑制物流对环境造成危害的同时，形成一种能促进经济与消费健康发展的物流系统，即向绿色物流转变。因此，现代绿色物流管理强调全局和长远的利益，强调全方位对环境的关注。同时随着供应链管理理论的发展，绿色供应链、生态供应链的概念也应运而生。绿色物流理论主要是改变原来由"资源—产品—废弃物排放"所构成的开环型物质单向流动模式，而构成一种"资源—产品—再生资源"的闭环物质流动系统。

13.3.1　绿色物流的提出

绿色物流的提出有一定的推动因素，主要是人类环境保护意识的觉醒、经济全球化潮流的推动、各国政府和国际组织的倡导，以及现代物流业可持续发展的需要。

1. 人类环境保护意识的觉醒

随着世界经济的不断发展，人类的生存环境也在不断恶化，主要表现为：环境遭受污染、能源危机、资源枯竭、臭氧层空洞扩大、生态系统失衡等。以环境污染为例，全球众多特大城市的空气污染超过世界卫生组织规定的标准，人类的认识往往滞后于客观自然界的发展，当前生态环境保护的意义已逐渐被人类所认识。20 世纪 60 年代以来，人类环境保护意识开始觉醒，十分关心和重视环境问题，认识到地球只有一个，不能破坏人类的家园。于是，绿色消费运动在世界各国兴起。消费者不仅关心自身的安全和健康，还更加关注地球环境的改善，拒绝接受不利于环境保护的产品、服务及相应的消费方式，进而促进绿色物流的发展。同时，绿色和平运动在世界范围内展开，环保勇士以不屈不挠的奋斗精神，给各种各样危害生态环境的行为以沉重的打击，对于激励人们的环保热情、推动绿色物流的发展，也起到了极其重要的作用。

2. 经济全球化潮流的推动

随着经济全球化的发展，一些传统的关税和非关税壁垒逐渐淡化，环境壁垒逐渐兴起。ISO 14000 成为众多企业进入国际市场的通行证。ISO 14000 的两个基本思想是预防污染和持续改进，它要求建立环境管理体系，使其经营活动、产品和服务的每一个环节对环境的影响最小化。ISO 14000 不仅适用于第一、第二产业，也适用于第三产业，更适用于物流业。物流企业要想在国际市场上占有一席之地，发展绿色物流是其理性选择。在中国加入WTO（世界贸易组织）后，大部分外国股权限制在慢慢取消，外国物流业大规模进入中国市场势必给国内物流业带来巨大冲击。

3. 各国政府和国际组织的倡导

绿色物流的发展与政府行为密切相关。凡是绿色物流发展较快的国家，都得益于政府的积极倡导。各国政府在推动绿色物流发展上主要起到三个方面作用：一是追加投入以促进环保事业的发展；二是组织力量监督环保工作的开展；三是制定专门的政策和法令引导企业的环保行为。

环保事业是关系人类生存与发展的伟大事业，国际组织为此做出了极大的努力并取得了显著成效。1992 年，第 27 届联合国大会决议通过把每年的 6 月 5 日作为世界环境日，每年的世界环境日都规定有专门的活动主题，以推动世界环境保护工作的开展。联合国环境署、世贸组织环境委员会等国际组织展开了许多环保方面的国际会议，签订了许多环保方面的国际公约与协定，也在一定程度上为绿色物流的发展铺平了道路。

4. 现代物流业可持续发展的需要

可持续发展是指既满足当代人的需要，又不对后代人需要构成威胁。1987 年国际环境与开发委员会发表的《我们共有的未来》的研究报告提出，当代对资源的开发和利用必须有利于下一代环境的维护及资源的持续利用，因此，为了实现长期、持续发展，必须采取各种措施来维护我们的自然环境。这种经济上的可持续发展政策同样适用于物流管理活动。由于物流过程中不可避免地要消耗能源和资源，产生环境污染，因而为了实现长期、持续发展，必须采取各种措施来维护自然环境。现代绿色物流管理正是依据可持续发展理论，形成了物流与环境之间相辅相成的推动和制约关系，进而促进了现代物流的发展，达到了环境与物流的共生。

绿色物流是现代物流可持续发展的必然。物流业作为现代新兴产业，依赖于社会化大生产的专业分工和经济的高速发展。而绿色物流要发展，就必须与绿色生产、绿色营销、绿色消费等绿色经济活动紧密衔接。人类的经济活动不能因物流而过分地消耗资源、破坏环境，以致造成再次污染。此外，绿色物流还是企业最大限度降低经营成本的必由之路。

13.3.2 绿色物流的内涵

绿色物流（Environmental logistics）是以经济学一般原理为基础，建立在可持续发展理论、生态经济学理论、生态伦理学理论、外部成本内部化理论和物流绩效评估的基础上的物流科学发展观。绿色物流强调在物流过程中抑制物流对环境造成危害、减少资源消耗的同时，实现对物流环境的净化，使物流资源得到最充分的利用。它包括物流作业环节和物流管理全过程的绿色化。从物流作业环节来看，包括绿色运输、绿色包装、绿色流通加工等。从物流管理过程来看，主要是从环境保护和节约资源的目标出发，改进物流体系，既要考虑正向物流环节的绿色化，又要考虑供应链上的逆向物流体系的绿色化。绿色物流的最终目标是可持续性发展，实现该目标的准则是经济利益、社会利益和环境利益的统一。

　　绿色物流的内涵包括以下五个方面内容。①资源集约。这是绿色物流的本质内容，也是物流业发展的主要指导思想之一。通过整合现有资源，优化资源配置，企业可以提高资源利用率，减少资源浪费。②绿色运输。运输过程中的燃油消耗和尾气排放，是物流活动造成环境污染的主要原因之一。因此，通过对运输线路进行合理布局与规划、缩短运输路线、提高车辆装载率等措施，能实现节能减排的目标；同时，注重运输车辆的养护、清洁燃料的使用、减少能耗及尾气排放，都能为打造绿色物流做出较大的贡献。③绿色仓储。绿色仓储一方面要求仓库选址要合理，有利于节约运输成本；另一方面，仓储布局要科学，使仓库得以充分利用，实现仓储面积的最大化利用，减少仓储成本。④绿色包装。包装是物流活动的一个重要环节，绿色包装可以提高包装材料的回收利用率，有效控制资源消耗，避免环境污染。⑤废弃物物流。废弃物物流是指在经济活动中失去原有价值的物品，根据实际需要对其进行搜集、分类、加工、包装、搬运、储存等，然后分送到专门处理场所后形成的物品流动活动。绿色物流体系结构如图13-4所示。

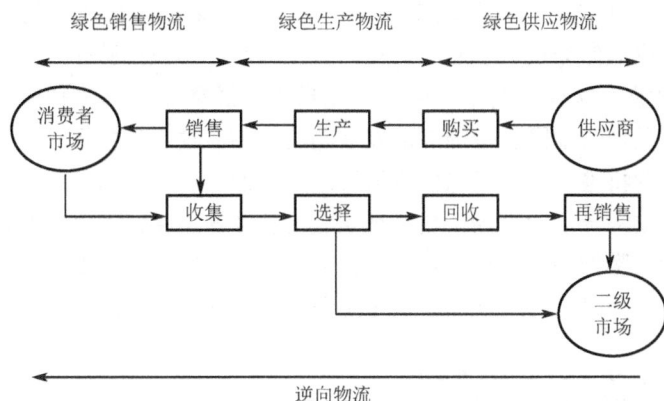

图 13-4　绿色物流体系结构

13.3.3　绿色物流的特征

　　绿色物流除了具有一般物流所具有的特征外，还具有多目的性、多层次性、时域性和地域性等特征。

1. 多目的性

　　绿色物流的多目的性体现在企业的物流活动要顺应可持续发展的战略目标要求，注重对生态环境的保护和资源节约，注重经济与生态的协调发展，追求企业经济效益、消费者利益、社会效益与生态环境效益四个目标的统一。系统论观念告诉我们，绿色物流的多重目的之间通常是相互矛盾、相互制约的，一个目的增长将以另一个或几个目的下降为代价，这正是绿色物流要解决的多目的之间的平衡问题。从可持续发展理论的观念看，生态环境效益的保证是前三者效益得以持久保证的关键所在。

2．多层次性

绿色物流具有三个方面的多层次性。首先，从绿色物流的管理和控制主体看，可分为社会决策层、企业管理层和作业管理层三个层次的绿色物流活动。社会决策层的主要职能是通过政策、法规手段传播绿色理念；企业管理层的任务则是从战略高度与供应链上的其他企业协同，共同规划和控制企业的绿色物流系统，建立有利于资源再利用的循环物流系统；作业管理层主要是指物流作业环节的绿色化，如运输的绿色化、包装的绿色化、流通加工的绿色化等。

其次，从系统的观点看，绿色物流系统是由多个单元（或子系统）构成的，如绿色运输子系统、绿色仓储子系统、绿色包装子系统等。这些子系统同时按空间或时间特性可划分成更低层次的子系统，每个子系统都具有层次结构，不同层次的子系统通过相互作用，构成一个有机整体，实现绿色物流系统的整体目标。

另外，绿色物流系统也是另一个更大系统的子系统，这就是绿色物流系统赖以生存发展的外部环境，包括法律法规、政治环境、文化环境、资源条件、环境资源政策等，它们对绿色物流的实施将起到约束作用或推动作用。

3．时域性和地域性

时域性指的是绿色物流管理活动贯穿于产品生命周期的全过程，包括从原材料供应，生产内部物流，产成品的分销、包装、运输，直至报废、回收的整个过程。

绿色物流的地域性体现在两个方面。一是指由于经济的全球化和信息化，物流活动早已突破地域限制，呈现跨地区、跨国界的发展趋势。相应地，对物流活动绿色化的管理也具有跨地区、跨国界的特性。二是指绿色物流管理策略的实施需要供应链上所有企业的共同参与和响应。例如，欧洲一些国家为了更好地实施绿色物流战略，对于托盘的标准、汽车尾气排放标准、汽车燃料类型等都进行了规定，其他国家的不符合标准要求的货运车辆将不允许进入本国。跨地域、跨时域的特性也说明了绿色物流系统是一个动态的系统。

13.3.4　绿色物流的发展策略

1．树立绿色物流观念

观念是一种根本性和普遍意义的世界观，是一定生产力水平、生活水平和思想素质的反映，是人们活动的指南。在低生产力、生活水平的条件下，人们更多考虑的是温饱等低层次问题，往往为眼前利益而忽视长远利益，为个体利益而忽视社会利益，企业因这种非理性需求展开掠夺式经营，忽视长远利益和生态利益及社会利益。而在先进的生产力条件和生活水平之下，人们为了可持续发展，就必须要树立绿色物流的观念。

2．推行绿色物流经营手段

物流企业要从保护环境的角度制定其绿色经营管理策略，以推动绿色物流进一步发展。

（1）选择绿色运输。通过有效利用车辆，降低车辆运行，提高配送效率。例如，合理规划网点及配送中心、优化配送路线、提高共同配送、提高往返载货率；改变运输方式，由公路运输转向铁路运输或海上运输；使用绿色工具，降低废气排放量等。

（2）提倡绿色包装。包装不仅是要起到保护商品的作用，而且也是商品进入市场的通行证。绿色包装要醒目环保，同时应符合 4R 要求，即少耗材（Reduction）、可再用

（Reuse）、可回收（Reclaim）和可再循环（Recycle）。

（3）开展绿色流通加工。由分散加工转向专业集中加工，以规模作业方式提高资源利用率，减少环境污染；集中处理流通加工中产生的边角废料，减少废弃物污染等。

（4）搜集和管理绿色信息。物流不仅是商品空间的转移，也包括物流过程中相关信息的搜集、整理、储存和利用。绿色物流要求搜集、整理、储存的都是各种绿色信息，并及时运用于物流中，促进物流的进一步绿色化。

3．开发绿色物流技术

绿色物流成功开展的关键不仅依赖绿色物流观念的树立、绿色物流经营的推行，更离不开绿色物流技术的应用和开发。绿色物流要在物流领域全面开发绿色物流技术，在物流节能降耗提效的同时，减少环境污染，变废为宝，形成物流经济的良性循环。没有先进物流技术的发展，就没有现代物流的立身之地；同样，没有先进绿色物流技术的发展，就没有绿色物流的立身之地。而目前我国的物流技术与绿色要求有较大的差距，如物流机械化方面、物流自动化方面、物流的信息化及网络化，与西方发达国家的物流技术相比，还有很大的差距。要大力开发绿色物流技术，否则绿色物流就无从谈起。

4．制定绿色物流法规

绿色物流是当今社会经济可持续发展的一个重要组成部分，它对社会经济的不断发展和人类生活质量的不断提高具有重要意义。绿色物流的实施不仅是企业的事情，而且还必须从政府约束的角度，对现有的物流体制强化管理。

一些发达国家的政府非常重视制定发展绿色物流的政策法规，从宏观角度对绿色物流进行管理和控制。尤其是控制物流活动的污染发生源。物流活动的污染发生源主要表现在：运输工具的废气排放污染空气，流通加工的废水排放污染水质，一次性包装的丢弃污染环境等。因此，这些国家制定了有关污染发生源、限制交通量、控制交通流等的相关政策和法规。

绿色物流的发展必须加强法律制度的建设，明确、统一综合经济管理部门负责全国性物流产业政策的制定，物流网络的规划和统一布局，并与各专业职能部门紧密协调，以利于跨地区、跨行业运作，建立开放、统一的物流大市场。对绿色物流进行科学规划，对现有物流产业进行重组，把现代物流产业作为我国国民经济的重要产业，使之成为新的经济增长点。

5．加强绿色物流人才的培养

绿色物流作为新生事物，对企业营运人员和相关专业人员的素质要求较高，因此，要实现绿色物流的目标，必须加强物流绿色化的研究和对绿色物流人才的培养，在全社会树立绿色物流理念。一方面积极支持绿色物流基础理论和技术的研究。另一方面要加强企业、高等院校、科研机构之间的合作，形成产学研相结合的良性循环，加强应用性物流技术的开发和应用。

13.3.5　绿色物流的实施

作为当今经济可持续发展的重要组成部分，绿色物流管理对经济的发展和人民生活质量的改善具有重要的意义，无论政府有关部门还是企业界，都应强化物流管理，共同构筑绿色物流发展的框架。

1. 政府的绿色物流实施

政府在绿色物流实施中的作用主要是对发生源、交通量和交通流进行管理。

（1）对发生源的管理

政府主要是要对物流过程中产生环境问题的来源进行管理。物流活动的日益增加以及配送服务的发展，使得在途运输的车辆数显著增加，必然导致空气污染加重。可以采取以下措施对发生源进行控制：制定相应的环境政策法规，对废气排放量及车种进行限制；采取措施促进使用符合限制条件的车辆；普及使用低公害或绿色能源车辆；对车辆产生的噪声进行限制。

（2）对交通量的管理

对交通量的管理方面要积极发挥政府的指导作用，推动企业从自用车运输向营业用货车运输转化；促进企业选择合理的运输方式，积极发展共同配送；由政府统筹物流中心建设；建设现代化的物流管理信息网络等，从而最终实现物流效益化。通过有效地消除不合理的交错运输，缓解交通拥挤状况，提高货物运输效率。

（3）对交通流的管理

政府投入相应的资金，建立都市中心部环状道路，制定有关道路停车管理规定；采取措施实现交通管制系统的现代化；开展道路与铁路的立体交叉发展，以减少交通堵塞，提高配送的效率，达到环保的目的。

推进绿色物流除了加强政府管理外，还应重视民间绿色物流的倡导，加强企业的绿色经营意识，发挥企业在环境保护方面的作用，从而形成一种自律型的物流管理体系。

2. 企业绿色物流管理措施

企业开展绿色物流管理实施的主要措施是：开展绿色运输管理、绿色包装管理、绿色流通加工以及加强废弃物物流的管理等方面。

（1）开展绿色运输管理

发展第三方物流，通过共同配送、联合运输的方式，避免运输中的不合理现象，开展绿色运输管理。

发展第三方物流，由这些专门从事物流业务的企业为供方或需方提供物流服务，可以从更高的角度更广泛地考虑物流合理化问题，简化配送环节，进行合理运输，有利于在更广泛的范围内对物流资源进行合理利用和配置，可以避免自有物流带来的资金占用、运输效率低、配送环节繁琐、企业负担加重、城市污染加剧等问题。当一些大城市的车辆配送大为饱和时，专业物流企业的出现使得在大城市的运输车量减少，从而缓解了物流对城市环境污染的压力。除此之外，企业对各种运输工具还应采用节约资源、减少污染和以环境的原料作动力，如使用液化气、太阳能作为城市运输工具的动力。

共同配送是指由多个企业分工合作联合组织实施的对某一地区客户进行的配送活动。共同配送可以最大限度地提高人员、物资、资金、时间等资源的利用效率，取得最大化的经济效益。同时，可以去除多余的交错运输，并取得缓解交通、保护环境等社会效益。联合运输是指吸取铁路、汽车、船舶、飞机等基本运输方式的长处，把它们有机地结合起来，实行多环节、多区段、多运输工具相互衔接进行商品运输的一种方式。联合运输以标准化的集装箱作为联结各种工具的通用媒介，起到促进复合直达运输的作用，同时装载工具及包装尺寸的标准化，可以减少包装支出，降低运输过程中的货损、货差。联合运输的优势还表现在：

可以克服单个运输方式固有的缺陷，从而从整体上保证了运输过程的最优化和效率化；从物流渠道看，它有效地解决了由于地理、气候、基础设施建设等各种市场环境差异造成的商品在产销空间、时间上的分离，促进了产销之间紧密结合以及企业生产经营的有效运转。

（2）开展绿色包装管理

绿色包装是指采用节约资源、保护环境的包装。在生产过程中促进生产部门采用尽量简化的，以及由可降解材料制成的包装；在流通过程中，应采取措施努力实现包装的合理化与现代化。要做到包装的合理化与现代化就要做到包装的模数化、大型化与集装化、反复多次使用以及新包装材料与器具的开发。

包装模数化即确定包装基础尺寸的标准，包装模数标准确定以后，各种进入流通领域的产品便需要按模数规定的尺寸包装。模数化包装利于小包装的集合，利用集装箱及托盘装箱、装盘。包装模数如能和仓库设施、运输设施尺寸模数统一化，也利于运输和保管，从而实现物流系统的合理化。

包装的大型化和集装化，如采用集装箱、集装袋、托盘等集装方式，有利于物流系统在装卸、搬迁、保管、运输等过程的机械化，加快这些环节的作业速度，有利于减少单位包装，节约包装材料和包装费用，有利于保护货体。

可多次使用的包装宜采用通用包装，不用专门安排回返使用；采用周转包装，可多次反复使用，如饮料、啤酒瓶等；梯级利用，一次使用后的包装物，使用后转做他用或简单处理后转做他用；对废弃包装物经再生处理，转化为其他用途或制作新材料。

（3）开展绿色流通加工

流通加工是指物品在从生产地到使用地的过程中，根据需要施加包装、分割、计量、分拣、组装、价格贴付、标签贴付、商品检验等简单作业的总称。流通加工具有较强的生产性，也是流通部门对环境保护可以大有作为的领域。绿色流通加工主要包括两个方面的措施。一是变消费者加工为专业集中加工，以规模作业方式提高资源利用效率，减少环境污染。如饮食服务业对食品进行集中加工，以减少家庭分散烹调所带来的能源和空气污染。二是集中处理消费品加工中产生的边角废料，以减少消费者分散加工所造成的废弃物污染。如流通部门对蔬菜集中加工，可减少居民分散加工垃圾堆放及相应的环境治理问题。

（4）加强废弃物物流的管理

废弃物物流是指将经济活动中失去原有的使用价值的物品，根据实际需要进行收集、分类、加工、包装、搬运、储存，并分送到专门处理场所时形成的物品实体流动。废弃物物流的作用是仅从环境保护出发，将其化学处理或运到特定地点堆放、掩埋。

而从环境的角度看，大量生产、大量消费的结果必然导致大量废弃物的产生，尽管已经采取了许多措施加速废弃物的处理并控制废弃物物流，但大量废弃物的出现必然会对社会产生严重的消极影响，导致废弃物处理的困难，而且会引发社会资源的枯竭以及自然资源的恶化。降低废弃物物流，需要实现资源的再使用（回收处理后再使用）、再利用（处理后转化为新的原材料使用），建立一个包括生产、流通、消费的废弃物回收利用系统。绿色物流强调物流活动必须有利于有效利用资源和维护地球环境，因此，企业就不能只考虑自身的物流效率化，而是需要从整个产供销供应链的视角来组织物流，同时考虑废弃物的循环物流，即追求从生产到废弃物全过程效率化，这是绿色物流管理的关键。

13.4 精益物流

精益物流是起源于日本丰田汽车公司的一种物流管理思想，其核心理念是追求消灭包括库存在内的一切浪费，并围绕此目标发展的一系列具体方法。它是从精益生产的管理理念中蜕变而来的，是精益思想在物流管理中的应用。

13.4.1 精益物流的提出

第二次世界大战刚结束时期，汽车工业中最盛行的生产模式是以美国福特公司为代表的大量生产方式，这种生产方式以流水线形式进行少品种、大批量的产品生产。在当时，大批量生产方式即代表了先进的管理思想与方法，大量的专用设备、专业化的大批量生产是降低成本、提高生产率的最主要方式。与处于绝对优势的美国汽车工业相比，日本的汽车工业则处于相对幼稚的阶段，丰田汽车公司从成立到 1950 年的十几年间，总产量甚至不及福特公司 1950 年一天的产量。因为汽车工业是日本经济倍增计划的重点发展产业，所以日本派出了大量人员前往美国考察。丰田汽车公司在参观了美国的几大汽车厂之后发现，采用大批量生产方式降低成本仍有进一步改进的余地，而且日本企业还面临需求不足与技术落后等严重困难；加上战后日本国内的资金严重不足，也难有大量的资金投入，保证日本国内的汽车生产达到有竞争力的规模，因此，他们认为在日本进行大批量少品种的生产方式是不可取的，而应考虑一种更能适应日本市场需求的生产组织策略。

丰田公司的大野耐一等人作为精益生产的创始者，在经过不断探索之后，终于找到了一套适合日本国情的汽车生产方式：即时制生产、全面质量管理、并行工程、充分协作的团队工作方式和集成的供应链关系管理，逐步创立了独特的多品种、小批量、高质量和低消耗的精益生产方法。1973 年的石油危机，使日本的汽车工业闪亮登场。由于市场环境发生变化，大批量生产所具有的弱点日趋明显，而丰田公司的业绩却开始上升，与其他汽车制造企业的距离越来越大，精益生产方式开始为世人所瞩目。

在市场竞争中遭受失败的美国汽车工业，在经历了曲折的认识过程后，也终于意识到致使其竞争失败的关键是美国汽车制造业的大批量生产方式输给了日本的精益生产方式。1985 年，美国麻省理工学院的 Daniel T. Jones 教授等筹资 500 万美元，用了近 5 年的时间对 90 多家汽车厂进行对比分析，于 1992 年出版了《改造世界的机器》一书，把丰田生产方式定名为精益生产，并对其管理思想的特点与内涵进行了详细的描述。四年之后，该书的作者出版了它的续篇《精益思想》，进一步从理论的高度归纳了精益生产中所包含的新的管理思维，并将精益方式扩大到制造业以外的所有领域，尤其是第三产业当中，使精益生产方法不再仅局限于生产领域，而是延伸到企业活动的各个方面，从而促使管理人员重新对企业流程进行思考，消灭浪费，为企业创造更大的价值。

精益思想的核心就是以越来越少的投入——较少的人力、较少的设备、较短的时间和较小的场地创造出尽可能多的价值；同时也越来越接近用户端，切实提供他们需要的东西。精益思想是市场拉动式的，即以用户需求拉动产品生产。精益思想首先也是最关键的是要精确地定义价值；其次是确定每个产品（或在某些情况下确定每一产品系列）的全部价值流；

再次是使保留下来的、创造价值的各个步骤流动起来，使需要若干天才能办完的订货手续，在几小时内办完，使传统的物资生产完成时间由几个月或几周减少到几天或几分钟；最后是要及时跟上不断变化着的顾客需求，因为一旦具备了在用户真正需要的时候就能设计、安排生产和制造出用户真正需要的产品的能力，就意味着可以抛开销售，直接按用户告知的实际要求进行生产。

精益思想的理论诞生后，物流管理学家则从物流管理的角度对比进行了大量的借鉴工作，并与供应链管理的思想密切融合起来，提出了精益物流的新概念。

13.4.2 精益物流的内涵与目标

作为 Just-In-Time（准时制管理）的发展，精益物流是指通过消除生产和供应过程中的非增值的浪费，以减少备货时间，提高客户满意度。精益物流来源于精益思想，是精益思想在物流领域的具体应用，所以它具有精益思想所特有的基本思想，同时，精益物流又是物流活动的一种新型方式，它符合物流发展的一般规律。从不同角度审视精益物流，其内涵如下。

（1）顾客满意度的提高是新型物流追求利润最大化的根本途径。物流企业必须及时创造以顾客驱动为主的价值，变价值推动为价值拉动。顾客是不会拱手将订单送给物流组织的，如果物流组织不能从客户的立场出发，而是一味地遵循功能性立场，那将会失去物流发展的源头。

（2）降低物流供应链中每个环节的浪费是精益物流发展的生命线。在激烈竞争的市场环境中，存在许多不确定的同时很难控制的因素，企业必须控制内部因素，降低内耗，根据不间断、不迂回、不倒流、不等待和不出废品的原则制订能创造价值的最佳行动方案。

（3）在引入精益物流时，必须注重对企业自身物流特点的研究，争取在精益物流与企业物流发展的价值取向上形成完美的黄金分割。

总之，精益物流的目标在于根据顾客需求，提供顾客满意的物流服务，同时把物流服务过程中的浪费和延迟降至最低，不断提高物流服务过程的增值效益。企业物流活动中的浪费现象很多，常见的有：不满意的顾客服务、无需求造成的积压和多余的库存、实际不需要的流通加工程序、不必要的物料移动、因供应链上游不能按时交货或提供服务而等候、提供顾客不需要的服务等，努力消除这些浪费现象是精益物流重要的内容。

13.4.3 精益物流的特点

从对精益物流的内涵和目标的理解可以发现精益物流具有以下明显特点。

1. 以客户需求为中心

在精益物流系统中，系统的生产是通过顾客需求拉动的，顾客需求是驱动生产的原动力，是价值流的出发点。价值的流动要靠下游顾客来拉动，而不是依靠上游的推动，当顾客没有发出需求指令时，上游的任何部分不提供服务，而当顾客需求指令发出后，则快速提供服务。

2. 准时与准确

在精益物流系统中，电子化的信息流保证了信息流动的迅速、准确无误，还可有效减少冗余信息传递，减少作业环节，消除操作延迟，这使得物流服务必然准时、准确、快速，具备高质量的特性。

物品在流通中能够顺畅、有节奏地流动是物流系统的目标。而准时是保证货品顺畅流动的关键。准时即物品在流动中的交货、运输、中转、分拣、配送等各个环节按计划按时完成，物流服务的准时与快速同样重要，是保证物品在流动中的各个环节以最低成本完成的必要条件，同时也是满足客户要求的重要方面之一。准时也是保证物流系统整体优化方案能得以实现的必要条件。

准确包括：准确的信息传递，准确的库存，准确的客户需求预测，准确的送货数量等。准确是保证物流精益化的重要条件之一。

3. 快速

精益物流系统的快速包括两方面的含义：第一是物流系统对客户需求的反应速度；第二是货品在流通过程中的速度。

物流系统对客户个性需求的反应速度取决于系统的功能和流程。当客户提出需求时，系统要对客户的需求进行快速识别、分类，并制订出与客户要求相适应的物流方案。客户历史信息的统计、积累能帮助制订快速的物流服务方案。物品在物流链中的快速性包括：货物停留的节点最少、流通所经路线最短、仓储时间最合理并达到整体物流的快速。速度在产品和服务方面是影响成本和价值的重要因素，特别是市场竞争日趋激烈的今天，速度也是竞争的强有力手段。快速的物流系统是实现物品在流通中增加价值的重要保证。

4. 降低成本

精益物流系统通过合理配置基本资源，以需定产，充分合理地运用优势和实力，必然能够降低成本、提高效率；通过电子化的信息流，进行快速反应、准时化生产，从而消除诸如设施设备空耗、人员冗余、操作延迟和资源等浪费，保证其物流服务的低成本。

5. 系统集成

精益系统是由资源、信息流和能够使企业实现"精益效益"的决策规则组成的系统。精益物流系统则是由提供物流服务的基本资源、电子化信息和使物流系统实现"精益效益"的决策规则所组成的系统。建立精益物流系统的基本前提是具有能够提供物流服务的基本资源。在此基础上，需要对这些资源进行最佳配置与系统集成，即实现设施设备共享、信息共享、利益共享等，最充分地调动优势和实力，合理有效地利用资源，消除浪费，最经济合理地提供满足客户要求的优质服务。

6. 信息化

高质量的物流服务有赖于信息的电子化。物流服务是一个复杂的系统工程，涉及大量繁杂的信息。电子化的信息能保证信息流动迅速、准确无误，以及物流服务的准时和高效；电子化信息便于存贮和统计，可以有效减少冗余信息传递，减少作业环节，降低人力浪费。

13.4.4　精益物流的实施

中国企业发展精益物流，应当先实现企业系统的精益化，在此基础上提供精益化的服务。

1．企业系统的精益化

企业系统的精益化包括组织结构、系统资源、信息网络、业务系统、服务内容及对象的精益化、完善与创新。

要实现企业系统的精益化就要利用精细化思想改变制约企业变革的组织结构，实现扁平化管理。在组织结构简化的基础上进行资源的整合与重组，以便把自己的劣势变为优势，与其他大型物流企业进行竞争。通过精益化的信息网络系统建设带动精益物流的发展，对当前企业的业务流程进行重组与改造，删除不合理的因素，使之适应精益物流的要求。在进行精益物流服务时选择适合本企业体系及设施的对象及商品，这样才能使企业产生核心竞争力。不断完善就是不断发现问题，不断改进，寻找原因，提出改进措施，改变工作方法，使工作质量不断提高。建立一种鼓励创新的机制，形成一种鼓励创新的氛围，在不断完善的基础上有一个跨越式的提高。在物流的实现过程中，人的因素发挥着决定性的作用，任何先进的物流设施、物流系统都要由人来完成。并且物流形式的差别，客户个性化的趋势和对物流期望越来越高的要求也必然需要物流各具体岗位的人员具有不断创新的精神。

2．精益物流服务的提供

精益物流服务的提供要以客户需求为中心，提供准时化服务、快速服务、低成本高效率服务以及使顾客增值的服务。

总之，精益物流作为一种全新的管理思想，势必会对我国的物流企业产生深远的影响，它的出现将改变企业粗放式的管理观念，使企业尽快适应加入 WTO 后的竞争影响，保持企业的核心竞争力。

13.4.5　精益物流的案例

在上海通用汽车公司的仓库，各式复杂的汽车零部件被有序地分配到各个部件装配车间或总装车间，通过自动化汽车生产线，精准地安装到不同车型的汽车上，整个制造过程合理有序，精益完美，体现出现代企业仓储物流的无限魅力。

要对成千上万的不同物料精益管理，对大量的产成品及时销售与配送，对上百家供应商进行管理，必然需要有一个核心的仓储物流指挥控制系统，就像乐队需要指挥，引导各种音符组成美妙乐章一样。这个系统就是物流管理运作的灵魂，是物流管理运作的神经系统。显然，像上海通用这样复杂的物流管理运作系统，仅凭手工统计管理，通过传统方式传递物流作业信息是不可能的。上海通用精益物流运作管理也必然有一个信息化的神经中枢，有管理物流作业的 IT 神经系统，这个系统在上海通用仓储物流管理中起着至关重要的作用。

据介绍，上海通用物料需求计划（MRP）采取订单—物料准备—发运这样一个完整的闭环系统，体现了企业的供应链关系，通过利用信息技术，可对客户的个性化需求快速及时反应，自动安排生产计划、物料供应计划等。在计算机中，除了存有客户对购买车型、配置的个性化要求，还对每辆生产车辆编有上海通用汽车（SGM）生产编号，这个编号是车辆在流水线上的身份证，自动车体识别系统将汽车制造信息自动读入电子标签内，零部件组装等制造信息将随车身经过每一生产工段直至进入总装车间。通过计算机联网系统，将与汽车"身份证"对应的符合顾客个性化需求的汽车制造过程中所需物料信息，一一对应传递到各工位，在生产线上根据车辆不同的生产编号准确无误地执行不同的任务，正确完成不同的装配工作，形成由零部件的涓涓细流汇成整车流的完整过程。

上海通用仓储物流信息系统不仅在生产物流中发挥着重要作用，而且在对供应商管理及信息交换以保证零部件准时配送中、在产品营销中也起到了巨大的作用。对供应商信息交换与管理的系统是通过整个信息系统中的子系统实现的。这一系统有订单展开、产品信息描述、物料需求计划自动生成、物流配送、库存管理控制及与供应商的信息交换等功能，是物料供应控制的灵魂。成品销售与配送是通过另一子系统实现的，这一系统具有订单管理、确认、展开功能，有售后服务与配件服务管理功能，有客户关系管理功能以及产品成本与库存分析功能等。可以认为，没有完善的物流系统，要完成如此复杂的物流作业管理，是不可想象的。

13.5　电子商务物流

随着网络技术和电子技术的发展，电子中介作为一种工具被引入了生产、交换和消费中，人类进入了电子商务时代。

13.5.1　电子商务物流的源起

在电子商务时代，人们贸易活动的顺序依然是交易前、交易中和交易后几个阶段，并没有改变，但进行沟通交流和联系的媒介工具发生了变化，如从以前的纸面单证变为现在的电子单证。这个阶段的一个重要特点就是信息流呈现电子化趋势，更多地表现为票据资料的流动。此时的信息流处于一个极为重要的地位，它贯穿于商品交易过程的始终，在一个更高的位置对商品流通的整个过程进行控制，记录整个商务活动的流程，是分析物流、导向资金流、进行经营决策的重要依据。在电子商务时代，电子工具和网络通信技术的应用，使交易各方的时空距离几乎为零，有力地促进了信息流、商流、资金流、物流这"四流"的有机结合。对于某些可以通过网络传输的商品和服务，甚至可以做到"四流"的同步处理，例如，通过上网浏览、查询、挑选、点击，用户可以完成对某一电子软件的整个购物过程。

在电子信息技术飞速发展的条件下，物流活动开展和电子商务的发展密切相关，目前，物流行业的电子商务已经被当作重中之重来发展。物流电子商务化是以互联网的形式提供物流行业相关信息，包括货运信息、空运信息、陆运信息、海运信息，以及物流行业资讯和物流知识、法律法规等，还提供物流行业企业库，供货源方查找，货源方也可通过物流网发布货源信息，以供物流企业合作。

13.5.2　电子商务物流的定义

电子商务物流的概念是伴随电子商务技术和社会需求的发展而出现的，它是电子商务真正的经济价值实现不可或缺的重要组成部分。电子商务作为一种新的数字化商务方式，代表未来的贸易、消费和服务方式；电子商务物流即打破原有工业的传统体系，建立以商品代理和配送为主要特征，物流、商流、信息流有机结合的社会化物流配送体系。

电子商务物流目前尚无统一的定义，有人将其理解为是与电子商务这一新兴商务模式相配套的物流，也有人理解为是物流企业的电子商务化。也可以从更广义的角度将其理解为"电子商务时代的物流"和"物流管理的电子化"，"电子商务时代的物流"强调电子商务环境对物流管理提出的新要求，而"物流管理的电子化"是利用电子商务技术（主要是计算机技术和信息技术）对传统物流管理的改造。

13.5.3　电子商务物流的特征

电子商务时代的来临，给全球物流带来了新的发展，也使传统物流具备了一系列新的特点。

1. 信息化

电子商务时代，物流信息化是电子商务的必然要求。条码技术（Bar Code）、数据库技术（Database）、电子订货系统（Electronic Ordering System，EOS）、电子数据交换（Electronic Data Interchange，EDI）、快速反应（Quick Response，QR）及有效的客户反应（Effective Customer Response，ECR）、企业资源计划（Enterprise Resource Planning，ERP）等技术与观念在中国的物流中将会得到普遍的应用。信息技术及计算机技术在物流中的应用将会改变世界物流的面貌。

2. 自动化与网络化

自动化的基础是信息化，自动化的核心是机电一体化，自动化的外在表现是无人化，自动化的效果是省力化，另外还可以扩大物流作业能力、提高劳动生产率、减少物流作业的差错等。物流自动化的设施非常多，如条码/语音/射频自动识别系统、自动分拣系统、自动存取系统、自动导向车、货物自动跟踪系统等。这些设施在发达国家已普遍用于物流作业流程中，而在中国由于物流业起步晚，发展水平低，自动化技术的普及还需要相当长的时间。

物流领域网络化的基础也是信息化，是电子商务下物流活动的主要特征之一。这里的网络化有两层含义。一是物流配送系统的计算机通信网络，包括物流配送中心与供应商或制造商的联系要通过计算机网络；另外与下游顾客之间的联系也要通过计算机网络通信，比如物流配送中心向供应商提出订单这个过程，就可以使用计算机通信方式，借助于增值网（Value-Added Network，VAN）上的电子订货系统（EOS）和电子数据交换技术（EDI）来自动实现，物流配送中心通过计算机网络收集下游客户的订货的过程也可以自动完成。二是组织的网络化，即所谓的企业内部网（Intranet）。比如，台湾的计算机业务在 20 世纪 90 年代创造出了"全球运筹式产销模式"，这种模式的基本点是按照客户订单组织生产，生产采取分散形式，即将全世界的计算机资源都利用起来，采取外包的形式将一台计算机的所有零部件、元器件、芯片外包给世界各地的制造商去生产，然后通过全球的物流网络将这些零部件、元器件和芯片发往同一个物流配送中心进行组装，由该物流配送中心将组装的计算机迅速发给客户。这一过程需要有高效的物流网络支持，当然物流网络的基础是信息、计算机网络。

物流的网络化是物流信息化的必然，是电子商务下物流活动的主要特征之一。当今世界，互联网等全球网络资源的可用性及网络技术的普及为物流的网络化提供了良好的外部环境，物流网络化不可阻挡。

3. 智能化

这是物流自动化、信息化的一种高层次应用，物流作业过程大量的运筹和决策，如库存水平的确定、运输（搬运）路径的选择、自动导向车的运行轨迹和作业控制、自动分拣机的运行、物流配送中心经营管理的决策支持等问题都需要借助于大量的知识才能解决。在物流自动化的进程中，物流智能化是不可回避的技术难题。好在专家系统、机器人等相关技术在国际上已经有比较成熟的研究成果。为了提高物流现代化的水平，物流的智能化已成为电子商务下物流发展的一个新趋势。

4. 柔性化

柔性化本来是为实现"以顾客为中心"理念而在生产领域提出的，以便使企业能根据消费者的需求变化来灵活调节生产和工艺。但要真正做到柔性化，即真正地能根据消费者需求的变化来灵活调节生产工艺，没有配套的柔性化的物流系统是不可能达到目的的。20世纪90年代，国际生产领域纷纷推出弹性制造系统（Flexible Manufacturing System，FMS）、计算机集成制造系统（Computer Integrated Manufacturing System，CIMS）、企业资源计划（ERP）以及供应链管理的概念和技术，这些概念和技术的实质是将生产、流通进行集成，根据需求端的需求组织生产，安排物流活动。因此，柔性化的物流正是适应生产、流通与消费的需求而发展起来的一种新型物流模式。这就要求物流配送中心要根据消费需求"多品种、小批量、多批次、短周期"的特色，灵活组织和实施物流作业。

另外，物流设施、商品包装的标准化，物流的社会化、共同化也都是电子商务下物流模式的新特点。

5. 流程的合理化

物流的各种功能是相互联系的，只有整体考虑和综合管理物流流程中的各个子系统，才能有效推进物流流程的合理化。电子商务物流流程的合理化主要体现在以下三个方面。

（1）确保电子商务的正常运转。通过调整物流流程，适当配置仓库和配送中心，实现运输、装卸和仓储自动化；通过合理配置计算机网络系统，确保商务信息的正确分类、传递和提示，以减少商品在整个流通过程中不必要的时间和费用的浪费。

（2）大幅度降低物流成本和费用。通过调整物流流程，提高作业效率，减少运输费用和仓储包装费用，从而达到降低成本的目的。

（3）压缩库存。库存控制是电子商务物流流程合理化的重要内容。库存控制的方法是通过采用电子商务手段在满足客户需求的前提下把库存控制在合理的范围内。

13.5.4　电子商务物流的主要模式

随着电子商务行业竞争的白热化，物流作为电子商务发展中的瓶颈，已经成为电子商务巨头要打造的新的核心竞争力。电子商务物流主要有轻公司轻资产、垂直一体化、半外包、云物流云仓储四种模式。

1. 轻公司轻资产模式

轻公司是指电子商务企业做自己最擅长的领域，如平台和数据，而把其他业务如生产、物流都外包给专业第三方企业去做，最终把公司做小，而把客户群体做大。

在轻公司轻资产模式下，电子商务企业着重于管理好业务数据和物流信息，而租赁物流中心的场地，并把配送环节全部外包。这正是传统电子商务企业的传统运作模式，也就是说，电子商务企业真正实现"归核化"和"服务外包"。

轻公司轻资产模式，减轻了电子商务企业在物流体系建设方面的资金压力，但对与其合作的第三方依赖度很高，如果第三方的服务出现问题，势必连累电子商务企业本身，因此，这种合作模式需要企业具备较高的合作风险管控能力。

2. 垂直一体化模式

垂直一体化也称纵向一体化，即从配送中心到运输队伍，全部由电子商务企业自己整体建设，这是与轻公司轻资产模式完全相反的物流模式，它将大量的资金用于物流队伍、运输车队、仓储体系建设。典型企业有京东商城、苏宁电器等。

垂直一体化模式改变了传统电子商务企业过于注重平台运营而轻视物流配送的状况，将较多的资金和精力转投物流体系建设，希望以物流方面的优势加大在电子商务业务上的竞争力。

3. 半外包模式

半外包相对于垂直一体化的过于复杂和庞大，是比较经济而且相对可控的模式，它也被称为半一体化模式，即电子商务企业建立物流中心并掌控核心区域物流队伍，而将非核心区域物流业务进行外包。

这种半外包模式仍然需要电商企业自己投入大量资金进行物流体系建设。垂直一体化和半外包模式都是电商企业将业务扩展到物流业流域，虽然对做好顾客的物流服务有较高的保障，但需要电子商务企业具备较好的物流管理经验，投入较多的资金和精力，因此存在很大的经营风险。

4. 云物流云仓储模式

电子商务物流的云物流模式就是充分利用分散、不均的物流资源，通过某种体系、标准和平台进行整合，为我所用、节约资源。云物流模式从理论上实现了社会化、节约化与标准化。在此模式下，快递公司、派送点、代送点等成千上万的终端都可以为我所用。众多社会资源集中共享一个云物流平台，能够真正实现规模效应，形成统一的管理平台和规范服务的各个环节，一改物流行业的散、乱状态。

云物流模式能利用订单聚合的能力来推动包括信息整合、能力整合在内的物流体系整合。目前，云物流只是提供了一个信息交换的平台，解决了供给能力的调配问题，在此模式下要整合和管理好云资源，尽快从根本上改变行业配送能力的整合问题、服务质量问题、物流成本及物流效率的控制问题。

13.5.5　电子商务物流的解决方案

为了更好地实现电子商务物流，需要采取一定的解决方案保障其实施。典型的电子商务物流解决方案是美国的物流中央化和日本的高效配送中心。

物流中央化的美国物流模式强调"整体化的物流管理系统"，是一种以整体利益为重，冲破按部门分管的体制，从整体进行统一规划管理的管理方式。在市场营销方面，物流管理包括分配计划、运输、仓储、市场研究、为用户服务五个过程；在流通和服务方面，物流管理过程包括需求预测、订货过程、原材料购买、加工过程，即从原材料购买直至送达顾客的全部物资流通过程。

日本具有高效的配送中心，其物流过程是生产—流通—消费—还原（废品的再利用及生产资料的补足和再生产）。在日本，物流是非独立领域，受多种因素制约。物流（少库存多批发）与销售（多库存少批发）相互对立，必须利用统筹来实现总成本最小的效果。物流的前提是企业的销售政策、商业管理、交易条件。销售订货时，交货条件、订货条件、库存量条件对物流的结果影响巨大。流通中的物流问题已转向研究供应、生产、销售中的物流问题方向。

案例分析

戴尔公司的电子商务化物流

全球领先的 IT 产品及服务提供商戴尔公司，致力于倾听客户需求，提供客户所信赖和注重的创新技术与服务。受益于独特的直接经营模式，戴尔在全球的产品销量高于任何一家计算机厂商，并因此在财富 500 强中名列第 25 位。戴尔之所以能够不断巩固其市场领先地位，是因其一贯坚持直接销售基于标准的计算产品和服务，并提供最佳的客户体验。

总部设在得克萨斯州奥斯汀（Austin）的戴尔公司于 1984 年由迈克尔·戴尔创立。他是目前计算机行业内任期最长的首席执行官。他的理念非常简单：按照客户要求制造计算机，并向客户直接发货，使戴尔公司能够最有效和明确地了解客户需求，继而迅速做出回应。这个直接的商业模式消除了中间商，这样就减少了不必要的成本和时间，让戴尔公司更好地理解客户的需要。这种直接模式允许戴尔公司能以富有竞争性的价位，为每一位消费者定制并提供具有理想配置的强大系统。通过平均四天一次的库存更新，戴尔公司能够把最新相关技术带给消费者，而且远远快于那些运转缓慢、采取分销模式的公司。

戴尔公司是商用桌面个人计算机（PC）市场的第二大供应商，其销售额每年以 40% 的增长率递增，是该行业平均增长率的两倍。年营业收入达 100 亿美元的业绩，使它位居康柏、IBM、苹果和 NEC 之后位居第五位。戴尔公司每天通过网络售出的计算机系统价值逾 1 200 万美元，面对骄人的业绩，总裁迈克尔·戴尔简单地说，这归因于物流电子商务化的巧妙运用。

戴尔公司的日销量超过 1 200 万美元，但其销售全是通过国际互联网和企业内部网进行的。在日常的经营中戴尔公司仅保持两个星期的库存（行业的标准是超过 60 天），存货一年周转 30 次以上。基于这些数字，戴尔公司的毛利率和资本回报率分别是 21% 和 106%。戴尔公司实施电子商务化物流后取得的物流效果是：①1998 年成品库存为零；②零部件仅有 2.5 亿美元的库存量（其盈利为 168 亿美元）；③年库存周转次数为 50 次；④库存期平均为 7 天；⑤增长速度 4 倍于市场成长速度，两倍于竞争对手。

戴尔的物流从确认订货开始。确认订货是以收到货款为标志的，在收到用户的货款之前，物流过程并没有开始，收到货款之后需要 2 天时间进行生产准备、生产、测试、包装、发运准备等。戴尔在我国的福建厦门设厂，其产品的销售物流委托国内的一家货运公司承担。由于用户分布面广，戴尔向货运公司发出的发货通知可能是零星和分散的，但戴尔承诺在款到后 2～5 天送货上门；同时，在中国对某些偏远地区的用户每台计算机还加收 200～300 元人民币的运费。

戴尔公司的成功经验告诉人们，决定戴尔直销系统成功与否的关键是要建立一个覆盖面较大、反应迅速、低成本的物流网络和系统。通过国际互联网和企业内部网进行销售，减少库存，加快资金周转，提高资本回报率，这样才能在竞争中占有优势地位。再者，电子商务环境下透明度高，消费者可以查询已订购的商品从发出订单到送至其手中全过程的情况，使消费者更加放心、称心和舒心。戴尔模式采取"按单生产"的方式，既没有库存风险，又可满足消费者的不同需要。这种生产经营方式可以省去一些中间成本，降低价格，提高竞争力。

戴尔公司开创了电子商务化物流的先河。如何实现电子商务化物流是目前企业所面临的问题，而能否提供电子商务化物流增值服务已成为衡量一个企业物流是否真正具有竞争力的标准。

根据以上提供的资料，试做以下分析：

1. 戴尔直销模式给用户带来的价值体现在哪些方面？
2. 简述戴尔电子商务模式的成功经验。

复习思考题

1. 现代物流的发展趋势是什么？
2. 简述智慧物流的定义及主要特征。
3. 简述传统物流转型升级的新路径。
4. 简述绿色物流的发展策略。
5. 简述精益物流的目标及特点。
6. 简述电子商务物流的特征及主要模式。

参考文献

[1] 叶怀珍. 现代物流学[M]. 北京：高等教育出版社，2014.

[2] 王之泰. 新编现代物流学[M]. 北京：首都经济贸易大学出版社，2014.

[3] 周启蕾. 物流学概论[M]. 北京：清华大学出版社，2009.

[4] 小保罗·墨菲，迈克尔·克内梅耶. 物流学[M]. 北京：中国人民大学出版社，2017.

[5] 李松庆. 物流学概论[M]. 北京：清华大学出版社，2012.

[6] 王辉. 物流学[M]. 北京：中国铁道出版社，2010.

[7] 戴维. 国际物流-国际贸易中的运作管理[M]. 北京：清华大学出版社，2014.

[8] 冯耕中. 现代物流与供应链管理[M]. 西安：西安交通大学出版社，2003.

[9] 寇亚明. 国际物流学[M]. 成都：西南财经大学出版社，2003.

[10] 崔介何. 物流学概论[M]. 北京：中国计划出版社，1997.

[11] 钱东人. 物流学[M]. 北京：中国人民大学出版社，2015.

[12] 丁立言，张铎. 国际物流学[M]. 北京：清华大学出版社，2000.

[13] 王莉. 物流学导论[M]. 北京：中国铁道出版社，1997.

[14] 罗松涛. 物流中心运营管理[M]. 北京：清华大学出版社，2013.

[15] 桂寿平. 物流学基础理论[M]. 广州：华南理工大学出版社，2004.

[16] 唐纳德 J.鲍尔索克斯. 供应链物流管理[M]. 北京：机械工业出版社，2014.

[17] 崔介何. 物流学[M]. 北京：北京大学出版社，2003.

[18] 蒋长兵，白丽君，吴承健. 仓储管理与库存控制[M]. 北京：清华大学出版社，2000.

[19] 黄尧笛. 供应链物流规划与设计：方法、工具和应用[M]. 北京：电子工业出版社，2016.

[20] 谢如鹤. 物流系统规划原理与方法[M]. 北京：中国市场出版社，2004.

[21] 宋金平，吴殿廷. 区域经济学[M]. 北京：科学出版社，2003.

[22] 殷云. 中国物流行业存在的主要问题分析[J]. 中国流通经济，2012（01）：27-30.

[23] 亿绍华. 构建流通骨干网络与流通节点城市发展报告（2016—2017）[M]. 北京：经济管理出版社，2017.

[24] 邹龙. 物流运输管理[M]. 重庆：重庆大学出版社，2008.

[25] 王述英. 物流运输组织与管理[M]. 北京：电子工业出版社，2006.

[26] 余群英. 运输组织与管理[M]. 北京：机械工业出版社，2004.

[27] 傅莉萍. 运输管理[M]. 北京：清华大学出版社，2015.

[28] 赵家俊，于宝琴. 现代物流配送管理[M]. 北京：北京大学出版社，2004.

[29] 王慧，郝渊晓，马健平. 物流配送管理学[M]. 广州：中山大学出版社，2004.

[30] 冯耕中，李毅学，华国伟. 物流配送中心规划与设计（第 2 版）[M]. 西安：西安交通大学出版社，2011.

[31] 李延晖. 物流网络规划与设计[M]. 武汉：华中科技大学出版社，2013.

[32] 邵正宇，周兴建. 物流系统规划与设计（第 2 版）[M]. 北京：北京交通大学出版社，2014.

[33] 林庆. 物流 3.0："互联网+"开启智能物流新时代[M]. 北京：人民邮电出版社，2017.

[34] 燕鹏飞.智能物流 链接"互联网+"时代亿万商业梦想[M]. 北京：人民邮电出版社，2016.

[35] 张如云，胡红春，等. 物流包装与实务[M]. 北京：清华大学出版社. 2018.

反侵权盗版声明

电子工业出版社依法对本作品享有专有出版权。任何未经权利人书面许可,复制、销售或通过信息网络传播本作品的行为,歪曲、篡改、剽窃本作品的行为,均违反《中华人民共和国著作权法》,其行为人应承担相应的民事责任和行政责任,构成犯罪的,将被依法追究刑事责任。

为了维护市场秩序,保护权利人的合法权益,我社将依法查处和打击侵权盗版的单位和个人。欢迎社会各界人士积极举报侵权盗版行为,本社将奖励举报有功人员,并保证举报人的信息不被泄露。

举报电话:(010)88254396;(010)88258888

传　　真:(010)88254397

E-mail：　dbqq@phei.com.cn

通信地址:北京市海淀区万寿路173信箱
　　　　　电子工业出版社总编办公室

邮　　编:100036